北魏礼制变迁研究

A Study of the Changes in the Ritual System of the Northern Wei Dynasty

刘 凯 著

中国社会科学出版社

图书在版编目（CIP）数据

北魏礼制变迁研究 / 刘凯著. -- 北京：中国社会科学出版社，2024.9. -- （中国社会科学博士后文库）.
ISBN 978-7-5227-4141-3

Ⅰ.K892.9

中国国家版本馆CIP数据核字第202410E77R号

出 版 人	赵剑英
选题策划	宋燕鹏
责任编辑	王正英　宋燕鹏
责任校对	李　硕
责任印制	李寡寡

出　　版	中国社会科学出版社
社　　址	北京鼓楼西大街甲158号
邮　　编	100720
网　　址	http://www.csspw.cn
发 行 部	010-84083685
门 市 部	010-84029450
经　　销	新华书店及其他书店

印　　刷	北京君升印刷有限公司
装　　订	廊坊市广阳区广增装订厂
版　　次	2024年9月第1版
印　　次	2024年9月第1次印刷

开　　本	710×1000　1/16
印　　张	20.75
字　　数	351千字
定　　价	118.00元

凡购买中国社会科学出版社图书，如有质量问题请与本社营销中心联系调换
电话：010-84083683
版权所有　侵权必究

第十一批《中国社会科学博士后文库》编委会及编辑部成员名单

（一）编委会
主　任：赵　芮
副主任：柯文俊　胡　滨　沈水生
秘书长：王　霄
成　员（按姓氏笔画排序）：

卜宪群　丁国旗　王立胜　王利民　王　茵
史　丹　冯仲平　邢广程　刘　健　刘玉宏
孙壮志　李正华　李向阳　李雪松　李新烽
杨世伟　杨伯江　杨艳秋　何德旭　辛向阳
张　翼　张永生　张宇燕　张伯江　张政文
张冠梓　张晓晶　陈光金　陈星灿　金民卿
郑筱筠　赵天晓　赵剑英　胡正荣　都　阳
莫纪宏　柴　瑜　倪　峰　程　巍　樊建新
魏后凯

（二）编辑部
主　任：李洪雷
副主任：赫　更　葛吉艳　王若阳
成　员（按姓氏笔画排序）：

杨　振　宋　娜　陈　莎　胡　奇　侯聪睿
贾　佳　柴　颖　焦永明　黎　元

《中国社会科学博士后文库》
出版说明

为繁荣发展中国哲学社会科学博士后事业，2012年，中国社会科学院和全国博士后管理委员会共同设立《中国社会科学博士后文库》（以下简称《文库》），旨在集中推出选题立意高、成果质量好、真正反映当前我国哲学社会科学领域博士后研究最高水准的创新成果。

《文库》坚持创新导向，每年面向全国征集和评选代表哲学社会科学领域博士后最高学术水平的学术著作。凡入选《文库》成果，由中国社会科学院和全国博士后管理委员会全额资助出版；入选者同时获得全国博士后管理委员会颁发的"优秀博士后学术成果"证书。

作为高端学术平台，《文库》将坚持发挥优秀博士后科研成果和优秀博士后人才的引领示范作用，鼓励和支持广大博士后推出更多精品力作。

《中国社会科学博士后文库》编委会

摘　要

本书尝试跳脱传统五礼（吉、凶、宾、军、嘉）架构论述模式，并不试图面面俱到却失之静止地考察北魏五礼，而是在描摹出北魏礼制宏观图景的前提下，采用以点连线的方式，依次选取四个在时段上有所牵连的，关涉拓跋原始礼制与华夏典制碰撞、冲突、交融乃至转化的礼制之"点"：羽真、神部、耤田方位与九锡，深入挖掘"点"的意蕴，明晰其背后的政治、经学关节，而后以线连接，勾勒出北魏礼制演变的脉络，并揭示脉络下显隐的礼制抉取标准。

北魏礼制的图景应当是两者的有机构成：一是以王朝祭礼为核心的正祀，二是正祀之外的杂祀。其中北魏王朝祭礼亦可两分：以西郊祭典为核心，白登祭祖、五月五日飨、七月七日飨等为辅翼的源于（亦有入主中原后完善的）游牧礼俗的祭典；以郊丘分异（南北郊、圜丘方泽）为核心，耤田先蚕、朝日夕月、五时迎气等众星拱卫的华夏祭典，由此演化出北魏王朝祭礼两祭典（原始祭典与华夏祭典）、三核心（西郊、南北郊和圜丘方泽）相互碰撞、冲突、交融乃至转化的复杂局面。

羽真对应的是拓跋由部落联盟进入国家的阶段，它是应部落联盟机制而产生并发挥作用的。学界推测羽真为官爵的观点值得商榷。羽真的本意在于区别立国初期的势力分野与等级阶序，其内四职的分级与兴衰是随政权成长而不断变化的：从部落联盟到政权初期，羽真用于维系拓跋君主与部酋、贵族势力的平衡；伴随政权由宗王政治向皇权政治的过渡，尤其是太武帝统一华北后，皇权独尊势头明显，至孝文帝时，羽真成为获得皇权认可、进入核心统治圈的身份标识；孝文改制后，鲜卑色彩的礼制划分

摘 要

符号虚化，进入沙汰序列，羽真从在冯熙太和三年自书 S.0996《杂阿毗昙心经卷第六·题记》（以下简称《题记》）官爵序列的高位到十九年孝文帝撰《冯熙墓志》中的消亡，正是华夏化沙汰鲜卑系话语的显例，可视作拓跋核心集团步入皇权轨道后彻底祛除部落联盟形态的声明。

由部落联盟进入国家政权阶段，拓跋都平城而一华北，至孝文改革礼制，强化中原祭典的同时，开始清理拓跋旧俗。文明太后死后，孝文与保守拓跋贵族的矛盾凸显，以帝室十姓为代表的后者，反对礼制改革的重点当非吸收华夏典制，而是对鲜卑旧俗的革除，表面仪式的消亡，代表着背后专有特权的丧失。由此在太和十七年定迁都计划前，选取的礼制考察对象是罕为学界措意、带有神秘面纱的祭祀机构神部。在对神部存在时间、执掌典守、设官分职、《通鉴》所涉八部问题、后来去向及其与祠部关系等问题考察的基础上，重点关注神部尚书王谌在迁主安庙过程中为守旧贵族代表拓跋丕阻挠的史例，后者反对汉族庶姓王谌参与移庙，目的便是保持帝室十姓祭祀特权的纯洁性，以此可管窥孝文改制中鲜卑旧俗与华夏典制在政治博弈中的消长变动。

迁洛后，孝文礼制改革全面铺展，宗周旧制与汉家故事交相辉映，但绝非拿来主义，而是在加强皇权的终极目标下，镀上自身特色。以天子/皇帝耤田礼为考察对象，将北魏耤田方位置于长时段中考察，可发现周秦汉唐间耤田方位存在着由本乎"宗周旧制"之南耕向源出"汉家故事"的东耕转化的轨迹，东耕内部亦显现出东南与东方位上的变更。拓跋魏平城与洛阳耤田方位皆为宗周南耕，是以宗经、复古之旗帜补短取长，颉颃他方；其制为宇文周继承，终传于杨隋。

太和改制后，华夏礼制渐居显位，但在涉及军国关键，尤其是维护皇权时，统治者多变更华夏故事，以利权柄驾驭，尊君、实用原则稳占上风，九锡的变相应用便为显例。九锡自西汉初即有说值得商榷。规范化九锡实始出《礼纬·含文嘉》；始出时段当在王莽受九命之锡（元始五年）至《白虎通》成书（建初四年）之间。《礼纬·含文嘉》在东汉初谶纬思潮影响下，将九锡名称规范化；而《白虎通》引用《礼纬·含文嘉》文，剔除王莽以九锡篡位的实践影响，回到九锡渊薮宗周九命褒奖功臣的最初功能上，并将之与封爵、土地相关联，申述九锡组合与排序依据，从而将谶纬化的九锡官方化。太和十九年，与羽真消亡相呼应，华夏物化礼乐的代表九锡在北魏行用，而其于勋臣死后追赠的形式可谓对东汉九锡褒赠功臣原始功能的变相应用，显露出皇权逐步摆脱贵族控制而确立自身独立权威，并转而限制贵族特权这一政局发展基本趋势。北魏九锡与东晋南朝禅让九锡的差异，背后实质是皇权地位的沉浮；而为皇权服务的目标，决定了其对原始功能的回归只能流于表面，终会随皇权衰落而不可避免地沦为禅让九锡。

关键词： 北魏　礼制变迁　羽真与神部　耤田与九锡

Abstract

This book tries to break away from the traditional five rites (Ji, Xiong, Bin, Jun, Jia) structure of the exposition mode, and does not try to examine the five rites of the Northern Wei Dynasty in an all-encompassing but static way. Instead, on the premise of portraying a macroscopic picture of the Northern Wei Dynasty rites, it adopts the method of connecting points with a line to select four rites in turn that are connected in time and involve the collision, conflict, fusion, and even transformation of the primitive rites of the Northern Wei Dynasty with the Chinese canon. Under the premise of "point": Yu Zhen, Shen Bian, Jitian Biao and Jiuxi, we dig deep into the meaning of the points, clarify the political and economic joints behind them, and then connect them with a line to outline the evolution of the ritual system of the Northern Wei Dynasty, and reveal the hidden and obvious criteria for choosing the ritual system under the vein.

The picture of the ritual system of the Northern Wei Dynasty should be an organic composition of the two: the first is to the dynasty rituals as the core of the main rituals, and the second is the main rituals outside of the miscellaneous rituals. Among them, the rituals of the Northern Wei dynasty could be divided into two parts: the Western Suburbs Ritual as the core, Baiden ancestor worship, the May 5 Connoisseur's Revels, the July 7 Revels, etc. as the auxiliary flank of the nomadic rituals of the origins of the rituals (and also perfected after the entry into the Central Plains); the suburb of the mound of the subdivision of the difference (the northern and southern suburbs, the Hua-

摘 要

nqiu Square Zephyr) as the core, the first silkworms of the Bird's Nest, the Sun and the Sun and the Sun and the Moon, and the five times of the day to meet the gas of the star-vigilant Huaxia rituals, which evolved out of the Northern Wei Dynasty Ritual of the two rituals (the primordial ritual and the Huaxia Festival), three core (western suburbs, northern and southern suburbs and Huanqiu Fangze) collision, conflict, integration and even transformation of the complex situation.

Yuzhen corresponds to the stage when Takumi entered the state from the tribal alliance, and it arose and functioned in response to the mechanism of the tribal alliance. Academics speculate that the viewpoint that Yu Zhen is an official title is debatable. Feizhen is intended to distinguish the power of the early state of the division of field and hierarchical order, within the four grades and the rise and fall of the regime with the growth of constant change: from the tribal alliance to the regime in the early stages of Feizhen used to maintain the balance of power of the Tuoba monarch and the tribal chiefs, nobles; along with the regime of the transition from the clan king to the imperial politics, especially after the unification of the Emperor Taibu North China, the momentum of the imperial power is obvious to the Emperor Xiaowen, Feizhen become After Emperor Xiaowen reformed the system, the symbols of the ritual division of the Xianbei color were deflated and entered the Sha Tuo sequence, and Yuzhen went from the high position of the official title in the third year of Feng Xi's Taihe self-written S. 0996 Miscellaneous Abhidharma Sutra Volume 6 – Inscription (hereinafter referred to as "Inscription") to the high position in the nineteenth year of the official title in the sequence.

From the tribal alliance into the stage of state power, Tuoba capital Pingcheng and a North China, to the Xiaowen Emperor reformed the system of rituals, strengthened the Chinese rituals at the same time, began to clean up the old customs of Tuoba. After the death of Empress Wenming, the contradiction between Emperor Xiaowen and the conservative Tuoba aristocrats came to the forefront, with the imperial family represented by the ten surnames of the latter, opposed to the reform of the system of rituals when the focus is not to absorb the Chinese canonical system, but the elimination of the old customs of the Xianbei people, the demise of the surface rituals, representing the loss of proprietary privileges behind the scenes. Therefore, before the plan of moving the capital in the 17th year of the reign of Emperor Taihe was finalized, the object of the ritual system was selected to be examined, which was the ritual institution of the Ministry of Shen, which was rarely thought of by the scholarly community, and which was covered with a veil of secrecy. On the basis of the examination of the existence of the Ministry of the Shens, the administration of the canons, the establishment of the officials, the issue of the Eight Ministries involved in the *Tongjian*, their subsequent destinations, and their relationship with the Ancestral Temple, etc. , we focus our attention on the historical example of the Minister of the Ministry of the Shens, Wang Chen, who in the process of relocating the temple of the Lord of the An Temple, was blocked by the representative of the old-fashioned aristocracy, Tuoba Pi, who objected to the participation of the Han Chinese commoner name Wang Chen in moving the temple to keep the purity of the imperial imperial ten-named sacrificial privileges, and thus we may have a glimpse of the historical situation of the reformation of the Emperor Xiaowen. In this way, we can see how the old customs of the Xianbei and the Chinese canonical system changed in the political game of Emperor Xiaowen's reorganization.

After moving to Luoyang, Emperor Xiaowen's ritual reforms were in full swing, and the old system of Zongzhou and the Han story were intertwined, but they were by no means fetishized, but rather plated with their own characteristics under the ultimate goal of strengthening imperial power. Taking the Tianzi/Emperor's Bowfield Rites as the object of investigation, and placing the orientation of the Bowfield of the Northern Wei Dynasty in a long period of time, it can be found that

摘 要

during the Zhou, Qin, Han and Tang Dynasties, there existed the trajectory of the transformation of the Bowfield's orientation from the southern cultivation of the old Zongzhou system to the eastern cultivation originating from the Han story, and that the internal cultivation of the eastern cultivation also revealed the influence of the southeast and the eastern position. There is a trajectory of transformation from the southern cultivation of the "old system of Zongzhou" to the eastern cultivation of the "story of the Han family". The orientation of the fields in Pingcheng and Luoyang of the Tuoba Wei dynasty were both based on the southern plowing of the Zhou, and it was under the banner of the Zongjing and the Restoration of the Ancient World that they complemented their shortcomings and took advantage of their strengths to fly down the others; their systems were inherited by the Yuwen Zhou, and were eventually passed down to the Yang Sui dynasty.

After the reform of Taihe, Chinese ritual system gradually according to the prominent position, but when it comes to the military and national key, especially to maintain the imperial power, the rulers more changes in the Chinese story, in order to facilitate the harnessing of power, respect for the king, the principle of practicality steadily prevails, the application of nine tin in disguise will be a clear example. Ninetin since the beginning of the Western Han Dynasty that is debatable. Normalization of the nine tin actually began to come out of the *Rite and Wefts-Containing Wenjia*; began to come out of the time period when Wang Mang received the nine life of the tin (the first five years) to the *Baihu Tong* into a book (Jianchu four years) between. The Rites and Wefts-Containing Wenjia standardized the names of the Jiuxi under the influence of the prophetic trend in the early Eastern Han Dynasty, while the Baihu Tong quoted the text of *Rites and Wefts-Containing Wenjia* to remove the influence of Wang Mang's usurpation of the throne by using the Jiuxi and to return to the Jiuxi as the source of the original function of the Nine Functions of the Zongzhou Nine Functions in praising meritorious ministers, and to relate them to titles and land,

and to explain the basis for the combining and sorting of the Jiuxi, thus officially prophetizing the prophetically-enhanced Jiuxi. In the 19th year of Taihe, echoing the demise of Yu Zhen, the representative of the Chinese materialization of rituals and music of the nine tin in the Northern Wei Dynasty, and its form of posthumous award after the death of the ministers can be described as a disguised application of the original function of the East Han nine tin commendation of the ministers, revealing the gradual release of imperial power from the control of the aristocracy to establish their own independent authority, and turn to limit the privileges of the nobility of the political development of the basic trend. Northern Wei nine tin and the Eastern Jin and Southern Chancellor of the differences between the nine tin, behind the essence of the position of imperial power; and for the goal of the imperial service, decided that its return to the original function can only be superficial, and will eventually with the decline of the imperial power and inevitably fall into the Chancellor of the nine tin.

Keywords: Northern Wei Dynasty, ritual change, Yuzhen and Shen Ministers, Jitian and Jiuxi

目 录

绪 论 北魏礼制研究的图景与脉络 ……………………………（1）

上编 羽真号与神部：从部落联盟到平城时代的礼制变迁

第一章 分贵贱、别尊卑：羽真号及其消亡 ………………（49）
第一节 结构性失忆的"模糊"脉络 ……………………（52）
一 碑刻、墓志类 ………………………………………（56）
二 正史类（主要集中于唐初）………………………（57）
三 羽真第一义非官职或爵称 …………………………（60）
第二节 羽真功用考：以内行/大羽真为中心 ……………（65）
一 内行羽真奚干与大羽真诸例差异考实 ……………（67）
二 内大羽真元顺与羽真元素连、元陵差异考实 ……（79）
第三节 羽真之兴与部落联盟 ……………………………（84）
一 羽真第一义在北魏前期的演变 ……………………（84）
二 羽真号的出现与部落联盟机制 ……………………（86）
第四节 羽真号的消亡 ……………………………………（88）
一 羽真号的消亡 ………………………………………（88）
二 羽真三义的勾连 ……………………………………（89）
小 结 ………………………………………………………（90）

第二章 "庙配事重"：神部问题研究 (93)

第一节 "神部令"与"神部长"蠡考 (95)
一 "神部令"辛绍先简考 (95)
二 "神部长"奚买奴与胡注《通鉴》"八部" (97)

第二节 "神部尚书"王谌与"国之大姓" (104)
一 "神部尚书"与"祠部尚书"异名同体 (105)
二 "神部尚书"王谌与"国之大姓" (112)

第三节 神部长、令即祠部长、令 (115)
一 "祠部神部各为一曹"说驳难 (116)
二 "神部令、长即祠部令、长"考 (117)

第四节 "北魏后期仪曹综并祠部"说商榷 (120)

小 结 (123)

下编 宗周旧制与变汉故事：迁洛后礼制变迁

第三章 宗周旧制：耤田方位的变迁 (127)

第一节 贞观三年君臣"藉田方面"歧义论析 (132)
一 经典记载与先代故事：孔颖达的论据 (133)
二 "礼缘人情"：唐太宗的四点理由 (135)
三 "东郊少阳"与"诸侯象"之间的矛盾 (140)

第二节 "南耕"为"宗周旧制"蠡考 (142)
一 "南耕"系统的经典支持 (142)
二 "南耕"系统经典记载的成篇时间考察 (144)
三 宗周南耕的原因考察 (146)

第三节 "东耕"源出"汉家故事"考实 (148)
一 "东耕"系统的构成 (148)
二 "东耕"源出"汉家故事"考 (150)

第四节 "东耕"内部方位变化与"南耕"复行 (151)
一 先蚕方位的辅助推定：曹魏耤田方位考 (152)

二　东晋哀帝耤田方位与门阀政治 …………………………（154）
　　三　"帝出乎震"：梁武帝的东郊耤田 ………………………（155）
　　四　"宗周南耕"：北朝耤田方位的传袭 ……………………（157）
　小　结 ……………………………………………………………（161）

第四章　变汉故事：北魏九锡之变相 ……………………………（165）
　第一节　九锡与汉制渊源：九锡始出文献时段考辨 …………（167）
　　一　《韩诗外传》九锡记载存疑 ……………………………（169）
　　二　《汉书·武帝纪》元朔元年"有司奏议"
　　　　史料驳难 …………………………………………………（171）
　　三　九锡始出《礼纬·含文嘉》考 …………………………（175）
　　四　东汉政府行用九锡二例 …………………………………（188）
　第二节　北魏九锡名物略考 ……………………………………（191）
　　一　车马：大辂、戎辂各一，玄牡二驷 ……………………（192）
　　二　衣服：衮冕之服，赤舄副焉 ……………………………（206）
　　三　乐则：轩悬之乐，六佾之舞 ……………………………（222）
　第三节　九锡之变相：北魏九锡与太和十九年后政局 ………（232）
　　一　北魏受九锡者考论 ………………………………………（233）
　　二　勋臣追赠九锡的横向考察——与卒后赠官、
　　　　爵的关系 …………………………………………………（237）
　　三　勋臣追赠九锡的纵向考察——孝文至孝明世
　　　　受者身份变化 ……………………………………………（242）
　小　结 ……………………………………………………………（259）

结　语 ………………………………………………………………（262）

参考文献 ……………………………………………………………（274）

书中涉及论文发表情况 ……………………………………………（291）

索　引 ………………………………………………………………（292）

后　记 ………………………………………………………………（295）

Contents

Introduction Picture and Puls: The Study of the Ritual System of the Northern Wei Dynasty Taking Paths ……………………………………………………… (1)

Upper Part

Chapter 1 Divide the Noble and the Lowly and the Honorable: The Yuzhen and its Demise ……………………………… (49)

Section I The "Blurred" Vein of Structural Amnesia ………… (52)
I. Monumental Inscriptions and Tombstones ……………………… (56)
II. Genuine History (Mainly Focusing on the Early Tang Dynasty) …… (57)
III. The First Meaning of Yuzhen is not an Official Position or Title … (60)
Section 2 Examination of the functions of the Feathered Truth: Centering on the Inner Line/DaFeathered Truth …… (65)
I. Examination of the Differences between the Examples of the Inner Yuzhen Xi Gan and the Great Yuzhen ……………………… (67)
II. Examination of the Differences between the Inner Great Feather True Yuan Shun and the Feather True Elemental Lian and Yuan Ling ………………………………………………… (79)
Section III The Rise of the Feathered Truth and Tribal Alliances ……………………………………………… (84)
I. The Evolution of the First Meaning of Yuzhen in the Pre-Northern Wei Dynasty …………………………………………………… (84)

 Contents

II. The Emergence of the Hashizume and the Tribal Alliance
   Mechanism ………………………………………………………… (86)
Section 4　The Demise of the Yuzhen ……………………………… (88)
I. The Demise of the Yuzhen ………………………………………… (88)
II. The Collusion of the Three Righteousnesses of the Feathered
   Truth ……………………………………………………………… (89)
Summary ………………………………………………………………… (90)

Chapter 2　"Temple Matching Matters": A Study of the
           Ministry of Shen's Problems …………………………… (93)

Section I　The "Order of the Ministry of Shen" and the
          "Minister of Shen" Li Kao …………………………… (95)
I. A Brief Examination of Xin Shaoxian, the "Order of the
   Ministry of Shen" ……………………………………………… (95)
II. "Minister of Shen" Xi Bainu and Hu's "Eight Parts" of the
    Tongjian ………………………………………………………… (97)
Section II　Wang Chen, "Minister of Shen" and the "Great
           Surname of the Nation" ……………………………… (104)
I. "Minister of Shen" and "Minister of Ancestors" with the Same
   Name and Body ………………………………………………… (105)
II. Wang Chen, "Minister of Divinity", and the "Great Name of the
    Nation" ………………………………………………………… (112)
Section III　Ministers of Shen and Orders, i. e. , Shrine
            Ministers and Orders ……………………………… (115)
I. Difficulties in Refuting the Claim that "the Ancestral and Divine
   Ministries are Each a Cao" …………………………………… (116)
II. Examination of "The Order and Chief of the Ministry of Shen is
    the Order and Chief of the Ministry of Ancestral Worship" ……… (117)
Section IV　Debate on the Claim that "the late Northern Wei
           Dynasty Combined Yi and Cao with the Ancestral
           Temple Department" ………………………………… (120)
Summary ……………………………………………………………… (123)

Contents

Lower Part

Chapter 3　The Old System of Zong Zhou: Changes in the
　　　　　　Orientation of Jitian ·· (127)

Section I　Analyzing the Ambiguity of the "Field Aspects"
　　　　　　of the Third Year of Jeonggwan's reign ················ (132)
I. Classical Accounts and Preceding Stories: Kong Yingda's
　 Arguments ·· (133)
II. "Rites of Passage and Humanity": Four Reasons for Tang
　　Taizong ·· (135)
III. Contradictions between the "Eastern Suburb of Shaoyang" and
　　the "Vassals' Elephant" ·· (140)
Section 2　"Southern Plowing" as "Zongzhou's Old System"
　　　　　　Li Kao ·· (142)
I. Classical Support for the "Southern Farming" system ··············· (142)
II. Examination of the Formation Time of the Classical Records of the
　　"Southern Farming" System ·· (144)
III. An Examination of the Reasons for Zong Zhou's Southern
　　Farming ·· (146)
Section 3　The Origin of "Dongkong" from the "Han Family
　　　　　　Story" ·· (148)
I. Composition of the "Dongguan" System ·································· (148)
II. Examination of the Origin of "Eastern Plowing" from the "Tales of
　　the Han Family" ·· (150)
Section IV　Changes in the Internal Orientation of the
　　　　　　　"Eastern Plow" and the Resumption of the
　　　　　　　"Southern Plow" ·· (151)
I. The Auxiliary Presumption of the Orientation of the First Silkworms:
　 An Examination of the Orientation of the Cao-Wei Quitfield ········· (152)

· 3 ·

 Contents

II. Emperor Ai of the Eastern Jin Dynasty's Field Orientation and
Doorway Politics ·· (154)
III. "Emperor Out of the Zhen": Emperor Wu of Liang's Eastern
Suburbs of the Shizuta ·· (155)
IV. "Zong Zhou Nan Plowing": The Transmission of Field
Orientation in the Northern Dynasty ·························· (157)
Summary ·· (161)

Chapter 4　The Story of the Changing Han: The Changing
　　　　　　Phases of the Northern Wei's Jiuxi ················ (165)

Section I　The Origins of the Jiuxi and the Han System: An
　　　　　　Examination of the Time Period of the Documentation
　　　　　　of the Beginning of the Jiuxi ······················· (167)
I. The Doubtful Record of Jiuxi in the *Extraordinary Biographies of
Han Poetry* ·· (169)
II. Second, the Book of the *Han Dynasty-Emperor Wu Di Ji*, Yuan
Shuo Year "There is a Division of the Discussion" Historical
Refutation ·· (171)
III. Nine Tin Began to Come out of the "Ritual Latitude-containing
the Wenjia" Examination ·· (175)
IV. Two Examples of the Eastern Han Government's Use of
Nine Tin ·· (188)
Section II　A Brief Examination of the Nine Tin Names and
　　　　　　Objects of the Northern Wei Dynasty ·············· (191)
I. Horses and Chariots: Chariot, Chariot Each One, Xuanmu Two
Team ·· (192)
II. Clothing: The Robe of Gun and the Red Slipper ················ (206)
III. The Rules of Music: The Music of the Henchmen and the
Dance of the Six Rowdies ·· (222)
Section III　The Changing Phases of the Jiuxi: The Jiuxi of the
　　　　　　　Northern Wei Dynasty and the Political Situation
　　　　　　　after the Nineteenth Year of Taihe ················ (232)

Contents

I. An Examination of Those Who Received the Jiuxi in the Northern Wei Dynasty ……………………………………………………… (233)

II. A Horizontal Examination of the Pursuit of the Jiuxi by Hoon Chong: Its Relationship to the Grants of Officials and Titles after Dying ………………………………………………………… (237)

III. A Longitudinal Examination of the Posthumous Minister's Pursuit of the Jiuxi: Changes in Recipient Status from Xiaowen to Xiaomingshi ………………………………………………………… (242)

Summary ……………………………………………………………… (259)

Conclusion …………………………………………………………… (262)

References …………………………………………………………… (274)

The Book Deals with the Publication of Papers ………………… (291)

Index …………………………………………………………………… (292)

Afterword ……………………………………………………………… (295)

绪论　北魏礼制研究的图景与脉络

源出森林草原游牧部族的拓跋鲜卑，历三次南徙，城盛乐而后都平城，冲破游牧与农耕的边界，至道武建极北魏，太武一统华北，于五胡扰攘间建立功业，其时之制，"汉化以渐，新旧竞替，制杂胡华，敷汉名于旧制，因事宜而立官"，迄至孝文，"倾心汉化，厘为永式，始与华制为近"[①]。宣武之后，政局多舛，孝文汉化之功，虽有隳落，然其纲网已结，华夏之细目愈见细密。内外利益之别，清浊判然之分，使得边士、武人大哗，致有河阴之变，分散东西。作为魏晋南北朝时期较长时段统一华北的少数民族政权，北魏礼制将拓跋俗制与华夏典制熔于一炉，两者之间不仅有碰撞、冲突，亦有交融乃至转化。因此，所谓"北魏礼制变迁研究"可以拆分为"北魏""礼制"与"变迁"三个关键词，分别进行考量。

一　"拓跋魏"与"礼制"的碰撞

拓跋鲜卑建极的"北魏"撞上华夏自有身份标识的"礼制"，会擦出怎样的火花？探讨此问题的前提，或者说困难所在，是需要对传统意识中的"北魏"与"礼制"进行概念与外延的更新与界定。传统史学意义上，北魏是以"北"（在方位、政权上与南朝相对而言）来标示的、静止的王朝指代名称，其起始时段是登国元年拓跋珪改国号为魏，而在此之前，源出森林草原游牧部族，处于鲜卑部落、部落联盟时期的拓跋鲜卑，无疑是不入华夏所谓"礼"的夷。自儒生们津津乐道的周公"制礼作乐"以降，

[①] 严耕望：《北魏尚书制度考》，载《严耕望史学论文集》（上），上海古籍出版社2009年版，第85页。

绪论　北魏礼制研究的图景与脉络

再经孔子于"五经"的阐发，以华夏文化为内涵的"礼"在王权之内"别尊卑"作用确立的同时，对外发挥着划分与蛮夷戎狄之泾渭，承载华夏边缘的功效，而此功效随着"礼"本身的规范化与朝代更迭，愈来愈有固化的倾向。华夏与蛮夷的区别在于是否识礼："所谓夷狄者，并不一定在中夏的外部……他们与中华的区别所在，并非种族或者地域，而是对周室之'礼'的体会如何，易言之，是如何编入以周天子为中心的秩序体制。而区别的基准，定于'礼'之有无，关联到后来'东亚世界'的形成。"[①] 以文化而非血统/种族的"有教无类"观又使得二者之间可以转换："孔子之作《春秋》也，诸侯用夷礼，则夷之；进于中国，则中国之。"[②] 然而转化并不能掩盖华夏与蛮夷的界限：在蛮夷没有转化为华夏之前，是没有"礼"可言的；"非我族类，其心必异"是坚定彼此界限的深层原因。按照如上的传统定义，自然形成逻辑：北魏建国之前是无"礼"之夷，自然无所谓"礼制"的研究。于是，当所谓的"礼制"碰上漠北崛起的拓跋鲜卑建立的北魏，人们多是乐于谈论与研究他们是如何遵从华夏典章，施行"汉/华夏化"举措的，对于部落与部落联盟时期，却总是下意识地目之为蛮夷习俗而一笔带过；或有简略论及鲜卑习俗者，却以是否"合（华夏）礼"的套路来评判，流于形式的同时，陷入了以己度人、唯华夏中心主义的危险境地。有充分的史料证明，鲜卑部落、部落联盟时期已然存在类似于华夏礼制"别内外、定尊卑"的制度，也许它并不如华夏礼制完善，但更为契合部落联盟的社会经济结构；而其独具游牧特色的祭天、拜祖仪式与华夏礼制中的郊祀存在差异的同时，也有共通之处，至为关键的是此种仪式作为精神信仰，伴随部落联盟的特有政治形势，如木之本、水之源，长期潜移默化地影响着拓跋鲜卑建立政权后很长一段历史时期，最为明显者如西郊祭天、白登祭祖等；而在北魏末期，河阴之变前后兴起的胡化浪潮，也呼应了前政权时代的仪式与习俗。因此，"北魏"应当视作一个变动的——由游牧民族到华夏化的华北政权——政权符号，以此将部落、部落联盟时期的仪式与习俗纳入其间并为之正名。

相应的，作为中国传统社会有效运转的软性约束力量，"礼"是将象

[①] [日]西嶋定生：《东亚世界的形成》，高明士译，刘俊文主编：《日本学者研究中国史论著选译》第二卷《专论》，中华书局1993年版，第94页。

[②] （唐）韩愈撰，马其昶校注，马茂元整理：《韩昌黎文集校注》第一卷《赋、杂著·原道》，上海古籍出版社1986年版，第17页。

绪论　北魏礼制研究的图景与脉络

数思维运用到政治和人伦领域而成，①既涵盖诸多宗教性或非宗教性的典礼和仪节，也包括社会成员应当普遍接受并遵循的行为准则、道德规范和人类秩序，质言之，它应当是多层面的、立体的。②学者一般将礼制的产生归结于国家权力的介入，由此在传统的典礼和仪节中，有了礼制和礼俗之分，两者的分野在于："礼制是朝廷以礼典和相关法令的形式颁布的礼仪活动规则，礼俗是由社会习俗支撑的礼仪行为。"③而传统礼制的具象即指《周礼》"五礼"（吉、凶、宾、军、嘉），梁满仓指出魏晋南北朝是五礼制度化的时期，④其专著《魏晋南北朝五礼制度考论》以《周礼》五礼制度为框架，对魏晋南北朝的"礼制"进行全面、系统、深入的研究，是为典范之作。但具体到北魏，与礼俗相对的礼制定义，及《周礼》五礼的框架显然是不合体的。

前述部落、部落联盟时期的仪式与习俗，并没有成型的国家权力的介入，但并不妨碍其以相关法令的形式形成仪式、规则，与此同存的约定俗成的习俗，接近于礼俗，可谓杂糅礼制和礼俗。而在五礼框架下，将带有鲜明游牧政权色彩及部落礼俗烙印的拓跋魏礼制带入华夏五礼论述的套路，囿于规矩，处处掣肘，难以铺展开来，如《魏晋南北朝五礼制度考

---

① 参见杨英《祈望和谐——周秦两汉王朝祭礼的演进及其规律》，商务印书馆2009年版，第19—25、46—60页。
② 礼有"体""履"之分，《礼记·礼器》云："礼也者，犹体也。体不备，君子谓之不成人。"《说文》一上示部云："礼，履也。所以事鬼致福也。"孔颖达《礼记正义序》发表己见："郑（玄）作序云：'礼者，体也，履也。'统之于心曰体，践而行之曰礼。"质言之，体为核心、框架，指导思想并界定外延，履为辐辏、细节，实践礼节，以使合礼。又有"经礼""曲礼"之分，《礼记·礼器》"经礼三百，曲礼三千"是也，孔颖达以为"曲礼"与"仪礼"为一，疏《礼记·曲礼》篇名云："曲礼之与仪礼，其事是一。以其屈曲行事，则曰曲礼，见于威仪，则曰仪礼。"今日学者对"礼"的划分所见有五：陈戍国认为礼有礼物、礼仪、礼意三部分；王启发则区分为行为之礼、制度之礼、观念之礼，具有宗教、法律、道德三方面属性；梁满仓则分作礼学、礼制、礼俗、礼行四方面；高明士指出礼有三义，即礼之义（义理）、礼之仪（仪式）与礼之制（制度）；杨英的划分最为细致：礼义、礼仪、礼容与物化礼乐，后两者尤其是礼容，即行礼时所包含的恭敬庄严的情感要素，颇具新意。分别参见陈戍国《先秦礼制研究》，湖南教育出版社1991年版，第7—8页；王启发《礼学思想体系探源》，中州古籍出版社2005年版，第4—7页；梁满仓《魏晋南北朝五礼制度考论》，社会科学文献出版社2009年版，第1页；高明士《律令法与天下法》，台北：五南图书出版公司2012年版，第371—377页；杨英：《祈望和谐——周秦两汉王朝祭礼的演进及其规律》，第46—56页。
③ 朱溢：《事邦国之神祇：唐至北宋吉礼变迁研究》，上海古籍出版社2014年版，第2页。
④ 参见梁满仓《论魏晋南北朝时期的五礼制度化》，《中国史研究》2001年第4期；收入氏著《魏晋南北朝五礼制度考论》，社会科学文献出版社2009年版，第126—178页。

· 3 ·

论》第四章《魏晋南北朝的吉礼》，首节论华夏国家祭典与经学上最为关键、聚讼纷纭的"圜丘与南郊的分合"，而至北魏处，独具游牧特色、于北魏影响深远的西郊祭天，只引用了《魏书·礼志一》天赐二年四月西郊祭天的记载，加上陈戍国《魏晋南北朝礼制研究》总结的与汉族传统祭天仪式不同处，合为一段便了，对于康乐《从西郊到南郊：拓跋魏的"国家祭典"与孝文帝的"礼制改革"》①为代表的学界已有研究成果没有引用，也未能展开作者自己的见解。此外，北魏前期极不丰富的史料现状，也使得面面俱到的五礼架构难以系统展开。再加上五礼分类最易导致的静态描述，使得北魏礼制研究成为无源之水，无法生动展现魏晋南北朝时期统一华北的少数民族政权礼制变迁的来龙去脉。再次，北魏孝文汉化是学界研究的重点，俨然已是北魏礼制研究沙漠中的绿洲，但除了康乐从西郊到南郊的研究颇有深度外，并无实质性进展。而自孝文之后的北魏政局，最鲜明的便是灵太后两次临朝。频繁的政局变动，使得装饰性的礼制成为博弈的筹码，掺杂着权势的意志，屡有改作，而静态的五礼制度考察是无法鲜活的体现礼制与政局的动态关系的。

　　本书所谓"北魏"，确切名称是指"拓跋魏"，将拓跋鲜卑部落、部落联盟时段涵盖其中，且因为主要讨论的是王朝礼制层面，故用"拓跋魏"以标示礼制的王朝属性，及其实行主体——拓跋鲜卑支配阶层。相应地，传统"礼制"的内涵与外延也应有所变动。首先，其外延应当向游牧民族的特殊情况扩展，以此契合部落、部落联盟时期、具有游牧民族特色的礼俗与社会情况。其次，需要着重"制"的方面，论述礼之"制"在当时情境下的实际功用，而非局限于传统礼学所认可的纯粹礼仪项目，亦应包含具有民族、时代特色的礼制职官、机构等。此外，在礼仪典制中通行，以数度隆杀来表现礼制等级的具象的物化礼乐也当被纳入其中。最后，也是最为关键的一点，传统的《周礼》五礼（吉、凶、宾、军、嘉）框架并不契合北魏礼制变迁研究。本书以为我们可以尝试摒除五礼系统静止的面面俱到架构，在描摹出北魏礼制宏观图景的前提下，采用以点切入，进而以点连线的方式展开较为深入的研究。具体而言，是试图关注历时性的长时

---

① 康乐：《从西郊到南郊：拓跋魏的"国家祭典"与孝文帝的"礼制改革"》，《从西郊到南郊：国家祭典与北魏政治》，台北：稻禾出版社1995年版，第165—206页；又见于《台湾学者中国史论丛·政治与权力》，中国大百科全书出版社2005年版，第208—238页。

段，依次选取在时段上有所牵连，关涉拓跋原始礼制与华夏典制碰撞、冲突、交融乃至转化的礼制之"点"，深入挖掘"点"的意蕴，明晰其背后的政治、经学关节，而后以"线"连接，勾勒出北魏礼制演变的脉络，并揭示脉络下显隐的礼制抉取标准。展开这一工作的前提，是描摹出北魏礼制的图景。

二 北魏"礼制"图景：两祭典、三核心与杂祀

北魏礼制的图景大致可以分作两大类：以王朝祭礼为核心的正祀，正祀之外的杂祀。以下分论之。

祭祀之礼以王朝祭礼为重，后者囊括了祭祀礼的两个关键核心，即郊天与祭祖，并通过政权的武力、天命授予的正统神圣性予以维持。西汉成帝时匡衡、张潭改革天地之祀，将甘泉太一畤、汾阴后土祠挪到长安南北郊，以南郊为主体的南北郊制度渐次萌芽，而后经新莽改定、东汉实施，正式成为系统化王朝祭礼的核心。① 自兹以降，历魏晋南北朝，经历《周礼》五礼制度化过程，② 以郊天为主导的王朝祭礼成为统治集团维护王朝正统，证明自身承天受命的主要仪式手段。而在五胡扰攘、典午南渡的时代背景下，游牧民族建立的政权，不可避免地使得王朝祭礼沾染上游牧礼俗。

大略而言，北魏王朝祭礼可分三类：以西郊祭典为核心，白登祭祖、五月五日飨、七月七日飨等为辅翼的源出于（亦有入主中原后完善的）游牧礼俗的祭典；以郊丘分异（南北郊、圜丘方泽）为核心，耤田先蚕、朝日夕月、五时迎气等众星拱卫的华夏祭典；太武帝之后，新君即位亲至道坛受符箓的道教典礼。新君即位时的道教典礼频率较少，影响渐趋弱化，可暂置不论。道教曾在太武帝时进入国家祭典，演变出新君即位亲至道坛受符箓的典礼。太武接受寇谦之称皇帝为太平真君的说法，灭北凉统一华北后翌年改元太平真君（440），三年（442）正月"帝至道坛，亲受符

---

① 参见杨英《祈望和谐——周秦两汉王朝祭礼的演进及其规律》，第355—380、447—472、512—540、630—656页；田天《秦汉国家祭祀史稿》，生活·读书·新知三联书店2015年版，第209—257页。
② 参见梁满仓《论魏晋南北朝时期的五礼制度化》，《魏晋南北朝五礼制度考论》，第126—178页。

箓，备法驾，旗帜尽青"①。道坛在平城东南，按同书卷一一四《释老志》记载，仪式是按照道教典仪举行的，目的是"欲上与天神交接"②。寇谦之于九年（448）身死，谓诸弟子曰："及谦之在，汝曹可求迁录。吾去之后，天宫真难就。"是道教典仪的成立，全在寇谦之能给予太武与天神交接的希望，根基全系于太武喜好上，自太武崩后，地位急转直下，但北魏国家祭典却增加了新君即位亲至道坛领受箓的仪式，"以彰圣德"。此后直至孝文太和年间，登道坛受符箓，而后赦京师、班赏臣民，成为新帝即位的规定性动作。太和十五年秋，孝文下诏移道坛于桑乾之阴，改曰崇虚寺。孝文称此举是"祗崇至法，清敬神道"，但其客观作用却是明升实降，将道教仪式作为"不在祀典"的杂祀清理出了国家祭典，更为关键的是新君的正统性自主权不能操于道士之手，自兹之后，史料不复见新君即位登坛受箓的记录。总体来说，道教典礼只在新君即位时才有，在北魏前期的频率较低，虽然时机重要，但模式单一，伴随孝文明升实贬的迁徙，其影响无限趋于弱化。仅就前两者而言，源出森林草原的拓跋鲜卑原始祭典，虽显粗陋，却是拓跋精神寄托所在；而华夏典制在理论系统性、完整性上较原始祭典为胜，但处境尴尬：拓跋统治阶层既需华夏祭典以宣示正统，颉颃南方，亦担忧为其同化，消融自身特色，矛盾的心态使得相应政策不断变动。由此演化出北魏王朝祭礼的复杂情形，即两祭典与三核心——两祭典——原始祭典与华夏祭典；三核心：西郊、南北郊和圜丘方泽。两祭典与三核心，相互之间碰撞、冲突、交融乃至转化，这是北魏前中期礼制的实况。

至孝文改制，尊崇华夏典制，有迁洛、禁胡俗、更名易服，乃至取消西郊祭典的举动，华夏典制占据上风，三核心变为两核心，但原始礼俗并未退出，而是在后期时隐时现，于河阴之变前后涌起所谓"胡化逆袭"的浪潮；即便在华夏典制占据上风的中后期，其自身内部的南郊、圜丘两核心，亦在现实政治与经学理论的各自影响下，自有一番消长沉浮。

王朝祭礼之外，尚有杂祀。中古史籍所载，多是王朝正统祭祀，其模式一般是以郊天（南北郊、圜丘方泽）、祭祖为核心，耤田先蚕、朝日夕月、五时迎气等为辅翼，构成完整自洽的祭礼系统，却极少有篇幅涉及杂祀；在有限的篇幅中，记叙杂祀的模式也多是政府历数杂祀之"不经"，

---

① 《魏书》卷四下《太武帝纪》，中华书局1974年版，第94页。
② 《魏书》卷一一四《释老志》，第3053页。

将之清理、禁绝。这种记载显然忽略了杂祀与正统祭祀在碰撞、冲突之外，亦有妥协，甚至转化的一面。

目前学界对中古礼制的研究，明显受到传统史书记载的影响：研究重点多集中于王朝祭礼上，鲜少关注杂祀；对杂祀并不多的研究中，亦有三点问题凸显：一是杂祀的概念与外延需要厘定，基本概念的廓清是学术得以成长、讨论得以顺利展开的前提；二是多将王朝正统祭祀与杂祀对立视之，沿袭传统史书论调，研讨杂祀遭清整与禁绝的过程，却忽视了二者间虽有碰撞、冲突，却也可在一定条件下交融乃至转化的史实，尤其是国家礼制层面，因为政治需求，杂祀与王朝祭礼的转化更为突出，故杂祀的变迁演化与正统祭祀相互缠绕，不可生生分离，只论一端；三是杂祀与政局变动的关系应当受到重视。杂祀并非全部是远离庙堂的"淫祀"，或者蜗居一隅的"地方祠祀"，它不仅可以作为静态制度变迁的"晴雨表"，而且与时代政局相勾连，可以在一定程度上体现乃至影响政局变动。

北魏礼制的图景应当是以王朝祭礼为核心的正祀及杂祀的有机构成，而北魏的礼制正统，正是在王朝祭礼与杂祀的碰撞、冲突、交融乃至转化中，逐步与政局相契合而成立的。

三 "变迁"的脉络：以点连线的可行性

在描摹出北魏礼制图景的前提下，对其进行以点连线，勾勒出"变迁"脉络的方法就成为可能。当然，"点"的选择并非随意，应当满足三个基本条件：首先，最好是可以体现拓跋原始礼俗与华夏典制碰撞、冲突、交融乃至转化的礼制之点。此中又可分作两种情况。

第一种是两者共有的礼俗，如北郊祭地与朝日夕月两礼仪，两者的共同点皆可在拓跋源出的游牧祭典中找到对应的礼俗（大地、日月崇拜）：华夏典制中有北郊、方丘祭地，拓跋游牧礼俗中有蹲林及竖树枝的仪式，演变为西郊祭典中蹋坛与绕天，同样是出于对土地的崇拜与祈请，与北郊、方丘同为祭地礼仪；而拓跋原始礼俗中有崇拜日月的祭仪，在华夏典制中则是朝日夕月礼："王者必父天母地，兄日姊月"，天子春分朝日，秋分夕月，自汉以降便被视为可与郊天祭地相并列的祭仪，孝文太和十六年二月，初朝日于东郊，八月，初夕月于西郊，并使朝日夕月经常化。这些共有的礼俗在拓跋从部落联盟进入国家形态后，不可避免地会有碰撞、冲突、统治者需要在两者间有所抉择与调适。但需要注意的一点是，在北魏王朝形态中，尤其是孝文改制之后，华夏典制占据上风，政治主导礼制的情况不断涌现，如朝日夕月成为政府对国家时间掌控的经典理据来源，以时间规范阶层秩序；而崇奉日月的仪式，也成为政府主导下宣扬日夜区别，实施宵禁，引导节日等礼俗的因由，以此达到安抚百姓，使之不威胁统治的目的，是在游牧礼俗与华夏典制冲突、调适的表象之下潜隐的政治需求。

第二种则是此礼为一方独有。通常而言，上述所论"两祭典""三核心"，皆是双方独具特色的礼俗（礼制），所以此处所谓"独有"，主要还是就华夏典制而言，因为后者是拓跋统治者入主中原后着力吸纳，并在一定标准下进行相应抉择的。如选取迁洛后礼制变迁之"点"是物化礼乐的代表九锡（第四章），其目的便是明晰拓跋统治阶层对华夏典制的抉取标准。

后世王朝行用礼制，总为自身寻求正统依据，需于"宗经""复古"和"尊君""实用"的标准中因时、因地的采掘先代之制，以最大程度的巩固、维护己之统治。以游牧民族身份入主华北、建极中原的拓跋魏，在皇帝耤田方位等礼制层面，宗周旧制，以"宗经"为标准，而在涉及军国关键，尤其是维护皇权统治时，变更华夏故事，以利权柄驾驭时，"尊君""实用"原则稳居上风，在礼仪典制中通行、以数度隆杀来表现礼制等级的具象的物化礼乐，因着"一目了然"的特性成为此原则实践的不二之选。

本书关注的九锡，便是通过其迥异于同时段乃至漫漫历史长河中通行的"禅让九锡"而卓然独立，彰显出拓跋魏独特的皇权嬗变轨迹。太和十九年，与羽真号的消亡相呼应，华夏礼制中物化礼乐的代表九锡开始在北魏行用，然而九锡应用的对象、时间及形式大异于曹魏以降两晋南朝行用的"禅让九锡"。东汉杨赐与张津二例，可证政府以九锡褒奖功臣的最初功能行用九锡，而东汉以后九锡的行用却未完全延续东汉九锡褒赠功臣的最初功能。至于曹操，借鉴东汉九锡规制，同时效仿王莽"九命之锡"实践，变九锡为易代鼎革之工具，历两晋至南朝，余波及于隋唐宋，清一色的"禅让工具"，抹杀了九锡的最初功能：权臣凭借熏天权势，胁迫皇帝赐予九锡或自加九锡，加之以功德为公/王与开建王国等方式实现身份"去臣化"，而后以"禅让"的方式擅权篡位，易代鼎革，九锡通常扮演禅让工具的角色与功能。而以游牧之族的拓跋鲜卑建极之北魏却独具特色：勋贵宗亲、外戚、异姓王可以受九锡，彰显出对东汉九锡褒赠功臣原始功用的回归；但鉴于此前乃至同时段曹魏两晋及南朝"禅让九锡"对于皇权的威胁，以及北魏自身正处于由宗王政治向皇权独尊转变的关键阶段，"尊君""实用"原则实为最重，故变汉故事，皆是在勋臣死后追赠九锡，荣誉不能世袭，显露出皇权逐步摆脱贵族的控制而确立自身独立的权威，并转而限制贵族的特权。这一北魏政局发展的基本趋势，与东晋南朝门阀政治下的"禅让九锡"形成鲜明对比。北魏统治者于勋臣死后追赠九锡的形式可谓对九锡原始功能的"变相应用"，而其与东晋南朝"禅让九锡"的差异，背后的实质是皇权地位的沉浮；为皇权服务的目标决定了北魏九锡对于东汉九锡褒赠功臣原始功能的回归只能是表面化的，最终也会随着皇权的衰落而不可避免地变成"禅让九锡"。魏末权臣尔朱荣生前冀得九锡，终为孝庄所弑而未果，然其侄尔朱世隆得志后为荣立庙、加九锡，已经彰显出皇权闇弱下北魏特色九锡独木难支，而至北齐高洋自加九锡，变魏建齐，北魏九锡彻底沦为"禅让九锡"。

其次，所选礼制之"点"在时段上当有所牵连，由此可窥前后变化。这其中亦可分作两种情形。

第一种是将材料有限的"点"置于长时段中考察，如本书所选耤[①]田

[①] 耤礼之"耤"，一般作"籍"，亦作"藉"。此字原应作"耤"，孙诒让云："藉，正字作'耤'。……藉籍并耤之借字，……明藉籍字虽乖异，义实一也"（孙诒让撰，王文锦、陈玉霞点校：《周礼正义》，中华书局1987年版，第287页），"耤"，《说文》曰："帝耤千亩也"（许慎撰，段玉裁注：《说文解字注》，第184页上）。有二意：一为"蹈""耕"意，如《汉书·文帝纪》师古注引臣瓒说："藉，谓蹈藉也。瓒说是也。……斯则藉非假借明矣"；其二便是师古反对的"借"之意，如《诗·周颂·载芟》郑注："籍之言借也。借民力治之，故谓之籍田"。杨宽《"籍礼"新探》（《古史新探》，中华书局1965年版，第228—229页）考证以为"耤"的本意是"耕"，"甲骨文'耤'字正像一人执耒蹈着耕作的样子。'耤'字本来是躬亲耕作的意思，……等到'耤田'被贵族侵占，'耤田'成为迫使庶人提供无偿劳动的田地，'耤礼'成为征发和监督庶人耕作的仪式，于是'耤'就有了'借民力治之'的意思"。此说确然；又，余永梁《新获卜辞写本后记跋》（《安阳发掘报告》第1期，1912年，第215—218页）、徐中舒《耒耜考》（《历史语言研究所集刊》二本一分，中华书局1930年版，第11—59页）、郭沫若《甲骨文字研究·释耤》（科学出版社1982年版，第79—82页）皆释作"耤"，胡厚宣《说贵田》（《历史研究》1957年第7期）、沈文倬《艮与耤》（《宗周礼乐文明考论》，浙江大学出版社1999年版，第556页）从上述先生之论，引文作"耤"。故本书所论"耤田""耤礼""耕耤"之"耤"从其本义统一作"耤"，并取杨宽对"耤"之解释；唯引用史料、论文及专著中原作"籍/藉"者，原样具录，不作改动。

方位的考察。农业是古代中国的立国之本，与此重农思想相关且最为密切的王朝礼仪便是耕耤礼。鲜卑本是居于长城以北的游牧部族，而长城本身便是华夏认同发展下的产物，华夏用以维护、垄断南方资源，并借以排出北方游牧社会人群的工具。不论是匈奴的游牧帝国，还是鲜卑的部落联盟，其形成的最初动力与基本功能之一，便是突破此资源边界，战争、通关互市、和亲皆为达成此目的之手段。故以游牧民族之姿入主中原的拓跋鲜卑在耕耤礼方面的采择活动成为本章的研究目标，而其切入点则是皇帝耤田礼中的耤田方位。不过拓跋鲜卑耕耤史实较少，并不足以通过只言片语来做出北魏耤田史实的考察，而选取耤田方位则可将之纳入先秦至唐的长时段中，考察整体趋势，把握脉搏。纵观殷周迄至唐初，耤田方位并非固定，而是呈现较为规律的变动，故于此耤田方位之变化亦不可"忽视之而不加以论究也"。前述后世王朝行用礼制，总为自身寻求正统依据，需于"宗经""复古"和"尊君""实用"的标准中因时、因地的采掘先代之制，以最大程度的巩固、维护己之统治。而以游牧民族身份入主华北、建极中原的拓跋魏，在耤田方位的变动间又是如何抉择的呢？对于耤田方位的择取，于此可以作为一切入点，并将之置入隋唐之前"南耕"与"东耕"系统的长时段中考察，揭示出拓跋鲜卑在礼制抉取方面的标准及原因。所以该章试图选定天子/皇帝的耤田礼为研究对象，从贞观三年君臣关于耤田方位的"矛盾"说开去，对先秦以降迄至李唐的耤田方位之时间、空间变化进行些许考察，在考察北魏乃至南北朝耤田方位之传统与变迁的基础上，冀能窥耤田方位及其发展变化之背后隐藏的"宗周旧制"与"汉家故事"之一斑。而在将北魏耤田方位置于长时段中考察后，可以发现，周秦汉唐间耤田方位存在着由本乎"宗周旧制"之南耕向源出"汉家故事"的东耕转化的轨迹，东耕内部亦显现出东南与东方方位上的变更。拓跋魏平城与洛阳耤田方位皆宗周南耕，是以宗经、复古之旗帜取长补短，颉颃他方；其制为宇文周继承，终传于杨隋。由此可通过北魏一朝的礼制变迁考察，管窥长时段下礼制变迁的缘由及其与政治的互动。

第二种是"点"之间的彼此勾连，可通过此连线对北魏礼制变迁脉络有所钩沉。如羽真号与九锡的勾连。羽真号对应的是拓跋鲜卑由部落联盟进入国家的阶段，它是应拓跋鲜卑部落联盟机制而产生并发挥作用，其本意应当在于区别北魏立国初期的势力分野与等级阶序，在北魏前期，起到了华夏礼制"分贵贱、别尊卑"的类似功能。羽真号并非一成不变，其内四职的分级与兴衰是随着北魏政权的萌芽、成长、稳定而不断变化的,质言之,是从部落联盟到北魏王朝初期政权中,支配层内部拓跋君主与部酋、贵族势力的妥协与平衡。而随着政权由宗王政治向皇权政治的过渡逐步实现,尤其是太武帝统一华北壮举的实现,皇权独尊的势头明显,孝文帝时的羽真号更多的成为一种得到皇权认可、可以进入核心统治圈的身份标识。而随着孝文锐意改制,鲜卑色彩的礼制划分符号虚化,进入沙汰序列,羽真号从冯熙太和三年自书S.0996《题记》官爵序列的高位到十九年孝文帝撰《冯熙墓志》中的消亡,正是华夏化沙汰鲜卑系话语的显例,其背后实际是拓跋核心集团步入皇权轨道而彻底祛除部落联盟形态的声明。与羽真号消亡同见于冯熙葬礼的是首次出现于北魏历史的汉化九锡,作为"物化礼乐"的表征,北魏九锡是勋臣死后追赠的荣宠,迥异于魏晋南朝作为禅让易代的工具性九锡。羽真号的消亡与九锡的变相,窥显出洛阳政权中华夏化的进程。宣武后,羽真代表的进入权力核心的荣宠光环依然为北魏民众认可,但多以墓志为载体,开启与历史赛跑的征程。自河阴之变后,魏分东西,复次为周齐,孝文改制的成果在背离制定者初衷,反向加速北魏衰落的同时,也被胡化的尘埃埋没一空,北魏末至东西魏间出现了人为的记忆真空。至魏收撰《魏书》,下迄唐初李延寿撰《北史》,史书对于北魏前期的羽真号已经语焉不详,仅有的数例也是抄自《周书》,甚至取材于南朝的《宋书》。集体的结构性失忆,使得拓跋部落联盟直至北魏前期时荣宠万千的羽真号从此淡出人们的记忆,千余年间不被后人提及。

最后,最好选择此前学界关注较少、研究成果较稀者。囿于北魏前中期礼制史料的稀缺,相关考察多有空白处。比如羽真与神部,比如羽真号与神部,前者在部落联盟阶段便已产生,直至孝文太和年间方才沙汰,在拓跋由部落联盟进入国家的过程中发挥着重要作用,而目下学界推测羽真为官爵的观点值得商榷。后者则是带有神秘面纱的祭祀机构,在文明太后死后的迁主安庙中曾作为孝文帝与保守拓跋贵族博弈的重要筹码,但学界对其相关考察有所缺失。

"变迁"除了纵向为主的时间方面的变动外,还有很重要的一点值得关注,也就是"性质"的变动:"变"的表层,只是外在形容的改变,但真正对当时乃至历史进程产生影响的却是性质方面的"变",本书称之为"转化"。最能体现北魏礼制性质变迁的概念非"杂祀"莫属。前述学界对杂祀的研究有三方面的不足，其中最突出的问题，便是杂祀在正祀之外，又与正统祭祀相互碰撞、交融乃至转化，故杂祀的变迁演化与正祀相互缠绕，不可生生分离。具体到北魏杂祀，有三种情况值得关注。第一种是以西郊为核心的原始祭典如何被沙汰出局，从王朝正统祭祀转变成北魏政府不愿意掌控的杂祀。有出便有入，第二种情形恰与第一种相反，以太武帝太平真君四年派遣使者远赴乌洛侯国，攀附"先帝旧墟"，祖宗石室的事件为例，说明本来游离于中央政权之外的杂祀，如何因为政治原因被收纳入王朝正统祭祀中的过程。最末一种则是与"其神不在祀典"的淫祀概念相类的杂祀，是层次远低于王朝祭礼的杂祀，多被北魏政府禁绝、清整。

对学界研究成果较少的礼制之"点"的考察，并非避重就轻，而是试图做水磨工夫，通过空白处的填补和细微处的缝合，来丰满北魏礼制的图景，使其通过增补与调整，由缺失到完整，再由完整到清晰，一步一步提升图景的像素。

毋庸讳言，本书所谓描摹图景，勾勒脉络的方式本身也存在着"先天不足"：就整体而言，好比管中窥豹，虽有深入穿凿之能，却不能详尽地描摹出北魏礼制的全貌；以深度而论，又似蜻蜓点水，自以为穿凿者，可能仅仅是湖面上前贤鲜少涉及的数个点位，绝难保证准确地触及礼制变迁的核心。但不积跬步，无以至千里，伴随宏观框架的逐步完整和细部血肉的填充，北魏礼制变迁研究当会日渐丰满起来，为研究游牧民族建立中原王朝后的政策取向提供礼制层面的参考。

四 研究史的回顾与展望

本书选题是冀望通过对纵向的、较为深入的"点"的考察，连成拓跋魏礼制变迁之"线"的模糊脉络及其抉取标准，所选取之点，也并不尽在传统礼制（此处以《周礼》五礼为标准）涵盖范围内，如羽真号是应拓跋鲜卑部落联盟机制而产生并发挥作用，其本意应当在于区别北魏立国初期的势力分野与等级阶序，在北魏前期，起到了华夏礼制分贵贱、别尊卑的类似功能，当与爵号、名号相类，而在《周礼》五礼中难以找到明确的归类；又如神部，是为北魏前期最具自身特色的祭祀机构，掺杂着礼仪、职官、制度各分类的属性；又如九锡，是在礼仪典制中通行，以数度隆杀来表现礼制等级的具象的物化礼乐，同样不能极为精准的找寻到《周礼》五礼体系中的类目位置。本书所涉及的研究，从属于礼制研究的大背景，而在细目考察上却又兼及职官、民族等方面。而在此前并未见有相关的北魏礼制变迁论著，故在研究史回顾中，先厘清为数并不多的北魏礼制研究，而关于细目研究的详细研究史则在每章之前论述。于下谨论20世纪以来以王朝祭礼为核心的北魏礼制研究，兼及杂祀。①

（一）专著

魏晋南北朝礼制研究绕不开陈寅恪《隋唐制度渊源略论稿》，在这部1940年写就的专著中，陈氏于叙论开宗明义，抛出隋唐典章制度三源：北魏、北齐；梁、陈；西魏、周。三源之中，北魏、北齐一源最为重要，其又总括西晋灭亡后，由蜗居江左的东晋、宋、齐与僻处河西的凉州，分别保存和发展的汉魏西晋文化。梁、陈一源次之，西魏、北周一源的影响最小。而后首章占用全书近半的篇幅论述隋唐礼仪制度的渊源，"阐明隋文帝虽受周禅，其礼制多不上袭北周，而转仿北齐或更采江左萧梁之旧典。……是唐礼不亡即隋礼犹存，其所出之三源者，亦俱托唐礼而长存也"②。陈氏对于礼制本身的考据、阐释着墨不多，主要是以其一贯的"以人为本"的政治史研究路径，即以"制礼诸臣其家世所出籍贯所系"为线索，来讨论三源礼制的发展变迁及其对隋唐礼制的影响。与北魏礼制相关者，是借由考释王肃北奔，论证北齐仪注实"即北魏孝文帝模拟采用南朝前期之文物制度"，亦"即南朝前期文物之蜕嬗"，乃接续隋代礼制主要来源于梁、陈及北齐，而非北周的又一论据；又有对"隋代制礼诸臣其家世所出籍贯所系"加以推究，证明前说，其中关于河西文化与北魏初期、后期中原汉族文化递嬗同异关系的考论，尤为详细。又有详考"元魏孝文以后，迄于高齐之末，洛阳邺都文化之影响于隋唐制度者"，指出孝文汉化之所施为，实亦不过代表拓跋部族自道武入居中原后历代汉化之途径"益加速加其而已"，而不同意汉化之鲜卑旧族反抗力同样壮大，孝文"假辞南侵，遂成迁都之计者，诚为不得已也"。而此造成的后果是宣武帝之后，

---

① 杨华等著《中国礼学研究概览》（武汉大学出版社2021年版）第三章为《魏晋隋唐时期礼学研究》（第48—127页），范云飞执笔，分别介绍了魏晋至隋唐"三礼"文献、礼制、礼俗、礼法、礼典研究，综述翔实、系统，是难得一见的详略得当、博赡完备的礼学研究综述，可参看。

② 陈寅恪：《隋唐制度渊源略论稿》，中华书局1963年版，第51页。

"洛阳汉化愈深,而腐化乃愈甚",相应的,代北六镇呈现相反的态势:"保守胡化亦愈固,即反抗洛阳之汉化腐化力因随之而益强",由此促成魏末六镇之乱,上演了尔朱荣河阴屠杀的血腥一幕,其中的关键,在于"胡族对汉化政策有意无意中之一大表示,非仅尔朱荣、费穆等一时之权略所致也"。进而影响了魏分东西之后的历史走向:"东西两国俱以六镇流民创业,初自表面观察,可谓魏孝文迁都洛阳以后之汉化政策遭一大打击,而逆转为胡化,诚北朝政治社会之一大变也。"陈氏称"此书微仿天竺佛教释经论之例",将"本与封建阶级相维系"却因影响不及于平民,遂被治史者忽视的礼制作为"首章备致详悉",而"后章则多所阙略",自有一番良苦用心,有学者指出此书的核心观点是:虽然魏晋南北朝长期处于政治分裂的状态,最终是北方少数民族完成了国家统一,建立了隋唐帝国,但是中古时代仍然以华夏文化为主流和最终归宿;陈氏关于礼制的研究,是他论证此理论及其重要的环节。[①] 论点或有可商,但从体例安排不难看出,其于礼制倾注几多心力与冀望确为不争事实。但陈氏之争鸣并未引起学界回响,至改革开放前,鲜有接踵其后者。

20世纪80年代以来,礼制研究复苏,然时至今日,从属于魏晋南北朝礼制研究大类之下的北魏礼制研究成果,实在算不得丰富。以下先按照出版时间先后,对涉及北魏礼制研究的魏晋南北朝礼制研究专著进行论述。部分纵向性专论著作,如郭善兵《中国古代帝王宗庙礼制研究》因完全着眼于宗庙祭祀,置于论文类专论。

陈戍国《魏晋南北朝礼制研究》1995年出版,凡五章,前四章以朝代为序,分论魏蜀吴、两晋、南朝、北朝之礼仪,每章之下分节论述,大致而言依次是"宗法观念、继承制度与宗庙制度""天子登基与封国建侯之礼""祭祀""丧葬""军礼蒐守礼以及射礼""巡守朝聘以及朝觐聘问礼仪""籍田与尊师养老之礼""冠昏之礼""舆服宫室乐制及其他"。末章"余论"简论北朝之外少数民族之礼及释道礼:"边远民族(所谓夷狄)礼俗""胡巴十四国(亦所谓夷狄)礼制"与"二氏礼"[②]。陈氏作为礼学专家,以其精熟的"三礼"学造诣,在《先秦礼制研究》《秦汉礼制研究》的基础上完成了第一部系统研究魏晋南北朝礼制的专著,拓荒之

---

① 参见朱溢《事邦国之神祇:唐至北宋吉礼变迁研究》,上海古籍出版社2014年版,第10页。
② 参见陈戍国《魏晋南北朝礼制研究》,湖南教育出版社1995年版,第1—488页。

功不可忽视。因此之故，该书在礼制溯源、朝代礼制钩稽对比、正史《礼志》记载与经典及注疏对勘校释等方面均有亮点，可见作者功力。而且在传统文献之外，对墓志等考古资料的运用，亦使考论增色不少。余论部分对中原政权之外少数民族礼俗专章论述，是陈氏《中国礼制史》先秦、秦汉、魏晋南北朝、隋唐五卷一脉相承的特色，虽然排比罗列痕迹较重，未能深入考察，但在题材架构上体现出作者慧眼独具，对本书颇有启发。此外，魏晋南北朝卷与隋唐卷在末章都有对释道礼的论述，应合了时代潮流，且作者于文首发出"礼不是儒家的创造，不是儒家的专利；诸子百家皆有礼。但是，汉武以后，儒术独尊，儒家讲'礼'较多却是事实。然而释道两家何尝无'礼'！"[1]之论，显示出对礼制外延的思考。但成也萧何，败也萧何，正是娴熟的礼学造诣与先秦、秦汉礼制研究的范式基础给予本书"规矩"，在思路、框架、考释推论上多落窠臼，存在不足之处。研究思路上，梁满仓曾指出其表面看似整体研究，实则是孤立地研究各种礼仪内容后将之排列，此法并未触及魏晋南北朝礼制的重大问题，甚至出现学者据此书表述而得出"魏晋南北朝徒具一般礼仪制度而失却礼治精神，实为乱世普遍现象"的片面结论。[2] 而在细节方面，单就北魏礼制而言，大致存在四点可资商榷处：

第一，礼制细目分配上，将耤田礼与尊师养老礼，乃至巡省礼放在一起，出现"两晋尊师敬老与藉田、巡省礼""南朝藉田与尊师养老之礼""北朝藉田与尊师养老之礼"章节，而未言明分类标准，各礼之间是否存在必然联系，又是何种原因促成偶尔的变动，显得有些散乱与随意。[3] 第二，以是否"合（华夏）礼"简单评判北魏礼仪规制，而没有深入考察游牧民族特色及时代背景。如太和十三年五月，以尚书游明根与中书监高闾为代表的朝臣，对郑玄、王肃二人的禘祫理论进行了讨论，各执一词，孝文最后总结郑、王各有优劣："先王制礼，内缘人子之情，外协尊卑之序。……王以禘祫为一祭，王义为长。郑以圜丘为禘，与宗庙大祭同名，义亦为当。今互取郑、王二义。禘祫并为一名，从王；禘是祭圜丘大祭之

---

[1] 陈寅恪：《隋唐制度渊源略论稿》，中华书局1963年版，第488页。
[2] 参见梁满仓《魏晋南北朝五礼制度考论》，第13—14页。
[3] 此问题同样存在于《中国礼制史·隋唐五代卷》，参见雷闻《陈戍国〈中国礼制史·隋唐五代卷〉、任爽〈唐代礼制研究〉述评》，荣新江主编《唐研究》第7卷，北京大学出版社2001年版，第532—540页。

名，上下同用，从郑。若以数则黩，五年一禘，改祫从禘。五年一禘，则四时尽禘，以称今情。禘则依《礼》文，先禘而后时祭。便即施行，著之于令，永为世法。"① 陈氏指出此举"非王非郑，不驴不马，无可取"。而通观孝文所言，其基本原则是"先王制礼，内缘人子之情，外协尊卑之序"。在此原则背后的现实情境是禘祫的礼学争论已经影响到皇室宗庙迁毁制度的实施，更为关键的是太和十五年，孝文方才亲定禘祫之礼，这就涉及改道武帝拓跋珪庙号为太祖的祖宗世系之举。形势使然，而非孝文简单掺杂郑王。而后于此对比的论述是太和六年十一月孝文将亲祀七庙，有司"谨案旧章，并采汉魏故事，撰祭服冠履牲牢之具，罍洗簠簋俎豆之器，百官助祭位次，乐官节奏之引，升降进退之法，别集为亲拜之仪"②，陈氏简单评判"七庙之祭改为亲祭，是谓合礼"。没有考虑在此之前"庙无定制"的问题，③ 而对于皇帝亲祭与此前也存在的"亲祀"代表意义的本质差别。第三，对学界已有相关研究成果掌握不足，于此略举陈著出版年之前，较为重要的研究成果为例，稍作说明：对于西郊的考察，忽略了康乐的研究成果《从西郊到南郊：拓跋魏的"国家祭典"与孝文帝的"礼制改革"》(1989)；而关于郊祀、宗庙乃至明堂、雩祀等的研究，也未能参考金子修一的系列研究：《魏晋より隋唐に至る郊祀、宗廟の制度について》(1979)、④《中国—郊祀と宗廟と明堂及び封禅》(1982)、⑤《後漢—南朝における皇帝の郊廟親祭について》(1995)。⑥ 第四，史实考察出现纰漏。如论"《宋志》郊祀有祼仪，拓跋魏无之，是其异"。以有无

---

① 《魏书》卷一〇八之一《礼志一》，中华书局1974年版，第2742—2743页。
② 《魏书》卷一〇八之一《礼志一》，第2740页。
③ 参见梁满仓《魏晋南北朝五礼制度考论》，第250页。
④ [日] 金子修一：《魏晋より隋唐に至る郊祀、宗廟の制度について》，《史学杂志》第88编第10号，1979年；后收入《中国古代皇帝祭祀の研究》第一章，东京：岩波书社2006年版，第30—65页。中译本见金子修一撰、谯燕译：《关于魏晋到隋唐的郊祀、宗庙制度》，刘俊文主编《日本中青年学论中国史·六朝隋唐卷》，上海古籍出版社1995年版，第337—386页。
⑤ [日] 金子修一：《中国—郊祀と宗廟と明堂及び封禅》，井上光貞他编：《東アジア世界における日本古代史講座》第9卷《東アジアにおける儀礼と国家》，东京：学生社1982年版，第179—221页；后分别收入《古代中国と皇帝祭祀》(东北：汲古书院2001年版)与《中国古代皇帝祭祀の研究》第四章（第141—214页）。
⑥ [日] 金子修一：《後漢—南朝における皇帝の郊廟親祭について》，刊于韩国亚洲大学唐史论丛编修委员会编《春史卞麟锡教授還曆紀念唐史論叢》，1995年，第1—34页；后收入《中国古代皇帝祭祀の研究》第四章第三节，第167—201页。

裸仪来标示刘宋与北魏郊祀的差别，然案查《魏书·礼志一》，见载太和十九年十一月庚午，孝文帝幸委粟山，议定圜丘，召集群臣欲论圜丘之礼，孝文首先发言："夕牲之礼，无可依准，近在代都，已立其议。杀牲裸神，诚是一日之事，终无夕而杀牲，待明而祭。"① 由"杀牲裸神"句可知北魏郊祀中是存在裸仪的。而此仪式的仪注到孝明时期依然存在，《魏书·张普惠传》载其见肃宗孝明帝"不亲视朝，过崇佛法，郊庙之事，多委有司"而上疏劝谏，其中有云："伏愿淑慎威仪，万邦作式，躬致郊庙之虔，亲纤朔望之礼，释奠成均，竭心千亩，明发不寐，洁诚禋裸。"看来仪注与礼行之间存在差异，肃宗并没有严格依照仪注形式，只是遣有司行事，这在张普惠看来是会导致"愆礼忤时，人灵未穆"的。② 北魏不仅祭天有裸，且按照《魏书·孝文本纪下》的记载，在太和十六年之前，祭祖也是有"裸"的："（十有六年春正月）甲子，诏罢祖裸。"③

2002年李书吉出版《北朝礼制法系研究》④，凡书六章。绪论及第一章提出礼法合一是中华法系成立的基本标志，而以礼入法在北朝基本完成；北朝礼制以孝文礼制改革为核心，后者得以展开并顺利施行的轴心是"周典化礼制"：其基本依据是《周礼》，核心是"稽参古事，宪章旧典""齐美于殷周"。第二章前四节分别论述北朝周典化礼制体系四大部分：以圜丘大祭为核心的北朝祭祀；以服制为重点的终丧制度的改革；重定姓氏指导下的婚制改革；以尊老举贤为主要内容的巡守乡饮之礼。第五节论孝本位的回归，末节总结概括北朝礼制的四大特点。第三章论北朝礼学系统。如果说第二、三章对应是书第一论点周典化礼制体系，那么第四章开始进入南北朝时期的法律体系考察，以证成另一论点——北朝以礼入法及中华法系的基本确定，并详细说明原因、条列论据。第五章则就《太和律》至《唐律疏议》的脉系传承及《唐律疏议》中的礼制内容展开，谈论作者关于中华法系的独到认识。是书的切入点与侧重点在于以礼入法在北朝的完成，是其新颖独到处，而关于北朝周典化礼制的考察，存在着重孝文礼制改革而忽略由来与去向的考察，对南朝制度研讨不够致有结论失

---

① 《魏书》卷一〇八之一《礼志一》，第2752页。
② 参见《魏书》卷七八《张普惠传》，第1737页。
③ 《魏书》卷七下《孝文本纪下》，第169页。
④ 李书吉：《北朝礼制法系研究》，人民出版社2002年版。

绪论　北魏礼制研究的图景与脉络

误等不足。① 可与楼劲《魏晋南北朝隋唐立法与法律体系——敕例、法典与唐法系源流》结合阅读，② 楼著关于北魏前期立法与《律》《令》形态、性质的变迁，太和十六年后的官制改革与相关诸《令》的修订，北魏后期《令》的修订与颁行，北魏的科、格、式与条制，北齐与周隋法律体系的若干问题的研究，较本书立法部分翔实细密且前沿，补充法律论述的不足。

于此需要涉及的是《周礼》与拓跋魏，尤其是开国建制的关系。川本芳昭指出在北魏孝文帝之前的北魏历史中，周代制度的影响随处可见，而北周的政策在北魏初期已现端倪这一点至关重要；到北魏中期献文帝时，接受周礼的方式开始发生质变，比以前参照周礼修正官制更进一步，到这时已能见到以周礼为根本标准制定国策的萌芽，到孝文改制时，从均田制、三长制中均能看到周礼更加深层全面的影响。③ 楼劲关注到北魏开国建制存在处处采鉴儒经和大幅依本《周礼》的现象，通过考察基本情况与问题，认为其缘由乃是汉魏以来经学与政治相互关系和建制故事、《周礼》已被公认为最为完整而权威的王制蓝图，拓跋政权创制奠基标榜正统以统合胡汉关系要求，主要由汉人谋臣与拓跋珪的倾力合作，这几种因素风云际会的产物，而由之铸成的儒家化传统和趋势，又对此后历朝的建制活动和历史进程产生了深远影响。三条线索（深受儒经影响和大幅依本《周礼》的建制活动的出现；高水准胡汉合作局面的形成；新胡汉关系理论的成熟和实践）聚结到北魏开国之际，标志着魏晋以来政治与制度儒家化进程北支传统的形成。④

2009 年梁满仓出版《魏晋南北朝五礼制度考论》，以魏晋南北朝时期逐步形成的五礼制度化为核心主题，分两层八章展开研究论证。第一层为前三章，第一、二章分别铺垫论述了五礼制度的思想认识背景与学术文化背景，第三章水到渠成提出五礼制度化的命题，深入探讨了五礼制度化的

---

① 参考梁满仓《魏晋南北朝五礼制度考论》，第 14 页。
② 参见楼劲《魏晋南北朝隋唐立法与法律体系——敕例、法典与唐法系源流》（上卷），中国社会科学出版社 2014 年版，第 67—372 页。
③ ［日］川本芳昭：《五胡十六国・北朝期における周礼の受容をめぐって》，原刊《佐贺大学教养部研究纪要》23 卷，后改题《五胡十六国・北朝史における周礼の受容をめぐって》，收于《魏晋南北朝时代の民族问题》第三篇第二章，东京：汲古书院 1998 年版，第 367—390 页。
④ 楼劲：《〈周礼〉与北魏开国建制》，载荣新江主编《唐研究》第十三卷，北京大学出版社 2007 年版，第 87—148 页。

形成、实践和历史意义，提出五礼制度发展的三阶段说：孕育阶段（汉末三国）、发育期（两晋、宋、齐）与基本成熟期（梁天监、北魏太和之后）。第四至第八章为全书主体，分论吉、嘉、军、宾、凶五礼。该书的贡献在于，在整体上对魏晋南北朝礼制进行了系统而又深入地研究，无论广度，还是深度，都将近年来魏晋南北朝礼制研究推向了一个新的高度。①北魏礼制研究方面，限于五礼制度框架，对于拓跋鲜卑原始习俗未能展开是一限制，此外也使得著中结构以某礼为中心，以其本身来源、内容、作用等自身属性为行文程序，将之置于魏晋南北朝长时段中，忽略了各王朝政权差异，多论此礼的共性，导致具体政权内对此礼的深入讨论难以为继。如第七章"魏晋南北朝的宾礼"第二节"主客之礼"首先指出宾客这一客观存在的历史群体，而后讨论宾客的构成、身份地位和社会作用，因其涉及整个魏晋南北朝时期，所论甚广，不免冗杂，仅其中宾客构成便罗列有智计之士、实力派人物、落魄英雄、名士望族、地方俊义、才识之士、故旧亲信等十七种人，划分标准不明晰，且对礼制本身的讨论并无明显帮助，最终所有朝代政权混溶一起，不分彼此，关于北魏的部分自然无法显现。《宾礼》章中的君臣交往之礼、不同政权间的交往之礼，《凶礼》章中的荒礼、恤礼、吊礼、赈济制度，皆属此类。除了五礼框架的原因外，制度本身属性及史料稀少也是造成此情况的关键影响因素。相比较而言，陈戍国《魏晋南北朝礼制研究》的朝代/政权分类更适合深入、系统讨论各王朝/政权礼制特性，而短于相互比较和共性的得出。

徐迎花《汉魏至南北朝时期郊祀制度研究》②，是在作者博论基础上完善而成。是著将皇帝亲祠和制度建设作为研究对象，尝试以"体"与"制"两分法为框架，借用雷德菲尔德"大传统"与"小传统"的理论概念，解读汉魏至南北朝时期的郊祀制度。新概念的引入与尝试值得肯定，但在实际操作中并没有将史料研读与"体""制"框架有机糅合，整体史料的处理同样是引用多于分析，深度阐释的细节与点稀少，极为明显的两张皮，而且"大传统"与"小传统"的引入喧宾夺主，使得每节被强行划

---

① 参见黎虎《评〈魏晋南北朝五礼制度考论〉》，《中国史研究》2011年第1期。
② 徐迎花：《汉魏至南北朝时期郊祀制度问题研究》，博士学位论文，福建师范大学，2008年；同名著作，黑龙江人民出版社2009年版。

分成诸如"北魏帝王的亲祠——'体',郊祀制度动态研究""北魏郊祀制度及建制——'制',郊祀制度的静态分析"的篇目,而实质内容绝不涉及具体的对"大传统"与"小传统"的阐释,如此则划分的必要性、意义何在?造成重复论述的同时,也使得读者晕头转向。

吴丽娱主编《礼与中国古代社会》第二卷为《秦汉魏晋南北朝卷》[①],其中魏晋南北朝章的执笔者为梁满仓、袁宝龙。该章含四节,第一节讨论三礼之学的兴起与兴盛历程,第二节关注五礼制度化的进程与意义,第三节转为探讨西晋、北魏的三年之丧,第四节则考察世家大族与国家礼制。其中部分章节已在执笔者的论著中有所体现,如第二节五礼制度化讨论,已见于梁满仓《魏晋南北朝五礼制度考论》中。不过相比此前研究,学者观点亦有部分变动,如关于西晋创建国子学的目的,梁满仓更改此前优待高门子弟的观点,认为西晋初国子学只有祭酒、博士各一人,助教十五人,如此小的规模很难支撑西晋教育门阀化的论点,他依据南齐国子助教曹思文对国学、太学的区别论点,提出西晋初办国子学的目的,是为了建立起学术水平更高的官学,提高整体官学的儒学水平。高明士认为此说并无史料依据,值得商榷;此外,就祀孔与庙学在文化中的作用,关于礼的实践两问题对魏晋南北朝章提出疑问。[②]

(二)论文

单篇研究论文方面,呈现出以郊天、祭祖为核心的吉礼研究成果丰富,而嘉、宾、军、凶四礼成果稀疏的局面。而作为游牧民族建立的中原政权,《周礼》五礼的框架划分显然并不能囊括所有的礼制研究成果,如礼制机构、物化礼乐以及礼制建筑等方面的成果。故以下首先按照五礼框架分别专论;其次综述礼制机构、物化礼乐、礼制建筑的研究成果;最后,对关注较少的杂祀研究进行论述。

1.《周礼》五礼框架下的研究成果

(1)吉礼·郊祀

1979年金子修一发表论文《魏晋より隋唐に至る郊祀、宗庙の制度に

[①] 吴丽娱主编:《礼与中国古代社会·秦汉魏晋南北朝卷》,中国社会科学出版社2016年版,第192—370页。

[②] 参见高明士《礼者天地之序——评吴丽娱主编〈礼与中国古代社会〉(全四卷)》,《中国史研究》2018年第1期。

绪论　北魏礼制研究的图景与脉络

ついて》(中译文见谯燕译《关于魏晋到隋唐的郊祀、宗庙制度》①),分"魏晋南北朝的郊祀与宗庙""唐代的郊祀与宗庙"与"明堂和雩祀"三章,先行开启对王朝礼制具体形态的考察。②今日观之,考察虽简略,材料亦多罗列,对于郊祀的论述超过宗庙,但这一筚路蓝缕之作,使中国古代史学界对于礼制研究开始更多地关注细部的基础性考察,颇具启发意义,且将魏晋隋唐礼制考察框架勾勒出来。不过其关于北魏郊祀、宗庙的研究明言"从积极地采用中国的祭祀的孝文时代开始论述",对北魏前期与部落联盟时期的考察付诸阙如,对于孝文以后诸帝宗庙中禘祫问题、郑王学说的前后变易等问题论述或过于简略,或没有论述。1997年《北魏における郊祀・宗庙の祭祀について》便是对上文时段不足的补充,③考察时段自改国号为魏的道武帝开始,原因是皇帝制度与郊庙并行,而道武为第一位称皇帝者;文中也对皇帝亲祭与有司摄事的差异进行了考察。可将此篇与《中国古代皇帝祭祀の研究》第八章"中国古代の即位仪礼と郊祀・宗廟"第三节"魏晋南北朝における即位仪礼の变化"之《における即位仪礼の特徵》结合起来阅读,④借此可窥金子氏执着于"皇帝"与"天子"名称存在差异,及将"皇帝支配"与"皇帝祭祀"相联系的原因之一斑。⑤小岛毅《郊祀制度の变迁》,⑥虽然在郊祀与太庙的研究上,重点论述时段选择在唐宋明,而在第一章"郊祀制度的沿革",第二章"配享帝后的问题"之首节"皇后与郊祀"上,关于"祭地配后"方式、亚献、先蚕、高禖诸方面对魏晋南北朝乃至于北魏礼制有所论述。

北魏郊天尤其是西郊祭天的研究,最具启发意义的研究成果当推康乐

---

① [日]金子修一撰,谯燕译:《关于魏晋到隋唐的郊祀、宗庙制度》,刘俊文主编:《日本中青年学者论中国史·六朝隋唐卷》,上海古籍出版社1995年版,第337—386页。
② [日]金子修一:《魏晋より隋唐に至る郊祀、宗廟の制度について》,刊于《史学杂志》第88编第10号,1979年;后收入《中国古代皇帝祭祀の研究》第一章,第30—65页。
③ [日]金子修一:《北魏における郊祀・宗庙の祭祀について》,刊于《山梨大学教育学部研究报告》第47号,1997年;后收入《中国古代皇帝祭祀の研究》第六章第一节,第267—284页。
④ [日]金子修一:《中国古代皇帝祭祀の研究》,第460—473页。
⑤ 参见[日]金子修一《皇帝制度——日本战后对汉唐皇帝制度的研究》,《魏晋南北朝隋唐史学的基本问题》,中华书局2010年版,第132—154页;金子修一《中国古代皇帝祭祀の研究・序章》,第1—30页。
⑥ [日]小岛毅:《郊祀制度の变迁》,《东洋文化研究所纪要》第108册,1989年2月,第123—219页。

· 21 ·

《从西郊到南郊：拓跋魏的"国家祭典"与孝文帝的"礼制改革"》。① 文章主体分"早期的国家祭典""孝文帝的礼制改革"与"礼制改革的回响"三部分。第一部分论述以西郊祭天为核心的北亚草原祭典的特色，并指出其与拓跋政权的关系：借着传统宗教仪式的奉行，部落共同体的情感透过仪式而得以再生与再肯定，"代人"对拓跋政权的忠诚因此得以持续。第二部分为文章主体，首先指出祭典兴革是孝文礼制改革的核心，孝文遵循强化中原系统祭典与废除杂祀以净化国家祭典两原则，尽可能实现以中原系统祭典为范本来重新整顿拓跋国家祭典的目的，由此触及保守拓跋贵族"国之丧葬祠礼，非十族不得与也"的底线，"国之大姓""并不需要任何理论基础，就自然会去维护这个传统"，而定迁洛之计后次年（太和十八年，494）孝文诏罢西郊，将北亚传统一扫而空，至十九年（495）确定南郊祭典，将国家祭典清一色纳入中原祭典范畴；进而论述隐藏在孝文热衷礼制改革背后的动机：承晋的"正统观"与吞并南方的野心，并蕴有扭转早期拓跋"征服（或谓游牧封建制）"国家性格的用心。"改革的回响"缀于文末，其实是总结前两部分，给出自己对文章主旨问题的解答，即为什么孝文帝热烈推动的迁都与汉化运动，反而间接导致了北魏帝国的土崩瓦解？作者指出虽然孝文礼制改革的根本着眼点仍旧是政权和君权的稳固，但以南郊为代表的中原礼制废除了沟通代人与拓跋政权情感联系、政治认同的北亚祭典，导致拓跋政权与其所赖以支撑的武力间的疏离感急遽加深，"重文轻武"及"清""浊"之分最终导致中央军暴动，帝国基础由是分裂，六镇之乱及其后帝国的崩溃也就是不可避免的了。十三年后（2022年），杨永俊一年内陆续发表《论北魏的西郊祭天制度》《论拓跋鲜卑的西郊祭天》《论拓跋鲜卑的原始祭天》《拓跋传统祭天时地考》② 四文，对北魏西郊祭天进行系统考察。四篇论文结构虽有差异，但内容并无大变，而以前二者较为凝练。两文学术回顾部分言"国内外学者"对西郊祭天"很少谈及""显然有所忽视"，对于康乐的翔实研究完全未有提及，

---

① 康乐：《从西郊到南郊：拓跋魏的"国家祭典"与孝文帝的"礼制改革"》，《从西郊到南郊：国家祭典与北魏政治》，台北：稻禾出版社1995年版，第165—206页。
② 杨永俊：《论北魏的西郊祭天制度》，《兰州大学学报（社会科学版）》2002年第2期；《论拓跋鲜卑的西郊祭天》，《民族研究》2002年第2期；《论拓跋鲜卑的原始祭天》，《西北民族学院学报（哲学社会科学版）》2002年第6期；《拓跋传统祭天时地考》，《甘肃社会科学》2002年第6期。

是在研究成果蒐集方面有阙；而且用较大篇幅考论西郊骑驰绕行仪式追溯至匈奴文化影响，殊不知半世纪之前江上波夫发表的《匈奴的祭祀》经典论文已深入考察了此问题，① 而对于柔然巫术的论述，也遗漏了内田吟风《柔然族研究》的考察，② 导致重复性研究。凡此种种，使得两文在西郊祭天方面的研究结论"西郊祭天是北魏孝文帝改制前拓跋鲜卑统治者最重要的祭天形式。淫祀诸天神、女巫主祭下的骑驰绕坛、夏四月西郊祀天等是西郊祭天的显著特点"，相较此前成果，并未有实质性进展。而所谓西郊祭天"长期存在是因为适应了三分结构（拓跋天神崇拜、草原游牧民族祭祀仪式与汉族的郊祀制度）的社会现实"的推断过于空泛。此外，逻辑与解释多有矛盾处。③

何德章的研究直指西郊背后的政治权利兴替，《北魏初年的汉化制度与天赐二年的倒退》将目标对准北魏初期"政治上的倒退事件"——北魏初年立国创制的汉晋制度，在数年之后却基本被否定，试图寻找背后的原因。文章系统翔实地考察了北魏创立初年的制度变迁过程，认为天兴初北魏以汉晋制度为基础创立的礼仪制度，受限于典制阙佚与创立者汉文化水平，处于"胡汉杂糅"的形态。它们在数年后的天赐二年被鲜卑旧制取代，原因有三：一是皇权与部落大人间的权力斗争。二是囿于鲜卑民族总的文化水平，三是北魏初期在中原尚未施行有效的统治。天赐二年西郊祭天取代南、北郊反映了北魏政权政治上的倒退，"并不仅仅因为礼仪的复旧及其所体现出来的原始性，还在于礼仪兴废实际上体现了政治势力权力

---

① 参见江上波夫《匈奴の祭祀》，《ユウラシア古代北方文化：匈奴文化論考》，京都：全国书房1948年版，第225—275页；中译本见黄舒眉译《匈奴的祭祀》，刘俊文主编《日本学者研究中国史论著选译》第九卷《民族交通卷》，中华书局1993年版，第1—36页。

② 参见［日］内田吟风撰，辛德勇译《柔然族的研究》，刘俊文主编《日本学者研究中国史论著选译》第九卷《民族交通卷》，中华书局1993年版，第37—84页。

③ 尤其是关于汉族的郊祀制度如何"产生"了西郊祭天，即前文刚说："太祖借用周礼来规范拓跋鲜卑传统的郊天之礼，即产生了西郊祭天制度"，后面却为"然而太祖为什么弃周礼南郊或圜丘这一规范的祭天场所而专取西郊？"寻求解释的矛盾，而三条理由同样矛盾而且不合理：第一条谓"拓跋鲜卑先人有'迎神于西'的传统，西郊之祭只是在西向规范出固定场所来，使祀有定址"，尚属贴合可信，然而第二、三条却转到了汉族五行与避免冲突上，实在站不住脚："第二，汉族西方属金、主杀伐的观念，及在此基础上产生的西郊迎秋赏军师武人的礼仪规定，与拓跋鲜卑祭天比较明显的祈求征战胜利的郊天意图切合。第三，拓跋鲜卑祭天选择西郊，主要是为了避免与汉文化极其看重的南郊上帝、北郊地抵及东郊迎春祀日的礼仪发生冲突，避免冲突的目的在于突出拓跋鲜卑传统的祭天。"

的兴替。西郊祭天复兴意味着对昔日部落联盟体制的肯定及对拓跋新兴皇权的压抑"①。冈田和一郎《前期北魏国家の支配构造：西郊祭天の空间构造を手がかりとして》将西郊研究的视角转入空间划分与层级匹配，文章反思了北魏前期史研究中受"征服王朝"说影响，② 长期存在的"支配层＝胡族，被支配层＝汉族"的观点，通过拓跋西郊祭天仪式中以垣内、垣外为区隔的空间构造，重新图画"代人共同体"（而非"支配共同体"）为支撑的北魏前期国家支配模式。第一节以天赐二年西郊祭天仪礼的空间构造划分出垣内与垣外。垣内构成诸成分：皇帝、皇后、内朝臣、女巫、十族子弟，重点对内朝官的"内'某'官"和"中散"就任者的胡汉比例进行考察。第二节讨论"代人集团"的构成（与康乐研究的差异）、与部落解散相关联的形成过程以及"国语"的形成。第三节简要讨论垣外参与者：外朝臣、诸部大臣和宾国。③ 文末图绘出《前期北魏国家支配构造概念图》可兹参阅。

佐川英治《从西郊到圜丘——〈文馆词林〉北魏孝文帝祭圜丘大赦诏所见孝文帝的祭天礼仪》通过解读《文馆词林》所载孝文祭圜丘大赦诏，讨论孝文祭祀礼仪的另一种面相。④《文馆词林》卷六六五及卷六七〇分别载有《后魏孝文帝祭圜丘大赦诏一首》与《后魏孝文帝圜丘大赦诏一首》，两诏实为一诏，只是前者记时为"太和年月日"，后者则更详："太和十九年十一月十九日"。由此可知此诏是孝文帝在太和十九年十一月委粟山圜丘祭祀时发布的一道诏书，《魏书》中不载，严可均《全后魏文》和韩理洲等《全北魏东魏西魏文补遗》中亦未收录。作者意图通过解读该诏书，考察孝文帝祭祀礼仪的另一种面相——"孝文帝圜丘祭天的萨满性质"：他认为太和十九年孝文帝行圜丘祭礼有"飞升上天世界"的意涵，

---

① 何德章：《北魏初年的汉化制度与天赐二年的倒退》，《中国史研究》2001年第2期。
② 日本史学界关于中国征服王朝的研究参见［日］田村实造《中国征服王朝の研究》第1・2・3卷，京都：东洋史研究会1964、1974、1985年版；［日］竺沙雅章《征服王朝の时代：宋・元》，东京：讲谈社1977年版。
③ 参见［日］冈田和一郎《前期北魏国家の支配构造：西郊祭天の空间构造を手がかりとして》，《历史学研究》817号，2006年8月，第1—16页。
④ ［日］佐川英治：《中国古代都城の設計と思想：円丘祭祀の歴史的展開》，东京：勉诚出版社2016年版；中译文：［日］佐川英治撰《从西郊到圜丘——〈文馆词林〉北魏孝文帝祭圜丘大赦诏所见孝文帝的祭天礼仪》，付晨晨译，余欣主编：《中古中国研究》第一卷，中西书局2017年版，第1—26页。

此意涵可能源于与突厥信仰近似的"脱魂型萨满教"。作者以此为基础,指出西郊郊天礼经历孝文帝下诏废止后,化身为圜丘祭天礼仪,而圜丘所祀天神并非郑玄礼说体系中的昊天上帝,而是游牧文化的所谓的"苍天"。如此而言,北魏圜丘祭祀与南郊祭祀分属两种不同的文化背景。魏斌指出"这种对孝文帝圜丘的全新理解,是一个内亚视角的历史观察"①。

赵永磊《争膺天命:北魏华夏天神祭祀考论》以剖析礼学、礼仪与权力三者间复杂的互动关系为视角,聚焦道武帝、孝文帝之间的郊祀制度与华夏郊天礼。② 文章以魏晋、十六国郊祀旧制为参照,对北魏郊祀制度与郑玄"郊丘为二"说的关系及其演变的基本脉络进行系统探讨。在此基础上,作者揭示太和十九年孝文帝圜丘祭礼的仪式展演及其政治意涵,进而以北魏郊社所祀天神为核心,考察北魏六天帝祭祀与郑玄六天帝说的关系,以及北魏正统观念的运作问题。文章指出道武帝拓跋珪通过行华夏皇帝即位礼与郊天祀地礼仪来彰显正统性,与十六国政权的做法无本质区别。天兴初年设立的郊祀制度,与郑玄礼说体系并不契合,而且与两晋十六国奉行的王肃"郊丘合一"说也有差别,该制度传达出颉颃东晋,争衡正统的明显姿态。孝文帝时期,遵从郑玄"郊丘为二"学说,以此改定郊祀制度,从而实现了郊祀礼由有司摄事向皇帝亲祀的转变,并通过废止西郊郊天为核心的鲜卑原始礼典,终于确立了华夏郊祀礼典的独尊地位。迁洛后,孝文帝又通过亲行圜丘祭礼,宣示天命在魏,以此与南朝颉颃,争夺正统的态势臻于极盛。作者总结认为,北魏正统观念并非单一不变的,而是表现出仿魏承汉和承继西晋两个面向。其中郊庙制度,与曹魏明帝景初元年以后的制度相类,这就在一定程度上,折射出北魏超越两晋南朝,直追曹魏的心态。

(2)吉礼·宗庙、明堂

楼劲《道武帝所立庙制与拓跋氏早期世系》从天兴庙制与拓跋氏早期世系关系的角度对北魏前期皇家宗庙制度进行精到考证,并通过阐释这一关系来进一步探讨《魏书·序纪》所载道武帝以前二十八帝世系的相关问题。③ 梁满仓《魏晋南北朝皇家宗庙制度述论》则着重探讨了北魏前期皇

---

① 魏斌:《思想的圜丘》,《读书》2017年第12期。
② 参见赵永磊《争膺天命:北魏华夏天神祭祀考论》,《历史研究》2020年第4期。
③ 参见楼劲《道武帝所立庙制与拓跋氏早期世系》,《文史》2006年第4期。

家宗庙制度的四个基本特点：先帝诸庙以始祖为贵；没有严格的昭穆迁毁制度；庙无定制；祭祀以怀祖祈福为主要目的，指出此时期宗庙祭祀的祭祀祈福色彩远远大于仪式制度色彩，不是中原五礼制度下的宗庙制度。[①] 系统涉及北魏宗庙礼制的专著型研究成果是郭善兵博士论文《汉唐皇帝宗庙制度研究》（华东师范大学，2005 年），2007 年修改、完善为《中国古代帝王宗庙礼制研究》（人民出版社 2007 年版）一书。全书分五章，依时代顺序考察了汉以前、西汉、东汉、三国两晋南北朝、隋唐皇帝宗庙制度。[②] 是著在借鉴前人研究成果的基础上，凭借敏锐的问题意识，在诸如西汉初中期郡国宗庙的设置、西汉元帝永光年间皇帝宗庙礼制改革、西汉中后期皇帝宗庙禘祫祭祖制度等问题的论述，东汉初期光武帝建武十九年宗庙礼议、东晋初相继即位为君主的兄弟昭穆异同之争与皇帝宗庙制度的变革、东晋皇帝宗庙殷祭祖制度、隋炀帝大业年间皇帝宗庙制度改革、唐玄宗九庙制度的改革等问题上都提出了独到的见解。仅就北魏宗庙礼制来看，是书指出北魏初期，无论宗庙庙数，还是祭祖仪式，都羼杂了大量鲜卑民族习俗。孝文帝太和六年、十三年至十六年，陆续推行皇帝宗庙庙数、四时祭、禘祫祭祀制度等方面的改革，其中既遵循了儒家经典，也不乏别出心裁地创新。太和十三年至十六年，皇帝亲行的宗庙祭祀时间间隔制度改革，是在杂用郑、王的表象下，"比较彻底地遵循王肃学说立制"。宣武帝朝后则变更孝文太和制度，遵郑说。直至北魏灭亡，皇帝宗庙祭祀，或许始终奉行孝文帝太和十五年确定的四世制度，没有变更。如此而言，太和十七年北奔的王肃，并未对北魏皇帝宗庙庙数、祭祀制度等方面施加强有力影响。《中国史研究》2015 年第 2 期同期刊文，梁满仓与郭善兵两先生以曹操"春祠令"辨析为先导，就"魏晋南北朝皇家宗庙礼制若干问题"展开学术争鸣，主要涉及曹魏，兼及两晋南朝。[③]

北魏太武帝拓跋焘死后被追尊为"世祖"，《魏书》等北朝史书明文记

[①] 参见梁满仓《魏晋南北朝皇家宗庙制度述论》，《中国史研究》2008 年第 2 期；《魏晋南北朝五礼制度考论》，第 230—257 页。
[②] 参见丁鼎《〈中国古代帝王宗庙礼制研究〉评介》，《鲁东大学学报（哲学社会科学版）》2008 年第 3 期。
[③] 参见郭善兵《魏晋南北朝皇家宗庙礼制若干问题考辨——兼与梁满仓先生商榷》，《中国史研究》2015 年第 2 期；梁满仓《曹操"春祠令"辨析——初答郭善兵先生》，《中国史研究》2015 年第 2 期。

载，但北宋初成书的《册府元龟》一条记录显示，太武帝最初的庙号应为"世宗"，王铭便从这条宝贵的材料出发，推测很可能在太和十五年改议祖宗，颁布《改易庙号诏》之时，孝文帝出于确立北魏太庙"三祖"格局的需要，将太武帝的庙号由"世宗"升格为"世祖"。而后结合孝文帝太和改制时所颁的《改易庙号诏》，探讨孝文帝升格太庙中太武帝地位背后的相关政治考量，作者认为太武帝身后在太庙中获得的庙号从"宗"到"祖"的改易升格，意味着其在王朝政统谱系中从"有德"转变为"有大功"的地位评价的明显提升。[①] 同氏《"正统"与"政统"：拓跋魏"太祖"庙号改易及其历史书写》对"元魏两太祖"的疑题进行系统考察，通过梳理改易"太祖"庙号背后的具体历史情境和政治动机，指出道武帝天兴初年尊平文帝为"太祖"，明元帝时上道武庙号为"烈祖"，到了孝文帝改制时，将平文从太庙中迁出，改尊道武为太祖。《魏书》一直记载道武庙号为"太祖"，讳言道武庙号最初为"烈祖"的史实。庙制的背后是政治权力的运作：作为王朝开国之君象征的"太祖"庙号的追尊，体现了北魏的中原正统心态以及对拓跋王朝政统谱系的建构努力。[②] 同氏《〈魏书〉孝文帝太和十五年改易庙号诏考订》简要指出《魏书·礼志一》所载太和十五年改易庙号诏与《通鉴》相较，有明显脱漏处。[③] 赵永磊《塑造正统：北魏太庙制度的构建》以塑造华夏正统为视角，系统考察后指出北魏太庙制度的构建在胡汉问题、南北正朔之争、皇权等因素主导下，呈现出较为复杂的历史层面。作者首先就道武帝所追尊的始祖、太祖何者为不祧祖问题进行辨析，认为道武帝所立太庙，分置始祖、太祖，具有缘饰经典及郑玄学说的明显迹象。随后对北魏"天子七庙"形成的过程进行梳理，以此为基础讨论太祖在郊庙中地位的变化、太庙格局的演变以及太庙制度的构建及实施问题。作者极为敏锐地指出北魏太庙制度的构建经历了孝文帝之前"天子七庙"的形成以及孝文帝以后太庙制度的确立两个阶段；而在学说择从上，呈现出由兼采郑玄、王肃学说到全遵郑玄学说的趋势，并在孝明帝时期最终确立相对完备的宗庙制度，这种选择显现出与东晋南朝

[①] 参见王铭《北魏太武帝庙号升格问题考议》，《中国史研究》2016年第1期。
[②] 参见王铭《"正统"与"政统"：拓跋魏"太祖"庙号改易及其历史书写》，《中华文史论丛》2011年第2期。
[③] 参见王铭《〈魏书〉孝文帝太和十五年改易庙号诏考订》，《中国史研究》2009年第1期。

绪论 北魏礼制研究的图景与脉络

争正统的态势。①

对北魏前期立尸礼的考察成果较少，相关研究主要来自民俗领域，《民俗研究》2017年第1、5期分别刊发段瑞超等《"魂人"礼俗与北魏文化认同》与顾春军的商榷文章《驳北魏"魂人"说兼谈相关问题》。前者认为"魂人"名称应为北魏所特有，指被用以象征死者神灵或作为死者灵魂依托的人，与先秦祭祀中的"尸"实质相同。但两者又不能等同，其中最大区别在于选择标准不同："魂人"选择最看重的是状貌与死者相像，即使没有血缘关系，祭祀者仍将其视同亲人，这个特点最为汉族士人所诟病。"魂人"礼俗的存在与逐渐消失的过程，是北魏文化认同曲折进程的一个集中反映。顾氏的商榷文章则认为"魂人"说来源于赵翼在《陔余丛考》"冥婚"条对《魏书》的错误句读，受《陔余丛考》失误影响，段文没有对传世文献认真辨析，对现有研究成果缺乏认真研读，论证中所引用的案例也存在着不少问题，故该文的立论是站不住脚的。②

此外，涉及北魏宗庙的论文尚有：刘慧琴：《北朝郊祀、宗庙制度的儒学化》，③ 柏贵喜《从宗庙祭祀看北朝礼制建设》，④ 高贤栋《北魏孝文帝时期的礼制建设》，⑤ 张帅《拓跋氏前期庙制中的神灵崇拜与国家礼制》，⑥ 王柏中等《北魏国家宗庙祭祀制度考论》，⑦ 王鹤《北魏郊庙制度考》。⑧

明堂的考察见下文"礼制建筑"类。

（3）吉礼·耤田

耤田礼，又名耕耤礼。其中"耕"字，一般作"籍"，亦作"藉"。

---

① 参见赵永磊《塑造正统：北魏太庙制度的构建》，《历史研究》2017年第6期。
② 参见段瑞超等《"魂人"礼俗与北魏文化认同》，《民俗研究》2017年第1期；顾春军《驳北魏"魂人"说兼谈相关问题》，《民俗研究》2017年第5期。
③ 参见刘慧琴《北朝郊祀、宗庙制度的儒学化》，《西北大学学报》2000年第1期。
④ 参见柏贵喜《从宗庙祭祀看北朝礼制建设》，《中南民族大学学报（人文社会科学版）》2003年第10期。
⑤ 参见高贤栋《北魏孝文帝时期的礼制建设》，《烟台大学学报（哲学社会科学版）》2003年第10期。
⑥ 参见张帅《拓跋氏前期庙制中的神灵崇拜与国家礼制——兼论孝文庙制的历史定位》，《山西大学学报（哲学社会科学版）》2018年第2期。
⑦ 参见王柏中等《北魏国家宗庙祭祀制度考论》，殷宪主编《北朝史研究——中国魏晋南北朝史国际学术研究会论文集》，商务印书馆2004年版。
⑧ 参见王鹤《北魏郊庙制度考》，《古籍研究与整理学刊》2008年第3期。

此字原应作"籍"。农业是古代中国的立国之本,与传统重农思想相关且最为密切的王朝礼仪便是耤田礼。关于耤田礼,前哲先贤多有精到详审之研究,如礼之由来、性质、设官执掌、仪式内容(包括不同等级的推数研究)、耤田称谓、择月及用干支日问题等。① 刘凯对先秦至唐的耤田方位进行长时段考察,关涉此时段。作者指出周秦汉唐间天子/皇帝耕耤礼之耤田方位存在着本乎"宗周旧制"之"南耕"逐渐向源出"汉家故事"的"东耕"转化之轨迹,且自汉以降的"东耕"耤田礼内部亦显现出东南与东方方位上的变更。后世王朝以"宗经""复古"和"尊君""实用"为标准于"宗周旧制""汉家故事"采择其一,为自身寻求正统依据,拓跋魏、宇文周即为显例。隋宗周"南耕",所承当出"西魏、北周"一源,与唐制承继"梁、陈"之源有异。唐太宗和孔颖达在耤田方位上存在的"矛盾",实乃政治与人伦隐情支撑下的"权宜"。太宗未回避其太上皇之子的身份,终采"东耕",有意表示他的谦退和孝道,是其"权宜"有着

---

① 古人考证,参见秦蕙田《五礼通考》卷一二四《吉礼·亲耕享先农》"耕耤之礼";孙诒让《周礼正义》之《天官·叙官》"甸师"、《天官·甸师》及月令祈谷部分(孙诒让撰,王文锦、陈玉霞点校:《周礼正义》,第28—30、284—295页)。今人文章有杨宽《"籍礼"新探》,王健《汉代祈农与籍田仪式及其重农精神》(《中国农史》2007年第2期),陈二峰《论汉代的籍田礼》(《南都学坛》2009年第3期),高二旺《魏晋南北朝时期耕耤(藉)礼的特征与功能初探》(《农业考古》2008年第3期),雷晓鹏《从清华简〈系年〉看周宣王"不籍千亩"的真相》(《农业考古》2014年第4期),宁镇疆《周代"籍礼"补议——兼说商代无"籍田"及"籍礼"》(《中国史研究》2016年第1期);论著中相关章节:胡戟《礼仪志》14章"耤田享先农"节(上海人民出版社1998年版,第303—305页),陈戍国《中国礼制史》各卷耤田礼章节(湖南教育出版社1991年版),梁满仓《魏晋南北朝五礼制度考论》4章"耤田制度"节(第218—230页),杨英《祈望和谐——周秦两汉王朝祭礼的演进及其规律》4章3节(商务印书馆2009年版,第611—614页),姜波《汉唐都城礼制建筑研究》相关章节(文物出版社2003年版)。日本学者谷口義介《藉田儀禮の復活》(《中國古代社會史研究》,京都:朋友書店,1988年,第245—264页)讨论了周至汉文的耤田礼仪,新城理惠《中國の藉田儀禮について》(《史境》2000年41号,第25—38页)则论及汉代以后皇帝耤田礼,金子修一《以国家祭祀为中心的魏晋南北朝隋唐研究史回顾与展望》[《日本中国史研究年刊(2008)》,上海古籍出版社2011年版,第43—47页]简要涉及了东汉末至十六国的耤田,皆可参看;其他文章尚有谷口義介《春秋時代の藉田儀礼と公田助法》(《史林》1985年68—2号,第40—64页)、佐竹靖彦《藉田新考》(唐代史研究會编:《中國の城市と農村》,东京:汲古书院1992年版,第3—28页)、西岡市祐《南北朝·隋朝·唐朝的親耕藉田》(《國學院雜誌》2002年103—4号,第1—16页)、坂江涉《古代東アジアの王權と農耕儀禮—日中社會文化の差違—》(鈴木正幸编:《王和公》,东京:柏书房1998年版,第13—53页)。

处理与太上皇关系，摆正己之身份位置之需；孔氏所主则以实际皇权为中心，其不改《礼记正义》"南耕"，不能简单以"疏不破注"原则视之。梁武变耤田方位于东方，缘由暗含"帝出乎震"，背后彰显的当是门阀政治以降，皇权在多重举措之下已有复御天下威权的事实。唐末袭隋"宗周"之"南耕"，亦未全摹"汉家故事"的"东耕"，而是在其基础上参合南朝后期萧梁之改革行"东耕"，是其耤田当出"梁、陈"一源。①

（4）吉礼·释奠

释奠礼。程苏东认为北魏改制有未尽周全者，所举例即阙里、京师并置孔庙。作者认为此举显示出北魏虽试图通过经学制度的调整彰显尊经复古之意，但由于未明相关仪制背后之经义与故事，得其形而未得其实，终难免邯郸学步之弊。不过通过把孔庙从曲阜阙礼移祀到京师的异地并立孔庙举动，使得孔庙从"家庙"蜕变为"国庙"："当时虽未必合理，但它符合时人对于'京师'统摄全国政治、文化资源的功能认知，故得为北齐、北周所因袭，并随着唐制的颁行而成为后世定法。从此，孔庙走出阙里，成为构筑中国古代城市空间的基本要件。"② 王文东《论北朝鲜卑贵族的尊师兴学之礼》简要论述了北朝鲜卑上层贵族的讲学之礼、释奠之礼和束修之礼，并言及所做的革新与变通，可惜未能深入展开。③ 刘军《北朝释奠礼考论》系统考察了北朝释奠礼的类别、祭仪、讲读活动和政治、文化意义。④ 夏志刚《南北朝释奠推行模式比较》比较了南北朝释奠推行模式的差异，作者认为南朝的释奠礼，仪式相对丰富详备，且讲且奠，而且规格较高，多由帝王、太子在京师举行典礼。北朝的释奠则处于变动之中，大致趋势是前简而后详，呈现出后来居上的势头，逐渐发展为中央到地方多层级推行的官学学礼。⑤

（5）凶礼

《周礼》五礼中，五礼排序为吉、凶、宾、军、嘉，唐太宗制定《贞

---

① 刘凯：《从"南耕"到"东耕"："宗周旧制"与"汉家故事"窥管——以周唐间天子/皇帝耤田方位变化为视角》，《中国史研究》2014年第3期。
② 程苏东：《北魏经学制度三论》，《清华大学学报（哲学社会科学版）》2020年第6期。
③ 参见王文东《论北朝鲜卑贵族的尊师兴学之礼》，《中央民族大学学报（哲学社会科学版）》2002年第3期。
④ 参见刘军《北朝释奠礼考论》，《史学月刊》2012年第1期。
⑤ 参见夏志刚《南北朝释奠推行模式比较》，《阅江学刊》2013年第3期。

观礼》时，五礼顺序调整，凶礼调整至末位，为吉、宾、军、嘉、凶，《唐六典》卷四《尚书礼部》便沿袭之，《通典·礼典·大唐开元礼纂类》则作吉、嘉、宾、军、凶。但在唐之前，尤其是魏晋南北朝时期，凶礼尤其是其中的丧礼，牢牢占据五礼前列的位置，《晋书》虽为唐人所修，其中《礼志》五礼排列依然为吉、凶、宾、军、嘉，符合《周礼》次序，也契合六朝重丧服的社会现状。治丧礼仪、葬礼与丧服礼是魏晋南北朝正史《礼志》中记载的凶礼主体部分。

日本学者藤川正数在20世纪中叶就展开了对魏晋时代丧服制度的研究，主要涉及的议题有三年丧、改葬之服、谅闇心丧之制、尊降兴厌降之制等。[①] 此后的丧礼、丧服研究主要关注点都在史料相对丰富的魏晋时期。国内学者关于丧服制度的系统研究有丁凌华《中国丧服制度史》，关涉魏晋南北朝时段的议题有魏晋丧服学之热潮兴起、服叙审议制度、心丧问题等，然而涉及北魏的较少。[②] 高二旺《魏晋南北朝丧礼与社会》聚焦于魏晋南北朝时期的丧礼变化及其在社会中的实施，在探讨丧礼理论创建的基础上，重点考察了魏晋南北朝时期实践层面上丧礼的程序和仪节、丧礼规格、丧服制度。并将丧礼放在五礼的大范围内，尤其着重从凶礼同吉、嘉、军、宾四礼的关系上，探讨了这一时期丧礼变化背后深层的政治、经济与文化动因。书中诸如凶门柏历的形制及其与南北文化交流的关系、对停丧时间的考察分析、丧礼配享制度、举哀与亲临的礼制、丧礼中的变礼等，都是以往研究较少的领域。[③] 张焕君《情礼交融：丧服制度与魏晋南北朝社会》（商务印书馆2020年版）通过作为经典文本的《丧服》与具有现实指导意义的丧服制度，以及丧服制度与同时段社会其他制度两个维度的比较，对魏晋南北朝丧服制度进行了论述。作者指出魏晋南北朝丧服争论的前提是重情，但礼也是必不可少的限制性背景，最终目的是"以情制服，以礼裁之"，以达到"情礼兼得"。其中三年之丧、心丧等研究内容都与北魏相涉。甘怀真采用经典诠释的观点，借由汉唐之间儒者对于《仪礼·丧服经传》中"为旧君"服丧的经典诠释变化，探究士大夫如何运用

[①] 参见［日］藤川正数《魏晋时代にわける丧服礼の研究》，东京：敬文社1960年版，第1—374页。

[②] 参见丁凌华《中国丧服制度史》，上海人民出版社2000年版，第164—168、200—213、238—257页。

[③] 参见高二旺《魏晋南北朝丧礼与社会》，上海古籍出版社2017年版，第1—369页。

绪论　北魏礼制研究的图景与脉络

此载于经典中的"旧君"制度以建构士大夫社会中的人际关系，尤其是其中的君臣关系。① 章管炜对杜预关于皇帝"谅闇心丧"之制的经说在两晋南北朝被接受与批判的过程进行了系统考察。② 总体而言，凶礼研究成果主要集中于魏晋南朝，专论北朝的论著相对较少。

（6）宾礼

通过较为全面的综述，范云飞已经指出魏晋南北朝宾礼相对唐朝而言要少得多。③ 不过范文中只列有一种魏晋南北朝宾礼研究成果，即史睿《南北朝交聘记的基础研究》，④ 由此可见魏晋南北朝宾礼研究任重而道远，相应的，可兹开拓的领域也大有可为。于此谨增补部分成果。

梁满仓认为魏晋南北朝时期宾礼有三个主要内容是史籍《礼志》所没有提及的：君臣上下交往的主客之礼、臣民间相互交往之礼、不同政权间的交往之礼，并分三节对三礼进行了系统研究。⑤ 其研究方法是将魏晋南北朝看作一个整体，并非以各自政权，而以礼仪本身为论述对象，划分类别，进行研究。例如主客之礼，首先指出宾客这一客观存在的历史群体，而后讨论宾客的构成、身份地位和社会作用，因其涉及整个魏晋南北朝时期，所论甚广，不免冗杂划分标准也不甚明晰，且对制度本身的讨论并无明显帮助。虽然此方法的目的是凸显礼制在魏晋南北朝时期的共性，但导致论述不甚深入，也丢失掉了政权的特殊性。

（7）军礼

陈仪、任重《魏晋南北朝的阅兵礼》较早对学界较少关注的魏晋南北朝阅兵礼（即讲武礼）进行了探讨，指出此时的阅兵礼反映了浓郁的时代特征，在阅兵礼的主持、季节与场所等方面显示出与秦汉的区别，而且出现了南北朝之间的地区差异；但其所探讨的形式区别只限于表象，没有触

---

① 参见甘怀真《"旧君"的经典诠释——汉唐间的丧服礼与政治秩序》，《新史学》第十三卷第二期2002年版，第1—44页；后删修改题《汉唐间的丧服礼与政治秩序》，《皇权、礼仪与经典诠释：中国古代政治史研究》，华东师范大学出版社2008年版，第280—314页。
② 参见章管炜《试论两晋南北朝皇家公除心丧礼的经学诠释》，虞万里主编《经学文献研究集刊》第十三辑，上海书店出版社2015年版，第128—152页。
③ 杨华等：《中国礼学研究概览》第三章，范云飞执笔，武汉大学出版社2021年版，第48—127页。
④ 参见史睿《南北朝交聘记的基础研究》，汤勤福主编《中国礼制变迁及其现代价值研究》（东北卷），上海三联书店2016年版，第128—143页。
⑤ 参见梁满仓《魏晋南北朝五礼制度考论》第七章第二、三、四节，第498—590页。

绪论　北魏礼制研究的图景与脉络

及深层次问题，也未能注意到南朝、北朝之间各自不同的发展道路和特点。[①] 楼劲《〈周礼〉与北魏开国建制》最早注意到《周礼》与北魏练兵讲武的关系，他认为北魏太武帝拓跋珪皇始元年正月"大搜于定襄之虎山"，既不符拓跋部昭成帝以来七月聚众讲武的传统，亦不合魏晋以来每于秋冬"大阅"治兵讲武的故事；五胡时期的石赵、慕容燕和苻秦亦无此例。其看似参合陂大捷后准备迎战慕容垂来犯的阅兵之举，却特别名之为"大搜"，明显受到了《左传》隐公五年"春搜、夏苗、秋狝、冬狩"之说以及《周礼·夏官司马》四时讲武之制的影响。由此判断，此举应当是一次依据有关儒典而创制，并且含有相应仪式化内容的讲武备战活动。[②] 梁满仓《论南北朝时期的讲武》系统探讨了曹魏的秋冬讲武、两晋十六国时期的讲武练兵及南北朝的讲武练兵，描画出各自讲武练兵不同的发展轨迹及其与《周礼》的关系。其中指出北朝在北魏建国之初就试图建立讲武练兵与《周礼》的关系，但由于拓跋部族本身的传统和不断征伐战争的需要，联系始终是表面的、概念上的；直至孝文改革以后，五礼制度确立，讲武练兵与《周礼》的联系才发生实质性变化；到北齐、北周时，二者的结合已经是浑然一体了；南北双方的发展轨迹虽然不同，但最终都建立起以《周礼》涉及的模式为旗帜的讲武练兵制度，在五礼制度的框架下走到了一起。[③]

除讲武礼之外，梁满仓使用了"军礼鼓吹"概念，用以指称作为物化礼乐、音乐演奏形式的鼓吹进入军队，用于军事仪仗、赏赐军功等功能的军礼鼓吹，其制始于西晋，成熟于南北朝，《魏晋南北朝军礼鼓吹刍议》揭示出从鼓吹到军力鼓吹的转化后，分别论述了南朝、北朝军力鼓吹及其作用。其中关于北魏鼓吹，指出从拓跋珪建国之始就包括宫廷音乐和军事仪仗两方面，而作为军礼的鼓吹在北魏前期很少赏赐给下边的军事将领，主要原因是当时实物赏赐制度在征服战争中发挥着更为关键的奖励和激励作用。随着孝文帝改革，五礼制度完善，自兹之后，北朝给予鼓吹的事例增多，接受鼓吹者大致有三种情况：深受重任者、因功受赏者和

[①] 参见陈仪、任重《魏晋南北朝的阅兵礼》，《井冈山师范学院学报》2004年第1期。
[②] 参见楼劲《〈周礼〉与北魏开国建制》，荣新江主编《唐研究》第十三卷，第87—148页。
[③] 参见梁满仓《论南北朝时期的讲武》，荣新江主编《唐研究》第十三卷，北京大学出版社2007年版，第31—62页；《魏晋南北朝五礼制度考论》第六章第二节，第415—446页。

· 33 ·

死后赠鼓吹。① 其时，从北魏相关史例来看，鼓吹的赐予多与羽葆、虎贲、班剑等相关，更多倾向于表示身份、荣宠的物化礼乐殊礼，纯粹符合"军力鼓吹"者并不占据优势，与南朝的情况有所差异，可以划入物化礼乐类目中去考察其与政治、制度的互动，而并非局限于军礼一隅。《周礼·秋官》有士师一职，其执掌曰："以五戒先后刑罚，毋使櫹丽于民：一曰誓，用之于军旅。"誓师之礼也属军礼范畴，梁满仓《魏晋南北朝五礼制度考论·军队誓师之礼》考察了魏晋南北朝誓师礼的时代特色。指出誓师礼具有足以激励将士军心的精神特质是其此时期被广泛应用的内部因素，进而分析了誓师礼的直接军事作用与间接社会作用。②《魏晋南北朝五礼制度考论·军法与军礼》认为军法是军礼内容的一部分，并非不同的制度范畴，在对军法的内容与实践论述的基础上，理清了军礼与军法的关系，并以此为视角，提出了关于《通典·礼典》没有军纪军法内容的解释。③

（8）嘉礼

北魏嘉礼的相关研究甚少有专篇论文，多散见于魏晋南北朝礼制论著或论文，比如会礼中纳后礼，可见苗霖霖博士论文《北魏后宫制度研究》，皇帝元服礼则可参看庞俊《魏晋南北朝皇帝元服礼简论》，④ 养老礼有邵正坤、王忠的考察，⑤ 而婚礼多与礼俗研究相混溶。最为系统的研究可参看梁满仓《魏晋南北朝五礼制度考论》第五章《嘉礼》，分别对婚礼、冠礼、会礼、尊老养老礼进行了研究。⑥

比较值得关注的是皇帝继位礼仪。日本学者自西嶋定生以降，尾形勇、金子修一、渡边信一郎等对汉唐间皇帝即位礼仪多有研究，金子修一对相关研究有所综述，可参看。⑦ 北魏方面最具影响力的考察当属罗新《黑毡上的北魏皇帝》。作者从北魏孝武帝元修以"举毡称汗"的代都旧制作为即位仪式谈起，指出突厥、回鹘、契丹等其他内亚族群也有相类

---

① 参见梁满仓《魏晋南北朝军礼鼓吹刍议》，《中国史研究》2006 年第 3 期；《魏晋南北朝五礼制度考论》第六章第一节，第 385—415 页。
② 参见梁满仓《魏晋南北朝五礼制度考论》第六章第三节，第 446—469 页。
③ 参见梁满仓《魏晋南北朝五礼制度考论》第六章第四节，第 470—491 页。
④ 参见庞俊《魏晋南北朝皇帝元服礼简论》，《阅江学刊》2012 年第 1 期。
⑤ 参见邵正坤、王忠《北魏时期的养老尊老礼仪》，《忻州师范学院学报》2014 年第 4 期。
⑥ 参见梁满仓《魏晋南北朝五礼制度考论》第五章，第 279—384 页。
⑦ 参见［日］金子修一《中国古代皇帝祭祀研究》第八章，徐璐等译，西北大学出版社 2018 年版，第 311—408 页。

的即位模式,此仪式中有三个相似的因素:第一,坐黑毡或白毡,由四人或七人来抬;第二,"我有父,亦有兄,公卿欲从谁也"的谦辞套话问答,它使端门前的活动被转化为立汗仪式的一部分;第三,勒住准可汗脖子,让他预言自己在位年限的行为,附录二中的《耶律阿保机之死》,作者便以此来推测阿保机死亡的真正原因。据以上三点,作者指出在中亚地区,北魏皇帝风格的举毡立汗仪式是普遍地存在着的;内亚民族有自己的文化传承,这种"内亚性"和中国的"华夏性"分别独立,又时有重叠。囿于史料,作者直言部分推论颇有"为赋新词强说愁"之意,但其视角独特,逻辑自洽,为学界展示出用内亚性视角审视北朝史的典范路径。

2. 礼制机构、物化礼乐与礼制建筑

关于北魏礼制机构的考察,目前可见有刘凯《北魏神部问题研究》。该文选取的礼制观照物是罕为学界措意、带有神秘面纱的祭祀机构神部。第一节以史籍仅见神部三职官(神部尚书、长、令)为突破点,对神部存在时间、执掌典守、设官分职、《通鉴》胡注所涉八部问题、后来去向进行考察,证成神部尚书与祠部尚书异名同体的观点。第二节以神部尚书王谌及八部问题为切入点,围绕庶姓王谌是否参与移庙等国之重事,管窥孝文与保守拓跋贵族论争背后对礼制特权争夺的实质。第三节关注神部令、长与祠部令、长出现时间,论述神部令、长即祠部令、长。第四节针对严耕望先生"北魏后期仪曹综并祠部"说提出商榷。[1]

物化礼乐方面。日本学者石井人对两汉魏晋南北朝虎贲斑剑的赐予进行了考察,涉及物化礼乐及由此形成的殊礼制度。第一节讨论虎贲斑剑赐予的起源。第二节关注的是两汉魏晋南北朝殊礼与"故事"间的虎贲斑剑:九锡中的虎贲;依据"霍光故事"而在葬礼中出现的虎贲斑剑。第三节讨论东晋南北朝时期虎贲斑剑的赐予,其下细分论述:"诸葛亮故事"——虎贲斑剑六十人和甲杖百人入殿;"王弘故事"和"尉元故事"。终论虎贲斑剑赐予殊礼的终结。[2] 苗霖霖《北魏后妃车辇等级略探》源出其博士论文《北魏后宫制度研究》(吉林大学,2011年;同名专著由花木

---

[1] 参见刘凯《北魏"神部"问题研究》,《历史研究》2013年第3期。
[2] 参见[日]石井人《虎賁斑劍考:漢六朝の恩賜·殊禮と故事》,东洋史研究会《東洋史研究》第59卷第4号,2001年,第710—742页。

兰文化出版社 2013 年出版）第四章，论述北魏后宫车服制度：车辇、服饰、印绶与佩玉、发饰。① 刘凯对九锡及九锡殊礼展开系列研究。② 曹魏以降史籍所载九锡渐趋一致、规范，按照排列次序一般包含车马、衣服、乐则、朱户、纳陛、弓矢、鈇钺、秬鬯，《九锡渊源考辨》一文认为以《韩诗外传》卷八第十三章九锡记载及《汉书·武帝纪》所载元朔奏议为史料依据的九锡自西汉初即有之说值得商榷。规范化九锡实始出《礼纬·含文嘉》，始出文献时段当在王莽受"九命之锡"（汉平帝元始五年，5）至《白虎通》成书（汉章帝建初四年，79）之间，而非谶纬大量造生的哀平之际。《礼纬·含文嘉》在东汉初年官方主导的谶纬思潮影响下，将九锡名称规范化；在试图将儒学与谶纬进一步结合的白虎观会议后，由班固《白虎通》引用《含文嘉》文，剔除王莽以九锡为篡位工具的实践影响，回复至九锡渊源的宗周九命褒奖功臣的最初功能上，并将之与封爵、土地相关联，申述规范化九锡"组合"与"排序"的依据，从而将谶纬化的九锡权威化、官方化。杨赐与张津二例可证东汉政府以九锡褒奖功臣的最初功能行用九锡，而北魏九锡对于东汉九锡褒赠功臣原始功能的回归只能是表面化，最终也会随着皇权的衰落沦为"禅让九锡"。《北魏九锡名物略考》以车马、衣服与乐则为中心，对北魏九锡在物化礼乐方面与他朝九锡的同异进行系统考察。③《九锡之变相：北魏九锡与太和十九年后政局》《北魏勋臣追赠九锡的纵向考察》则接续上篇，分别对北魏受九锡者死后获追赠九锡殊荣进行横向（即与卒后赠官、爵的关系）与纵向（即孝文至孝明受九锡者身份变化解析）的经纬考察。作者指出北魏太和十九年后，统治者于勋臣死后追赠九锡，可谓对东汉九锡褒赠勋臣原始功能的"变相应用"，显露出皇权逐步摆脱贵族的控制而确立自身独立的权威，并转而限制贵族的特权这一北魏政局发展的基本趋势，与东晋南朝门阀政治下的"禅让九锡"形成鲜明对比。受九锡的一个标准是受者生前有一定等级的高官、爵，而赠官、爵提升的空间已不算大；又有与之相配而行的加号使持节与假黄钺。另一标准乃是受者身份所附带的其他因素，兼及政治形势变动。元澄的际遇揭示出孝文至孝明世鲜卑宗室贵族权势变化，契合期间

---

① 苗霖霖：《北魏后妃车辇等级略探》，《济南大学学报（社会科学版）》2013 年第 4 期。
② 参见刘凯《九锡渊源考辨》，《中国史研究》2018 年第 1 期。
③ 参见刘凯《北魏九锡名物略考——物化礼乐视角下的北魏礼制渊源与变迁窥管》，《中国中古史集刊》第五辑，商务印书馆 2018 年版，第 57—98 页。

的政局变迁。①

礼制建筑。1963年秋季，中国科学院考古研究所洛阳工作队在北魏洛阳城阊阖门南御道东侧，西距铜驼街不到二百米处，发现一处北魏时期房址，编号为一号房址，十年后的发掘报告称："该房址系一组建筑的一部分，……根据《洛阳伽蓝记》所记的方位推测，可能是宗正寺或太庙建筑的一部分。从出土的砖瓦等观察，其形制和文饰显然是北魏的作风。因此，一号房址当是北魏时代的建筑遗存。"这为北魏洛阳太庙遗址找到一定的考古线索。② 1995年，北魏平城明堂、辟雍遗址的发现成为学界关注的焦点，王银田、曹臣明、韩生存《山西大同市北魏平城明堂遗址1995年的发掘》详细介绍了平城明堂遗址的考古发掘记录、成果。③ 王银田《北魏平城明堂遗址研究》则结合礼制研究对平城明堂遗址进行了研究：厘清明堂、辟雍、灵台的关系与遗址的定名；简要分析了相关的太和十年诏书；明确石料来源与水源问题；并在与长安、洛阳另外三处明堂遗址的比较中，看出平城明堂的显著特点及"孝文对汉文化的高度认同"。④ 1996年，大同考古所对明堂遗址南门进行了发掘清理。⑤ 张一兵《明堂制度研究》《明堂制度源流考》两书纵论明堂制度，关于北魏明堂，作者认为北魏平城有明堂，并施行明堂礼，迁都洛阳后是否有明堂则有争议。此外，赵一德、王世仁、张春等、詹宏源等对北魏平城明堂皆有考察，⑥ 而最新也是目前为止最为深入的研究则来自赵永磊《神圣与世俗：北魏平城明堂

---

① 参见刘凯《九锡之变相：北魏九锡与太和十九年后政局》，《东岳论丛》2015年第10期；《北魏勋臣追赠九锡的纵向考察——孝文至孝明世受九锡者身份变化解析》，中国中古史集刊编委会编《中国中古史集刊》第四辑，商务印书馆2017年版，第147—170页。
② 参见中国科学院考古研究所洛阳工作队《汉魏洛阳城一号房址和出土的瓦文》，《考古》1973年第4期。
③ 参见王银田、曹臣明、韩生存《山西大同市北魏平城明堂遗址1995年的发掘》，《考古》2001年第3期。
④ 参见王银田《北魏平城明堂遗址研究》，《中国史研究》2000年第1期。
⑤ 参见刘俊喜、张志忠《北魏明堂辟雍遗址南门发掘简报》，山西省考古学会、山西省考古研究所编《山西省考古学会论文集（三）》，山西古籍出版社2000年版，第106—112页。
⑥ 赵一德：《北魏平城明堂》，山西人民出版社2007年版；王世仁：《北魏平城明堂形制考略》，王贵祥主编：《中国建筑史论汇刊》第二辑，清华大学出版社2009年版；张春等：《北魏平城明堂营建初探》，《山西大同大学学报（社会科学版）》2019年第6期。张春：《北魏平城明堂建设时间初探》，《文物世界》2020年第3期；詹宏源等：《北魏平城明堂复原设计研究》，《华中建筑》2020年第7期。

礼仪发覆》，聚焦平城明堂形制与明堂礼仪，由此审视礼仪与权力的互动关系。文章首先分析东晋南朝、十六国明堂与汉魏明堂之间的关系，并探究平城明堂形制与《月令》明堂的关系，在此基础上，以太和十六年孝文帝所行平城明堂礼仪为核心，通过平城明堂礼仪的神圣性与世俗性的两个面相，揭示孝文帝以孝治天下、以礼化民的政治理念。作者指出平城明堂主要糅合汉魏故事、《月令》明堂九室说等，在具体形制上明显有别于南朝明堂，显示出孝文帝塑造华夏正统的政治心态。太和十年以后，孝文帝通过全面行华夏礼仪来彰显北魏的正统性，平城明堂的告竣，标志着北魏平城礼仪空间格局的基本建立。太和十六年孝文帝所行宗祀明堂礼与养老礼，凸显出孝文帝为秉承天命的神圣皇帝与屈尊敬老的世俗皇帝两种形象，展现出明堂礼仪的神圣性与世俗性两个显著特征，折射出孝文帝以孝治天下、以礼化民的政治理念，充分体现了华夏礼仪移风易俗的政治职能。[1]

1999年詹德隆《汉唐之唐宋时期的郊坛遗址》对汉至宋的郊坛遗址进行了初步考察，惜行文就简，且其出发点是接续"汉唐至唐宋时期的玉礼器"研究,[2] 着眼于玉器及郊坛遗址的调查上，并未深入礼制研究。[3] 2003年姜波在博士论文基础上出版《汉唐都城礼制建筑研究》,[4] 以朝代和都城为坐标，对汉唐间都城礼制建筑的建筑结构、分布状况、分布规律、祭祀对象加以讨论，指出汉唐礼制两大发展趋势：礼制逐步规范、简化；礼制逐步沦为政治的附庸；第六章系统考察了北朝都城礼制建筑，总结了北魏平城和洛阳礼制建筑的分布规律和历史特点。是书选定汉唐都城礼制建筑的视角切入礼制研究，并进行了长时段系统考察，是其价值所在。但也存在考察并不深入，多处平铺直叙，部分关键论述未有确切史料证明，造成论述舛误之处的问题，例如，皇帝藉田方位，作者在未引述任何文献或考古资料的情况下，径言汉文帝"耕籍的地点在长安城东郊"、曹魏"行礼的地点，在洛阳城的东郊"，仿佛是学界共识，却并没见任何史料证据。张月琴、马志强《北魏平城京郊的礼制性建筑与祭祀活动》将

---

[1] 参见赵永磊《神圣与世俗：北魏平城明堂礼仪发覆》，《学术月刊》2021年第1期。
[2] 参见詹德隆《汉唐至唐宋时期的玉礼器初探》，《文博》1997年第4期；《汉唐至唐宋时期的玉礼器初探（续）》，《文博》1997年第5期。
[3] 参见詹德隆《汉唐之唐宋时期的郊坛遗址》，《文博》1999年第1期。
[4] 参见姜波《汉唐都城礼制建筑研究》，文物出版社2003年版。

北魏平城时期的礼制性建筑分为两类：一是祭祀神灵或祖先的场所，如郊天坛、圜丘、祖庙；二是皇帝召开会议、朝会万国、宴请群臣的场所，如天文殿、太华殿、板殿，进行了考察。①《都城与圜丘——北魏宣武帝于景明二年设置圜丘的历史意义》是佐川英治对北魏洛阳城中轴线的系列研究之一，指出北魏洛阳城圜丘祭天肇始于郑玄之学说，圜丘之设立使得宫殿——内城——外郭得以合并成整体，实现了包含居民住宅区的城市规划，而此种新城市空间的形成，在中国城市史上具有重要意义。②《北魏洛阳城的中轴线及其空间设计试论》指出北魏洛阳城的中轴线，不仅影响了东西外郭的设计，还影响了沿中轴线的南北方向的外郭的设计。太极殿至圜丘之间的都市空间，沿着中轴线被分四层。第一层，太极殿至宫城正门的阊阖门的空间，太极殿对应天上的紫微宫，模拟出以其为中心的天上星象布局对应的地上空间，是皇帝神圣的空间；第二层空间是从阊阖门到宣阳门，是辅助国政的官僚空间；第三层是从宣阳门至永桥，是布置北魏臣民生活的坊制空间；第四层，由永桥至圜丘，是为四夷的空间。③北魏洛阳城中轴线上的四个空间，明显表示了以北魏皇帝为中心的天下秩序。

3. 杂祀

蔡宗宪系统考察了淫祀、淫祠与祀典三个礼制研究中基本祠祀概念的演变，对于魏晋南北朝礼制研究极有助益。其中，总结指出"淫祀"一词的指涉对象大致可分为官方祀制、宫廷祷祀、王侯大臣、民众祭祀及蛮族与方国五类，值得注意的是，评议中央不合理的祭祀为"淫祀"的史例，自《魏书》《北史》之后的正史均未再出现，相对的，愈来愈多的"淫祀"事例指向了民众的祭祀活动或风俗。原本被要求祭祀应合礼且禁除"淫祀"的统治者，其自我清理的思想渐趋淡化，成为以行政手段管制民众祭祀的裁决者，这似乎意味着原本戒慎于能否受福的皇帝，其天命王权

---

① 参见张月琴、马志强《北魏平城京郊的礼制性建筑与祭祀活动》，《山西大同大学学报（社会科学版）》2011年第1期。
② 2009年8月28—30日，佐川英治于武汉大学举办的第三届"中国中古史青年学者联谊会"所做的报告。
③ 参见［日］佐川英治《北魏洛阳城的中轴线及其空间设计试论》，中国魏晋南北朝史学会、武汉大学中国三至九世纪研究所编《魏晋南北朝史研究：回顾与探索——中国魏晋南北朝史学会第九届年会论文集》，湖北教育出版社2007年版，第724—733页。

绪论　北魏礼制研究的图景与脉络

受到法制的保障，且以此绝对性的权威，更加强化他作为人间统治者的角色。① 甘怀真指出在晋唐间国家礼制的依据主要有三：礼经、先朝故事与儒家官僚的公议，"或综合而言，是儒家官僚根据礼经，参酌前代的礼仪书所作出的公议。其中皇帝的地位与其说是独断的决策者，不如说是扮演儒家官僚公议的主席。皇帝若是一意孤行或执行某礼，此礼是否具有合法性容有争议，但不具有正当性则无可怀疑"②。甘氏的论点或有可商，文中所论也未能涉及北魏，不过引入皇权、礼经和礼制，将三者纳入"制礼"以获得正当性这一动态过程考察，颇具有启发性。

刘凯对北魏杂祀有较早的关注，并有较为系统的考察成果。《清整与转化：北魏杂祀简考》将杂祀界定为不被中央政府实际掌控的祭祀，既涵盖"其神不在祀典"的"淫祀"概念，也包括地方政府承认的祀典之外的地方祠祀。其间情形可分为两种。杂祀与王朝正统祭祀并非完全对立，因为政治需求，二者虽有碰撞、冲突，却也可在一定条件下相互交融乃至转化。作者指出北魏杂祀是伴随着王朝正统祭祀的发展而变动的，可关注情形有三：以西郊为核心的原始祭典，从王朝正统祭祀转变成杂祀；嘎仙洞石室从游离于中央政权之外的杂祀，被收纳入王朝正统祭祀；与淫祀概念相类的杂祀，被政府清整的同时亦因政治实用主义而被纳入王朝祭祀范畴。北魏杂祀政策背后是潜隐的皇权及其壮大自身的政治意图，有意识也有能力完成杂祀的清整及其与正祀的相互转化，而东晋皇权在门阀政治中自顾不暇，甚至需要借助杂祀，以求取政治抗争上的有利形势。③《句读与书写程序：嘎仙洞石刻祝文释读再议》以嘎仙洞石刻祝文的句读与书写程序为切入点，对第二种情形，即嘎仙洞石室从游离于中央政权之外的杂祀，被收纳入王朝正统祭祀的过程与缘由有所考察。关于北魏杂祀具体史例研究，有《奚康生"鞭像拔舌"及相关史事考论》《奚康生之死与其反复》选取奚康生"鞭（石虎画）像拔（西门豹祠像）舌"事，结合奚康生之死与其政治反复，管窥迁洛后鲜卑姓族政治心态的变化，以此说明王

---

① 参见蔡宗宪《淫祀、淫祠与祀典——汉唐间几个祠祀概念的历史考察》，荣新江主编《唐研究》第十三卷，北京大学出版社2007年版，第203—232页。
② 甘怀真：《中国中古时期制礼观念初探》，《史学：传承与变迁学术研讨会论文集》，台北：台湾大学历史学系，1998年；后删补校订改题《"制礼"观念的探析》，收入氏著《皇权、礼仪与经典诠释：中国古代政治史研究》，华东师范大学出版社2008年版，第59—85页。
③ 参见刘凯《清整与转化：北魏杂祀简考》，《东岳论丛》2021年第4期。

朝祭礼与杂祀转化背后的政治内蕴。① 此外，《杂祀与东晋南北郊的成立》是作者关注东晋杂祀的成果，该文以东晋杂祀为例，在了解其杂祀政策的基础上，探讨江南本地"杂祀"如何进入并转化为东晋王朝祭礼，从礼制层面管窥东晋初定江南时与江南土著势力的交锋、博弈与妥协，可由此为基点，展开东晋与北魏的杂祀政策、举动乃至政局的对比研究。②

（三）小结

诚如上述，北魏礼制研究在20世纪80年代以来，特别是进入新世纪之后，伴随礼制研究的回暖乃至热潮，涌现出较为丰硕的成果，研究的广度在逐步扩展。更为可喜的是，经历了前期的披荆斩棘与铺垫之后，学者们各显神通，或是改换独特新颖的考察视角，或是着重愈挖愈深的精深研究，抑或关注长时段或历时性的研究，纷繁复杂却精彩纷呈的成果时有刊发布，这也昭示出，在素以资料少、起点高、积淀厚而著称的魏晋南北朝史领域，礼制研究仍有众多需要深入挖掘之处。

当然，在目前所处的研究阶段，研究的"表面碎片化"现象也是不可避免的，之所以说是表面上的碎片化，是因为在学科分类与细化的趋势下，"细、小、深"的研究是必须经历的前置阶段，通过具体而微的细部研究，逐帧逐点的进行积累，在此过程中，出现良莠不齐的成果是应有之义，时间与实践的标准会实现学术的"优胜劣汰"，最终完成"阵痛"后的分娩。目前的碎片化研究，准确而言，应当是"十年生聚，十年教训"，为此后的宏观研究搭起框架、奠定基础、丰满血肉。

单就本书所谓北魏礼制而言，仍有部分研究领域与问题值得关注与研究：

第一，北魏礼制的动态变迁与《周礼》五礼框架静态描摹缺陷之间存在矛盾。本书试图跳脱传统五礼（吉、凶、军、宾、嘉）架构论述模式，并不试图面面俱到且静止地描摹北魏五礼，而是尝试以点连线的方式，依次选取拓跋原始礼制与华夏典制碰撞、冲突、交融乃至转化的礼制之"点"，深入挖掘点之意蕴，明晰其背后的政治、经学关节，而后以线连

---

① 参见刘凯《奚康生"鞭像拔舌"及相关史事考论》，中国社会科学院历史研究所学刊编委会编《中国社会科学院历史研究所学刊》（第十一集），中国社会科学出版社2019年版，第45—74页；《奚康生之死与其反复——迁洛后鲜卑姓族政治心态的一个侧影》，《社会科学战线》2017年第6期。

② 参见刘凯《杂祀与东晋南北郊的成立》，《中外论坛》2020年第3期。

接，勾勒出拓跋魏礼制演变的脉络，并揭示脉络下显隐的礼制抉取标准。

第二，北魏部落、部落联盟时期的礼俗研究仍有进一步研究的可能。本书上编《羽真号与神部：从部落联盟到平城时代礼制变迁》（第一章"羽真号及其消亡"、第二章"神部考"），选取羽真号与神部考察拓跋从部落联盟时期到平城时代的礼制变迁。

第三，部分领域研究仍存空白，亟待填补完善，吉礼中的朝日夕月礼，此礼并非仅是单纯的日、月崇拜反映，而是关涉古代时间管理乃至王朝对民众在时间维度的掌控，有较大的研讨空间。又如吉礼中耤田礼的方位变动问题，还有除吉礼之外的四礼及杂祀，目前研究成果较少，亟须补充完善。

五　本书的总体构想与创新

基于上述讨论，本书主体除绪论与结语外，正文分为两编四章。在描摹出北魏礼制图景，论证以点连线考察礼制变迁脉络的必要性与可行性前提下，依次选取四个在时段上有所牵连的，关涉拓跋原始礼制与华夏典制碰撞、冲突、交融乃至转化的礼制之"点"：羽真、神部、耤田方位与九锡，深入挖掘点的意蕴，明晰其背后的政治、经学关节，而后以线连接，勾勒出北魏礼制演变的脉络，并揭示脉络下显隐的礼制抉取标准。关于北魏杂祀的研究，置于另一本关于魏晋南北朝杂祀与政局变迁研究的拙作中进行考察。

上编选取羽真号（第一章）与神部（第二章）为切入点，借此考察拓跋鲜卑从部落联盟时期到平城时代的礼制变迁。

第一章"羽真号及其消亡"。礼制之核心观念在于别尊卑，划定身份等级，此为游牧民族原始礼俗与华夏礼制之共通点。可划分阶层并标示阶层身份者，在拓跋魏初创时期非羽真号莫属。根据本书考察，北魏羽真号是应拓跋鲜卑部落联盟机制而产生并发挥作用，其本意应当在于区别北魏立国初期的势力分野与等级阶序，在北魏前期，起到了华夏礼制分贵贱、别尊卑的类似功能，故其当与爵号、名号相类，可纳入礼制范畴，故以羽真的考察开篇。

北魏相关史料中见有羽真（亦称羽直、于真）一词，计其义大致有三：第一义即常书写于官爵系列中的羽真，为北魏独有，学者研究以之为鲜卑系官爵；第二义即作为姓氏、名、字的羽真；第三义则是北魏东北方、勿吉国之傍的羽真侯国。本章试图跳脱探究羽真精准含义的窠臼，主要通过对以第一义为主的北魏羽真的整体观照，明晰羽真在北魏前期的历史功用及至唐前期出现结构性失忆的过程。

第一节以羽真第一义史料载体的时段差异为切入点，证成学界推测其为官职或爵称的观点并不准确的同时，以魏太和三年冯熙写 S.0996 号《杂阿毗昙心经卷第六·题记》与太和十九年《冯熙墓志》中羽真第一义的从有到无延展开来，阐释北魏前期至唐羽真第一义结构性失忆的"模糊"脉络。在此基础上，第二节选取大羽真、内大羽真、内行羽真为研讨对象，明晰羽真第一义在北魏前期的历史功用。第三节指出学界以为羽真第一义为官职或爵称的推测并不准确，从羽真四职的差别及其功用来看，其合理表述应当是拓跋乃至北族使用的"类官号"，其本意应当在于区别北魏立国初期的势力分野与等级阶序。而羽真号的出现与鲜卑部落联盟的机制相关。部落联盟有极强的包容力和转变力：它能将纯游牧的部族与半农半牧甚至纯农耕的人群结合在一起，它也因着内部群体成员与外在资源环境的变化而转型。吸纳领民酋长类的大羽真，同时使用一般羽真、内行羽真与内大羽真在联盟与部落内部划清权力边界，当是部落联盟维持自身良性运转的制度本性使然。在明晰羽真号的基础上，第四节论述其结构性失忆的历史进程。最后对羽真三义的关联有所推论。而羽真号的消亡又与第三章九锡的变相应用相承接，显示出洛阳政权中华夏化的进程。

第二章"神部考"，将时间段从羽真时代延展至平城时代孝文太和十五年左右。由部落联盟进入国家政权阶段，拓跋鲜卑统一华北，立足平城，而孝文行礼制改革，强化中原系统祭典的同时，开始清理拓跋鲜卑遗留下来的旧俗。文明太后死后，孝文礼制改革与保守拓跋鲜卑贵族的矛盾凸显，以帝室十姓为代表的后者，反对孝文礼制改革的，并非吸收华夏典制，而是其中对鲜卑旧俗的革除；而革除旧俗，绝非仅仅表面形式上的仪式消亡。由此在孝文帝太和十七年定迁都之前，选取的礼制观照物是较少为学界所注意，带有神秘面纱的祭祀机构"神部"。

孝文改制，礼制为最，其中又以祭祀尤重，而学界关于执掌祭祀事务之机构及其职官多关注"祠部"，鲜有论及"神部"者。本章试图在对"神部"进行考释的基础上，管窥孝文礼制改革中鲜卑旧俗与华夏典制在政治博弈中的消长变动。第一节以目前史籍仅见以"神部"冠名的三职官——"神部尚书""神部长""神部令"为突破点，对其隶属机构——神部的存在时间、执掌典守、设官分职、《资治通鉴》胡注所涉及"八部"问题、后来去向进行考察，证成"神部尚书"与"祠部尚书"异名同体，本为一职。第二节又以"神部尚书"王谌及由此涉及的"八部"问题为突破点，围绕庶姓王谌是否参与移庙等国之重事，孝文与保守拓跋鲜卑贵族的论争表面化展开论述，由此可窥孝文革除旧俗，仪式消亡的表象背后，至为关键的是仪式背后原有贵族阶层代表的"国之丧葬祠礼，非十族不得与也"的特权的被剥夺。第三节以神部令、长与祠部令、长出现时间为突破点，论述神部令、长即祠部令、长。第四节针对严耕望先生"北魏后期仪曹综并祠部"说进行商榷。

下编选取皇帝藉田方位（第三章）与物化礼乐的代表九锡（第四章），考察迁洛后礼制变迁，并明晰拓跋统治阶层对华夏典制的抉取标准。

第三章"宗周旧制：藉田方位的变迁"。农业是古代中国的立国之本。"夫民之大事在农……王事唯农是务"，与此重农思想相关且最为密切的王朝礼仪便是耕藉礼。鲜卑本是居于长城以北的游牧部族，而长城本身便是华夏认同发展下的产物，是华夏用以维护、垄断南方资源，并借以排除北方游牧社会人群的工具。不论是匈奴的游牧帝国，还是鲜卑的部落联盟，其形成的最初动力与基本功能之一，便是突破此资源边界；战争、通关互市、和亲皆为达成此目的之手段。故以游牧民族之姿入主中原的拓跋鲜卑在耕藉礼方面的采择活动成为本章的研究目标。而其切入点则是皇帝藉田礼中的藉田方位。

选择藉田方位的缘由有二。第一是关于藉田所在方位的考察，学界至今几未有所涉及，而藉田的方位，尤其是天子/皇帝亲耕仪式中的方位，实是凸显统治集团中最高统治者与统治阶层其他成员尊卑降杀的重要标准；第二则是拓跋鲜卑耕藉史实较少，"从拓跋珪天兴三年到北魏一分为二，凡一百三十余年，史书记载藉田之事不过六次"[①]。并不足以通过只言片语来做出北魏藉田史实的考察，而选取藉田方位则可将之纳入先秦至唐的长时段中，考察整体趋势，把握脉搏。纵观殷周迄至唐初，藉田方位并非固定，而是呈现较为规律的变动，故于此藉田方位之变化亦不可"忽视之而不加以论究也"。后世王朝行用礼制，总为自身寻求正统依据，需于

---

① 陈戌国：《魏晋南北朝礼制研究》，第426页。

绪论　北魏礼制研究的图景与脉络

"宗经""复古"和"尊君""实用"的标准中因时因地地采掘先代之制，以最大程度的巩固、维护己之统治。而以游牧民族身份入主华北、建极中原的拓跋魏，在耤田方位的变动间又是如何抉择的呢？对于耤田方位的择取，于此可以作为一个切入点，并将之置入隋唐之前"南耕"与"东耕"系统的长时段中考察，揭示出拓跋鲜卑在礼制抉取方面的标准及原因。

本章试图选定天子/皇帝的耤田礼为研究对象，从贞观三年君臣关于耤田方位的"矛盾"说开去，对先秦迄至李唐的耤田方位之时间、空间变化进行些许考察，在考察北魏乃至南北朝耤田方位之传统与变迁的基础上，冀能窥耤田方位及其发展变化之背后隐藏的"宗周旧制"与"汉家故事"之一斑。第一节是为引子，以贞观三年唐太宗与孔颖达君臣关于"藉田方面"的矛盾分析为切入点，关注"礼缘人情""帝出乎震"的同时，明晰君臣"矛盾"背后的深层用意，牵引出周唐间天子/皇帝耤田方位存在着自"南耕""古礼"向"东耕"转变之迹象，而"东耕"系统内部亦存在方位变化的趋势论题。第二、三节分别考证"南耕"为"宗周旧制"，"东耕"则源出"汉家故事"。第四节依据朝代变迁，考论"东耕"内部方位变化与"南耕"复行，揭示拓跋魏以"宗经"标准"宗周"南耕旧制的背景。

第四章"变汉故事：九锡之变相"，研究对象转变为具象的物化礼乐，开始关注太和十九年方在北魏出现的，独具自身特色的九锡。时间轴上，呼应第一章羽真号的消亡，与羽真号消亡同见于冯熙葬礼的是首次出现于北魏历史的汉化九锡，作为"物化礼乐"的表征，北魏九锡是勋臣死后追赠的荣宠，迥异于魏晋南朝作为禅让易代的工具性九锡；羽真号的消亡与九锡的变相，窥显出洛阳政权中华夏化的进程。而在主旨层面，此章则衔接第三章而来，皇帝耤田方位等礼制层面，宗周旧制，以"宗经"为标准，而在涉及军国关键，尤其是维护皇权统治时，变更华夏故事，以利权柄驾驭时，"尊君""实用"原则稳居上风，在礼仪典制中通行，以数度隆杀来表现礼制等级的具象的物化礼乐，因着"一目了然"的特性成为此原则实践的不二之选。本书关注的九锡，便是通过其迥异于同时段乃至漫漫历史长河中通行的"禅让九锡"而卓然独立，彰显出拓跋魏独特的皇权嬗变轨迹。

汉魏以降，权臣多有凭借熏天权势，胁迫皇帝赐予九锡或自加九锡，加之以功德为公、为王与开建王国等方式实现身份"去臣化"，而后以

"禅让"的方式擅权篡位，易代鼎革，故史籍所载多将九锡与九锡殊礼置于与禅让相结合的王朝更替环境中，论其作为权臣篡弑工具的功能，本书称为"禅让九锡"。而在拓跋鲜卑建极的北魏一朝，缘起中原先代"故事"的九锡并没有发挥"禅让工具"的功效，反而是以皇帝于勋臣死后追赠的形式出现，彰显出主强臣弱、如众星拱北辰的面貌，与"禅让九锡"标示出臣凌君上、皇权不彰的东晋南朝形成鲜明对比，可谓九锡之变相。故本章选取九锡作为切入点，在辨明九锡始出文献时段的基础上，以北魏尤其是孝文太和十九年以降的时段为背景，试图揭示北魏九锡在中国"禅让九锡"的历史长河中独树一帜的特色所在及其功用背后蕴含的北魏政权运转不同于两晋南朝之处。

第一节着重解决学界目前关于九锡渊源，即其始出文献时段不明的问题。在驳难《韩诗外传》与《汉书·武帝纪》九锡记载的前提下，梳理出九锡始出《礼纬·含文嘉》的线索，并通过对东汉大臣受九锡史例的考察，明晰九锡褒赠勋臣的最初功能及其来源。第二节选取独行于曹魏至唐宋"禅让九锡"之外的北魏九锡为对象，对北魏受九锡者死后获追赠九锡殊荣进行横向（即与卒后赠官、爵的关系）与纵向（即孝文至孝明受九锡者身份变化解析）的经纬考察，冀望对北魏九锡的变相应用的原因有所理解，并进一步关涉孝文至孝明世的政局变动，而其中重点关注有二：一是元澄、元怀与元怪揭示的孝文至孝明世鲜卑宗室贵族与时局变化；二是选取胡国珍一例，通过受九锡的汉族官僚归葬地变迁看其权力来源。

上 编

羽真号与神部：从部落联盟到平城时代的礼制变迁

第一章 分贵贱、别尊卑：
羽真号及其消亡

礼制的核心观念在于别尊卑，划定身份等级，此为游牧民族原始礼俗与华夏礼制之共通点。可划分阶层并标示阶层身份者，在拓跋魏初创时期非羽真号莫属，根据本节考察，北魏羽真号是应拓跋鲜卑部落联盟机制而产生并发挥作用的，其本意应当在于区别北魏立国初期的势力分野与等级阶序，在北魏前期，起到了华夏礼制分贵贱、别尊卑的类似功能，应当纳入礼制范畴，故以羽真号的考察开篇。羽真号的出现与鲜卑部落联盟的机制相关，其内四职（羽真、大羽真、内行羽真、内大羽真）的兴衰变化，反映出北魏前期以血缘宗族与拟血缘制部落为依托的贵族政治、宗王政治向皇权政治的转变，由此将部落联盟至平城时代的礼制变迁映射出来。而迁洛之后羽真号的消亡正是华夏化沙汰鲜卑系话语的显例，其背后实际是拓跋核心集团步入皇权轨道而彻底祛除部落联盟形态的声明。与羽真号消亡同见于冯熙葬礼的是首次出现于北魏历史的华夏九锡，作为"物化礼乐"的表征，北魏九锡是勋臣死后追赠的荣宠，迥异于魏晋南朝作为禅让易代的工具性九锡。因此，羽真号的消亡又与第四章九锡的变相应用相承接，可据此管窥洛阳政权华夏化的进程。

北魏相关史料中见有羽真（亦称羽直、[1] 于真[2]）一词。计其义大致

---

[1] 周一良《领民酋长与六州都督》（《历史语言研究所集刊》第20本上，1948年，第77—78页）指出羽真"又称羽直，见元平墓志"。然核《元平墓志》载平父陵"羽真尚书冠军将军使持节吐京镇大都将"，其中"羽真"确实写作"羽真"，而非"羽直"（赵万里：《汉魏南北朝墓志集释》图版48，《石刻史料新编（第三辑）》，台北：新文丰出版公司1986年版，第55页），周氏所据史料不足凭，但论点无妨：羽真确又称"羽直"，见《宋书·索虏传》献文帝下书纳义阳王昶诏："羽直征东将军北平公拔敦。"

[2] 《董穆墓志》："十二世祖染，于真官，世擅豪右，影附魏室"，赵万里：《汉魏南北朝墓志集释》图版441，第225页。

有三：第一义即常书写于官爵序列中的羽真，为北魏独有，学者研究以之为鲜卑系官爵；第二义即作为姓氏、名、字的羽真；① 第三义则是北魏东北方、勿吉国之傍的羽真侯国。② 管见所及，学界于北魏羽真关注盖寡，而为数不多的研究关注点俱在第一义，偶有兼及第二义中作为赐姓氏的羽真，其他义绝少论及；对于第一义的研究，主要集中在探讨羽真一词为何意及其执掌上，提出的观点多加"推测、可能"：研究多以羽真第一义为鲜卑系的官职或爵称，然对于具体何指，却有乌矮真（即《南齐书·魏虏传》"外左右"）说、③ 领民酋长说、④ 皇帝身边侍从近臣说、⑤ 羊真（鲜卑系高爵）说、⑥ 云中镇大将说⑦的不同推测，亦有认为"羽真究竟是何官职，就目前所见资料，还不易判定，仅能说羽真是一大员"⑧。甚者，有学者从"汉字意义上推敲，'羽真'可理解为快和高或正"。指出羽真非鲜卑官爵，乃由汉代特进官职演变而来，相当于北魏受恩一职。⑨ 其中，前两说已为学者举反例驳正。⑩ 皇帝身边侍从近臣说所述范围虽与前两说

---

① 参见（唐）令狐德棻主编《周书》卷二十九《高琳传》载琳祖宗获赐羽真氏："其先高勾丽人也。……五世祖宗，率众归魏，拜第一领民酋长，赐姓羽真氏。"中华书局1971年点校本，第495页。又有以羽真为名者，如《太公吕望表》碑阴第二列"板授颍州太守尚羽真"，参见（清）王昶《金石萃编》卷三二《东魏三》，清嘉庆十年经训堂刻本。又有为字者，如《高贞碑》："君讳贞，字羽真，勃海脩人也。"参见（清）陆耀遹纂《金石续编》卷一《后魏》，清同治十三年双白燕堂刻本。
② 《魏书·勿吉列传》："勿吉国，在高句丽北，旧肃慎国也。……其傍有……羽真侯国，前后各遣使朝献。"
③ 参见饶宗颐《北魏冯熙与敦煌写经——魏太和写〈杂阿毗昙心经〉跋》，《饶宗颐史学论著选》，上海古籍出版社1993年版，第481—490页。
④ 参见严耀中《北魏前期政治制度》，吉林教育出版社1990年版，第191—193页。
⑤ 参见吕宗力《中国历代官制大词典》，北京出版社1994年版，第405页。
⑥ 推想最早由贾敬颜提出，参见贾敬颜《民族历史文化萃要》，吉林教育出版社1990年版，第26页；松下宪一始有系统论证，参见〔日〕松下宪一《北魏胡族体制论》，札幌：北海道大学出版会2007年版，第66—72页。以下简称"松下文"。
⑦ 参见宋馨《司马金龙墓的重新评估》，殷宪主编《北朝史研究》，商务印书馆2004年版，第566页注4，据《北史·薛辩传》武英殿本"授大羽真。真南本作镇将"语，疑羽真为云中镇大将。
⑧ 参见张庆捷、郭春梅《北魏文成帝〈南巡碑〉所见拓跋职官初探》，《中国史研究》1999年第2期。以下简称"张、郭文"。
⑨ 参见辛长青《释"羽真"》，《北朝研究》编辑部、平城北朝研究会主编《北朝研究》1991年上半年刊，第94—96页。
⑩ 《南齐书·魏虏传》：外左右为"乌矮真"，是宗室以外担任要职者，而从下表1-1看拓跋宗室有任羽真者，如元顺、元素连、元陵，张、郭文和松下文已指出此点。而领民酋长说，张、郭文举司马楚之、毛法仁未领部落的反例驳难，可从。

相对，然前两说所举薛安都、薛辩等"领民酋长"的反例却可推翻。而云中镇大将说除司马楚之、金龙父子外，他例甚少有云中镇大将任者，况《奚智墓志》云："内行羽真散骑常侍镇西将军云中镇大将内亦干之孙"①，羽真、云中镇大将同载，是云中镇大将不为羽真，宋馨仅据后世传本的传抄差异作"孤证"，不能令人信服。又，关于羽真第一义的史料记载中存在羽真、大羽真、内行羽真、内大羽真四词的分别，严耀中指出前二者为外朝官，后二者为内朝官，内外朝相互对应；然张、郭文认为任大羽真、内大羽真之文皆为后人追记祖先官职，质疑"是否存在一般羽真、大羽真和内大羽真的区别"。质言之，目下学界对于羽真第一义未有定论，前辈学者的研究成果亦无系统梳理排查之举，其研究的现状诚如田余庆所言："羽真之义毕竟难于确认。"②

本章之目的有二。其一，试图跳脱探究羽真精准含义的窠臼，主要通过对以第一义为主的北魏羽真的整体观照，明晰羽真在北魏前期的历史功用，及其下迄唐前期出现结构性失忆③的过程：以羽真第一义史料载体的

―――――――

① 参见赵万里《汉魏南北朝墓志集释》图版207，第118页。
② 田余庆：《〈代歌〉、〈代记〉与北魏国史》，《拓跋史探》，生活·读书·新知三联书店2003年版，第223页注4。
③ 人类学意义上的"结构性失忆"由英国人类学家Gulliver定义，此前Evans-Pritchard在《努尔人》(*The Nuer*: *A Description of the Modes of Livelihood and Political Institutions of a Nilotic People*, Oxford: Oxford University Press, 1940, pp. 199—200)中提到东非Nuer族家族发展与分化的原则是忘记一些祖先或特别记得一些祖先；后Gulliver在研究非洲Jie族的亲属结构时，观察到家族的融合或分裂多由特别记得一些祖先及忘记另一些祖先来达成，并将之命名为"结构性失忆"。(structural amnesia. 相关介绍参见王明珂《华夏边缘——历史记忆与族群认同》，社会科学文献出版社2006年版，第21—33页)而"结构性失忆"与"集体记忆"相关联，广义而言，集体记忆即是一个具有自己特定文化内聚性和同一性的群体对自己过去的记忆，这种记忆自然包括"遗忘"。(Edmund Blair Bolles, *Remembering and Forgetting*: *An Inquiry into the Nature of Memory*, New York, 1988; R. Jacoby, *Social Amnesia*: *A Critique of Conformist Psychology from Adler to R. D. Laing*, Sussex: Harvester, 1975.) 故本书所用"结构性失忆"较为精确的含义是融合人类学意义上的"结构性失忆"与"集体记忆"的双重概念，即不单单将选择性遗忘局限于族群对祖先的范围内，而是扩展到社会环境、历史变革中"集体"对历史书写所承载的"集体记忆"的理性选择下的遗忘；因为有王朝变迁的历史，秉持"结构性失忆"的主体也并非社会学、人类学意义上单一的族群(对于常识中以社会学分类范畴的群体为社会活动主体的错误，Rogers Brubaker, "Ethnicity without Groups" (*Archives Européennes de Sociologie*, 43 (2), 2002, pp. 163-189) 进行了批评，而族群正属此范畴，而是此一进程中自觉或不自觉置身其中、以精英为核心的统治者及臣民。主体的宽泛化、朝代的更替、主体的政治性是本书所用"结构性失忆"的特点。

时段差异为切入点，证成学界推测其为官职或爵称的观点并不准确的同时，以北魏太和三年冯熙写 S. 0996 号《杂阿毗昙心经卷第六·题记》与太和十九年《冯熙墓志》中羽真第一义的从有到无延展开来，阐释北魏前期至唐羽真第一义结构性失忆的"模糊"脉络，进而选取大羽真、内大羽真、内行羽真为研讨对象，明晰羽真第一义在北魏前期的历史功用，对羽真三义的关联有所推论。因"文本"与"情境"的互映、互生关系，[①] 可由功用之明晰，而厘清在社会情境转变下，作为符号的羽真第一义在异质[②]载体"文本"中出现结构性失忆的进程与相应情境原因。因无参照国际阿尔泰学相关科研成果的能力，[③] 可能并不会对羽真的具体语意提出准确定性，故仅希冀以史料载体的视角在明晰史书书写意向的背景下，对北魏羽真有一较具体语意更为宏观的考察，而浅见以为此点在中国史学传统中应该较具体语意的考察更接近"同情之理解"的境界。其二，在功用明晰的前提下，分析羽真产生之原因及背景，由此厘清将之纳入北魏"礼制"范围讨论并作为首章的因由。

第一节　结构性失忆的"模糊"脉络

目下所见记载北魏羽真的史料主要分三类：正史中关于羽真三义的少量记载；碑刻（主要是《文成帝南巡碑》）、墓志关于羽真第一义且数量远胜正史的记载；敦煌 S. 0996 号（魏太和三年冯熙写）《杂阿毗昙心经卷第六·题记》一件（以下简称"S. 0996"）。依据史料载体及形成时间列下表：

[①] 参见王明珂《英雄祖先与弟兄民族：根基历史的文本与情境》，中华书局 2009 年版，第 236 页。
[②] "异质"与"同质"相对而言，"质"即书写载体，"异质"便是载体不同，如碑石、简牍与正史文献。其义类于李善注《文选·海赋》"鳞甲异质"云："异质，殊形也，《广雅》曰：'异躯'"，而非指特异的资质、禀赋。
[③] 罗新认为松下氏研究"也应当参考阿尔泰学研究中有关拓跋语言的那些重要论著"，颇有见地。然限于自身能力，对阿尔泰学未有研究心得；且本书并不以破解羽真的鲜卑语含义为重心，亦对破解词语含义进而可直接明晰其在北魏前期时代环境中所起到作用的方法可行性持保留态度。参见罗新《松下宪一〈北魏胡族体制论〉评介》，北京大学历史学系编《北大史学》(13)，北京大学出版社 2008 年版，第 485—492 页。

第一章 分贵贱、别尊卑：羽真号及其消亡

表1-1 史料所见任有羽真第一义（含赐姓羽真氏1例）者史料载体与来源对照表

任羽真第一义者	史料载体、来源及时间	
	碑刻、墓志（砖）类与S.0996	正史类
1. 乙弗莫瓌	《乙弗莫瓌》铭文墓砖（太安四年，458）	
2. 吕河一西 3. 毛法仁	《文成帝南巡碑》（文成和平二年，461）	
4. 司马楚之	《姬辰墓志》（孝文延兴四年，474）	
5. 冯熙	S.0996太和三年（479） 《元悦妃冯季华墓志》（孝明正光五年，524）	
6. 司马金龙	《姬辰墓志》（考文延兴四年，474）；《司马金龙墓志》（太和八年，484）①	
7. 拔敦/长孙敦		《宋书》卷九五《索虏传》（成书于齐永明六年，488）
8. 山累祖	《大代持节豳州刺史山公寺碑》（宣武正始元年，504）	
9. 奚内亦干/奚干（内行羽真）②	《奚智墓志》（正始四年，507）	

---

① 本节原以《北魏羽真考》为名，刊发于《学术月刊》2015年第2期，范兆飞《文本与形制的共生：北魏司马金龙墓表释证》（《复旦学报（社会科学版）》2020年第4期）称拙作"推测司马金龙受羽真时间为太和八年十一月十六日，这是错误的"。细绎拙作内容，并未有此推定，而是据《姬辰墓志》《司马金龙墓志》与正史等史料列有司马楚之、姬辰与司马金龙死亡时间（分别为464年、474年与484年），其中474年的《姬辰墓志》虽列有金龙受羽真，但并不能排除姬辰墓志为其迁葬后再刻的可能，故保守起见，"不论《姬辰墓志》为原刻，抑或迁葬后再刻，其记金龙任有羽真，时间都是在金龙生前，所载可信；距楚之逝世方十载，楚之的羽真亦不至失实"。之所以引发推定为太和八年的误会，估计是看到《羽真史料载体与来源对照表》中所列的"《司马金龙墓志》（太和八年，484）"，不过同列之前尚有"《姬辰墓志》（延兴四年，474）"。

② 《若干荣墓志》（北周建德六年，577）记有"祖讳燕皇，魏内行羽真"至为关键，考证若干荣曾祖、祖、父皆于史无征，荣本人也只有不肯定的记载，故此条史料于表中暂缺，而置于第二节与8内行羽真奚干一块论述。参见王素《大唐西市博物馆新藏北朝墓志疏证》，《故宫学刊》2014年第1期。

续表

任羽真第一义者	史料载体、来源及时间	
	碑刻、墓志（砖）类与 S.0996	正史类
10. 元素连/元连/元素	《元保洛铭》（"曾祖故素连"宣武永平四年，511）	
	《元昭墓志》（"祖连"孝明正光五年三月，524）	
11. 王琚	《王琚妻郭氏墓志》（王琚太和二十年冬卒，《魏书》不载羽真，郭氏卒于永平四年，与琚合葬书羽真）	
12. 元顺（内大羽真）	《元夫人赵光墓志》（正光元年，520）	
13. 元陵	《元平墓志》（正光五年三月，524）	
14. 冯诞	《元悦妃冯季华墓志》（正光五年十一月，524）	
15. 陆绍曾祖（大羽真）	《陆绍墓志》（孝庄建义元年，528）	
16. 娥清	《韩震墓志》（节闵普泰二年迁窆铭文，532）	
17. 李峻	《李云墓志》（北齐后主武平七年，576）	
18. 元威曾祖突六拔	《元威墓志》（隋开皇十一年卒葬，仁寿元年迁窆，591、601）	
19. 董染	《董穆墓志》（隋大业六年十一月，610）	
20. 薛安都（大羽真）	《薛保兴墓志》（大业六年闰十一月，610）	
21. 薛辩（大羽真）		《北史》卷三六《薛辩传》（成书于显庆四年，659）
22. 斛律倍侯利（大羽真）		《北史》卷五四《斛律金传》
23. 怡宽		《周书》卷一七《怡峰传》（成书于贞观十年，636）
		《北史》卷六五《怡峰传》
24. 宇文跛		《新唐书》卷七一下《宰相世系表一下》
25. 高宗（赐姓羽真氏）		《周书》卷二九《高琳传》
		《北史》卷六六《高琳传》

第一章　分贵贱、别尊卑：羽真号及其消亡

依据数量与时间分段，碑刻、墓志（砖）类所载羽真（主要是第一义）远较正史类数量多且时间早。碑刻《文成帝南巡碑》与 S.0996 除外，墓志（砖）共计 19 例（包括《山公寺碑》①），除《乙弗莫瓌》铭文墓砖（1 例）、《姬辰墓志》（2 例，因其载司马楚之、金龙父子皆有羽真，按 2 例计）、《司马金龙墓志》（1 例）外，其他都处于孝文太和之后：宣武朝 4 例，孝明朝 5 例，孝庄、节闵朝各 1 例；北齐、北周各 1 例；隋 3 例。而正史类（赐姓羽真氏的高宗计入）共 8 例，除《宋书》外，其他最早成书于唐：《周书》2 例（含 1 例赐姓羽真氏），《北史》4 例（含 1 例赐姓羽真氏），《新唐书》1 例。例外之《宋书·索虏传》为南朝邻国记事，其记有羽真第一义任者——魏和平六年九月献文帝下书纳义阳王昶诏："羽直征东将军北平公拔敦"②，拔敦即《魏书》《北史》所云长孙嵩子敦。而长孙氏原为七族之拔拔氏，③ 是《宋书·索虏传》所谓拔敦当即拔拔敦，《魏书》则记其汉名长孙敦，诚如缪钺所论："《魏书》所载鲜卑人取汉名者，而它书则载其鲜卑名。……《宋书》记其当时之鲜卑名，魏收作《魏书》时，则以后蒙前，记其追改之汉名，亦如其记姓氏，称步六孤为陆之类也。"④《宋书》以鲜卑本名称呼拓跋成员的方式更合史实，而据此可推测和平六年九月有羽直之称呼使用。更关键者，魏收撰史曾袭用沈约《宋书》，⑤ 然《魏书》于羽真/直却不置一词，可说明在羽真一事上，《宋书》所记要较《魏书》保存了原始、真实的史实。当然，敌国传闻记载也并非全与北魏"实情"同，粗略之处是难免的，如下文考察认为，

---

① 虽然《山公寺碑》为幽州刺史山累为孝文建追献寺而立，然涉及其祖羽真的记载是本人追记，与墓志为后人书写性质无别；且侯旭东已指出山累立此碑实际上是变相宣扬自己的举动如何感动神灵，昭显治绩，为仕途加分，此碑为山累所采用的原因也与墓志作用无二，迥异于《文成帝南巡碑》这类当时人记当时事的官方碑刻，故算入墓志类。参见侯旭东《〈大代持节幽州刺史山公寺碑〉所见史事考》，《纪念西安碑林九百二十周年华诞国际学术研讨会论文集》，文物出版社 2008 年版，第 262—278 页。
② "羽直征东将军北平公拔敦"与上句"侍中、太尉、征东大将军直勤驾头拔"句读除中华校点本《宋书》外，它书所引多有误。如中华书局 1958 年严可均辑《全上古三代秦汉三国六朝文·全后魏文》将"羽"上读，断为"征东大将军直勤驾头拔羽、直征东将军北平公拔敦"（第 3523—3524 页）；Peter Boodberg, "The Language of the To-pa Wei"（*Harvard Journal of Asiatic Studies*, Vol. 1, No. 2, Jul 1936, p.175.）引作"驾头拔羽直"。
③ 参见周一良《魏晋南北朝史札记》，中华书局 1985 年版，第 400 页。
④ 缪钺：《读史存稿》，生活·读书·新知三联书店 1963 年版，第 58—59 页。
⑤ 参见周一良《魏晋南北朝史札记》，第 384—385 页。

《宋书》所载拔敦/长孙敦羽真的准确表述应当是"内大羽真"。总体而言,墓志的时段主要集中于北魏后期,其后变稀,迄至杨隋;正史所出时段主要在唐。

历史书写之"文本"(text)存在并产生于特定社会情境脉络中(texts exist in context),后者也因相应"文本"而得以显现或强化(context exists in texts)。因而在历史本相下,自有结构性规范的"文本"及其背后的知识权力,倾向于以定性化、模式化的书写,使得有其相似性的"文本"一再被复制,由此创造并强化此本相的集体记忆。① 依据史料可信度分类,三类载体间及各类内部史料价值皆存在差异,而文本内容的写就必与特定的社会情境相关联并受其影响,须分别对待。

一 碑刻、墓志类

二者虽为一类,但碑刻之《文成帝南巡碑》所见羽真为当时官方记载:碑阳所载内容是和平二年三月事,碑阴题名记录了跟随文成帝南巡时在灵丘南之山下参与仰射群峰的随驾群官的官爵姓名,多有《魏书》未见载者。而且碑阴吕河一西、毛法仁二例为碑刻史料中仅见生前记有羽真第一义者,故其史料价值及可信度不但远胜正史,亦较后人为先人所立之墓志为高。可堪与其相埒者只有 S.0996。张、郭文与松下文皆以是碑所载羽真为出发点,然其后却着力于征引墓志及正史羽真第一义记载,未对此二例详考,实有买椟还珠之憾。

墓志史料内部亦须分别对待。简而言之,墓志主据志主亲属提供的行状、谱牒等材料撰成,且在葬礼之后便被埋于地下,故墓志所载志主及其世系中祖先官爵只能代表志主及其亲属的"一家之言",愈往前溯,官爵失实、夸大的可能性愈大。而且墓志羽真史料时段主要集中于北魏后期至隋,较《南巡碑》与 S.0996 为后。不过墓志中同样有如《南巡碑》、S.0996 那样载有任者生前羽真的,只是志主与任者非一人,而是亲属关系,此即《姬辰墓志》所载司马楚之、金龙父子。

姬辰为金龙元妻,其父即《魏书》《北史》所载陇西王太尉源贺,

---

① 参见王明珂《英雄祖先与弟兄民族:根基历史的文本与情境》,第234页;《游牧者的抉择:面对汉帝国的北亚游牧部族》,广西师范大学出版社2008年版,第243页。

《姬辰墓志》所言"侍中太尉陇西王直勤贺豆跋"、《宋书·索虏传》"侍中、太尉、征东大将军直勤驾头拔"即其人。① 楚之与子金龙分别死于和平五年（464）、太和八年（484），姬辰则早金龙10年，死于延兴四年（474），太和八年迁葬金龙墓，则不论《姬辰墓志》为原刻，抑或迁葬后再刻，其记金龙任有羽真，时间都是在金龙生前，所载可信，距楚之逝世方十载，楚之的羽真亦不至失实。

前述《宋书·索虏传》载和平六年九月（465）"羽直"拔敦，同卷亦记有元嘉十九年（魏太平真君三年，442）楚之官爵"使持节、侍中、都督梁益宁三州诸军事、领护西戎校尉、镇西大将军、开府仪同三司、扬州刺史、晋琅邪王"，早拔敦二十四年，其时未有羽真，而《姬辰墓志》中则有楚之羽真号："使持节、侍中、镇西大将军、启府仪同三司、都督梁益兖豫诸军事、领护南蛮校尉、扬州刺史、羽真、琅琊贞王"，两相对照，可推知太平真君三年时楚之未有羽真号。

二　正史类（主要集中于唐初）

总体而言，正史作为一种"文类"，② 其中传记出自史官之手，主据官方档案修撰而成，其所对应的社会本相，是主流观点下的华夏政治、社会、经济关系，从而具有范式化文本之书写、编辑与阅读模式。然而，正史中记载的羽真情况却较为复杂，值得注意点有：

1. 记北魏一朝正史的《魏书》不载羽真只言片语；而魏收"修一百六十年之历史仅十余月而成，其书半大多本于北魏旧史"③，是"北魏旧史"已缺羽真。而结合冯熙羽真从太和三年的自我认可的"高位"到十九年孝文写《冯熙墓志》中的消亡，我们可以判定"北魏旧史"对羽真的有意"删削"应当是在太和十九年之后：S.0996 太和三年冯熙写《杂阿毗昙心经卷第六·题记》，结衔中亲书羽真："是以使持节侍中驸马都尉羽真太师、中书监领秘书事车骑大将军都督诸军事启府洛州刺史昌梨（黎）王冯

---

① Peter Boodberg, "The Language of the T`o-pa Wei", *Harvard Journal of Asiatic Studies*, Vol. 1, No. 2, Jul 1936, p. 175.
② 参见王明珂《英雄祖先与弟兄民族：根基历史的文本与情境》，第49—58页。
③ 参见周一良《魏晋南北朝史札记》，第346页。

晋国。"① 冯熙书羽真于己官爵中，其前是标示皇帝亲信的侍中与驸马身份的驸马都尉，其后为三师之首太师，可见羽真在其自我认可的标示身份、等级及所附带荣宠的官爵序列中位次不低，至为关键与特殊。熙女冯季华亦将父之羽真铭刻于墓志："又除使持节车骑大将军都督并雍怀洛秦肆北豫七州诸军事开府洛州刺史羽真尚书都坐大官侍中，王如故。"可见在子女的心目中，熙之羽真具有以祖先之荣宠增自身之光辉的实际效用，值得录入墓志。而太和十九年冯熙去世后，孝文撰《冯熙墓志》却未列羽真于熙官爵序列中，只云："太师京兆郡开国冯武公墓志铭。"若《冯熙墓志》为孤证，尚有正史记载可资佐证。正史也呈现出与太和三年冯熙重视羽真截然相反的景象：熙本传中未有羽真记载。《北史》卷八〇《外戚·冯熙》不载冯熙羽真官爵，而《魏书》卷八三上《外戚上·冯熙》为后人主据北史及附益《高氏小史》所补，未载羽真当是因《北史》未书之故。然翻检《魏书》纪、传、志，却绝不见载羽真一词；又结合羽真第一义者史料载体的分析：碑刻、墓志所载羽真数量远胜史籍，则史籍中羽真的整体缺失，主要缘由当本于正史"文类"规范化书写与沿袭的模式，其中源头则在《魏书》之不书。

羽真消失的同时，明显带有中原色彩的九锡却出现在冯熙的葬礼上："将葬，赠假黄钺……加黄屋左纛，备九锡，前后部羽葆鼓吹，皆依晋太宰、安平献王故事。"冯熙与子诞俱薨于太和十九年，死后皆蒙九锡殊礼，九锡在北魏历史上首次出现，而勋臣死后追赠九锡的形式与功用，延续的是东汉九锡褒赠功臣的最初功能，迥异于魏晋南朝作为易代鼎革工具的"禅让九锡"。② 将太和十九年孝文主导下羽真的消亡与九锡的登台联系起来，不难发现迁洛的时机与汉化推行的背景。而佐川英治研究以为《魏书》的编纂是对魏末鲜卑胡化传统的反动，魏齐革命的性质决定了《魏书》对孝文汉化政策全面肯定的历史观。③ 如此，《魏书》不载羽真第一义，其根本原因并非魏收"无意识"的遗忘，应当是对太和十九年后"删削"羽真之"北魏旧史"的承袭，是魏齐革命的历史情境主导下的历史书写表征对孝文华夏传统的有意承袭。

---

① 句读从郝春文、金滢坤编著《英藏敦煌社会历史文献释录》（第一编第4卷），社会科学文献出版社2006年版，第493页。
② 参见刘凯《九锡之变相：北魏九锡与太和十九年后政局》，《东岳论丛》2015年第10期。
③ 参见［日］佐川英治《东魏北齐革命と〈魏书〉の编纂》，《东洋史研究》第64卷第1号，2005年，第37—64页。

第一章 分贵贱、别尊卑：羽真号及其消亡

王琚的羽真记载同样反映了此问题，王琚本是高平人，攀附为太原王氏"自云本太原人"，泰常年间因刑入宫禁，因"小心守节……历奉先朝，志在公正"而为孝文重视，成为文明临朝、孝文亲政时期的重要阉官，平城时代便一直领有侍中、散骑常侍等亲近官职，晚年因其年老，在冀州刺史任上便多蒙文明、孝文的关照："高祖、文明太后东巡冀州，亲幸其家，存问周至。还京，以其年老，拜散骑常侍，养老于家。前后赐以车马衣服杂物不可称计。后降爵为公，扶老自平城从迁洛邑。高祖以其朝旧，遣左右劳问之。琚附表自陈初至家多乏，蒙赐帛二百匹。常饮牛乳，色如处子。"太和二十年（496）冬卒，时年九十。[1] 与他同样长寿的妻子郭氏八十高寿卒，时在宣武帝永平四年，与王琚合葬。《王琚妻郭氏墓志》书琚官爵为"魏故侍中散骑常侍祠部尚书使持节征南大将军冀州刺史羽真高平靖公"[2]，《魏书》本传所载官爵皆可对应，唯不见"羽真"。综合墓志类羽真的书写位置，多是在官爵序列的起首或官职末爵位前，无疑占据一特殊的位次，王琚死后十五年郭氏在彰显自己、丈夫乃至家族身份、地位的墓志铭中将羽真列在志首，自然是彰显此号的荣显，而王琚的荣显基础是建立在忠诚服侍文明、孝文的阉官、侍中身份上，而羽真的获得当本于此，这和本书后续考察指出的孝文时期将羽真号赐予汉族官僚、宠幸有加者以加强集权的趋势相合。虽说墓志有夸大之嫌，但在十五年的时间内，郭氏所书的"羽真"还是可信的，且王琚官爵与《魏书》记载的吻合度也证明了此点，而郭氏在意的羽真在北齐魏收编纂的《魏书》中便"集体失踪"了，而时间才过了半个世纪，其间人为的因素绝不会少，孝文太和后的有意隐藏和魏齐革命历史情境下的史笔删削俱在其中。

2.《北史》中所载羽真呈现"或有或无"的状态：《北史》某些传主或传主先世有任羽真者，是为"有"，碑刻所记任羽真者，《北史》（及《魏书》）对应本传却不见载，是为"无"；《周书》某传主有羽真官，《北史》亦有，当是抄录《周书》，为"有"，然《北齐书》某传主先世无载任羽真，《北史》却记为有，差异史料来源为何？史料载体是我们目前可见的，而这些载体经过了前人有意无意地"加工"，而"加工"总会留下痕迹，《魏书》不载羽真，撰于唐初的《北史》《周书》却有零星的记载，

---

[1] 参见《魏书》卷九四《阉官·王琚传》，第2015页。
[2] 参见齐运通编《洛阳新获七朝墓志》，中华书局2012年版，第10页。

尤其是《北史》又对《魏书》多有删节、增补处。李延寿、令狐德棻修史时当能看到较今更为全面的资料，是于《魏书》之外有其他史料来源。而按照墓志所载多于正史的情形，可认为与《魏书》同时或稍早的墓志存在羽真第一义，后来消失；《魏书》不载，除了与《魏书》的记载体例、避讳相关外，更重要的是当时魏齐革命的历史背景。《周书》《北史》记载传主历官爵时多有依家族谱牒者，而墓志之撰成同样主要参看谱牒、行状一类，是《周书》《北史》与墓志对羽真第一义记载的共同史源是家族谱牒之类。谱牒的撰写可视作家族在"血缘"层面由"边缘"向"整体""核心"的"拟态"（mimicry）性依附，撰写的动机、意图与情感，"主要在于人们追求或攀附较好的或较安全的存在"①，可以想见，羽真第一义能作为一项荣耀列入家族谱牒、传主行状，死后后人亦将此镌刻于墓志上，以彰荣显，足见时人对羽真第一义之褒举。而谱牒经魏末两分、周齐对峙、杨隋争雄，至李唐代隋时已不多存，而墓志深埋地底，后人希见，李延寿、令狐德棻撰史之时可参考者唯有零落家谱、行状而已，对羽真第一义之本义已不了解，最终才出现零星记载及史书记载的删减错乱，其行为与原因俱可视为真正"无意识"因袭。

根据对异质载体时间及使用价值的分析，可看到羽真第一义的史料可划分为三段：第一段即太和十九年之前的史料，《文成帝南巡碑》、S.0996与《宋书·索虏传》，记载了太和十九年之前羽真第一义相对原始的面貌；第二段是太和十九年之后的墓志类，除《姬辰墓志》所载楚之、金龙父子羽真为身前死后十年内事例外，其他皆属后人追记，其间不免羼入夸大、失实成分，张、郭文怀疑羽真第一义内部是否存在一般羽真等四职的分别即在此；第三段即以成于唐初为主的正史，记载多是对可能源自谱牒、行状及档案中羽真的"无意识"因袭。我们首先应当剖析的是相对价值最高的第一段的史料，其目标是验证学界以羽真第一义为鲜卑系官职或爵称的看法是否准确。

三 羽真第一义非官职或爵称

白鸟库吉认为《南齐书·魏虏传》所载拓跋官名末尾所附真字为语

---

① 参见王明珂《英雄祖先与弟兄民族：根基历史的文本与情境》，第242页。

尾,即蒙古语 čin 之对音,相类于蒙古语与土耳其语表示司事物或行之者时于事物之语尾加以 či 或 dji 一类之语词。① 严耀中曾两度称引周一良先生教导之语:"羽真之'真',疑是鲜卑语中××者的尾音,意为'者'。"② 白鸟氏与周氏所解"真"字方法不同,而结论实近,是羽真之"真"当是语尾,标示司事物之属,可译为汉语文言的"者"。因此,羽真第一义极大可能源出蒙古语族鲜卑系,保守言之,当出于非汉语系。即便主羽真为汉代"特进"官职演变而来的辛长青,亦认可羽真当为鲜卑语。只是辛氏论证颇多值得商榷处,结论实难成立。然学界以之为官职或爵称,同样值得商榷,或者说并不准确,因为通过对《文成帝南巡碑》与 S.0996 的考察,可证成羽真第一义非官职或爵称。

(一)《文成帝南巡碑》

表 1-1 中吕河一西官爵为"六□将军羽真襄邑子",③ 位置在碑阴题名第一列第三位。大知圣子考察以为南巡碑第一列第一至八位的官爵构造是"将军号(一、二品)+中国(式)的官职(一至三品)+爵(王、公有时子)→侧进"④。依其意是羽真为与"鲜卑(式)官职"相对应的"中国(式)官职"了,但后面详解却言吕河一西例因无史料"完全无法考证",又引松下文结论认为吕河一西为内附者。松下文认为羽真第一义为鲜卑系高爵,自然与此"中国(式)官职"相悖了。且若依从松下氏羽真为爵的观点,又与其后襄邑子的爵号冲突,而官爵构造最后一位有爵者基本都会书爵,大知氏对《南巡碑》的整体考察也证明了此点,故羽真与襄邑子相连,是羽真第一义不可能为爵。盖大知氏的考察结论是在排除吕河一西例,并认定羽真为官爵的前提下整合其他七例官爵构造提出的,方有此自相矛盾之处。由第一列末尾所云:"右五十一人为内侍之官",又据川本芳昭研究指出的从第一列到第七列,记载了以和北魏皇帝关系从近到

---

① 参见[日]白鸟库吉《东胡民族考》,方壮猷译,商务印书馆1934年版,第157—159页。
② 严耀中:《北魏前期政治制度》,第191—193页;《唐初期的库真与察非掾述论》,《史林》2003年第1期。
③ 碑文据山西省考古研究所、灵丘县文物局:《山西灵丘北魏文成帝南巡碑》,《文物》1997年第12期,碑阴部分并参松下文后附《北魏文成帝南巡碑碑阴》。"□"表示残损不辨字,"[ ]"表示"似是而不敢断定之字"。
④ 参见[日]大知圣子《关于北魏前期爵和品对应的基础考察——以南巡碑为中心》,中国魏晋南北朝史学会、山西大学历史文化学院编《中国魏晋南北朝史学会第十届年会暨国际学术研讨会论文集》,北岳文艺出版社2012年版,第94页。

远的诸官的名字,[①] 可知吕河一西当为文成帝亲近的内侍之人。其前为陆丽和乙浑,也从侧面证明了此点。而比较吕河一西前后官爵,以太和十七年《职员令》为准,其"六□将军"的将军号品阶不明,然其前陆丽、乙浑分别是抚军大将军(从一品中)、车骑大将军(一品上),其后至第八分别是宁东将军(第四、七位)、宁西将军(第五位)、宁南将军(第六、八位),"宁×将军"不为《职员令》所载,松下氏推测为"二品中",观至第九位依然是从二品上的左卫将军,推测大致不误,说明"六□将军"品阶不会太低。但其襄邑子爵位的与前后皆有差距(一二为王爵,四至八皆为公爵),且通观《南巡碑》所载八十余爵位,王爵八人,公爵二十人,侯爵九人,子爵二十三人,是襄邑子之爵已属低爵,如此则"六□将军"亦不会太高。综观吕河一西官爵,除羽真外,爵位、将军号皆不算高,其能于陆丽、乙浑后居第三位,最大原因是持有羽真。

毛法仁官爵为"散骑常侍安南将军尚书羽真南郡公",位第二列第二十一位。其父修之本为东晋将领,先为夏所擒,太武灭统万,辗转入魏。法仁为修之在南四子中唯一入魏的。《魏书》卷四三《毛修之附子法仁传》、《北史》卷二七《毛修之传》俱非后人补,所载亦同,皆未记有法仁羽真,是《北史》全沿自《魏书》。《魏书》本传载法仁官爵:"高宗初,为金部尚书,袭爵。后转殿中尚书,加散骑常侍。……和平六年卒。赠征东大将军、南郡王,谥曰威。"比对《南巡碑》,法仁已有散骑常侍加官,则"尚书"当是殿中尚书;爵南郡公,乃金部尚书时承自修之,死后赠爵为王;安南将军不见于《魏书》《北史》,《南巡碑》所载任安南将军者另有素和其奴:"侍中、尚书左仆射、安南将军、□□□、平昌公。"又《魏书》记和其奴官拜安南将军事并列"迁尚书,加散骑常侍,进爵平昌公,拜安南将军,迁尚书左仆射"。准此,则《南巡碑》毛法仁安南将军号当是在《魏书》所记"袭爵(南郡公)。后转殿中尚书,加散骑常侍"时段。再则,死后获赠征东大将军,亦应当是呼应安南将军号的。《魏书》不载《南巡碑》所言羽真和安南将军二职。

(二)S.0996号《杂阿毗昙心经卷第六·题记》

冯熙撰写《心经》的动机是"用答皇施",S.0996中亲书官爵与羽真

---

① 参见[日]川本芳昭《北魏文成帝南巡碑について》,《九州大学东洋史论集》第28号,2000年。

第一义当不致有失。可将之与其他史料所记熙官爵进行对比,以此确认羽真第一义是否如学者研究指出的是官职或爵称(吕河一西例已证羽真不可能为爵),具体方法是查找并依据时间排比出史料所记冯熙所有历官与封爵,并与 S.0996 所书官爵时段(太和三年)进行对比,若未有与羽真相对应者,则可说明两点:一是反例一出,则羽真第一义并不是官职或爵称,而应该是其他的,比如本书考察以为的"类官号";二是羽真第一义在北魏以后的时代出现了"结构性失忆",《魏书》未载羽真只言片语便说明了此问题。羽真第一义不为此后正史史家认可,最终失其符号化象征本意,被历史选择性遗忘。冯熙官爵记载主要有五:

表 1-2　　　　　　　　　　冯熙官爵简表

冯熙历官封爵简列	史料来源
使持节侍中驸马都尉羽真太师、中书监领秘书事车骑大将军都督/尉诸军事启府洛州刺史昌梨(黎)王	S.0996《题记》
太师京兆郡开国冯武公墓志铭	《冯熙墓志》(太和十九年正月薨,十二月迁窆)
冠军将军肥如侯→爵昌黎王→侍中太傅,王如故,除使持节征东大将军驸马都尉定州刺史→除太师中书监领秘书事→除使持节车骑大将军都督并雍怀洛秦肆北豫七州诸军事开府洛州刺史羽真尚书都坐大官侍中,王如故→复除太师→改封扶风郡开国公→薨,赠假黄钺,谥曰武公	《元悦妃冯季华墓志》(孝明正光五年十一月)
太师昌黎武王之第五女	《元澄妃冯令华氏墓志》
拜冠军将军,赐爵肥如侯,拜驸马都尉→定州刺史,进爵昌黎王→太傅,累拜内都大官→侍中、太师、中书监、领秘书事→除车骑大将军、开府、都督、洛州刺史,侍中、太师如故→授内都大官,太师如故→以例降,改封京兆郡公→将葬,赠假黄钺、侍中、都督十州诸军事、大司马、太尉,冀州刺史	《北史》卷八〇《外戚·冯熙》

S.0996 所言官职中使持节、侍中在《冯季华墓志》《北史》本传俱有。驸马都尉为其尚博陵长公主的外戚标识,车骑大将军、开府亦可对应;都督诸军事 S.0996 简略,《冯季华墓志》作七州,《北史》等为十州,

·63·

然《北史》明确记为死后追赠，《墓志》则记为生前官，此都督当是与《北史》"除车骑大将军、开府、都督、洛州刺史，侍中、太师如故"中的都督对应。由此可锁定《冯季华墓志》"除使持节车骑大将军都督并雍怀洛秦肆北豫七州诸军事开府洛州刺史羽真尚书都坐大官侍中，王如故"（考察句）与《北史》官职对应时段；《冯季华墓志》《北史》与 S.0996 所载都是此时段官爵，故对勘之。

《冯季华墓志》考察句前"除太师中书监领秘书事"对应《北史》"孝文即位，文明太后临朝，帝乃承旨以熙为侍中、太师、中书监，领秘书事"。是孝文秉承再次临朝称制的文明太后懿旨。《魏书·孝文帝纪》不载此事，《通鉴》系于苍梧王元徽四年（魏孝文承明元年，476）六月戊寅后，可从。考察句后"复除太师。后以异姓绝王，改封扶风郡开国公"，对应《北史》"后授内都大官，太师如故。……后以例降，改封京兆郡公"。内都坐大官在考察句中亦存，而在献文时记有"累拜内都大官"事，考察句中此职可能为前所拜职的延续，为增加准确性，可将此职纳入考察句。例降事在太和十六年。① 考察句对应《北史》"熙以频履师傅，又中宫之宠，为群情所骇，心不自安，乞转外任。文明太后亦以为然，除都督、洛州刺史，侍中、太师如故"。此句《魏书》本传叙官较《北史》为详，且与《冯季华墓志》相合："文明太后亦以为然。于是除车骑大将军、开府、都督、洛州刺史，侍中、太师如故。"《魏书》多车骑大将军、开府，详于《北史》之原因可能在于李延寿删削；而比照《墓志》，则都督当是"都督并雍怀洛秦肆北豫七州诸军事"的省略，延寿裁剪《北史》，后人又以《北史》此卷补《魏书》之缺，故有此失，赖墓志以明晰。再加上标示冯熙驸马身份的驸马都尉，以及献文时累拜、后又授的内都大官，已经齐全。如此，则羽真并不能与任何官职、爵称对应，其为官职或爵称的推论在此已经找到了反例，则羽真第一义为官职或爵称的推测已难成立。

又，《冯熙墓志》迟于 S.0996 十七年，冯熙的羽真便被官方正统褫夺，期间的变化便是孝文迁洛，汉化的步伐越迈越大，源出鲜卑系的羽真开始在官方正统中失去用武之地。然如此褫夺羽真，似乎只是孝文自我标榜的一个行为，并没有以律令的形式颁布并强令实施。因为孝文太和十九

---

① 参见《魏书》卷一一三《官氏志》，第 2976 页。

年后，代表官方的"北魏旧史"已鲜见羽真，致使"修一百六十年之历史仅十余月而成，其书前半大多本于北魏旧史"的《魏书》不见一处羽真，而敌对政权南朝的史籍如《宋书》却保留了"羽直"。北魏民间的墓志上依然有追记先人羽真的史例，只是墓志多埋于地底，影响仅及于一两代亲族。是孝文改制后羽真的留存开始转入民间与地下，虽然依旧流传，但范围与影响已因羽真光环的消亡而逐步消散，结构性失忆的进程已然开启，而其"陌生"的结果则在唐初正史类史料的缺失或无意识因袭中显现出来。

羽真从S.0996的高位到《冯熙墓志》的消亡，再延展到唐初《周书》《北史》对于羽真无意识的因袭与"陌生"，便是北魏羽真第一义结构性失忆"模糊"的历史脉络。之所以"模糊"，是因为羽真消亡的原因不明晰，深究之，其实质乃是羽真第一义在北魏前期的历史功用的"模糊"，正是其功用支撑起S.0996中冯熙自我认可的高位，也是其功用招致孝文改制中不着痕迹地抹除。通过墓志及正史中羽真任者受羽真号的原因、时间考察，从而明晰其在太和十九年之前北魏历史中的功用，较单纯探究字词语义更能触摸羽真之"本然"及此符号背后的社会情境。而功用的考察的切入点，则是墓志中仅见的内大羽真和内行羽真。在此之前，须明确羽真第一义是否存在一般羽真等四职分类。

第二节　羽真功用考：以内行/大羽真为中心

关于羽真第一义是否存在一般羽真、大羽真、内大羽真和内行羽真的分类，张、郭文据墓志的史料可信度提出怀疑："凡说某人任大羽真、内大羽真之文，皆为后人追记其祖先官职。相反，凡当时人记当时人官职，或子辈人记父辈人官职，如毛法仁、吕河一西、司马金龙、冯熙父子等人，均是只记羽真。单从历史可信度讲，显然是后者更可信，故不能不使人怀疑，羽真是否存在一般羽真、大羽真和内大羽真的区别。"分类中，张、郭文遗漏了《奚智墓志》中的内行羽真。其以墓志记载者与任羽真者的世代时段间隔为标准，从"历史可信度"的视角切入，虽未详细展开，但值得深入思考。而本书考察认为，羽真第一义存在四职

上编　羽真号与神部：从部落联盟到平城时代的礼制变迁

分类，且内大羽真、内行羽真正是揭示出羽真第一义在北魏后至唐结构性失忆形成的关键节点。张、郭文的怀疑可视为对墓志作为出土文献价值的不盲从，然是否可通过书写者与羽真拥有者间的世代量化来判定是否存在一般羽真等的区别，值得商榷。详述之，张、郭文提出怀疑的做法是将书写者与羽真拥有者间的世代量化为两类，即1"后人追记其祖先官职"与2"当时人记当时人官职，或子辈人记父辈人官职"，将其分别与"大羽真、内大羽真、（内行羽真）"和"一般羽真"对应而得出，然此世代量化并不合理，如2中"子辈人记父辈人官职"同样可以归入1，而且我们无法理解，如果是"孙辈人记祖辈官职"是应该归入1还是2，如元顺为内大羽真，出于《元夫人赵光墓志》："爰嫡昭成皇帝之胤，散骑常侍内大羽真太尉公使持节车骑大将军冀州刺史比陵王孙，冠军将军徐州刺史永之长子为妻。"①墓主赵光为元顺之子永的长子之妻子，是为其孙辈。薛安都大羽真亦出自孙辈《薛保兴墓志》："祖安都淮北八州刺史征北大将军，入拜侍内都座大官大羽真河东康王。"②若按照张、郭文意，当归入认为不可尽信、值得怀疑的1中，然在书写可信度上，如何遽断子辈书父辈定然要较孙辈书祖辈更可靠呢？而且尚有更为直接的证据，《元昭墓志》载"祖连，使持节侍中征西大将都督河西诸军事内都坐大官羽真统万突镇都大将常山王"③便是孙辈记祖辈，却记为羽真，非如张、郭文所言书作大羽真，是羽真第一义存在一般羽真和大羽真的区别，张、郭文的怀疑在此点上不成立。

目下所见史料，任有内行羽真与内大羽真各有一例，分别是表1-1奚内亦干/奚干与元顺，可谓"孤证"。不过细绎两"异例"，纠其获授内行、内大羽真的史料记载及原因，可发现任内行羽真之奚干多与任有大羽真者相类，而内大羽真元顺则与其他任有羽真的元魏宗室如元素连、元陵亦有共通，那内行、内大与一般羽真、大羽真的区别何在？相同之间的特异处，应是找寻羽真第一义历史功用的绝佳线索。以下综合墓志及正史，以内行/内大羽真（各1例）、大羽真（4例）为切入点，考察大羽真间授任原因的相同点；内行/内大羽真独特于一般羽真、大羽真的原因所在。

---

① 参见赵超《汉魏南北朝墓志汇编》，天津古籍出版社1992年版，第114页。
② 参见赵万里《汉魏南北朝墓志集释》图版443，第226页。
③ 参见赵万里《汉魏南北朝墓志集释》图版49，第56页。

第一章 分贵贱、别尊卑：羽真号及其消亡

一 内行羽真奚干与大羽真诸例差异考实

（一）内行羽真奚干

奚内亦干/奚干任有内行羽真，①《奚智墓志》："内行羽真散骑常侍镇西将军云中镇大将内亦干之孙……干受任遍威，雄名远振，为夷之俗，以为誓首，虽郅都守边，何以过也。"奚为帝室十姓达奚氏所来。②《奚智墓志》仍留存并强调此记忆："始与大魏同先……中古迁移，分领部众，遂因所居，改为达奚氏焉。逮皇业徒嵩，更新道制，敕姓奚氏。"奚智子真墓志亦出土，记云："曾祖使持节、镇西将军、云中镇大将干……威偃边夷。"另一引起我们注意的细节是《奚真墓志》记有"高祖大人乌筹……国祚经始，百务怠殷，帷谋幄议，每蒙列预，故外抚黎庶，内赞枢衡。又尝为昭成皇帝尸，位尊公傅，事拟王仪，蒙赐鸡人之官，肃旅之位"③。所谓"乌筹"即《奚智墓志》所载的乌洛头："君故大人大莫弗乌洛头之曾孙……头年耆多策，每蒙引议，下关之谋，时亦预焉。"④呼应的是乌洛头"外抚黎庶，内赞枢衡"，看来是在领有部众的同时，也有在昭成身边"帷谋幄议，每蒙列预"的机会。

而除此之外，关键是《奚真墓志》记载的"又尝为昭成皇帝尸"。所谓"尸"，乃代死者受祭之人。《仪礼·士虞礼》："祝迎尸。"郑玄注云："尸，主也。孝子之祭，不见亲之形象，心无所系，立尸而主意焉。"尸成为孝子心中所系的代表祖宗先辈在尘世形象并代为接受祭祀的"主"。那么是否祭祀祖先必须有尸呢？曾子就此问题询问孔子，《礼记·曾子问》：

---

① 需注意者，《文成帝南巡碑》亦见与内行羽真结构相类诸职，如内行内小、内行令、内行内三郎、内（行）阿干等，应当是内侍职，内行亦可简称为"内"，其意当是在空间上接近以皇帝为代表的权力核心。而上述四职中，前二者地位不高，内三郎任者也是官晶悬殊，执掌宿卫。只有九位内（行）阿干皆位于碑阴第一列，兼官爵品也在二至五品间，而阿干意即鲜卑语"兄弟"，可证任者本与宗室相近，前加内行当更增一步。因此"内行××"的地位是由"内行"与"××"两要件共同决定，而又以后置之"××"为主导，奚内亦干的事例说明内行羽真较内行阿干在血缘与拟制血缘搭建的部落权力网络空间上更为接近核心，其关键可能便在于"羽真"较"阿干"为高。
② 参见姚薇元《北朝胡姓考》，第14—17页。
③ 参见赵万里《汉魏南北朝墓志集释》，图版二三七，第558页。
④ 参见赵超《汉魏南北朝墓志汇编》录文中作"鸟洛头"，"鸟"当为"乌"之讹误。

"祭必有尸乎?"孔子给予了肯定回答:"若成丧者必有尸,尸必以孙,孙幼,则使人抱之,无孙则取于同姓可也。"是尸最好是丧者的孙辈,无孙的话至少是与丧者拥有血缘关系的同姓。此外女尸,是为女性丧者所立,《仪礼·士虞礼·记》记载了选取原则:"女,女尸,必使异姓,不使贱者。"郑玄注云:"异姓,妇也。贱者,谓庶孙之妾也。尸配尊者,必使适也。"异姓就是指不同于夫家之姓,是不可以孙女为尸,应以孙妇为尸。① 甲骨卜辞证明早在商代,祭祖仪式中便有立尸的程序,② 周代的立尸礼极为规范,立尸严格遵循同姓、同昭穆原则,并对受过刑戮的人不可为尸、别立女尸,初步拟定的神尸人选要通过筮占最后确定等有明确规定。战国时期,社会变革,以周礼联系紧密的立尸礼逐渐不契合时代,尤其是"尸""君"何者为尊的问题,容易导致政治秩序的混乱,立尸礼日渐式微。秦统一全国后,立尸礼在中原地区完全绝迹。③ 即《通典·礼八》"立尸义":"自周以前,天地、宗庙、社稷一切祭享,凡皆立尸。秦汉以降,中华则无矣。"④ 若按立尸礼"秦汉以降,中华则无矣"的说法,应当是拓跋鲜卑自我习俗,但观什翼犍自建国二年(339)便学习中原文化,设置百官,分掌众职,还以燕凤为长史,许谦为郎中令,而其孙道武帝拓跋珪开国建制与《周礼》有莫大关系,是立尸礼亦有可能出于效法周礼。乌洛头为昭成尸主与周礼立尸的核心区别,在于乌洛头并非昭成的孙辈,而且也不是拥有血缘关系的同姓。而此也从侧面说明乌洛头在昭成时的地位,其子内亦干地位的基础还应着落在乌洛头身上。

(二)"魏内行羽真"若干燕皇存疑

又,大唐西市博物馆新藏北朝墓志见有北周建德六年《若干荣墓志》,记有"曾祖讳盖石于,魏镇东将军、幽冀二州刺史。祖讳燕皇,魏内行羽真。父讳伏德,魏仪同三司、恒州刺史",其中"祖讳燕皇,魏内行羽真"是近年所见关于内行羽真的罕见记载。惜王素《大唐西市博物馆新藏北朝

---

① 参见钱玄、钱兴奇《三礼辞典》,江苏古籍出版社1998年版,第132页。
② 学界一般认为商代祭祀无尸,胡平生即持此论,而至2000年,葛英会《说祭祀立尸卜辞》(《殷都学刊》2000年第1期)、方述鑫《殷墟卜辞中所见的"尸"》(《考古与文物》2000年第5期)两篇文章从甲骨卜辞中找到例证,持论与学界有异,本书于此从之。参见胡平生《周代祭祀中的立尸礼及其宗教意义》,《世界宗教研究》1990年第4期。
③ 参见胡平生《周代祭祀中的立尸礼及其宗教意义》,《世界宗教研究》1990年第4期。
④ 《通典》卷四八《礼八》,杜佑撰,王文锦、王永兴等点校,中华书局1988年版,第1353—1355页。

第一章 分贵贱、别尊卑：羽真号及其消亡

墓志疏证》①考证若干荣曾祖、祖、父皆"于史无征"，"至于若干荣本人则似见诸记载"。若干荣推论为西魏北周之若干（显）宝当是确论，与《若干荣墓志》对勘可知。而与本书关系密切的"祖讳燕皇，魏内行羽真"则可由若干氏在北魏的苟颓得推一二。

《魏书·官氏志》记若干氏后改为苟氏，姚薇元将之归为内入诸姓。《若干荣墓志》开篇所云："其先禀气玄冥，世居北土"，西魏北周最著名于史的是若干惠，为宇文泰麾下十二将中年龄最小者，西魏恭帝皇后若干氏即其女。《周书·若干惠传》称其："代武川人也。其先与魏俱起，以国为姓。"②是若干氏源出代北，拓跋部初起时便已存在，其氏在内入诸姓中排在顺位第三，亦可证其渊源之早，资历之深。但若干氏在北魏前期直至孝文太和年间，于史有传者只见苟颓一人。

苟颓主要活动于世祖太武帝拓跋焘时，以骁勇善战、为政刚严闻名，"世祖南讨，以颓为前锋都将，每临敌对战，常先登陷陈。……以本将军拜洛州刺史。为政刚严，抑强扶弱，山蛮畏威，不敢为寇"。在承明至太和初年，以才能优异、直言恳切见重于朝，"承明元年，文明太后令百官举才堪干事、人足委此者，于是公卿咸以颓应选。……颓方正好直言，虽文明太后生杀不允，颓亦言至恳切，未曾阿谀"。太和三年官爵达至人生巅峰，"迁征北大将军、司空公，进爵河东王。以旧老，听乘步挽，杖于朝"。此后愈见优渥，太和七年文明太后下诏："颓为台鼎，论道是寄，历奉四朝，庸绩弥远。宜加崇异，以彰厥功。自兹已后，可永受复除。"直至"十三年冬薨，高祖痛悼者久之。赠赙有加，谥僖王"。

《南齐书·王融传》载王融永明二年（当魏太和八年，484）上疏，其中云："且（虏）设官分职，弥见其情，抑退旧苗，扶任种戚。……台鼎则丘颓、苟仁（端）。"③姚薇元考证此处丘颓即苟颓，句仁为尉元，④是苟颓本应称呼为若干丘颓。而我们重点关注的是其祖父辈及其早年任职中

---

① 参见王素《大唐西市博物馆新藏北朝墓志疏证》，《故宫学刊》2014年第1期。
② 《周书》卷一七《若干惠传》，第280页。
③ 《南齐书》卷四七《王融传》，中华书局1972年版，第819页。
④ 姚薇元：《北朝胡姓考》，第58—89、190—191页。姚薇元引此并无"（端）"字，只作"苟仁"，与尉元"字苟仁"相合。而中华书局校点本为"苟仁（端）"，与后句"执政则目凌、钳耳"用"，"分开，当是合为一词，但原因未言；卷四七未注意此处。参见丁福林《南齐书校议》，中华书局2010年版，第316页。

的特异处："曾祖乌提，登国初，有勋于太祖，赐吴宁子。父洛跋，内行长。颓性厚重少言……擢为中散，小心谨敬。……世祖至江……还，迁奏事中散，典凉州作曹。迁内行令，转给事中，迁司卫监。"苟颓父洛跋担任有内行长，其间应当有"曾祖乌提，登国初，有勋于太祖"而为道武帝信任的缘由，而苟颓则在世祖太武帝时"迁内行令，转给事中"。内行长或内行令俱为皇帝身边侍官，史料所载多始见于太武帝，① 按照严耕望对北魏前期尚书诸曹职官的考察，内行长与内行令并非一职：内行长在内行令之上，且二者有操持曹务职能："太武以下三世不以郎中主曹务……但操持曹务之职称曰'大夫'、'长'、'令'，与孝文以后大异也。盖其时统一内外（尚书与诸外曹）之制为若干曹，采秦、汉卿署令、长之名，且以上混宗周之制也。"② 内行长一般典领皇家牲畜相关的牧曹，③ 亦有更为亲近者，典领御食、羽猎诸曹，④ 亦有颇领些许实职，典奏诸曹事者。⑤ 多为善为骑射兼仪貌俊美的代人子弟为之。⑥ 内行令只能与之相类，⑦ 且有宦官

---

① 另有与"内行令"名称相类的内者令，见《中岳嵩高灵庙碑》碑阴："内者令、中常侍……守洛州刺史、扶风公尉迟利真被"，钱大昕《潜研堂金石文字目录》考证此碑"中多述寇谦之事，当立于太武时也"，俞鹿年《北魏职官制度考》径依据名称相类而判定二者为一名，进而将"摄行祭祀"的重任通过"内者令"迟利真被之手堆到了"内行令"的职能上。按照目下所见史料，内行令多与迁给事中、奏事中散相连接，是拾遗应对的职能可以肯定；其是否等同于"内行令"颇有疑问。参见钱大昕《潜研堂金石文字目录》，《嘉定钱氏潜研堂全书·史部》，光绪十年长沙龙氏家塾刊本；俞鹿年《北魏职官制度考》，社会科学文献出版社2008年版，第37页。
② 严耕望：《北魏尚书制度考》，《历史语言研究所集刊》第18本，1948年，第333页。
③ 《魏书》卷二六《长孙肥传》："（肥孙子）头，袭爵。高宗时，为中散。迁内行长，典龙牧曹。"
④ 《魏书》卷四四《罗结传》："（子敦）子伊利。高宗时，袭爵。除内行长。以沉密小心、恭勤不怠，领御食、羽猎诸曹事。伊利会病，显祖幸其宅，自视医药，其见待如此。"
⑤ 《魏书》卷四四《薛野䐗传》："子虎子，姿貌壮伟，明断有父风。年十三，入侍高宗。太安中，迁内行长，内奏诸曹事。当官正直，内外惮之。"
⑥ 《魏书》卷三四《陈建传》："陈建，代人也。……建以善骑射，擢为三郎。稍迁下大夫、内行长。"《魏书》卷八一《山伟传》："祖强，美容貌，身长八尺五寸，工骑射，弯弓五石。为奏事中散，从显祖猎方山，有两狐起于御前，诏强射之，百步中二狐俱获。位内行长。"
⑦ 《魏书》卷三〇《宿石传》："兴光中，迁侍御史，……迁内行令。从幸苑内，游猎，石于高宗前走马，道峻，马倒殒绝，久之乃苏。由是御马得制。高宗嘉之，赐绵一百斤，帛五十匹，骏马一匹，改爵义阳子。"《魏书》卷四四《和其奴》："子天受，袭爵。初为内行令。太和六年，迁弩库曹下大夫。卒。"

充任者,[1] 而此职与迁给事中、中散之类相关联,"给事中盖是内廷之职,分主尚书诸曹、公卿及其他诸外曹之奏案者,职属内廷,不属公卿尚书及其他外署也。中散性质或亦给事中之比"[2],此处苟颓的内行令前便是"迁奏事中散,典凉州作曹",当时太武帝始平凉州,置西部尚书,凉州作曹当是尚书属曹;后面接续为"转给事中",是苟颓内行令昭示的是其在内廷主奏案或拾遗应对的身份与职能。其与本书讨论的内行羽真差别较大。

此外,《宋书·索虏传》记有永定侯若干内亦干:"平远将军永安侯若干内亦干,出自子午,东袭梁、汉。"其时当元嘉十九年(北魏太武帝太平真君三年,442),"若干内亦干"的名字构造与"奚内亦干"相类;又《魏孝文帝吊比干文碑》碑阴载有若干侯莫仁。上述三人为目下所见北魏若干氏族人,而其官爵最为荣显者当属苟颓与若干内亦干,前者有内行但非内行羽真,后者名字与奚内亦干相类,但没有更近一步史料证明其有羽真甚或内行羽真的授予。

回过头来看若干荣,若干荣即《北齐书·斛律金传》所载"西魏使其大都督李景和、若干宝领马步数万,欲从新城赴援侯景"的若干宝,因其字"显宝",故又称若干宝。"曾祖讳盖石于,魏镇东将军、幽冀二州刺史。祖讳燕皇,魏内行羽真。父讳伏德,魏仪同三司、恒州刺史",三人俱于史无征,而其子孙辈若干荣墓志的追记俱记其显官,若干宝同样于史无传,只在《北史》他传中惊鸿一现,据《若干荣墓志》:"伪齐以天和四年侵我东鄙,公率先貔虎,身陷王事。……由是礼异南冠,脱均堂皋。……以建德四年七月十二日,薨于邺。客久思乡,曾闻托梦;游魂反国,讵俟大招。"可知其人大致经历:天和四年(569),荣在周齐之战中被俘,囚于邺城,七年后的建德四年(575)客死他乡,卒后始归葬于周。于此时所立墓志加上若干荣的客死他乡经历,后人心存弥补之意,不免有夸饰以掩其悲惨之可能,使得祖辈官职被夸大的可能性加大。而高爵高如苟颓者,尚无内行羽真,两相综合,《若干荣墓志》中"祖讳燕皇,魏内行羽真"的记载于此处从疑,不可与奚内亦干并行考论。

(三) 大羽真史例考

对比奚内亦干孙奚智与曾孙奚真墓志所载,若贾敬颜、松下宪一所言

---

[1] 《魏书》卷九四《阉官·王遇传》:"遇坐事腐刑,为中散,迁内行令、中曹给事中,加员外散骑常侍、右将军,赐爵富平子。"
[2] 参见严耕望《北魏尚书制度考》,第335页。

上编　羽真号与神部：从部落联盟到平城时代的礼制变迁

羽真为"三公贵人"之"羊真"，则此内行羽真的"内行"二字又不可索解。《奚智墓志》《奚真墓志》描述奚干职任相同者是"受任遍威，雄名远振，为夷之俗""威偃边夷"，意即奚干在边关担任要职，履有守边定策、安民教化之功，堪比汉初镇守雁门、威震匈奴的郅都；而奚干父乃"故大人大莫弗乌洛头"，当是领有部众，相类领民酋长之任。

而表1-1所见与奚干家族背景、自身经历相近的亦有数人，此数人多任大羽真，也有被记为羽真者，故此处须先明晰大羽真，将之与羽真、内行羽真区别开来，并验证史料所见羽真、大羽真的区别书写是否完全属实。

关于大羽真，周一良曾怀疑其与山名大浴真为一语："《水经》河水又南过定襄相（周氏引误，当作"桐"）过县西，郦注：'右合中陵川水，水出中陵县西南山下。北俗谓之大浴真山，水亦取名焉。'疑大浴真与大羽真为一语。"关于大浴真山，《水经注疏》记杨守敬按语："朱（按朱谋㙔）脱真字，山下衍其字，赵（赵一清）同，戴（戴震）增、删。守敬按：《大典》本、明抄本并作真山。"[1] 陈桥驿校云："'大浴真山'，吴本、注笺本、项本、五校钞本、七校本、注释本、张本均作'大浴山'。"[2] 则朱谋㙔、赵一清脱真字并非径可以脱讹视之；《水经注疏》"大浴真山"当有"大浴山""真山"之作，是周氏"疑大浴真与大羽真为一语"的猜测存在商榷处。表1-1大羽真可见四人，正史、墓志各两例。

1. 正史所记薛辩与斛律倍侯利

正史是薛辩、斛律倍侯利，俱只见于《北史》。卷三六《薛辩传》云：

及长安失守，辩遂归魏。仍立功于河际……其年诣阙，明元深加器重，明年方得旋镇。帝谓之曰："朕委卿西蕃，志在关右，卿宜克终良算，与朕为长安主人。"辩既还任，务农教战，桓以数千之众，摧抗赫连氏。帝甚褒奖之，又除并州刺史，征授大羽真。泰常七年，卒于官。帝以所图未遂，深悼惜之，赠并、雍二州刺史。[3]

---

[1] 段熙仲点校，陈桥驿复校：《水经注疏》，江苏古籍出版社1989年版，第241页。
[2] 陈桥驿：《水经注校释》，杭州大学出版社1999年版，第51页校11。
[3] （唐）李延寿：《北史》卷三六《薛辩传》，中华书局1974年版，第1324页。

第一章　分贵贱、别尊卑：羽真号及其消亡

　　《魏书》卷四二《薛辩传》记载简略，且不载"征授大羽真"一事，本卷非后人补，而记事简略，则是《北史》另有所据。薛辩一族虽居河东，"代为河东著姓"，①然其先从蜀地迁来，即史书所称河东蜀薛，自辩祖陶起便"分统部众，故世号三薛"。至其父强总摄三营，历石虎、苻坚，凭河自固，后为辩承继。而辩后来能先投刘裕，后归北魏，依然为明元礼重，所凭借的就是自祖至父不断扩充的"部众"，《魏书》所载"刘裕平姚泓，辩举营降裕"即一例证。然其族毕竟来源于蜀地，陈寅恪考证河东蜀薛以为："蜀为一民族之名，与胡、氐、丁零等同……蜀薛之自以为薛广德后裔，疑与拓跋魏之自称源出黄帝，同为可笑之比附，固不足深论……总之，当时世人皆知二族之实为蜀，为鲜卑，而非华夏高门，则无可解免也。"②而《北史》辩本传在追述先祖时却不尽同于《魏书》，明显有"攀附"之嫌："河东汾阴人也。曾祖兴，晋尚书右仆射、冀州刺史、安邑公，谥曰庄。祖涛袭爵，位梁州刺史，谥曰忠惠。京都倾覆，皆以义烈著闻。"祖先追述已追至晋尚书右仆射曾祖兴，而绝不及自蜀地迁河东事，且薛兴事迹《晋书》未载；另记"京都倾覆，皆以义烈著闻"亦与《魏书》"分统部众，世号三薛"的形象不合，是《北史》所据当为薛氏后人儒家化后的附会美化之辞。

　　薛辩任大羽真在泰常五年（420）后，至于七年卒。③而"征授大羽真"的时间显示授职原因非领有部众归魏，而是任东雍州刺史时"务农教战……摧抗赫连氏"，即任边抗敌，捍守一方，此点与司马楚之、金龙父子的镇守云中相类，且薛辩与司马楚之并为北奔之"南人"，乃南朝来的降人。④二人相异处是薛辩一族本世领部众，有类领民酋长，而司马楚之则非。综合来看，薛辩能"征授大羽真"直至卒年，当有两原因：一即"务农教战……摧抗赫连氏"的捍边之功；二乃世领部众的家族资本。

　　斛律倍侯利的大羽真见《北史》卷五四《斛律金传》："朔州敕勒部

---

① 《周书》卷三五《薛端传》，第620页。
② 陈寅恪：《魏书司马睿传江东民族条释证及推论》，《历史语言研究所集刊》第11本，1943年，第435—460页。
③ 薛辩归魏在晋恭帝元熙元年（魏明元泰常四年，419）二月，同年"诣阙"至明年（420）"旋镇"因"务农教战"而除并州刺史，征大羽真，至七年（422）卒仍有大羽真号。
④ 《魏书》等史书中屡见"北人""南人""新人""旧人"等语，区别较模糊。"南人"可指东晋及南朝人、慕容燕治下百姓、华北汉人、南朝奔北的降人，可参川本芳昭《北魏における身分制について》，《魏晋南北朝の民族问题》，东京：汲古书院1998年版，第343—366页。

人也。高祖倍侯利，魏道武时内附，位大羽真，赐爵孟都公。"① 而《北齐书》卷一七《斛律金传》不载，只简略记云："道武时率户内附，赐爵孟都公。"此卷非后人补，乃李百药原书，而延寿撰《北史》此卷时非径抄《北齐书》，还补充了一些可能出于王邵《齐志》中带有口语的记载，② 倍侯利"大羽真"的记载可能源出于此。更为奇怪者，倍侯利为高车斛律部落酋帅，《魏书》卷一〇三《高车传》为后人据《北史》卷九八《高车传》补，校勘记云："远较《北史》简略。"③ 故使用时选用《北史·高车传》，然《北史·高车传》载倍侯利奔魏官职同样不载大羽真，仅记："倍侯利遂奔魏，赐爵孟都公。……及倍侯利卒，道武悼惜，葬以魏礼，谥曰忠壮王。"是《北史》对同一人的官职记载亦存在差异。又因《魏书》全书不见羽真，是《北史·高车传》此处删略《魏书》同传的可能性不大，当与《北史·高车传》《斛律金传》可能出于王邵《齐志》的情况相异，应该是直接抄录自《魏书·高车传》。此情况同样反映出李延寿对于羽真第一义并无清楚的认知，对同一人的官爵序列中出现的羽真径抄原书，未发现二者记羽真或存或漏，唐人之于羽真的"陌生"可见一斑。据《北史》文意，是道武天兴五年（402）倍侯利奔魏后即位大羽真，同时赐爵孟都公，则获大羽真时间可定于此年，原因只能是"率户内附"之功，而且高车部落未入分散诸部之列，倍侯利"大羽真"当延至终老了。

2. 墓志所见陆绍曾祖与薛安都

墓志则有陆绍曾祖、薛安都。《陆绍墓志》："其先盖轩辕之裔胄。曾祖大羽真南部尚书使持节散骑常侍都督诸军事定州刺史酒泉公。"④ 赵万里《汉魏南北朝墓志集释》指出曾祖与祖于史无征，"当亦代人之南迁者，疑陆俟族人也"。陆为勋臣八姓之步六孤氏所改。姚薇元考证《南齐书·魏房传》所载伏鹿孤当是步六孤之异译，乃陆睿原氏，亦作步鹿孤。⑤ 陆绍一系的由来不可详知，但《陆绍墓志》云"其先盖轩辕之裔胄"，应当是"英雄祖先"历史心性下对黄帝的攀附，但伪冒同样说明其观念中已倾向

---

① 《北史》，第1965页。
② 参见白寿彝主编《中国通史》第五卷《中古时代·三国两晋南北朝时期（上）》"甲编·序说"之第一章第一节，上海人民出版社1995年版，第22页。
③ 《魏书》，第2314页。
④ 赵万里：《汉魏南北朝墓志集释》图版246，第146页。
⑤ 参见姚薇元《北朝胡姓考》，第28—29页。

并有能力将己视为出于轩辕的拓跋勋臣八姓之步六孤氏。绍曾祖获大羽真职的原因，与薛辩、倍侯利相类，即为世领部落者。

薛安都大羽真出于《薛保兴墓志》（大业六年）："祖安都淮北八州刺史征北大将军，入拜侍内都座大官大羽真河东康王。"《汉魏南北朝墓志集释》云："以校《魏书·薛安都传》《（新）唐书·宰相世系表》多异。安都降魏后封河东王，卒谥曰康，与传合。余官不见于传。"安都归魏后官爵，《北史》卷三九《薛安都》所记远较《魏书》卷六一《薛安都传》简略，乃是抄略《魏书》，二者皆未记大羽真。然安都与薛辩同为河东蜀薛，[①]其父德宗为上党太守，且安都在河东乡里颇有根基。安都于魏之功即是举彭城内附，事在献文和平六年、皇兴元年左右。欲举彭城附魏的消息送达平城后，立即引起献文重视，并被北魏君臣视为统一南北的绝佳凭借，然逮尉元入彭城后，安都中途后悔，欲以城叛，说明他此时仍是有自己势力的。后"皇兴二年，与毕众敬朝于京师，大见礼重，子侄群从并处上客，缘封侯"，如此礼重南来降将，主要是因其领有自己的部众，仍据彭城要地，"拜安都使持节、散骑常侍、都督徐、南、北兖、青、冀五州豫州之梁郡诸军事、镇南大将军、徐州刺史，赐爵河东公"，是北魏需要极力笼络、安抚、利用的对象。[②]此与奚干、薛辩、斛律倍侯利、陆绍曾祖等同，皆是捍边守御之功，只是其本身领有的原来部众所起作用限于争权之依凭，没有以上诸人相类部落酋长的色彩浓重。

上考目下仅见四例任大羽真者，获授的共同原因是世领部落与捍边守魏，除陆绍曾祖身份不可详考外，其余三人皆有率部归魏，为魏长城之功。但观表1-1所列，与此任大羽真原因相同的仍有数人，只是他们官职序列中被书作羽真。如山累祖，《大代持节幽州刺史山公寺碑》书为"羽真、散骑常侍、安南将军、殿中尚书、泰山公之孙"，山氏本鲜卑拓跋部内入诸姓之吐难氏，[③]学者推论山累祖约生于太武帝始光二年，太延五年（439）参与平定北凉的战役，立功弱水之阳而封爵。[④]山累子侄辈《山

---

① 《魏书》卷九九《卢水胡沮渠蒙逊》，第2209页。
② 《魏书》卷六一《薛安都传》，第1353页。
③ 《魏书·官氏志》为土难氏，第3011页。姚薇元、王仲荦皆考证当为吐难氏。参见姚薇元《北朝胡姓考》，第170页；王仲荦《鲜卑姓氏考》《代北姓氏考》，《蜡华山馆丛稿续编》，中华书局2007年版，第54、154页。
④ 参见侯旭东《〈大代持节幽州刺史山公寺碑〉所见史事考》，第262—278页。

徽墓志》云："其先启踪辽右，世雄啄（涿）鹿之野"，山氏一系源出于辽河以西地区，后迁至涿鹿，即今河北北部一带，世代称雄，是其本有自身之势力。而山累祖能"资贤辅圣，建业溺水之阳"，而后"翼树生民，遂造区夏，会同诸侯之列，朝聘万国之序"，通过随拓跋鲜卑征战之功而得有相当于诸侯的称谓与待遇，言辞虽不免夸张，但山累祖羽真的获得实得益于山氏本身自有势力，以及凭借其为拓跋建立的战功，并对北魏早期部落的平衡与稳定多有助益。山累表面感颂孝文帝立寺而立《山公寺碑》，然观其文，却是在变相宣扬自己的举动如何感动神灵，昭显治绩，为自己仕途加分的目的昭然若揭。在实际运作中，山累于祖官爵序列中首先提到的即是羽真，因此羽真号对于山累利用祖先事功为自己仕途加分的作用不可小觑。

（四）特殊史例考

董染被书作于真官，《董穆墓志》："出自陇西，厥胄所基，因于夏后。……十二世祖染，于真官，世擅豪右，影附魏室。曾祖显，平吴将军，孝文卜洛，移藉东都。"董染的于真官即羽真。"出自陇西，厥胄所基，因于夏后"，则染一系是入塞匈奴十九种中最贵之屠各种，姚薇元考匈奴诸姓有匈奴屠各族代郡董氏，[①] 当是董染一支族属。观文意，董染于真官的获得与"世擅豪右，影附魏室"相关，此情况与倍侯利、薛辩等世领部落率部内附相同。而薛辩等三人（陆绍曾祖本为八姓，除外）率众内属皆获大羽真，是《董穆墓志》所载董染的"于真官"当是笼统书写，其准确任职当呼作"大羽真"。染为穆十二世祖，世祖是相对始祖而言的先祖称谓，则染即穆曾祖显的父亲。董显于太和十九年（495）孝文卜洛时"移藉东都"，模糊推断其活动年代为孝文太和年间（元年477—二十三年499），大致无差。同时假设可将显父活动时间上推20—30年，则在太武帝太平真君九年（447）至文成太安三年（457）间，董染受"于真官"应在此时段前后。

又怡宽亦书作"拜羽真"。《周书》卷一七《怡峰》："本姓默台，因避难改焉。高祖宽，[②] 燕辽西郡守。魏道武时，率户归朝，拜羽真，赐爵

---

① 参见姚薇元《北朝胡姓考》，第287—289页。
② 怡峰和怡宽的谱系史籍所载有差，《通鉴》卷一五七《梁纪十三·高祖武皇帝十三》胡注以宽为峰父，《周书》《北史》则以宽为峰高祖。按《周书》所记峰高祖以下世系虽简略，仍明晰可观，其记峰卒于西魏大统十五年（549），宽于道武时归朝，为峰高祖合情合理。《通鉴》所记宽与峰关系史料仅一条，便是其另有所据，亦是孤证，说服力较正史弱，从《周书》。

第一章 分贵贱、别尊卑：羽真号及其消亡

长虵公。"《北史》卷六五《怡峰》所记较简，且疏漏"率户"因而拜羽真这一关键："高祖宽，燕辽西郡守，魏道武时归朝，拜羽真，赐爵长虵公。"两卷皆非后补，则是《北史》袭用《周书》而简略之。辽西怡氏，本姓默容氏，乃慕容氏之异译，非《周书》《北史》所记默台，避难改姓的原因同豆卢氏，俱因北魏对于前燕遗族之大屠杀。①《周书》记怡宽于道武时有"率户归朝"之举，接叙"拜羽真，赐爵长虵公"，其间存在因果联系，此世领部民、率户归魏的原因书写，与薛辩等同，是此处"拜羽真"所任当是大羽真。②

又表1-1列有赐姓羽真氏一例，即高琳祖高宗，其与怡宽的相类处是史料出处全同，而史料间承袭亦同。详言之，《周书》卷二九《高琳》："其先高句丽人也。六世祖钦，为质于慕容廆遂仕于燕。五世祖宗，率众归魏，拜第一领民酋长，赐姓羽真氏。"而《北史》卷六六《高琳》简略："其先高丽人也。仕于燕，又归魏，赐姓羽真氏。"删略六、五世祖名姓，直言事迹；且高宗"待遇"与上述怡宽全同：被省略了"拜第一领民酋长，赐姓羽真氏"的关键缘由，即"率众归魏"。联系怡宽与高宗两例，可知延寿在处理《周书》羽真相关记载时，俱是删略，以使行文就简。此现象在深层面上透漏出羽真无论被书写于官爵序列，抑或作为赐姓，在李延寿生活的初唐已经不为人所重视，羽真的原始意义已被遗忘，其在北魏前期直至孝文太和改制前标示身份、荣宠的功能不复可见，进言之，李延寿的删略《周书》羽真相关记载与其说是"无心之失"，毋宁说是一种在现实环境下根据词语背后所含权力盛衰而作的"选择性遗忘"，或称"结构性失忆"。

---

① 参见陈连庆《中国古代少数民族姓氏研究》，吉林文史出版社1993年版，第63—64页。
② 宇文跋亦被书作羽真。《新唐书·宰相世系表一下》："（俟豆归）生六子：一曰拔拔陵陵，……四曰目原……目原孙跋，后魏羽真尚书居庸侯。"《元和姓纂·宇文氏》："拔拔陵陵少子目原。"《周书·文帝纪上》载："（侯豆归）子陵仕燕……宝败，陵率甲骑五百归魏，拜都牧主，赐爵安定侯。"陵即拔拔陵陵，在道武破中山后归魏，则目原不论为其弟还是子，当和陵一起归魏，进而获得官爵。目原孙跋有魏羽真，而据怡宽的史例，道武攻取中山前后宽已获羽真，则目原随兄/父归魏，当亦可能有羽真，跋的羽真可能是因目原故获得，但结论多推测，差可存疑。《元和姓纂》凡二十句，纂成十卷，主要功能是备朝廷封爵之用，记载的可靠性需谨慎。《新表》又据《姓纂》编成，跋羽真当沿袭自《姓纂》，而《姓纂》主要汇聚当时所记各种姓氏书、氏族志及家状、谱牒编辑而成，是跋羽真当是搜集自北魏孝文后流传下来的姓氏书、谱牒之类。

（五）"内行羽真"与"大羽真"的同异

综上所论，正史所载薛辩、倍侯利，墓志所见陆绍曾祖、薛安都，获得大羽真的共同原因主要是世领部落，并有率部归魏之举，薛辩则明确有因捍边之功而征授大羽真。山累祖（羽真）、董染（于真官）、怡宽（羽真）原因皆与征授大羽真者同，精准表述亦应是"大羽真"。而领有部落后率部归魏、为魏屏障的大羽真，当是接近严耀中所推论之领民酋长，其标示的是军事力量及由此带来的政治权势与荣誉。他们亦借助羽真的政治荣誉与其他部落争夺资源，并维持部落内部的阶序。而奚内亦干/奚干与任大羽真者事迹相类，却得为内行羽真，相同中的特异处便在于奚氏为帝室十姓，居于拓跋血缘统治集团的核心。

拓跋早期历史中，献帝西迁途中收纳部众，而后以七兄弟"七分国人"，再加新成立的由叔父和远亲统摄的二部，凡与帝室合为"十姓"，"国之丧葬祠礼，非十族不得与也"。其中七姓与献帝为兄弟关系，以父系血亲关系结合在一起，乙旃氏和车焜氏同样是血亲关系的结合，通过百世不通婚的宗法关系，黏合成部落民众认可的血缘部落联盟。十姓而外的勋臣八姓、内入诸姓与四方诸姓皆是由拟制血缘为控制力，波纹一般向外扩散，拟制血缘的影响依照由面变线进而成为点的趋势逐步减弱，因此拥有部众的领民酋长凭借部众武力、影附魏室，可以在与统治核心的博弈与相互妥协中取得大羽真的称号。

考察大羽真任者，只有陆绍曾祖"疑陆俟族人"，即便推测成立，其亦是勋臣八姓之一，虽紧居帝室十姓外层，然与拓跋核心已处于拟制血缘的关系。其他各人，或为四方诸姓（宇文跋），或为匈奴诸姓（董染），或为高车诸姓（斛律倍侯利），或为河东蜀薛（薛辩、薛安都），或为辽西怡氏（怡宽），与他们相较，奚内亦干所属的奚氏所居北魏早期血缘、政治统治核心的地位更为突出，内行羽真之"内"当是拓跋本有部落之核心的标识。因此，奚内亦干实应作达奚亦干/达奚干，其孙奚智墓志书其名于中加"内"，即标示其内行羽真区别于其他，如薛辩之类四方、后入诸姓所任的大羽真，彰显出以拓跋为核心的宗族十姓居于北魏统治中心的优越地位。赵万里《集释》引罗振玉《丙寅稿》"内亦干作干"云："代北人名，盖以其国语译以汉字，故往往不同。"当是未能留意"内"字背后的阶序化含义。而表1-1拔敦/长孙敦同样是帝室十姓长孙氏，因此之故，《宋书·索虏传》的精准表述应当是"内行羽真"。

二　内大羽真元顺与羽真元素连、元陵差异考实

（一）内大羽真元顺

元顺为目下所见唯一有内大羽真者。《元夫人赵光墓志》（正光元年）："爰嫡昭成皇帝之胤，散骑常侍内大羽真太尉公使持节车骑大将军冀州刺史比陵王孙"，赵万里考比陵王即毗陵王元顺，虽举史料枝节有遗漏，然结论确然。[①] 赵氏同时指出包括内大羽真在内的官爵序列"史俱失载，疑皆赠官"。

按，地干为昭成九子之一，《北史·毗陵王顺传》云："毗陵王顺，地干之子也。"《魏书·毗陵王顺》为后人以《北史》补，亦记为："毗陵王顺，昭成子地干之子也。"则《赵光墓志》云"爰嫡昭成皇帝之胤"，"嫡""胤"二字凸显出其为昭成皇帝直系孙的身份。

又观《北史》所载顺以王薨于家，则其为道武"怒废"后，身只系毗陵王爵，他官职已无，是无最终官，只有最终爵。《赵光墓志》书其官爵亦非《北史》所载生前最高官爵，当为赠官无疑。而据表1-1可见被书为羽真的人中亦有与元顺相同的元魏宗室人物，如元素连/元连/元素、元陵。问题随之而出：为何元顺书作"内大羽真"，而元素连/元连/元素、元陵作羽真？作为孤证的元顺"内大羽真"是否可以成立？考述如下。

（二）墓志所载"曾祖素连"和"祖连"考

元素连/元连/元素书作羽真，张、郭文列表中只列"元连（元素）"，遗漏了《元保洛铭》所载"曾祖素连"，而松下文却分列"元素连""元素"两条，是《元保洛铭》《元昭墓志》所载"曾祖素连"和"祖连"是否为一人亟需考证。

表1-3　史料所载元素连/元连/元素官爵简表

曾祖故素连，侍中羽真使持节征南大将军都督河以西诸军事吐万突镇都大将中都内都大官仪同三司常山王，得铜虎符，谥曰康王。	《元保洛铭》（永平四年六月，511）
曾祖侍中、使持节、征西大将军、都督河西诸军事、常山康王讳素连。	《元侔墓志》（永平四年十一月）

[①] 参见赵万里《汉魏南北朝墓志集释》图版64，第65页。

续表

祖连，使持节侍中征西大将都督河西诸军事内都坐大官羽真统万突镇都大将常山王，谥曰康。	《元昭墓志》（正光五年三月，524）
征西大将军都督河以西诸军事仪同三司侍中太尉公常山王之孙。	《元诞墓志》（建义元年七月，528）
高祖素，假节征西大将军内都大官常山康王。	《元智墓志》（大业十一年八月，615）
子素……赐爵尚安公，拜外都大官。世祖初，复袭爵（常山王）→及平统万，……拜假节、征西大将军以镇之。后拜内都大官。……薨，谥曰康，陪葬金陵，配飨庙庭。	《北史》卷一五《魏诸宗室·常山王遵》
元行冲，河南人，后魏常山王素连之后也；元澹，字行冲……后魏常山王素连之后。	《旧唐书》卷一〇二《元行冲传》；《新唐书》卷二〇〇《元行冲传》

《元保洛铭》显示立碑时间为永平四年六月二日，且言保洛一系为"照成皇帝后"，此点与元顺同。赵万里以为墓志叙保洛为昭成皇帝，后不为史书所载，并于详记曾祖素连、祖贷[①]毅、父太拔侯爵位时不及保洛行事，推测原因是"盖以位卑略之矣。"又言："《昭成子孙传》常山王素四子，曰可悉陵，曰陪斤，曰忠，曰德，而不及贷毅；故太拔侯及保洛，《传》亦不及。"查《元和姓纂》卷四"二十二元"记有素达："常山王寿鸠生遵。[又]遵生素达。素达生羽邻、忠、倍斤、尉、货敦"云云。其中，"遵生素达"句，岑校云：

《魏书》一五，常山王遵子素，罗氏《宗室传注》二云："《元昭墓志》，祖连，常山康王，不作'素'，而官谥均合，确为一人，魏人名字通用不别，殆素名而连字耶。"余按《旧书》一〇二《行冲传》："后魏常山王素连之后也。""连""达"形近，往往转讹，"素达"即"素连"之讹，实一名，非名字合，库本固作"连"也。后阅《丙寅稿》，知罗氏已取消其前说。《元侔志》，曾祖侍中、使持节征西大将

[①] 赵万里：《汉魏南北朝墓志集释》作"贷"，赵超《汉魏南北朝墓志汇编》作"货"，而据《汉魏南北朝墓志集释》图版有刻写明显的"丶"，当作"贷"。

军、都督河西诸军事、常山康王讳素连。又《元昭志》,祖连,使持节侍中、征西大将军、都督河西诸军事、内都坐大官羽真统万突镇都大将常山王谥曰康。①

是《元和姓纂》所谓元素达当为元素连,为昭成皇帝后,常山王遵之子,亦称元连。元保洛世系自遵而下:遵→素连→贷毅→太拔侯→保洛。松下文将元素连与元连分为二人,不当;张、郭文漏记《元保洛铭》之元素连亦当补。如此元魏宗室中,昭成皇帝子孙有任羽真者;严耀中羽真为领民酋长说不能成立,因领民酋长断不可为鲜卑宗室,而元顺、元素连、元陵皆为反例。

其次,可据《元俚墓志》推出元俚世系:遵→素连→(德?)→悝→俚。《元昭墓志》中云:"昭为使持节征西大将军定州刺史常山简王第三子。"赵万里考证精详:"据昭成子孙传,知昭之父名陪斤,即志之常山简王。祖为常山王素,即志之连。元俚志阴、元保洛墓志、旧唐书元行冲传俱作素连,知志与传各举其名之一字。曾祖为常山王遵,即志之兜。遵字勃兜,见元俚志阴;盖传举名,志举其字之一字,当以俚志为得。"② 元昭世系:遵→素连→陪斤→昭。《元昭墓志》所载"祖连"为素连明矣。③又,赵万里考证《元诞墓志》:"骠骑谓常山王(原作王山,误)遵,征西谓遵子康王素连,简公则素连子陪斤也。"④ 元诞世系自遵而下是:遵→素连→陪斤→诞。《元智墓志》时间已至隋大业年间,不载元素羽真号,显现出此时羽真第一义已被遗忘,即便是后人为彰显己之荣显而镌刻父祖官爵于墓志文中也已经遗漏了羽真,本质原因即是羽真此时已经在当时的官爵等级评价体系中消亡了。由《元俚墓志》及以下《墓志》推演出的世系,可以旁证《元保洛铭》所载"曾祖故素连"与《元昭墓志》所载"祖连"俱为一人,即《魏书》《北史》所谓常山王元素。

另《文成帝南巡碑》碑阴题名第二列十三位"征西将军常山王〔直〕□□□连戊烈",此处"〔直〕"为整理小组"似是而不敢断定之字",罗

---

① (唐)林宝撰,岑仲勉校记:《元和姓纂(附四校记)》,中华书局1994年版,第400—401页。
② 赵万里:《汉魏南北朝墓志集释》图版49,第56页。
③ 道武有子广平王连,见《魏书》卷一六,此元连世系是:道武→连→浑(继)→飞龙→纂,非《元昭墓志》所载元连。
④ 赵万里:《汉魏南北朝墓志集释》图版50,第57页。

上编　羽真号与神部：从部落联盟到平城时代的礼制变迁

新"颇疑'连'字前所缺三字实应是二字，即'勤素'"；《北魏直勤考》将此条作为直勤资料，并认为素连的鲜卑语本名是素连戊烈，素连也是简化形式。① 比对官职当可论断此条对应即元素连，鲜卑本名为素连戊烈亦无疑。惟"[直]"字存疑，且他处未见元素为直勤的记载；而《元保洛铭》与《元昭墓志》皆载有元素羽真，是此"[直]"当与羽真/直有关，而其位置的"似是而不敢断"亦为"羽直"说的成立提供了空间。松下文后所附《南巡碑》碑阴题名将此存疑之"[直]"坐实，并补"勤"，"戊"改为"茂"："征西将军常山王直勤□□连茂烈"更值得商榷。

(三) 羽真元陵

元陵亦书作羽真。《元平墓志》(正光五年)："其先魏照成皇帝之后，骠骑大将军左承相卫王泥之孙，羽真尚书冠军将军使持节吐京镇大都将陵之次子也。"首先，此元陵为昭成子孙。《魏书》《北史》所记宗室有名陵者，后人所补《魏书》卷一四即有两元陵，然分别是平文、烈帝子孙，不符昭成子孙条件。罗振玉《丙寅稿》考察以为元陵父卫王泥当是秦明王翰子仪，可从。

罗氏又言："传称仪有十五子，而但载三人，曰篡、曰良、曰干，而不及陵。"元平世系当是：仪(泥)→陵→平。赵万里考证："《出洛阳志》称：'平吐京镇大都将陵之次子。'……陵镇吐京，当在太和初或太和前。"② 则元陵获授羽真时段不可详考，大致时间当在孝文太和之前。与前述元素连、元顺相同的条件：拓跋宗室俱是昭成子孙，官爵有使持节。

综上考察，元素为常山王遵子，昭成重孙，"常山王遵，昭成子寿鸠之子也"。元陵亦为昭成子孙：昭成子翰子仪之子，即昭成重孙。元素、元陵较元顺俱小一辈，元顺为祖孙三辈之内，而素、陵则非，故两者后人书时未作"嫡"字，只云："其先魏照成皇帝之后"，其意已将素、陵位居重孙辈者移出昭成嫡子孙系统。元顺为内大羽真，素、陵为羽真的结论应当由此确认。将上述考察羽真第一义四类的阶层列为表1-4，并将所考察任羽真的时间列为表1-5：

---

① 参见罗新《北魏皇室制名汉化考》，《中国中古史研究》编委会《中国中古史研究：中国中古史青年学者联谊会会刊》(第二卷)，中华书局2011年版，第149页；《北魏直勤考》，《历史研究》2004年第5期。
② 赵万里：《汉魏南北朝墓志集释》图版48，第55页。

第一章　分贵贱、别尊卑：羽真号及其消亡

表1-4　　　　　文章考察所得任羽真第一义者阶层分布①

	鲜卑宗室	帝室十姓	勋臣八姓	内入及四方诸姓	北方汉人	南来汉人
羽真	10, 13, 17			2, 16, 24	3, 5, 14, 6②	4, 17
大羽真			15	8, 19#, 20, 22, 23#		21
内行羽真		7#, 9				
内大羽真	12					

表1-5　　　　　　任羽真者获授时段（推测）表③

表1-1序号/羽真任者	受羽真时间/时段/主要活动时间	在位皇帝
9 奚斤（内行羽真）*	活动年代主要是道武登国九年（394）至明元神瑞元年（414），内行此前后	道武帝
12 元顺（内大羽真）*	大致在登国元年（386）至天赐五年（407）	道武帝
23 怡宽（大羽真）	皇始元年（396）九月至二年（397）十月间	道武帝
24 宇文跋*	可能承袭自祖目原，目原受羽真时在皇始二年（397）破后燕中山事后	道武帝
22 斛律倍侯利（大羽真）	道武天兴五年（402）春正月奔魏后不久	道武帝
21 薛辩（大羽真）	明元泰常五年（420）至泰常七年（422）卒	明元帝
8 山累祖	太延五年（439）后	太武帝
16 娥清*	活动主要在太武始光元年（424）至正平元年（451）。羽真持续至"黜为门卒"前。	太武帝
6 司马楚之*	太平真君三年（442）至和平五年（464）卒时	太武帝
19 董染（大羽真）*	太武太平真君九年（447）至文成太安三年（457）间	太武帝

---

① 带#者，为史料书作"于真官/羽真"，而经本书考察准确描述当是"内/大羽真"者。
② 司马金龙为楚之奔魏后尚公主所生，故列于此。
③ *表示受者时间/时段为推测而来，并非确定时间/时段，以及未推测时间/段，只有主要生活年代者。17元威曾祖突六拔资料不足，无法确认年代。

上编　羽真号与神部：从部落联盟到平城时代的礼制变迁

续表

表1-1 序号/羽真任者	受羽真时间/时段/主要活动时间	在位皇帝
2 吕河一西 3 毛法仁 10 元素连*	文成和平二年（461）三月	文成帝
7 长孙敦（内行羽真）	和平六年九月（465）左右	
20 薛安都（大羽真）	天安元年（466）九月左右	献文帝
17 李峻*	高宗时归京师。和平五年（464）进爵为王，薨于皇兴二年（468）	
13 元陵*	赵万里考证："陵镇吐京，当在太和初或太和前。"	孝文帝
5 冯熙	太和三年（479）有，十九年卒时《冯熙墓志》已无。	
6 司马金龙	死于太和八年（484）十一月十六日，此为受羽真的时间下限	
14 冯诞*	活动于孝文太和时期，太和十九年（495）卒。	

第三节　羽真之兴与部落联盟

一　羽真第一义在北魏前期的演变

　　北魏羽真第一义，存在一般羽真、大羽真、内行羽真和内大羽真的分别，其中获赐大羽真原因主要是世领部落，率部归魏，后多有捍边守卫之功，严耀中以为羽真为领民酋长的推测当只是符合任大羽真者。而内行羽真、内大羽真作为"孤证"之"异例"，通过大羽真明晰的前提及与相类史例同中求异的考察推测以为，奚干为内行羽真，有别于与其行迹相类的大羽真获得者的是他身为帝室十姓的身份；元顺为内大羽真，有别于与其同为拓跋宗室、昭成子孙的元素连、元陵的当是因为他为昭成皇帝的嫡孙系，而元素连、元陵已至昭成重孙后，不入昭穆。若考察成立，我们可以认为内行羽真号的给予范围当是在帝室十姓中，而内大羽真当在拓跋宗室中昭成子孙的嫡孙以内；如此，内大羽真应较内行羽真等级为高，更接近拓跋血缘权力核心。

　　将羽真第一义的职能与时间两要素联合起来考察，可以得见其在北魏前期的演变：道武时羽真已有大羽真、内行羽真、内大羽真三职的分别，

· 84 ·

第一章　分贵贱、别尊卑：羽真号及其消亡

其中大羽真号给予内附领民酋长之类，内行羽真给予帝室十姓成员，内大羽真给予昭成子孙的嫡孙以内者。比较可以确定的一般羽真的出现是在太武帝时，羽真号开始授予南来降人，如司马楚之。北魏以楚之的晋宗室后裔身份树立正统，为统一华北后进而"南荡瓯吴，复礼万国"制造舆论声势，且能招抚南人继续投奔。而此后的文成、献文、孝文太和改制前，大羽真、内行羽真、内大羽真号的授予数量骤减，仅有大羽真尚有数例可见，此当是因太武统一华北后北魏政权已在形式上稳定下来，并不如此前那样亟须吸收其他部落以增强自身力量。此种背景下的羽真尤其是一般羽真号，开始被授予汉人外戚（如冯熙、冯诞父子及李峻）、宠幸有加者（如毛法仁、司马金龙）和阉官（如王琚）。

由此可见，羽真号并非是一成不变的，其内四职的分级与兴衰是随着北魏政权的萌芽、成长、稳定而不断变化的：政权成长期需要明确统治集团与内附势力的分野以及统治集团内部的等级，故而有大羽真以拉拢、招抚世领部落者内附，以增强拓跋部落的势力；而内行羽真、内大羽真分授帝室十姓、拓跋宗室中昭成嫡孙以内则在于明晰统治集团内部的权力分野；而以太武统一华北为转折点，稳定下来的北魏政权开始收紧对于大羽真、内行羽真、内大羽真的授予，一般羽真大量出现，开始面向接近统治中心的汉人，拓跋贵族的政治权势逐渐受到削弱。羽真四职的兴衰变化不仅反映出羽真内部的名号更替，更反映出北魏前期以血缘宗族与拟血缘制部落为依托的贵族政治、宗王政治向皇权政治的转变。

学界以为羽真第一义为官职或爵称的推测并不准确，从此四职的差别及其功用来看，其合理表述应当是拓跋乃至北族使用的"类官号"。罗新将中古北族政治名号分解为职务部分的"官称"与修饰美称部分的"官号"，"官号"从属于个人，与官称同时使用，使官称的获得者具备了唯一性，从而具有与"姓名"一样的标示个人身份的功能。[1] 而羽真第一义，即本书称之为羽真号者，其本意应当在于区别北魏立国初期的势力分野与等级阶序，在北魏前期，起到了华夏礼制分贵贱、别尊卑的类似功能。目下可知的是划分出统治集团内部的昭成子孙的嫡孙系、帝室十姓系及归附北魏的内附势力（以四方诸姓为主）：帝室十姓以外的统治阶层如勋臣八姓、内入诸姓中的关键人物若有捍边之功多可获一般羽真

---

[1] 参见罗新《中古北族名号研究·前言》，北京大学出版社2009年版，第2页。

上编 羽真号与神部：从部落联盟到平城时代的礼制变迁

号；随着北魏政权的稳定，一般羽真号因为适应权力来源由贵族转向皇帝的大势而更多地被应用，太武以后诸帝开始将一般羽真号授予汉人，以削弱贵族政治，确保政权由宗王政治向皇权政治过渡，孝文帝时的羽真号更多的成为一种得到皇权认可、可以进入核心统治圈的身份标识。从羽真所起的历史功用看，是个人名号中"官号"的扩大化，即标示任者在拓跋权力阶序中的唯一身份等级。"大羽真"标示的是军事力量及由此带来的权势、荣誉；"内行羽真"是标示拟制血缘中空间上接近权力核心的"内行"与标示血缘联盟中身份的"羽真号"组合而成，并由后者主导，因而高于其他"内行"诸职；"内大羽真"则由标示血缘的"内"和标示军事力量的"大羽真"构成。

二　羽真号的出现与部落联盟机制

羽真号的出现与鲜卑部落联盟的机制相关。北匈奴溃败后，鲜卑控制北部草原，巴菲尔德早已指出："与匈奴不同的是，鲜卑是一个跨部落统治下的松散联盟。在鲜卑的政治结构中，权力被授予众多小头领，只是偶尔在一位具有神性魅力的领袖统领下才能联合起来。"而此根源于鲜卑在政治统治方面非常不同的观念："这种东部的或者说东北地区少数民族的类型建立在平均主义的政治体系上，而没有世袭继承或等级制的氏族结构，这与匈奴的等级化氏族、严格的等级制度领导以及中央权威形成了鲜明对比。"[①] 王明珂则以各自特有的辅助性经济与相关空间领域为视角，指出汉代匈奴、西羌与鲜卑由此形成不同的游牧社会组织。[②]

崛起于东北森林草原的鲜卑，各部族由北方迁至辽西，再往南、往西迁徙：从大兴安岭至漠北草原，侵占匈奴故地，争夺草原上的游牧资源，再由漠南进入代北，突破长城封锁线，获取长城迤南地区资源。[③] 长城是

---

① [美]巴菲尔德著，袁剑译：《危险的边疆：游牧帝国与中国》，江苏人民出版社2011年版，第106—109页。
② 参见王明珂《游牧者的抉择：面对汉帝国的北亚游牧部族》，第239页。
③ 宿白通过对考古遗址、墓葬等发现的整理和研究，勾勒出拓跋鲜卑离开大兴安岭后的迁徙路线和大致时间，并通过对墓葬制度以及随葬品的分析，与文献史料结合起来描摹出拓跋鲜卑社会阶层演变。参见宿白《东北、内蒙古地区的鲜卑遗迹——鲜卑遗迹辑录之一》，《文物》1977年第5期；《盛乐、平城一带的拓跋鲜卑—北魏遗迹——鲜卑遗迹辑录之二》，《文物》1977年第11期；《北魏洛阳城和北邙陵墓——鲜卑遗迹辑录之三》，《文物》1978年第7期。

第一章　分贵贱、别尊卑：羽真号及其消亡

北部"华夏边缘"的物化产物，中原政权以之保护农耕地区资源，排除北方游牧社会人群的武力侵入与习俗渗透，拉铁摩尔曾提出"贮存地"概念，用来指称辽西、内蒙古、甘肃与华夏帝国相接的地区，[①] 与长城一线契合，"贮存地"是北方游牧区域与中原农业区域及双方背后秩序的边缘（同样是交汇）之地，出于此地区的混合经济政权，有兼管定居农业和游牧社群的经验，而不断迁徙、移动并最终成功穿越长城的拓跋鲜卑，不断经历且适应着林牧、游牧与农业，乃至两者或多者的组合与混溶。不同时空中经济生业的差别以及部落间经济基础的差异，使得他们无法像匈奴各部落一样组成中央化、阶序化的"国家"，也不同于固守某一部落领域的河湟西羌。经常地对外迁徙，寻求农牧之地并获取贸易、掠夺等倾向于"负面交互作用"（negative reciprocity）[②] 的机会，使得部落联盟成为此情境下的高效组织机制。

不同于匈奴"国家"，部落联盟对内的控制并不严格，它并不维持部落内的秩序，而让内部各游牧或半游牧群体能自做重要的生计抉择。更为关键的是，部落联盟有极强的包容力和转变力：它能将纯游牧的部族与半农半牧甚至纯农耕的人群结合在一起，它也因着内部群体成员与外在资源环境的变化而转型。吸纳领民酋长类的大羽真，同时使用一般羽真、内行羽真与内大羽真在联盟与部落内部划清权力边界，当是部落联盟维持自身良性运转的制度本性使然。巴菲尔德认为北方游牧部族势力进入华北，建立并崛起"外来王朝"之过程有一定模式，即在混乱局势中，大致有三波游牧力量相继进入华北，建立王朝政权。首波常为草原部族，长于征战而疏于占地驭民之术，祚多短命，如匈奴建立的前赵；取代它们的第二波则多起于中原的边缘地带，如河西走廊、西辽河流域，远离北方割据政权并在自立的小天地中学习发展一套二元体系，以分别管理定居农民及游牧部族，而这类崛起于边缘而最终入主中原的政权，最成功的多出于东北的辽河流域，如慕容鲜卑建立的前燕、后燕，然而他们无法统一华北，其势力也因内斗而削弱；第三波外来部族多为第二波外来政权下的属国，也出于东北地区，他们质朴无文，但有强大的战斗力，在取代第二波外来政权

[①] 参见［美］拉铁摩尔著，唐晓峰译《中国的亚洲内陆边疆》，江苏人民出版社2005年版，第161—164页。
[②] Marshall Sahlins, *Stone Age Economics*, New York: Aldine Publishing Company, 1972, pp. 193–195.

后，采用前政权的二元统治制度，迅速扩张并统一华北，拓跋魏即为第三波之代表。巴菲尔德的宏观观察结果虽然有"倒放电影"的感觉，也并未深入剖析造成第二波与第三波不同结果的深层原因，有流于形式之嫌，但其指出东北辽河流域这一中原边缘出现较为成功的外来王朝的现象，北魏之后的辽、金，乃至清朝，皆出于此间，以前述关于拓跋鲜卑的分析，不断迁徙并适应的时空及游牧、农业经济模式，应运而生且不断完善的部落联盟制度，应当是拓跋鲜卑最终进入中原，统一华北的原始资本。

第四节 羽真号的消亡

一 羽真号的消亡

至孝文太和改制，华夏化的浪潮沙汰了鲜卑语词的官爵号，其中当然包括羽真号。羽真号从冯熙太和三年自书 S.0996《题记》官爵序列的高位到太和十九年孝文所撰的《冯熙墓志》中的消亡，正是华夏化沙汰鲜卑系话语的显例，其背后实际是拓跋核心集团步入皇权轨道而彻底祛除部落联盟形态的声明。与羽真号消亡同见于冯熙葬礼的是首次出现于北魏历史的华夏九锡，作为"物化礼乐"的表征，北魏九锡是勋臣死后追赠的荣宠，迥异于魏晋南朝作为禅让易代的工具性九锡。羽真号的消亡与九锡的变相，窥显出洛阳政权中华夏化的进程。

但因为没有法令形式的强制，在宣武、孝明朝依然能在后人为先人所作墓志中书写羽真号，羽真代表的进入权力核心的荣宠光环依然为北魏民众认可，羽真号以墓志为载体，开始与历史赛跑的征程。敌对政权的南朝史籍"似是而非"的记载同样可视为羽真号留存的载体。然而从平城定居，道武建制，将拓跋部推进华夏体制的门槛，而后至文明太后推行太和改制，使得平城政权基本完成华夏化进程，再延展至孝文迁洛改制，一步一步实现皇权政治，部落体制中的血缘纽带逐步让位给专制集权中的拟制血缘，羽真号分定以血缘为基础的权力分野的作用失去用武之地，日见枯萎，也只能赖洛都民众的墓志铭刻缅怀先人荣耀，甚至不如敌国南朝所记详细。自河阴之变后，魏分东西，复次为周、齐，孝文改制的成果在背离制定者初衷，反向加速北魏衰落的同时也被胡化的浪潮席卷一空，北魏末至东西魏间出现了人为的记忆真空。至魏收撰《魏书》，下迄唐初李延寿撰《北史》，史书对于北魏前期的羽真号已经语焉不详，仅有的数例也是抄自《周书》，甚至取材于南朝的《宋书》。集体的结构性失忆，使得拓跋部落联盟直至北魏前期时荣宠万千的羽真号从此淡出人们的记忆，千余年间不被后人提及。

二　羽真三义的勾连

在羽真第一义功用与兴亡有所明晰的基础上，北魏羽真三义便可联系起来，而非彼此孤立。

周一良言及《周书·高琳传》云："《官氏志》无羽真氏。……此言赐姓羽真者，或以官为氏，或兼任此官，后世误传耳。"周氏以为高宗获赐姓羽真氏实"或以官为氏，或兼任此官"，将羽真第一义与作为姓氏的第二义联系起来，颇有见地。然而观琳五世祖宗例，知琳祖先本为辽东高氏，实高丽一族，先仕慕容燕，后归北魏，得赐姓羽真氏。姚薇元之归入"东夷诸姓"："辽东高氏，本高丽族。以国为氏。……按高丽王本以高为氏。……高句丽治汉之辽东，其王姓高，盖以国为氏也。"姚氏考证可明晰高宗归魏获赐羽真氏，本因在其为辽东高氏。仇鹿鸣从氏族谱系视角出发，以渤海高氏为中心的研究可加强论据，其指出《高贞碑》"载高贞字羽真，追赠营州刺史，而羽真氏本是高丽之姓，高丽的羽真氏多改姓高氏。《高贞碑》提及此事可谓是欲盖弥彰，反而透露出高肇一支本为高丽人的真相，而其所赠的营州刺史，是将辽东作为其本望，与自称渤海高氏相抵牾。"[①] 是羽真氏本源出东北高丽地，其影响所及主要是与郡望相接，互为表里，而与周氏以为的羽真官无涉。

联系上述对于羽真第一义功用的考察结果，赐姓羽真氏（第二义）实则是将游离的部落纳入拓跋的部落联盟，并依据势力划定权力位置，壮大并维持部落联盟的运转。"因为有了太武帝的需要，才有了乌洛侯使者关

[①] 仇鹿鸣：《"攀附先世"与"伪冒士籍"——以渤海高氏为中心的研究》，《历史研究》2008年第2期。

于拓跋'先帝旧墟石室'的报告"①，与此相类，羽真号及本出高丽的羽真氏本源应当于拓跋起源的东北中求取，而本在高句丽北且曾在显祖献文帝皇兴二年向魏朝献，建立起朝贡关系的羽真侯国（第三义）正是符合此要求的，②或许羽真一词的准确含义应当去东北方位语源中找寻，只是史料缺乏，需俟日后相关史料发现，故暂置阙疑。

小 结

学界以为羽真第一义为官职或爵称的推测并不准确，从此四职的差别及其功用来看，其合理表述应当是拓跋乃至北族使用的"类官号"，本意在于区别北魏立国初期的势力分野与等级阶序，在北魏前期，起到了华夏礼制分贵贱、别尊卑的类似功能。目下可知的是划分出统治集团内部的昭成子孙嫡孙系、帝室十姓系及归附北魏的内附势力（以四方诸姓为主）：帝室十姓以外的统治阶层如勋臣八姓、内入诸姓中的关键人物若有捍边之功多可获一般羽真号；随着北魏政权的稳定，一般羽真号因为适应权力来源由贵族转向皇帝的大势而更多地被应用，太武以后诸帝开始将一般羽真号授予汉人，以削弱贵族政治，确保政权由宗王政治向皇权政治的过渡，孝文帝时的羽真号更多的成为一种得到皇权认可、可以进入核心统治圈的身份标识。从羽真所起的历史功用看，是个人名号中"官号"的扩大化，即标示任者在拓跋权力阶序中的唯一身份等级。至孝文太和改制，华夏化的浪潮沙汰了鲜卑语词的官爵号，其中当然包括羽真号。

羽真号从冯熙太和三年自书S.0996《题记》官爵序列的高位到太和十九年孝文所撰的《冯熙墓志》中的消亡，正是华夏化沙汰鲜卑系话语的显例，其背后实际是拓跋核心集团步入皇权轨道而彻底祛除部落联盟形态的

---

① 罗新：《民族起源的想象与再想象——以嘎仙洞的两次发现为中心》，《文史》2013年第2辑。
② 羽真侯国朝献事在献文皇兴二年（468），朝贡时间正处在东北诸国朝贡高潮所在的皇兴元年（467）至太和三年（479）间，且早于太和二年（478）初次朝贡的勿吉国，先与北魏建立了朝贡关系。其使臣至平城朝贡的路线应当大致与勿吉国同，即先至龙城西行，经平ън至密云，再由此到上谷，最后沿桑乾河西行到达平城，参见［日］前田正名《平城历史地理学研究》，李凭等译，书目文献出版社1994年版，第233—248页。

第一章　分贵贱、别尊卑：羽真号及其消亡

声明。但因为没有法令形式的强制，在宣武、孝明朝依然能在后人为先人所作墓志中书写羽真号，羽真代表的进入权力核心的荣宠光环依然为北魏民众认可，羽真号以墓志为载体，开始与历史赛跑的征程。敌对政权的南朝史籍"似是而非"的记载同样可视为羽真号留存的载体。然而从平城定居，道武建制，将拓跋部推进华夏体制的门槛，而后至文明太后推行太和改制，使得平城政权基本完成华夏化进程，再延展至孝文迁洛改制，一步一步实现皇权政治，部落体制中的血缘纽带逐步让位给专制集权中的拟制血缘，羽真号分定以血缘为基础的权力分野的作用失去用武之地，日见枯萎，也只能赖洛都民众的墓志铭刻缅怀先人荣耀，甚至不如敌国南朝所记详细。

自河阴之变后，魏分东西，复次为周、齐，孝文改制的成果在背离制定者初衷，反向加速北魏衰落的同时也被胡化的浪潮席卷一空，北魏末至东西魏间出现了人为的记忆真空。至魏收撰《魏书》，下迄唐初李延寿撰《北史》，史书对于北魏前期的羽真号已经语焉不详，仅有的数例也是抄自《周书》，甚至取材于南朝的《宋书》。集体的结构性失忆，使得拓跋部落联盟直至北魏前期时荣宠万千的羽真号从此淡出人们的记忆，千余年间不被后人提及。

历史表相不仅强化、延续历史本相，同时也逐渐修正、改变本相：异质载体下的历史书写"文本"若对同一宏观情境或微观事物记载相异，牴牾之下必存在被书写的历史"表征"（representation）[1]与历史本相之间的差异，甚或匿有隐情。差异记载出现的因缘及其表现，皆体现于异质载体的两维度上："空间"（space）层面，载体不同便可能出现记载之差异；[2]同时，"时间"（time）维度的无限延展，加上有意或无意的构造出的历史真空阶段，可能会导致所书时段之后的民众出现"结构性失忆"。在一个社会中，集体记忆不断地被集体创造、修正与遗忘，正如强调某些集体记

---

[1] Pierre Bourdieu, *Distinction: A Social Critique of the Judgment of Taste*, translated by Richard Nice, London: Routledge & Kegan Paul, 1984, pp. 482–484.
[2] 唐雯以张说《郭公行状》与《旧唐书》等史料作了对照，指出唐史臣对先天政变中睿宗、郭元振等的形象及事件细节进行了精心选择与遮蔽，以"截图"的方式构建了柯文《历史三调》所谓的"历史神话"。窃以为即异质载体下历史书写在空间（即《行状》与《旧唐书》在先天政变一事）层面存在差异记载的典型研究。参见唐雯《唐国史中的史实遮蔽与形象构建——以玄宗先天二年政变书写为中心》，《中国社会科学》2012年第3期；余欣主编《存思集》，上海古籍出版社2013年版，第138—167页。

上编　羽真号与神部：从部落联盟到平城时代的礼制变迁

忆是以强化集体的凝聚一样，集体记忆中的某些事物也会在社会环境、历史进程的熏染与挤压下有意无意地以"理性"的方式被选择性遗忘，其目的同样是增强集体的生存概率或凝聚力。北魏的羽真尤其是其中的羽真号便是凸显集体"结构性失忆"的显例。而讲述、书写历史文本的权力是统治集团政治权力的一部分，文本上的历史理应服务于集团当前的政治利益，符合本相存在的社会情境，那些不能服务于当前利益的历史讲述、书写的文本，自然会"被退出"中心，不是永久消失，便是隐藏起来等待发掘，但不论怎样，它们都会成为历史"理性"结构性失忆和选择性遗忘的部分，北魏羽真号只是其中之一，却是这许多部分，记录了民族起源与迁徙的历史，从历史追溯意义上阐释了拓跋鲜卑在特定时空的起源与发展，而它的消亡，则标示了民族谱系的变迁。

第二章 "庙配事重"：
神部问题研究

自三代以降，祭祀之礼便在古人心目中占有极重要之地位，《礼记·祭统》开篇即言："凡治人之道，莫急于礼。礼有五经，莫重于祭。"①《左传》成公十三年"三月公如京师"条所谓"国之大事，在祀与戎。祀有执膰，戎有受脤，神之大节也"，同样反映出"治出于一"时代对祭祀之礼的崇奉。②北魏虽起自朔漠，为拓跋鲜卑建极，然关注礼制，尤重祭祀，史籍所载，屡有征见。孝文帝征马圈时，执散骑常侍兼祠部尚书宋弁手曰："国之大事，在祀与戎，故令卿缵摄二曹，可不自勉。"③其时又有"国之大事，唯祀与戎，庙配事重，不敢专决"④，"臣闻国之大事，莫先郊祀，郊祀之本，实在审位"⑤，"臣闻国之大事，唯祀与戎"⑥等言论见诸史册。即便是孝文帝改革，礼制改革"如单就细目划分，几乎要占到百分之七十以上"，"而在礼制改革中，有关祭典的变革与措施则又占了大半，可见祭典的兴革一直是孝文帝礼制改革的核心"⑦。孝文帝太和十三年所言"详定朝令，祀为事首"当是对"尤重祭祀"的绝好说明。而祭祀之

---

① 郑注云："礼有五经，谓吉礼、凶礼、军礼、宾礼、嘉礼也。莫重于祭，谓以吉礼为首也。大宗伯职曰：'以吉礼事邦国之鬼、神、祇。'"参见（汉）郑玄注、孔颖达疏《礼记正义》，《十三经注疏》本，中华书局1980年版，第1602页下。
② （晋）杜预集解，（唐）孔颖达等正义：《春秋左传正义》，（清）阮元校刻《十三经注疏》本，中华书局1980年版，第1911页中、下；"治出于一"之论出自《新唐书》卷一一《礼乐志一》，中华书局1975年版，第307页。
③ 《魏书》卷六三《宋弁传》，第1415—1416页。
④ 出自《魏书》卷一〇八《礼志二》熙平二年三月癸未太常少卿元端上言，第2762页。
⑤ 出自《魏书》卷五五《刘芳传》刘芳转太常卿后论"五郊及日月之位，去城里数于礼有违，又灵星、周公之祀，不应隶太常"的表疏，第1223页。
⑥ 出自《魏书》卷七二《路恃庆传》路思令转尚书右民郎后的上疏，第1619页。
⑦ 康乐：《从西郊到南郊：拓跋魏的"国家祭典"与孝文帝的"礼制改革"》，《从西郊到南郊：国家祭典与北魏政治》，第184页。

礼，最为关键者有二：郊祀天地（郊天）与尊祖敬宗（祭祖）。《礼记·礼器》所谓"祀帝于郊，敬之至也。宗庙之祭，仁之至也"。前者象征君权神授，承命于天；而后者则昭告血缘正统，受命于祖。郊祀天地与宗庙祭祖共同构成王朝祭礼的两大支柱。本书关注的是后者，即宗庙祭祀。

宗庙祭祀之事既重，执掌祭祀事务之机构及其职官便不可不详查。然于北魏宗庙祭祀相关之机构、职官，历来研究者主要着眼于"祠部"，鲜有论及"神部"者。[①] 严耕望《北魏尚书制度考》一文在考述北魏尚书制度方面有集大成之功，对"神部"之职亦有涉及，惜因文章非重于此，使得相关论述稍嫌简略；且于论述"神部长""神部令"时仍然留有疑问，"则此长、令或即祠部长、令欤？然亦可能祠部神部各为曹并属于一尚书也"[②]。严耀中在《北魏前期政治制度》一书中提出了神部和祠部"很可能是内外朝相对应的部门"的假设，[③] 颇有创建，憾于目前无相关史料支持，严氏的观点无法得到印证。

由部落联盟进入国家政权阶段，拓跋鲜卑统一华北，立足平城，而孝文行礼制改革，在强化中原系统祭典的同时，开始清理拓跋鲜卑遗留下来的旧俗。文明太后死后，孝文礼制改革与保守拓跋鲜卑贵族的矛盾凸显，以帝室十姓为代表的后者，对孝文礼制改革的反对并非吸收华夏典制，而是其中对鲜卑旧俗的革除；而革除旧俗，绝非仅仅是表面形式上的仪式消亡，最为关键的是仪式背后代表的"国之丧葬祠礼，非十族不得与也"的特权的被剥夺。由此，在孝文帝太和十七年迁都之前，选取的礼制观照物是较少为学界所注意、带有神秘面纱的祭祀机构"神部"，尤其是仅见三职官中的"神部尚书"。

钩沉史料，可以发现"神部"所冠名之职官见于北魏前期，目前可见

[①] 对"神部"之职有所论述的主要文章（包含著作中对此有相关论述的）有：严耕望《北魏尚书制度考》，载《历史语言研究所集刊》第18本，1948年，第251—360页；严耀中《北魏前期政治制度》中相关章节，吉林教育出版社1990年版，第64页；俞鹿年《北魏职官制度考》部分章节，社会科学文献出版社2008年版，第34—47页。

[②] 参见严耕望《北魏尚书制度考》，《历史语言研究所集刊》第18本，第341页。

[③] "神部和祠部，选部和吏部，很可能是内外朝相对应的部门，而不是一个部有两个名称。"（严耀中：《北魏前期政治制度》，第64页）对于此论点，俞鹿年提出相反意见，认为"这只是一种猜测。北魏前期固然以内省控制外朝，外朝有秘书省，内省有内秘书曹，但不是所有外朝机构在内省都有一个对应的机构，神部与祠部、吏部与选部则只是互名罢了，都是尚书省的属曹，内省并不设选部与神部"。（俞鹿年：《北魏职官制度考》，第39页）本书认为对于"内外朝都有对应的机构"的观点，俞鹿年的论述具有更充分的史料依据；神部和祠部"很可能是内外朝相对应的部门"的观点颇有创建，但因为目前所知史料有限，不能充分支持此论点，故于此不取。

第二章 "庙配事重"：神部问题研究

者三，分别为"神部尚书""神部长""神部令"。此三职官均为目前史籍仅见，且存在以"神部"命官的尚书一职，故本书试图以此三职官为突破点，对其隶属机构——神部的存在时间、执掌典守、设官分职、《资治通鉴》胡注所涉及"八部"问题、后来去向及其与祠部关系等问题进行考察，其中重点关注神部尚书王谌迁主安庙过程中为守旧贵族代表拓跋丕阻挠的史例，冀窥"神部"之一斑。

第一节 "神部令"与"神部长"蠡考

一 "神部令"辛绍先简考

《魏书·辛绍先传》："辛绍先，陇西狄道人。五世祖怡，晋幽州刺史。父渊……以义烈见称西土。世祖之平凉州，绍先内徙，家于晋阳。明敏有识量，与广平游明根、范阳卢度世、同郡李承等甚相友善。……自中书博士，转神部令。皇兴中，薛安都以彭城归国，时朝廷欲绥安初附，以绍先为下邳太守，加宁朔将军。"①《册府元龟·牧守部·选任》同样保有"辛绍先为神部令。献文皇兴中，薛安都以彭城归国，朝廷欲绥安初附，以绍先为下邳太守，加宁朔将军"的记载，② 惜未出《魏书》本传记载。

---

① 《魏书》卷四五《辛绍先传》，第1025页。《北史》卷二六《辛绍先传》所载略同，唯辛绍先父作"深"，当是避唐高祖李渊讳改；又中华书局1974年《北史》此段校勘记云"诸本'承'下衍'昭'字，'友'下无'善'字，据《魏书》删补。李承，李宝之子，见《魏书》卷三九《李宝传》。李氏称陇西狄道人，故与绍先为同郡"，此论确然。《北史》，中华书局1974年版，第968页。

② 《册府元龟》卷六七一《牧守部·选任》，王钦若等编：《宋本册府元龟》，中华书局1989年影印宋刻本，第2269页下；亦见于王钦若等编《册府元龟》，中华书局1960年影印明刻本，第8022页，关于明刻本《册府元龟》可参看日人宇都宫清吉《明板册府元龜に就いて》，《東洋史研究》1936年第2卷第2号。又，《册府》之史料价值学界认同多有变化，"前人每重《御览》而轻《册府》，……明末诸儒如顾炎武等对《册府》尚不断引用，其后致力者遂稀"。（陈垣《影印明本册府元龟序》之语）然，其一诚如陈垣所言："其（《册府元龟》）所见史，又皆北宋以前古本，故可以校史，亦可以补史。"其二，"神部令"辛绍先及下述"神部长"奚买奴的记载除《魏书》《北史》两正史所载外，目下所及实只在《册府》之中矣；且"神部长"奚买奴之材料亦只见于中华书局1960年影印明刻本中，而中华书局1989年影印《宋本册府元龟》则阙此文所在卷，是《册府》相关"神部"记载自有其不可忽视之价值，故于此引之。

· 95 ·

按，辛绍先由中书博士转神部令，考《魏书·儒林传》序云："太宗（明元帝嗣）世，改国子为中书学，立教授博士。"① 可知中书博士设置是在明元帝时期；又，《魏书》所见最早的中书博士担任者为李顺："神瑞中，中书博士，转中书侍郎。"② 观此，则中书博士之职当起于明元帝神瑞年间（414—415）。辛绍先与广平游明根、范阳卢度世都曾在中书，③ 故能相识、"友善"。

"世祖之平凉州"当是指太武帝亲率大军灭亡北凉一事，时在太延五年（439）九月丙戌。④ 又，薛安都以彭城归魏时在宋泰始二年末三年初，即魏天安元年末皇兴元年初，《魏书·献文帝纪》："（天安元年九月）刘彧徐州刺史薛安都以彭城内属，彧将张永、沈攸之击安都。……皇兴元年春正月癸巳，尉元大破张永、沈攸之于吕梁东，……永、攸之单骑走免。……刘彧遣使朝贡。"⑤ 又，《魏书·释老志》："是年（天安元年），刘彧徐州刺史薛安都始以城地来降。明年（皇兴元年），尽有淮北之地。"⑥ 考《资治通鉴》："（明帝泰始三年）五月……尉元以书谕徐州刺史王玄载，玄载弃下邳走，魏以陇西辛绍先为下邳太守。"⑦ 宋泰始三年当魏皇兴元年。从此可知辛绍先迁下邳太守是在皇兴元年（467）五月。

故，辛绍先任"神部令"时间当限定在太延五年（439）九月丙戌之后，皇兴元年（467）五月之前。此时期存在年号有太武帝焘之太平真君（计十一年）、正平（计一年零十个月：元年六月太武帝薨，二年十月高宗

---

① 《魏书》卷八四《儒林传》，第1842页。
② 《魏书》卷三六《李顺传》，第829页。关于中书博士，梁满仓《北魏中书学》（收入氏著《魏晋南北朝五礼制度考论》，第107—125页）一文有详细考证，可参看。
③ 游明根，《魏书》卷五五《游明根传》："和龙平，明根乃得归乡里。游雅称荐之，世祖擢为中书学生。"（第1213页），《北史》卷三四《游雅附从祖弟明根传》："年十六，辞雅归乡里，……雅称荐之，太武擢为中书学生。"（第1251页）。卢度世，《魏书》卷四七《卢玄传》："子度世，……为中书学生，应选东宫。"（第1045页）《北史》卷三〇《卢玄传》所记相同。
④ 《魏书》卷四上《世祖太武帝纪》："（太延五年）六月甲辰，车驾西讨沮渠牧犍。……（八月）丙申，车驾至姑臧，牧犍兄子祖逾城来降，乃分军围之。九月丙戌，牧犍兄子万年率麾下来降。是日，牧犍与左右文武五千人面缚军门。"（第89—90页）。后记有"冬十月辛酉……徙凉州民三万余家于京师"（第90页），但绍先内徙之后，"家于晋阳"，当非在此迁于京师的三万余家之中。
⑤ 《魏书》卷六《献文帝纪》，第126—127页。
⑥ 《魏书》卷一一四《释老志》，第3037页。
⑦ 《资治通鉴》卷一三二《宋纪十四》"明帝泰始三年"，中华书局1956年版，第4139页。

即位改年），文成帝濬之兴安、兴光、太安、和平，献文帝宏之天安元年，考《魏书·官氏志》在上述时期与此相关的记载有"（真君五年）又选诸曹良吏，给事东宫"及文成帝兴安二年正月"置驾部尚书、右士尚书"[1]，无神部或相近的祠部任何记载。于此可以肯定的是，在献文帝初（天安元年及皇兴元年五月，即466—46715）存在"神部令"一职。

二 "神部长"奚买奴与胡注《通鉴》"八部"

《魏书·奚斤传》："（奚斤子他观弟拔）子买奴，有宠于显祖，官至神部长。与安成王万安国不平，安国矫诏杀买奴于苑内。高祖赐安国死，追赠买奴为并州刺史、新兴公。"[2]《魏书·万安国传》："万安国，代人也。祖真，世为酋帅，……父振，尚高阳长公主，……赐爵冯翊公。安国少明敏，有姿貌。以国甥，复尚河南公主，拜驸马都尉，迁散骑常侍。显祖特亲宠之，与同卧起，为立第宅，……超拜大司马、大将军，封安城王。安国先与神部长奚买奴不平，承明初，矫诏杀买奴于苑中。高祖闻之，大怒，遂赐安国死。年二十三。"[3]《册府元龟·将帅部·专杀》载："后魏万安国，孝文时为大司马、大将军。先与神部长奚买奴不平。承明初，矫诏杀买奴于苑中。帝闻之，大怒，遂赐安国死。"[4]

《魏书·孝文帝纪》较为详细地记载了万安国矫诏杀奚买奴的时代背景："（承明元年）六月甲子，诏中外戒严，分京师见兵为三等，第一军出，遣第一兵，二等兵亦如之。辛未，太上皇帝崩。壬申，大赦，改年。大司马、大将军、安城王万安国坐矫诏杀神部长奚买奴于苑中，赐死。戊寅，征西大将军、安乐王长乐为太尉；尚书左仆射、南平公目辰为司徒，进封宜都王；南部尚书李䜣为司空。尊皇太后为太皇太后，临朝称制。"[5]时属孝文帝承明元年夏，则在孝文帝承明元年仍有"神部长"之职，自此

---

[1] 《魏书》卷一一三《官氏志》，第2975页。
[2] 《魏书》卷二九《奚斤传》，第702页。
[3] 《魏书》卷三四《万安国传》，第804页。《北史》卷二五《万安国传》所记基本相同。
[4] 《册府元龟》卷四四九《将帅部·专杀》，中华书局1989年影印《宋本册府元龟》阙卷四四九，此记载可见（宋）王钦若等编《册府元龟》，中华书局1960年影印明刻本，第5324页上。
[5] 《魏书》卷七上《孝文帝纪》，第142页。

上编　羽真号与神部：从部落联盟到平城时代的礼制变迁

后史书不复见。李凭《北魏平城时代》第四章"太后听政"之"文明太后临朝听政"节引用了上述《魏书·万安国传》的记载，指出："万安国是献文帝的男宠，他以'姿貌'获得献文帝的'亲宠'，从而取得了最高层次的职位、将军称号和爵位。……此时献文帝已经禅位七个月了。可见，献文帝当太上皇后依然掌握着最高统治权力……此处称万安国因矫诏杀奚买奴而激起孝文帝的'大怒'，于是被杀。按，此时正是文明太后再次临朝听政之时，而孝文帝却年仅十岁，此'大怒'恐非发自孝文帝，而是发自文明太后。……上述这些人（指李惠、李䜣等）都死于文明太后听政后不久……总之，献文帝的势力很快就被消灭光了。"① 万安国与神部长奚买奴不平之事由，限于史料阙如已无法详考，但结合《魏书·奚斤传》和《魏书·万安国传》记载，二人或"有宠于显祖"，或"显祖特亲宠之"，可能与"争宠"有关；而文明太后借万安国矫诏杀买奴之事诛杀万安国，当为清除献文帝势力之政治博弈中的一个环节，史料不足，俟待后考。

又，《资治通鉴》卷一三四《宋纪十六·苍梧王元徽四年》云："（魏承明元年六月）魏大司马、大将军代人万安国坐矫诏杀神部长奚买奴，赐死。"胡注云："神部，八部之一也。"② 按，胡三省将神部作为"八部"之一，其生活于宋元之际，上据北魏已有极远间隔，则胡氏所云"八部"具体当何指？窃以为考察此问题，最为可靠的方法即是仅就《资治通鉴》北魏时段胡注涉及的"八部"记载进行相关考释。谨按时间先后将北魏时段胡注涉及的"八部"注释排比如下：

1.《资治通鉴》卷一一〇《晋纪三十二·安帝隆安二年》："十二月，己丑，魏王珪（魏道武帝拓跋珪）即皇帝位，大赦，改元天兴。……徙六州二十二郡守宰、豪杰二千家于代都，东至代郡，西及善无，南极阴馆，北尽参合，皆为畿内，其外四方、四维置八部师以监之。"胡注"八部师"云："《魏书》作'八部帅'。八部帅劝课农耕，量校收入，以为殿最。"③

按，胡注所云《魏书》"八部帅"记载当即《魏书·食货志》所记："太祖定中原，……自五原至于榆阳塞外为屯田。……天兴初，制定京邑，

---

① 李凭：《北魏平城时代》（修订版），上海古籍出版社2011年版，第202—206页。
② 《资治通鉴》卷一三四《宋纪十六》"苍梧王元徽四年六月"，第4187页。
③ 《资治通鉴》卷一一〇《晋纪三十二》"安帝隆安二年十二月"，第3483—3485页。

东至代郡，西及善无，南极阴馆，北尽参合，为畿内之田；其外四方四维置八部帅以监之，劝课农耕，量校收入，以为殿最。"①

2.《资治通鉴》卷一一一《晋纪三十三·安帝隆安三年》："二月……甲子，珪（魏道武帝）分尚书三十六曹及外署，凡置三百六十曹，令八部大夫主之。"胡注"八部大夫"云："八部大夫，恐当作'八部大人'。魏王珪天兴元年，置八部大人于皇城，四方、四维一面置一人，以拟八座，谓之八国，各有属官，常侍、待诏直左右，出入王命。"②

按，"八部大夫"见于《魏书·官氏志》："（道武帝天兴元年）十二月，置八部大夫、散骑常侍、待诏等官。其八部大夫于皇城四方四维面置一人，以拟八座，谓之八国常侍。待诏侍直左右，出入王命。"③

3.《资治通鉴》卷一一四《晋纪三十六·安帝义熙二年》："六月……魏主珪（魏道武帝拓跋珪）规度平城，欲拟邺、洛、长安，修广宫室。……于是发八部五百里内男丁筑㶟南宫"，胡注"八部"云："魏先有八部大人，既得中原，建平城为代都，分布八部于畿内。"④

4.《资治通鉴》卷一一七《晋纪三十九·安帝义熙十一年》："（九月）魏比岁霜旱，云、代之民多饥死。……（明元帝嗣）乃简国人尤贫者诣山东三州就食，遣左部尚书代人周几帅众镇鲁口以安集之。"胡注"左部"云："魏初，四方四维置八部大人，分东、西、南、北、左、右、前、后，后又置八部尚书。"⑤

按，周几官职此处作"左部尚书"，《北史·周几传》与此记基本相同，周几官职亦为"左部尚书"。⑥ 然考《魏书·周几传》："周几，代人也。……太宗即位，为殿中侍御史，掌宿卫禁兵，断决称职。迁左民尚书。"⑦ 此处周几官职作"左民尚书"；又，据《魏书·灵征志下》："太宗神瑞二年（415）十一月，右民尚书周几获白雉一于博陵安平以献。"⑧ 更

---

① 《魏书》卷一一〇《食货志》，第2849—2850页。
② 《资治通鉴》卷一一一《晋纪三十三》"安帝隆安三年二月"，第3488页。
③ 《魏书》卷一一三《官氏志》，第2972页。
④ 《资治通鉴》卷一一四《晋纪三十六》"安帝义熙二年六月"，第3591页。
⑤ 《资治通鉴》卷一一七《晋纪三十九》"安帝义熙十一年九月"，第3680页。
⑥ "周几，代人也。……明元即位，为左部尚书，以军功封交趾侯。"《北史》卷二五《周几传》，第912页。
⑦ 《魏书》卷三〇《周几传》，第726页。
⑧ 《魏书》卷一一二下《灵征志下》，第2964页。

出现了"右民尚书"。

考《魏书·官氏志》:"(太武帝焘)始光元年(424)正月,置右民尚书。"① 早于此的"太宗神瑞二年"当无"右民尚书"之职,则《魏书·灵征志下》所记太宗年间的"右民"当为"左民"或"左部",首先排除。又,严耕望指出:"(《北史·周几传》之左部)想应作左民。"② 严氏"案:《宋书》有《官志》:'魏世有吏部、左民、民曹、五兵、度支五曹尚书。'《晋志》,民曹作客曹。当以《晋志》为正,则仅有左民也"③,又"其时,燕为魏所灭,燕亦有民部尚书,……程肇为吕光民部尚书……。稍前,姚兴有左户尚书薛强,……盖即左民之职也"④。其说可从。则周几官职当作"左民尚书"为是。胡注"左部尚书"当是"左民尚书",《北史·周几传》书"左民"为"左部",当是避唐太宗讳之故。⑤ 由此推论,则胡注所云"魏初,四方四维置八部大人,分东、西、南、北、左、右、前、后,后又置八部尚书"当存在值得商榷处。

5.《资治通鉴》卷一三四《宋纪十六·苍梧王元徽四年》:"魏大司马、大将军代人万安国坐矫诏杀神部长奚买奴,赐死。"胡注"神部"言:"神部,八部之一也。"

若仅就"4"中胡注"魏初,四方四维置八部大人,分东、西、南、北、左、右、前、后,后又置八部尚书",按文意极易理解为"八部尚书"也是依照前面的"八部大人"四方四维各一的模式建立的。但此处胡注以为"神部"为"八部"之一,则此"八部"非是四方四维各置一部了;又,神部可考见之职官有神部令、神部长及神部尚书,神部令在献文帝初年已有,万安国坐矫诏杀神部长奚买奴时在孝文帝承明元年夏,而神部尚书可见于孝文帝太和十五年(下有论及),据此亦不为远,则胡注之"八

---

① 《魏书》卷一一三《官氏志》,第2975页。
② 严耕望:《北魏尚书制度考》,《历史语言研究所集刊》第18本,第292页。
③ 笔者按,如前引《魏书》卷一一三《官氏志》:"(太武帝焘)始光元年(424)正月置右民尚书",当亦有右民尚书,非仅有左民也,而左民尚书自周几以后不复见于记载;又《通典》卷二二《职官四》:"后魏有左民、右民等尚书,多领工役,非今户部之例",然左民尚书、右民尚书仅见于魏初,孝文帝太和中又有左、右民曹,其主官为郎中而非尚书,当是左、右民曹为尚书郎曹而非尚书曹了。
④ 严耕望:《北魏尚书制度考》,《历史语言研究所集刊》第18本,第292页。
⑤ 中华书局1974年《北史》卷二五《周几传》校勘记(七)云:"明元即位为左部尚书。《魏书》卷三〇《周几传》'部'作'民'。《北史》避唐讳改。"第932页。

第二章 "庙配事重"：神部问题研究

部尚书"更不可理解为四方四维设置了八个方向的尚书。窃以为此处"分东、西、南、北、左、右、前、后，后又置八部尚书"其中的"，"改为"。"当更合文意，如此则是说先按照四方四维各一的模式设立了"八部大人"，此后"又置八部尚书"非必是按四方四维各一的模式设立的。质言之，"八部大人"非是后置之"八部尚书"的前身，至少在设立模式方面存在差异。

今日学者关于"八部"的研究成果颇丰，可资借鉴。① 窃以为李凭在《北魏平城时代》中结合历史地理相关方法对八部大人和八部帅的考证更具说服力：

> 因为与自然地理上的区域不同，四方四维原本就是人为设定的一种方位概念，所以它既可以用来划分畿外，也能适用于畿内。《食货志》所言应是畿外的四方四维，而《官氏志》所言则是畿内的四方四维……如此说来，《食货志》与《官氏志》不仅不矛盾，而且两者可以互为补充地帮助我们了解经更选屯卫和计口受田后的京畿内外的情况。那就是：北魏建国之初将大同盆地及其周围山区划分为畿内与

---

① "八部"问题之焦点在于"八部大人"（见前引《魏书·官氏志》）和"八部帅"（见前引《魏书·食货志》）是否为一，按《食货志》及《通鉴》胡注八部帅所在为畿外，而《官氏志》所载之八部大夫则明确是在皇城四方四维，且"待诏侍直左右，出入王命"，当在畿内。日本学者内田吟风主张八部帅即八部大夫。（参见〔日〕内田吟风《北朝政局に於ける鲜卑及諸北族系貴族の地位》，《东洋史研究》1936年第1卷第3号），国内学者何兹全亦认为二者"是一回事"（参见何兹全《府兵制前的北朝兵制》，《读史集》，上海人民出版社1982年版，第323页）；山崎宏则提出相反看法，其据"其外"字样认为"八部帅"与"八部大夫"当是不同之职〔参见〔日〕山崎宏《北魏の大人官に就いて（下）》，《东洋史研究》1947年第10卷第1号］，黄惠贤指出八部帅管甸服之事，并随着地方行政的变化，"畿外八部大概已经不存在了"（黄惠贤：《中国政治制度通史·魏晋南北朝卷》，人民出版1996年版，第219页）；严耕望的观点是："'八国'决不限于京城，可能即《食货志》所称畿内之地，所谓'其外'或亦误也"（严耕望：《中国地方行政制度史》，台湾商务印书馆1990年版，第422页）；日本学者窪添庆文保守提出："一般认为八部帅监管畿外之事，但究竟在参合陂'北侧'是否设帅督管农业一点尚属疑问"（参见〔日〕窪添庆文《关于北魏前期的尚书省》文后注第8，《日本中青年学者论中国史·六朝隋唐卷》，上海古籍出版社1995年版，第49—50页）；俞鹿年所著《北魏职官制度考》一书部分引用了卢开万的《代迁户初探》（参见卢开万《代迁户初探》，《武汉大学学报》1980年第4期）一文的观点并给予肯定："这里（指《食货志》）所说的'四方四维'地区，并不能理解为'畿内之田'的'其外四方四维'。所谓'其外'，是指皇城的'其外'"，俞氏据此得出"八国即畿内八部，而八部大夫即八国帅"的结论（俞鹿年：《北魏职官制度考》，第18页）。

· 101 ·

畿外两个区域。在畿内，安置的是内徙新民和经"离散"后的部民，他们在那里主要从事农业生产；在畿外，安置的是未被"离散"的游牧部落，他们继续从事游牧活动。无论是畿内还是畿外，都被划分为四方四维，畿内的四方四维归八部大夫管理，畿外的四方四维归八部帅监督。……我以为，八部大夫和八部帅并不是一回事，前者的职权范围限于畿内，后者的职权范围限于畿外。……又由于畿内和畿外都按四方四维划分，所以在"大夫"和"帅"前均冠以"八部"二字。以往将二者混淆的原因就在于将畿内与畿外的四方四维视为一体了。不过，由于畿外的地形很难严格地按照方位划分，所以八部帅各自监督的范围很可能只是一种笼统的划分……畿内则不同，由于新民已经计口受田，部民也已经分土定居，因此可以将他们活动的区域按照方位进行划分，便于北魏王朝实现直接的统治。①

今从此说。八部大人在畿内，史载其按四方四维设置且地理条件允许其如此设置。那么胡三省所谓"神部，八部之一也"，其中的"八部"当非按四方四维设置的八部大人了；安置未被"离散"的游牧部落的八部帅在"其外四方四维"同样可以排除。那么胡注"神部，八部之一也"当是指上引《资治通鉴》材料4"后又置八部尚书"中的"八部尚书"。

然关于"八部尚书"，笔者迄今未见任何直接论及之史料。"前史述北魏尚书分部与执掌之唯一史料"② 是《南齐书·魏虏传》："佛狸置三公、太宰、尚书令、仆射、侍中，与太子共决国事。殿中尚书知殿内兵马仓库，乐部尚书知伎乐及角史伍伯，驾部尚书知牛马驴骡，南部尚书知南边州郡，北部尚书知北边州郡。"③《南齐书·魏虏传》所记有殿中、④ 乐部、驾部、

---

① 李凭：《北魏平城时代》（修订版），第53—57页。
② 严耕望：《北魏尚书制度考》，《严耕望史学论文选集》，中华书局2006年版，第340页。文章附记言明此文只是发表在《历史语言研究所集刊》第18本上《北魏尚书制度考》之一综述，非原文。
③《南齐书》卷五七《魏虏传》，第985页。
④ 1987年山西灵丘出土的北魏《皇帝南巡之颂》碑（即文成帝《南巡碑》），所记时代稍后于拓跋焘，其上记有"宁南将军殿中尚书日南公斛骨乙莫干"，大致可佐证史籍记载。相关考证参见张庆捷《北魏文成帝〈南巡碑〉碑文考证》，《考古》1988年第4期。

第二章 "庙配事重"：神部问题研究

南部、① 北部五尚书，但考核史料，此时绝非仅此五尚书，见诸史料者尚有选部尚书、② 右民尚书、③ 仪曹尚书、④ 太仓尚书、⑤ 又有增设的西部尚书。⑥ 又，严氏认为"此时殿中盖为殿中之一部，其他诸部恐亦有此类者"，则八部尚书非是按四方四维设官执掌明矣，神部即是胡注所谓"神部，八部之一"中的一个；而此处"八部"当是指官制之有"八部"，确指"八部尚书"；⑦ 神

---

① 《汉魏南北朝墓志汇编·北魏》有《魏故使持节平北将军恒州刺史行唐伯元（龙）使君墓志铭》，铭文载其夫人洛阳纥干氏之"祖和突，南部尚书新城侯。"（赵超：《汉魏南北朝墓志汇编》，第45页）严耕望《北魏尚书制度考》"尚书分部"节之"南部尚书"条未载。按元龙为平文皇帝六世孙，卒于正始元年，且据严耕望考证"南部尚书皆在太和十七年迁都改制以前"（《北魏尚书制度考》，《历史语言研究所集刊》第18本，第283页）由此推算其夫人之祖任南部尚书之年代当大致在拓跋焘之时。又，《汉魏南北朝墓志汇编·北魏》有《故司空城局参军陆（绍）君墓志铭》，铭文云其"曾祖大羽真南部尚书使持节散骑常侍都督诸军事定州刺史酒泉公"（第235页）此曾祖当是陆丽，严氏《北魏尚书制度考》（第281页）对陆丽任南部尚书有所论述，自太武帝至文成帝时任职，此墓志可佐证之。
② 如《魏书》卷一四《神元平文诸帝子孙·长乐王寿乐传》："长乐王寿乐，章帝之后也。位选部尚书，南安王，改封长乐王。"（第346页）；《魏书》卷二九《奚斤传》："和观弟拔，太宗时，内侍左右。世祖即位，稍迁侍中、选部尚书、镇南将军，赐爵乐陵公。"（第701页）；《魏书》卷五一《皮豹子传》："皮豹子，渔阳人。……世祖时，……又拜选部尚书，余如故。"（第1129页）；《魏书》卷九四《阉官·赵黑传》："世祖使进御膳，出入承奉，初无过行。……转选部尚书，能自谨厉，当官任举，颇得其人。"（第2016页）
③ 如前引《魏书》卷一一三《官氏志》："（太武帝焘）始光元年正月置右民尚书。"
④ 见《魏书》卷三三《谷浑传》："世祖即位，为中书侍郎，加振威将军。从征赫连昌，为骁骑将军。迁侍中、安南将军，领仪曹尚书，赐爵濮阳公。"（第781页）
⑤ 见《魏书》卷二七《穆崇传》："翰弟顗……出为北镇都将，征拜殿中尚书。出镇凉州，所在著称。还加散骑常侍，领太仓尚书。"（第675页）
⑥ 见《魏书》卷四六《窦瑾传》："迁秘书监，进爵卫国侯，加冠军将军，转西部尚书。……征为殿中、都官尚书，仍散骑常侍。世祖亲待之，赏赐甚厚。"（第1035页）笔者按，此处严耕望以为"太武一代任都官尚书之可考者仅得四人六任，其中二人四任皆云：'殿中都官尚书'，而观其行文尤足知为殿中之都官尚书，非由殿中尚书迁都官尚书也"。按严氏意"殿中盖为殿中之一部"，故此处窦瑾后被征任的"殿中、都官尚书"可归于《南齐书·魏虏传》所述"殿中尚书"。
⑦ 不可否认，此时存在着以方位命令的尚书，诸如前叙南部尚书、北部尚书及增设的西部尚书，然此处所论者是《通鉴》胡注所云之"神部，八部之一也"中的"八部"，以明晰"神部"一名，胡注既云神部为八部之一，则此"八部"必不以方位明之是可肯定者，故以方位命名之诸尚书当应在胡注"八部"所云之外。

· 103 ·

上编 羽真号与神部：从部落联盟到平城时代的礼制变迁

部长、神部令当都是"神部"中的官职。①

第二节 "神部尚书"王谌与"国之大姓"

《魏书·礼志三》：

> 唯高祖太和十四年文明太后崩。……（太和十五年）九月丙戌，有司上言求卜祥日。……丁亥，高祖宿于（太和）庙。至夜一刻，引诸王、……、令仆已下，奏事中散已上，及刺史、镇将，立哭于庙庭，三公、令仆升庙。……质明荐羞，……高祖荐酳，神部尚书王谌赞祝讫，哭拜遂出。②

又，有：

> 十月，太尉丕奏曰："窃闻太庙已就，明堂功毕，然享祀之礼，不可久旷。至于移庙之日，须得国之大姓，迁主安庙。神部尚书王谌既是庶姓，不宜参豫。臣昔以皇室宗属，迁世祖之主。先朝旧式，不敢不闻。"诏曰："具闻所奏，……先王制礼，职司有分。移庙之日，迁奉神主，皆太尉之事，朕亦亲自行事，不得越局，专委大姓。王谌所司，惟赞板而已。"③

---

① 《通典》卷二二《历代尚书》云："后魏初有殿中、乐部、驾部、南部、北部五尚书。其后亦有吏部、兵部、都官、度支、七兵、祠部、民曹等尚书。又有金部、……仪曹、右民、宰官、……祈曹、神都、仪同曹等尚书。"注云："自金部以下，但有尚书之名，而不详职事。"其中值得注意者当是"祈曹""神都"两曹尚书，由字意推断此两职以宗教信仰相关字眼命名，似与祭祀之职事相关；尤可注意者是与本书所论"神部"相近之"神都"，按下文所论，"神部"设有"神部尚书"一职，而此处则有"神都尚书"，二者是其实本异？还是因书写之讹误分为二呢？窃以为书写讹误的可能性极大，但因史料所限，真实情况目前尚无法详考，谨于此提出，妄备一说。参见《通典》，第602—603页。
② 《魏书》卷一〇八《礼志三》，第2777—2789页。
③ 《魏书》卷一〇八《礼志三》，第2789页。

第二章 "庙配事重"：神部问题研究

时在太和十五年（491），称"神部尚书"；又前考"'神部'为'八部'之一；神部长、神部令乃'神部'中的官职"，则"神部"之中又有神部尚书一职。此点与严耕望论述北魏尚书制度的"重建及发展期——世祖太武帝至高祖孝文帝改制以前时代"特点之三相吻合，即"文以宗周秦汉之制，构成尚书、大夫、长、令、主书郎之纵的体系"①。两条史料尤其是第二条史料信息丰富，不仅保留了"神部尚书"的名称信息，而且通过太庙移庙之事，以拓跋丕奏议的形式，表露出"神部尚书"王谌与"国之大姓"的矛盾，更为吊诡的是，细考拓跋丕奏议的论据，却存在不尽合史实处；深究"矛盾"之后的背景，又能与第一条史料隐藏的孝文行三年之丧关联起来。以下一一论之，先考"神部尚书"王谌，再论拓跋丕奏议，阐释"国之大姓"反对王谌豫庙缘由，管窥背后所含的政治现状与时代背景。

一 "神部尚书"与"祠部尚书"异名同体

《魏书·恩倖·王叡传》载王叡有弟名谌，史载："叡弟谌，字厚诚。为给事中、安南将军、祠部尚书，赐爵上党公。加散骑常侍，领太史事。例降为侯。迁太常卿。"② 此处记载王谌曾担任"祠部尚书"，其与"神部尚书"王谌是否为同一人？如果答案是肯定的，又为何同一人同一事件，在同一书中却既记为"神部尚书"，又书为"祠部尚书"？这是否又能证明"神部尚书"即是"祠部尚书"呢？再往后推论，是否可以佐证"神部"与"祠部"为同一机构呢？若是同一机构，为何书有不同名称呢？问题接踵而至，但起点只有一个，即从现有史料出发，论证解决"神部尚书王谌"（《魏书·礼志三》所载）与"祠部尚书王谌"（《魏书·恩倖·王叡传》所载）是否为同一人；然后再以此个案为依据，对"神部"及其与"祠部"的关系问题进行论证。

窃以为《魏书·恩倖·王叡传》与《礼志三》所载王谌为同一人；之所以出现王谌官职在同一书中既记为"神部尚书"，又书为"祠部尚书"之现象，当是由于"神部尚书"与"祠部尚书"异名同体，本为一职之缘

---

① 严耕望：《北魏尚书制度考》，《历史语言研究所集刊》第18本，第256页。
② 《魏书》卷九三《恩倖·王叡传》，第1994页。

上编　羽真号与神部：从部落联盟到平城时代的礼制变迁

故。相关考述如下：

第一，《魏书·恩倖·王叡传》载"祠部尚书"王谌兄王叡："叡少传父业，而姿貌伟丽。恭宗之在东宫，见而奇之。兴安初，擢为太卜中散，稍迁为令，领太史。承明元年，文明太后临朝，叡因缘见幸，超迁给事中。……太和二年，高祖及文明太后，率百僚与诸方客临虎圈，有逸虎登门阁道，几至御座。左右侍御皆惊靡，叡独执戟御之，虎乃退去，故亲任转重。三年春，诏叡与东阳王丕同入八议，永受复除。四年，迁尚书令，封爵中山王，加镇东大将军。……及疾病，高祖、太后每亲视疾，侍官省问，相望于道。……寻薨，时年四十八"①，则王叡活跃于高祖孝文帝时期；又，叡死后"高祖、文明太后亲临哀恸"，其时当在文明太后崩的太和十四年九月癸丑之前，②则，叡弟谌生活在高祖时期是有极大可能的，这与神部尚书王谌所生活的年代相近。

第二，观王谌的官职变动，其于"例降为侯"后，有"迁太常卿"的经历。查《魏书·景穆十二王·任城王云附长子澄传》："后高祖外示南讨，意在谋迁，斋于明堂左个，诏太常卿王谌，亲令龟卜，易筮南伐之事，其兆遇《革》。"③此中"王谌"所任职即是"太常卿"，惜《魏书》《北史》所记时间皆不甚明确，只云"后高祖外示南讨，意在谋迁"。检《魏书·孝文帝纪》，④知高祖"外示南讨，意在谋迁"之举当在太和十七年六月丙戌帝将南伐诏造河桥之前不久；《通鉴》将此事系于齐武帝永明十一年（即魏孝文帝太和十七年）五月条下，云："魏主以平城地寒，六月雨雪，风沙常起，将迁都洛阳；恐群臣不从，乃议大举伐齐，欲以胁众。斋于明堂左个，使太常卿王谌筮之，"⑤因此，"诏太常卿王谌，亲令

---

① 《魏书》卷九三《恩倖·王叡传》，第1988—1990页。
② 见《魏书》卷七下《高祖孝文帝纪》："（太和）十有四年……九月癸丑，太皇太后冯氏崩。"（第166页）
③ 《魏书》卷一九中《景穆十二王·任城王云附长子澄传》，第464页。
④ "（太和十有七年）六月丙戌，帝将南伐，诏造河桥。……丁未，讲武。……乙巳，诏曰：'……事迫戎期，未善周悉。……须待军回，更论所阙，权可付外施行。'……秋七月……戊午，中外戒严。……八月……丙戌，车驾类于上帝，……丁亥，帝辞永固陵。己丑，车驾发京师南伐，步骑百余万。……九月……丙子，诏六军发轸。丁丑，戎服执鞭，御马而出，群臣稽颡于马前，请停南伐，帝乃止。仍定迁都之计。"《魏书》卷七下《孝文帝纪》，第172—173页。
⑤ 《资治通鉴》卷一三八《齐纪四》"永明十一年五月"，第4329—4330页。

第二章 "庙配事重"：神部问题研究

龟卜，易筮南伐之事"当是发生在孝文帝太和十七年五月左右，换言之，太和十七年五月左右"祠部尚书"王谌任太常卿之职。

又，《魏书·官氏志》载："旧制，诸以勋赐官爵者子孙世袭军号。（太和）十六年，改降五等，始革之，止袭爵而已。"① 则《恩倖·王叡传》所载"祠部尚书"王谌当是在太和十六年"改降五等"中"例降为侯"的，然后，至少在太和十七年五月已经是太常卿了，这与《魏书·礼志三》所载在太和十五年文明太后葬礼及迁主仪式中被论及的"神部尚书"王谌已不存在时间上的冲突，相反，出现了时间方面顺承联系的可能。

第三，《礼志三》所载"神部尚书"王谌是"庶姓"，而《恩倖·王叡传》所载"祠部尚书"王谌符合此条件。其兄王叡本传载其家世云："王叡，字洛诚，自云太原晋阳人也。六世祖横，张轨参军。晋乱，子孙因居于武威姑臧。父桥，字法生，解天文卜筮。凉州平，入京，家贫，以术自给。历仕终于侍御中散。天安初卒，……叡少传父业。"② 则其一，王叡家世划入庶姓可以成立，其弟王谌亦是庶姓；其二，"叡少传父业"，"父业"当是指"天文卜筮"之术，且世祖太武帝拓跋焘时便有"百工伎巧、驺卒子息，当习其父兄所业，不听私立学校"的诏令，③ 因此，王谌为叡弟，当亦精通天文卜筮之术，适与上述"神部尚书""太常卿"所主之事务如祭祀、占卜相关联、呼应。

第四，我们可以将孝文帝时期可考之"祠部尚书""神部尚书"进行任职时序的排比考察，如果时间上"祠部尚书"与"神部尚书"没有冲突且有顺承之联系，则至少可说明二者不存在对立。

在此之前，需先对"祠部"由来、发展做一论述，以清晰北魏"祠部"之制的"渊源"及其同时代之状况。顾名思义，"祠部"之执掌当与礼制尤其是宗庙祭祀有关。《通典·职官五·礼部尚书》："唐虞之时，秩宗典三礼。《周礼·春官》，大宗伯掌建邦之天神、人鬼、地祇之礼。"较为简洁地记载了祭祀典礼的执掌"机构"。④ 至东汉尚无"祠部"，祭祀事务由吏部兼掌，《晋书·职官志》云："后汉光武……改常侍曹为吏部

---

① 《魏书》卷一一三《官氏志》，第2976页。
② 《魏书》卷九三《恩倖·王叡传》，第1988页。
③ 《魏书》卷四下《世祖太武帝纪》，第97页。
④ 《通典》卷二三《职官五·礼部尚书》，第638页。

· 107 ·

上编　羽真号与神部：从部落联盟到平城时代的礼制变迁

曹，主选举祠祀事"①，后成书之《唐六典·尚书礼部》"礼部尚书"条注曰："光武分六曹，吏部曹主选举、斋祀事。然则夷狄、斋祀，皆今礼部之职。"②曹魏时期设祠部曹郎以主斋祀宗庙礼仪之事，西晋沿其置。③至典午南渡，始置祠部尚书，与尚书右仆射通职，不恒置。④刘宋仍有祠部尚书，下领祠部、仪曹二曹，即《宋书·百官志上》所云："宋高祖初，……若有右仆射，则不置祠部尚书。……祠部尚书领祠部、仪曹二曹。"⑤东晋讫于南朝，祠部尚书与右仆射通职，不恒置之制已成常规，《宋百官阶次》所谓："自东晋以来，祠部尚书多不置，以右仆射主之。若左、右仆射并阙，则置尚书仆射以掌左事，置祠部尚书以掌右事。"⑥《南齐书》卷一六《百官志》亦云："祠部尚书。右仆射通职，不俱置。"⑦《通典》卷二三《职官五·礼部尚书》云："宋祠部尚书领祠部、仪曹二曹。齐梁陈皆有祠部尚书"，同时叙述了北齐、北周及杨隋之制："北齐祠部尚书统祠部、⑧主客、虞曹、屯田、起部五曹。……后周置春官卿，又有礼部，而不言职事。后改礼部为宗伯。又春官之属有典命，后改典命为大司礼，俄改大司礼复为礼部，谓之礼部大夫。至隋，置礼部尚书，统礼部、祠部、主客、膳部四曹，盖因后周礼部之名，兼前代祠部、仪曹之职。"⑨

---

① （唐）房玄龄等撰：《晋书》卷二四《职官志》，中华书局1974年版，第730—731页。
② （唐）李林甫等撰，陈仲夫点校：《唐六典》卷四《尚书礼部》，中华书局1992年版，第108页。
③ 《晋书》卷二四《职官志》："至魏，尚书郎有殿中、……祠部、……，凡二十三郎。……及晋受命，武帝罢农部、定课，置直事、殿中、祠部……，为三十四曹郎。"（第732页）；《通典》卷二三《职官五·礼部尚书》："魏尚书有祠部曹。"（第638页）
④ 《宋书》卷三九《百官志上》："江左则有祠部、吏部、左民、度支、五兵，合为五曹尚书。"（《宋书》，中华书局1974年版，第1235页）；《晋书》卷二四《职官志》："及渡江，有吏部、祠部、五兵、左民、度支五尚书。祠部尚书常与右仆射通职，不恒置，以右仆射摄之，若右仆射阙，则以祠部尚书摄知右事。"（第731页）；《通典》卷二三《职官五·礼部尚书》："及晋江左，有祠部尚书，掌庙祧之礼。常与右仆射通职，不常置，以右仆射摄之。"注云："历代皆与右仆射通职。"（第638—639页）
⑤ 《宋书》卷三九《百官志上》，第1235页。
⑥ 《唐六典》卷一《尚书都省》："尚书左丞相一人，右丞相一人，并从二品"条注引，第6—7页。
⑦ 《南齐书》，第320页。
⑧ 注云："掌祠祀、医药、死丧、赠赙。"
⑨ 《通典》，第639页。

· 108 ·

第二章 "庙配事重"：神部问题研究

北魏时期亦有祠部尚书之职，始见于文成帝时期，此时作"祠曹尚书"，即祠部尚书也（详见后文论述），常喜时任此职；① 孝文帝时期，可考见有祠部尚书、祠部郎（中）、祠部中大夫，② 又可能有郊庙下大夫。③ 此处先取其时任职祠部尚书者，据史传所载按时间先后排比如下：

1.《魏书·司马楚之传》："金龙弟跃，……跃表罢河西苑封，与民垦殖。……跃固请宜以与民，高祖从之。还为祠部尚书、大鸿胪卿、颍川王师。以疾表求解任。太和十九年卒。"④

按，"河西苑封"即《魏书·食货志》"世祖之平统万，定秦陇，以河西水草善，乃以为牧地。畜产滋息，马至二百余万匹，橐驼将半之，牛羊则无数"⑤ 中所言河西，是为拓跋焘平统万到拓跋宏太和十七年以前北魏的国有牧场，据康乐考证，此河西最有可能指"陕北、绥远南境"⑥。孝文帝迁都洛阳后，牧苑的中心逐渐南移至河阳（今河南孟州市西），《魏书·食货志》言："高祖即位之后，复以河阳为牧场，恒置戎马十万匹，以拟京师军警之备。每岁自河西徙牧于并州，以渐南转……而河西之牧弥滋矣。"⑦ 今人考证可参看马长寿《乌桓与鲜卑》第一章第一节中相关论述，⑧ 其时当在太和十七年左右。排查《魏书·孝文帝纪》关于罢苑的记

---

① 《魏书》卷八三上《外戚·闾毗传》："兴安二年，（保）太后兄英，……赐爵辽西公。弟喜，镇东大将军、祠曹尚书、带方公。"（第1817页）
② 俞鹿年《北魏职官制度考》一书中论述太武帝至孝文帝末的尚书省于"祠部（神部）尚书"一节增有"祠部曹"一职，按其所据材料是《魏书》卷四五《裴骏传》载："子修，……高祖嘉之，征为中部令。转中大夫，兼祠部曹事"，此处史载是"兼祠部曹事"，祠部曹当非官职，只是郎曹；又按裴修以中大夫身份兼祠部曹事，而此时期尚书官制的一特点"文以宗周秦汉之制，构成尚书、大夫、长、令、主书郎之纵的体系"，那么裴修的官职的确切表述当是"祠部中大夫"。
③ 《魏书》卷三九《李宝传》："（李）韶弟彦，……寻行主客曹事，徙郊庙下大夫。时朝仪典章咸未周备，彦留心考定，号为称职。"（第888页）严耕望认为："孝文初，见有郊庙下大夫，职典礼仪。……如是尚书省职，当属仪曹尚书，或祠部尚书。"（《北魏尚书制度考》，台北《历史语言研究所集刊》第18本，第347页）窃以为观其执掌为"朝仪典章"，属于"仪曹尚书"的可能性更大一些；俞鹿年《北魏职官制度考》没有作考证，直接将其划归"祠部尚书"，窃以为不取。因非特别关涉本书，故于此处存疑。
④ 《魏书》卷三七《司马楚之传》，第859—860页。
⑤ 《魏书》卷一一〇《食货志》，第2857页。
⑥ 康乐：《北魏的"河西"》，《从西郊到南郊：国家祭典与北魏政治》，台北：稻禾出版社1995年版，第283—287页。
⑦ 《魏书》卷一一〇《食货志》，第2857页。
⑧ 参见马长寿《乌桓与鲜卑》，上海人民出版社1962年版，第22—23页。

载只有一处："（太和十一年八月）辛巳，罢山北苑，以其地赐贫民。"① 然此处为"山北苑"，跃所奏罢为"河西苑"绝非一处。又，《北史·司马楚之传》记司马跃还为祠部尚书后的经历云："（金龙弟跃）还为祠部尚书、大鸿胪卿、颍川王师，卒。"② 观《北史》所记，似跃"还为祠部尚书、大鸿胪卿、颍川王师"后便卒，与《魏书》所记似乎矛盾。但结合二者来看，《魏书》已言"以疾表求解任"，并且是获得准许了，则此时司马跃之疾当是比较严重了，故刚还为祠部尚书等职便上表求解任，其疾既重，不久后卒也是情理之中了。因此可以认为在太和十九年之前不久朝廷任命还内的司马跃担任祠部尚书，但因疾病原因，跃表请辞职并获得批准，不久死去。

2.《魏书·恩倖·王叡传》："睿弟谌，字厚诚。为给事中、安南将军、祠部尚书，赐爵上党公。"③

按，先假设"神部尚书"王谌与"祠部尚书"王谌为同一人。如前所考，任职"神部尚书"时在太和十五年左右，其后"加散骑常侍，领太史事"此为"加""领"，无法确定是否已解祠部尚书，不解的可能性更大一些；"例降为侯"在太和十六年；太和十七年五月左右王谌任太常卿之职。是太和十五年至太和十七年五月前王谌担任"祠部尚书"。

3.《魏书·陆俟传》："（陆馥子）琇……迁黄门侍郎，转太常少卿、散骑常侍、太子左詹事、领北海王师、光禄大夫，转祠部尚书、司州大中正。会从兄睿事免官。"④

按，所谓"从兄睿事"即是《魏书》同卷所载"时穆泰为定州刺史，……请恒州自效，高祖许之。乃以睿为散骑常侍、定州刺史，将军如故。睿未发，遂与泰等同谋构逆，赐死狱中，听免孥戮，徙其妻子为辽西郡民"一事，⑤《魏书·孝文帝纪》记此事在太和二十年十二月："恒州刺史穆泰等在州谋反，遣行吏部尚书任城陵王澄案治之。"⑥ 又，同书《灵征

---

① 《魏书》卷七下《孝文帝纪下》，第162页。
② 《北史》卷二九《司马楚之传》，第1045—1046页。
③ 《魏书》卷九三《恩倖·王叡传》，第1994页。
④ 《魏书》卷四〇《陆俟传》，第905页。
⑤ 《魏书》卷四〇《陆俟传》，第913页。
⑥ 《魏书》卷七下《孝文帝纪下》，第180页。

第二章 "庙配事重"：神部问题研究

志上》亦载："（太和）二十年……十二月，恒州刺史穆泰等在州谋反，诛。"① 则至太和二十年十二月仍然存在"祠部尚书"一职。

4.《魏书·宋弁传》："（高祖）车驾征马圈，留弁以本官兼祠部尚书，摄七兵事。"②

按，高祖征马圈之际，当太和二十三年，《魏书·孝文帝纪》："（太和二十三年二月癸酉）显达攻陷马圈戍。三月庚辰，车驾南伐。……丁酉，车驾至马圈。"③ 则孝文帝太和二十三年仍有祠部尚书一职，时为宋弁以本官兼职；太和二十年十二月陆睿事发，随后，其弟祠部尚书陆琇免官，其时当已至太和二十年十二月之后了；二十三年二三月间孝文征马圈前未有人任职，留宋弁以本官兼祠部尚书。

排比以上史料记载，我们大致可以作出如下时间排列：先是《魏书·恩倖·王叡传》所载"祠部尚书"王谌任职于太和十五年左右；太和十七年五月左右王谌迁任太常卿之职，对于空缺的祠部尚书朝廷本来打算由还内的司马跃担任，但因疾病缠身，不久跃表请辞职，其时当是太和十九年前；随即由"北海王师、光禄大夫"陆琇转任祠部尚书；太和二十年十二月发生穆泰谋反事，陆琇受其兄牵连免官，祠部尚书职缺；后，孝文征马圈让宋弁"以本官兼祠部尚书"。上述虽为推论，但时间、事理上之承接尚可，则《魏书·恩倖·王叡传》所载"祠部尚书"王谌与《魏书·礼志三》的"神部尚书"王谌当为同一人，也正因为"神部尚书"与"祠部尚书"异名同体，本为一职，故《魏书》"志""传"对王谌的官职记了不一样的名称。

周一良《魏晋南北朝史札记·魏书》"祠、神、祀"条言："地形志上汲郡北修武县下云，有丁公神。此外言有某神者甚多。全祖望谓每县下皆载有祠，但直作神字，疑是北人竟以神字当祠字。案：志中亦用祠字，如朝歌县有伏牺祠，东燕县有尧祠、伍子胥祠等，亦不乏其例。"④ 全祖望"疑"北朝人将神字当祠字，虽是推测，可能性却极大。此处《魏书》中王谌所任官职，《传》中既作"祠部尚书"，《志》中作"神部尚书"，可能亦是"以神字当祠字"之习俗所致，若此论可证，将为北人此可能之习

---

① 《魏书》卷一一二上《灵征志上》，第2895页。
② 《魏书》卷六三《宋弁传》，第1415—1416页。
③ 《魏书》卷七下《孝文帝纪下》，第185页。
④ 周一良：《魏晋南北朝史札记》，第390页。

·111·

上编 羽真号与神部：从部落联盟到平城时代的礼制变迁

惯又添一证据。

二 "神部尚书"王谌与"国之大姓"

第一条史料讲太和十四年文明太后崩后，十五年九月，神部尚书王谌在文明太后哭庙仪式与葬礼中掌"赞祝"。第二条史料为十五年十月太庙落成，迁神主安置其中，太尉拓跋丕上奏，以神部尚书王谌是庶姓，没有资格参与移庙；迁主安庙"须得国之大姓"。拓跋丕划分迁主安庙资格的标准即《魏书·官氏志》所言："太和以前，国之丧葬祠礼，非十族不得与也。"此处"国之大姓"具指帝室十姓。帝室十姓萌生于氏族首领献帝邻时期，"七分国人，使诸兄弟各摄领之，乃分其氏。自后兼并他国，各有本部，部中别族，为内姓焉"。以此为骨架建构出"帝室十姓"：

> 献帝以兄为纥骨氏，后改为胡氏。次兄为普氏，后改为周氏。次兄为拓跋氏，后改为长孙氏。弟为达奚氏，后改为奚氏。次弟为伊娄氏，后改为伊氏。次弟为丘敦氏，后改为丘氏。次弟为侯氏，后改为亥氏。七族之兴自此始也。又命叔父之胤曰乙旃氏，后改为叔孙氏。又命疏属曰车焜氏，后改为车氏。凡与帝室为十姓，百世不通婚。太和以前，国之丧葬祠礼，非十族不得与也。高祖革之，各以职司从事。①

据姚薇元考证，"纥骨本高车之部落"，而"乙旃氏本高车种类，西部鲜卑中早有此氏。魏初命姓，以叔父之胤曰乙旃氏，可藉证托跋氏源出西部鲜卑，其种本杂有丁零（即高车）也"②，是拓跋鲜卑进入草原后与其他草原民族融合的见证。"叔父之胤"乙旃氏与"疏属"车焜氏与拓跋氏是否必然存在血缘关系亦不确定。而"百世不通婚"则"意味着拓跋鲜卑由伙婚制向偶婚制的转变"③。凡此种种，可以看出"帝室十姓"是拓跋邻以拓跋氏为核心，以有亲属血缘关系的兄弟氏族为七姓，而以拟制血缘

---

① 《魏书》卷一一三《官氏志》。
② 参见姚薇元《北朝胡姓考》，中华书局1962年版，第9、23页。
③ 参见张金龙《北魏政治史》第一册《北魏前史》，甘肃教育出版社2008年版，第27页。

· 112 ·

第二章 "庙配事重"：神部问题研究

关系拉拢"叔父之胤"与"疏属"，建构而出的部落核心骨架，通过"百世不通婚"促成氏族向部落转变及部落支配阶层的形成。"任何我们想象得到的制度，都不能没有权力——即便是最为有限的——来发号施令；因此，就有支配。"① 支配阶层的特权即是"太和以前，国之丧葬祠礼，非十族不得与也"。在西郊祭天方面有具体体现，如天赐二年夏四月拓跋珪西郊祭典程序有："选帝之十族子弟七人执酒，在巫南，西面北上。……执酒七人西向，以酒洒天神主，复拜，如此者七。"② 宗庙祭祀方面的特权，正体现在拓跋丕奏议中，是其反对庶姓王谌参与移庙的主要依据之一，可谓之为"祖宗成法"。东阳王拓跋丕是反对孝文改制的中坚力量，史称："丕雅爱本风，不达新式，至于变俗迁洛，改官制服，禁绝旧言，皆所不愿。高祖知其如此，亦不逼之，但诱示大理，令其不生同异。"③ 乃拓跋鲜卑"保守"势力的激进代表。而所谓的"保守"，不仅仅在于表面上反对孝文革除鲜卑旧俗，更关键的着眼点是担忧革除旧制背后所牵扯的部落联盟时期帝室十姓、部落酋长等支配层特权的削弱乃至消失，拓跋丕反对汉族庶姓王谌参与移庙，其目的便是保持帝室十姓祭祀特权的纯洁性。

除了"祖宗成法"外，拓跋丕又引"先朝旧式"增强己之论点——"臣昔以皇室宗属，迁世祖之主"，言说自己曾亲身经历迁世祖（太武帝焘）神主的具体实例，未见庶姓参与其间，以此加强论点，反对王谌参与迁主移庙。考拓跋丕所谓迁世祖神主事，发生于高宗文成帝拓跋濬时期，"太安元年春正月辛酉，奉世祖（太武帝焘）、恭宗（景穆帝晃）神主于太庙"④。但没有庶姓参与迁主安庙的观点却站不住脚，据《魏书》卷四二《郦范传》，郦范"以治礼郎奉迁世祖、恭宗神主于太庙，进爵为子"。郦范乃范阳涿鹿人，《水经注》作者郦道元的父亲。郦范祖绍，仕后燕慕容宝，官至濮阳太守，道武帝定中山，以郡迎降，授兖州监军。父嵩，天水太守。郦范于太武帝时，给事东宫，文成帝践祚，追录先朝旧勋，赐爵永宁男，加宁远将军，而因"以治礼郎奉迁世祖、恭宗神主于太庙"进爵为子。范阳郦氏并非帝室十姓，而且郦范一系也是后燕降臣，并非拓跋鲜

---

① ［德］马克斯·韦伯：《韦伯选集(3)：支配的类型》，康乐编译，台北：远流出版公司1989年版，第25页。
② 《魏书》卷一○八之一《礼志一》，第2736页。
③ 《魏书》卷一四《神元平文诸帝子孙·东阳王丕传》，第360页。
④ 《魏书》卷五《文成帝纪》，第114页。

卑早期融入势力，而他确实以治礼郎的身份参与迁主安庙的仪式，并且是负责"奉迁世祖、恭宗神主于太庙"的具体事务，对比孝文回答拓跋丕的言语"迁奉神主，皆太尉之事"，可知郦范的参与程度着实不低，最终也借此由男爵晋位子爵，可谓勋劳高而且被朝廷认可。囿于史料，郦范以庶姓而能参与移庙的原因不可详考，但不论如何，必然是经过文成帝首肯的，文成帝的个人意志应当在其中占了很大比重。"神部尚书"王谌同样是庶姓，掌太和十五年九月文明太后葬仪上的赞祝之事，而十月拓跋丕便上奏，旗帜鲜明的反对王谌参与太庙移主，应当是听闻了王谌将以神部尚书的身份奉迁神主之事，孝文答语："移庙之日，迁奉神主，皆太尉之事，朕亦亲自行事，不得越局，专委大姓。王谌所司，惟赞板而已。"便道出孝文本意是以王谌负责"奉迁神主"事务的，是否效仿文成帝之于郦范事不得而知，但二者却高度相似；孝文此举的真实意图，上引《魏书·官氏志》："太和以前，国之丧葬祠礼，非十族不得与也。高祖革之，各以职司从事"便是最佳注脚，是孝文早有意革除十姓特权，此次以王谌奉迁神主，应当是革除十族特权的试探。拓跋丕等鲜卑勋贵嗅觉灵敏，言辞鲜明地提出反对，而孝文答复中回避了拓跋丕所谓"先朝旧式"的疏漏，虽然提出自己的理由"先王制礼，职司有分"，但最终婉转言道："王谌所司，惟赞板而已"，却是同意了拓跋丕的提议。

王谌为汉人庶姓，可为神部尚书，掌文明太后葬仪赞祝，还被拓跋丕言辞鲜明的反对参与迁主安庙事务，其能如此的资本大致有二：一为"家传父业"，精通天文卜筮；一是其兄王叡因缘见幸于文明太后。神部尚书职务可由汉人庶姓充任，反映出鲜卑汉化之趋势；但其职能在鲜卑大姓的威逼下多有局限，尚不能预拓跋统治集团之郊庙重事，则其一此职非为极重要职可见，其二保守拓跋贵族对汉化趋势有明显的抵触情绪，排斥中原习俗熏染鲜卑旧俗，权贵以奏议为形式，明先朝之旧式，劝谏君王禁止汉人庶姓参与"迁主安庙"之祭事，折射出拓跋鲜卑对汉人某种程度上的戒备心理以及当时汉化的局限。康乐以为孝文帝在太和十五年至十七年虽然有较多的礼制改革，但"基本仍局限在强化中原系统祭典的层面上，北亚祭典固然也触动一些，还谈不上大事更张。这一点说明了当时他虽然已成为帝国唯一的统治者，然而在平城地区保守氛围的笼罩下，他显然还不敢放手施为"①。孝文帝对此事的处理印证了康乐的论断，亦从侧面反映出北魏前期胡化与汉化之争，而胡汉之争并非仅为表面上对于鲜卑原有习俗保留与否的争议，其实质乃是部落联盟时期支配阶层对于其在习俗内部、标示权力与身份的特权的努力维护。

虽然安排神部尚书王谌行迁主安庙只是孝文的一个试探，但已表明孝文已有意革除十姓特权；而拓跋丕等所谓的"保守"，不仅仅在于表面上反对孝文革除鲜卑旧俗，更关键的着眼点是担忧革除旧制背后所牵扯的部落联盟时期帝室十姓、部落酋长等支配层特权的削弱乃至消失，拓跋丕反对汉族庶姓王谌参与移庙，其目的便是保持帝室十姓祭祀特权的纯洁性。虽然试探未果，但孝文已经表明了自己的理由与态度——"先王制礼，职司有分"，只是奈何在平城保守氛围势大的情形下，暂时让步。太和十七年定下迁都之计，随后迁洛，以"先王制礼，职司有分"为纲领的汉化礼制改革前面铺展开来，宗周旧制与汉家故事交相辉映，但绝非"拿来主义"，而是在加强皇权的终极目标下，镀上了拓跋鲜卑自己的特色。

第三节　神部长、令即祠部长、令

王谌所任之职在《传》中为"祠部尚书"，在《志》中作"神部尚书"，似乎可以据此认定"祠部"与"神部"为同一机构。严耕望认为："文成帝时已有祠部尚书……职主礼乐，尤重祭祀，故又称神部尚书。"②严氏所据者即是王谌此例。然，确切而论，严氏所言当止于"神部尚书"可能为"祠部尚书"，未言及"祠部"即是"神部"，这一点在后文中可以得到证明，"孝文初见有祠部曹，当属祠部尚书。……又有神部长（孝文初见）、神部令（献文时见）。……前考，孝文改制以前，祠部尚书亦称神部尚书，则此长、令或即祠部长、令欤？然亦可能祠部神部各为曹并属

---

① 康乐：《从西郊到南郊：拓跋魏的"国家祭典"与孝文帝的"礼制改革"》，《从西郊到南郊：国家祭典与北魏政治》，第184页。
② 严耕望：《北魏尚书制度考》，《历史语言研究所集刊》第18本，第294—295页。

于一尚书也"①。则"神部"之中,除尚书之外的长、令归属同样关涉"神部"与"祠部"关系问题。窃以为严氏前一种推测或更可从。

一 "祠部神部各为一曹"说驳难

首先,我们来破"然亦可能祠部神部各为一曹并属于一尚书"的推测。诚然,我们可以在史料中找到"祠曹尚书"的记载,即前所举《魏书·外戚·闾毗传》:"兴安二年,(保)太后兄英,字世华,……弟喜,镇东大将军、祠曹尚书、带方公。"②时在文成帝兴安年间,称为"祠曹尚书",据此祠部为曹似是有史料提供支持的。然据《魏书·官氏志》:"神䴥元年(428)三月,置左右仆射、左右丞、诸曹尚书十余人,各居别寺。……真君五年(444)正月……又选诸曹良吏,给事东宫。正平元年(451)七月,以诸曹吏多,减其员。兴安二年(453)正月,置驾部尚书、右士尚书。"③兴安二年正月方置驾部尚书、右士尚书,结合"兴安二年……弟喜,镇东大将军、祠曹尚书、带方公"的记载,则"祠曹尚书"在此之前已然存在。《魏书·官氏志》与此时最近之记载,即"正平元年七月,以诸曹吏多,减其员"。可见此前诸部为曹;稍前之"真君五年正月……又选诸曹良吏,给事东宫";更早至"神䴥元年三月,置左右仆射、左右丞、诸曹尚书十余人,各居别寺"。则神䴥元年已有"诸曹尚书"之称。

又,严耕望指出:"此重建及发展期中(笔者按:即世祖太武帝至高祖孝文帝改制以前时代),尚书分部之重要特点有二。其一,部名繁多,可考者至有二十余部。大抵因事立名,分职甚细,不具常格……其所以如此者:魏晋南朝之制度,各部尚书所掌大抵为政策性之职务,故分部以五六为度,不必繁琐;至于事务执行仍在九卿。而观北朝此期尚书制度,分部至繁,或亲执事务,……以其亲执事务,故至分部烦细耳。"④此论确然。世祖太武帝至高祖孝文帝改制以前时代,北魏尚书分

---

① 严耕望:《北魏尚书制度考》,《历史语言研究所集刊》第18本,第341页。
② 《魏书》卷八三上《外戚上·闾毗》,第1817页。《北史》卷八〇《外戚·闾毗传》所载相同,亦为"祠曹尚书"(第2675页)。
③ 《魏书》卷一一三《官氏志》,第2975页。
④ 严耕望:《北魏尚书制度考》,《严耕望史学论文选集》,中华书局2006年版,第342页。

部"大抵因事立名,分职甚细,不具常格","诸曹尚书"之称反映了这一特点,则此"祠曹尚书"当是由"诸曹尚书"的称呼中化出,其即是"祠部尚书"。因此,此条仅可一见的"祠曹尚书"史料并不能充分支持祠部为曹的观点,从而亦不可能证明"祠部神部各为一曹并属于一尚书"的推测。

二 "神部令、长即祠部令、长"考

其次,我们来论述神部令、长即祠部令、长。笔者以为可以在时间上找寻到突破点。严耕望将北魏尚书组织演变划分为前期和后期(即定型期——高祖孝文帝改制以后)。① 而关键之前期分为三段,分别为:创始期——太祖道武皇帝皇始元年至太宗明元皇帝初;中废期——太宗明元帝神瑞元年至世祖太武帝初;重建及发展期——世祖太武帝至高祖孝文帝改制以前时代。以"神部"冠名的官职出现时间皆在重建及发展期,即世祖太武帝至高祖孝文帝改制以前时代,严氏以为"本期尚书部名繁多,分职甚细,大抵因事立名,不具常格……尚书以下之组织名官略仿秦汉卿署之制,且以上混宗周之法,与前代及南朝之曹郎组织尤绝不相类。大抵此期之制有三特点:(1)保存旧俗。(2)分部分曹,因事制宜,不具常格。(3)文以宗周秦汉之制,构成尚书、大夫、长、令、主书郎之纵的体系"。而定型期,即高祖孝文帝改制以后阶段则言:"尚书分部近准南朝之制,兼存本国之旧。郎中分曹近复太祖之法,远绍西晋之绪。至于纵的体系,尽废大夫、长、令之制,一以郎中主务,此历代尚书制度之通规也。"严说可从。以孝文帝太和年间两定官品为分界线,尚书制度在纵向的体系上有极明显之变化,此变化是朝汉化方向发展的:此前是尚书、大夫、长、令、主书郎,其后转为"历代尚书制度之通规"——一以郎中主务。案查史料,笔者未能找到重建及发展期,即世祖太武帝至高祖孝文帝改制以前时代关于"祠部长""祠部令"的任何记载,所能见者只有"神部长""神部令",若"祠部神部各为一曹并属于一尚书",则二者各自之长、令都应出现,而不是只出现任神部长、令者而不见祠部长、令之官名及任职

---

① 参见严耕望《北魏尚书制度考》之"北魏尚书组织演变表",《历史语言研究所集刊》第18本,第255—258页。

上编　羽真号与神部：从部落联盟到平城时代的礼制变迁

者。此为其一。

其二，我们所能见到的关于祠部除尚书以外最确切的官职即是祠部郎（中），而其职最早见诸史料在《魏书·高允传》："（高怀）子绰，字僧裕……太和十五年拜奉朝请、太尉法曹行参军，寻兼尚书祠部郎。以母忧去职。"①《北史》所记基本相同，时当太和十五年稍后；因史书作"寻"字，具体稍后多久，不可详知，严耕望以为"时在太和十五年，或稍后一二年"②。按，《魏书·孝文帝纪》："（太和十五年）十有一月……乙亥，大定官品。"③ 即前《职员令》，此中已见有尚书郎中、尚书郎之职，则祠部郎初见于太和十五年稍后，极有可能在大定官品之后不久。又有《魏书·李顺传》："（李冏）子佑……历位给事中、尚书祠部郎……博陵太守"。④ 其时"最早在太和末"⑤，此时"诸曹各置郎中。位正六品下阶（《官氏志》），主判曹务"⑥。祝总斌认为北魏尚书机构有"具体执行政务之诸曹尚书及所属曹郎的渐趋完备"的特点。⑦ 自兹以后，宣武帝时可见崔鸿、宋世景、宗景。⑧《魏书·礼志四》："（神龟元年）十一月，侍中、国子祭酒、仪同三司崔光上言：'被台祠部曹符，文昭皇太后改葬，议至尊、皇太后、群臣服制轻重。'"⑨ 则孝明帝神龟元年仍有祠部曹。《新出魏晋南北朝墓志疏证》载有《元悆墓志》，志文云："帝嘉才彦，寻除尚书祠部郎中"。案，此句前衔接"车骑齐王，作牧徐藩，辟为长流参军，加襄威将军。非其所好"⑩。即入魏后得封齐王的萧宝夤"作牧南藩"时辟元悆为参军，而萧宝夤得封车骑将军"作牧南藩"是在孝明帝

---

① 《魏书》卷四八《高允传》，第 1090—1091 页。
② 严耕望：《北魏尚书制度考》，第 317 页。
③ 《魏书》卷七下《孝文帝纪下》，第 168 页。
④ 《魏书》卷三六《李顺传》，第 842 页。
⑤ 严耕望：《北魏尚书制度考》，第 317 页。
⑥ 严耕望：《北魏尚书制度考》，第 310 页。
⑦ 参见祝总斌《两汉魏晋南北朝宰相制度研究》，中国社会科学出版社 1990 年版，第 250 页。
⑧ 《魏书》卷六七《崔光传》："（崔光弟敬友）子鸿……迁给事中，兼祠部郎，转尚书都兵郎中。"（第 1501 页）；《魏书》卷八八《良吏·宋世景传》："世景明刑理，著律令，裁决疑狱，剖判如流。转尚书祠部郎。"（第 1902 页）；《魏书》卷一〇七上《律历志上》载正始四年冬公孙崇上表有言："尚书祠部郎中宗景博涉经史"（第 2660 页）。
⑨ 《魏书》卷一〇八《礼志四》，第 2808 页。
⑩ 参见罗新、叶炜《新出魏晋南北朝墓志疏证》，中华书局 2005 年版，第 115 页。

第二章 "庙配事重"：神部问题研究

神龟年间，① 然长流参军之职非元悫所好，不久即被孝明帝"除尚书祠部郎中"，从"寻"字可见元悫自长流参军转祠部郎中当在神龟年间或其后不久，此亦可证孝明帝时有祠部郎，不过元悫任此职同样未久："又以母忧去职。"② 迄于东西魏，仍见有任祠部郎中者，东魏可考有杨元让、元长和、源文宗；③ 西魏有杨敷。④ 则可考见之祠部郎皆在太和十五年改定官品之后，加之此前亦无相应的祠部长、令承接此职，其所承接者当是神部长、令之体系无疑。至此，我们可以认为神部令、长即是祠部令、长的异称。

前已证"在献文帝初（天安元年及皇兴元年五月，466—467）存在'神部令'一职"，而"神部长"（承明元年夏，476）、"神部尚书"（太和十五年，491）与其相隔不远，接踵而至；且现已证实神部与祠部"异名同体"，本为同一机构（神部尚书即是祠部尚书；神部长、令乃祠部长、令的异称；此为"疑是北人竟以神字当祠字"提供又一证据），则"神部令"见于史籍所载（目前可见）之时当是"神部"作为一独立机构出现（或已经存在）之时：若单从"神部令""神部长"与"神部尚书"目前可见时间及其相距不远一点看，尚不能说明"神部令"见诸史籍之时便已经存在"神部"这一机构了，因为同样存在一种可能，即"祠部神部各为一曹并属于一尚书"假设成立的话，"神部令"虽已以"神部冠名"，但其可能隶属于祠部或祠部上之尚书，不一定是"神部"；但现在可以证实

---

① 《魏书》卷五九《萧宝夤传》："宝夤志存雪复，屡请居边。神龟中，出为都督徐南兖二州诸军事、车骑将军、徐州刺史。"（第1317—1318页）《北史》卷二九《萧宝夤传》记作："神龟中，为都督、徐州刺史、车骑大将军。"（第1052页）未言明都督具体之职，当是"《北史》于元魏纪传则但有删减耳"（赵翼：《陔余丛考》卷八《〈北史〉删〈魏书〉太简处》，中华书局1963年版，第155页），周一良论说更详："《北史》……对于《魏书》……有删节，也有增补。删略不当之处，如'都督某几州诸军事某州刺史'省为'都督某州刺史'，其误与《南史》同。"此处即为此误且甚之，直接省为"都督"，不关"某州"了，见白寿彝主编《中国通史》第五卷《中古时代·三国两晋南北朝时期（上）》"甲编·序说"之第一章第一节，上海人民出版社1995年版。
② 罗新、叶炜：《新出魏晋南北朝墓志疏证》，第115页。
③ 《魏书》卷五八《杨播传》："（杨炜）子元让，武定末，尚书祠部郎中。"（第1302页）；《魏书》卷一〇七下《律历志下》载有："尚书祠部郎中臣元长和"（第2696页）；《北史》卷二八《源贺传》："彪字文宗……及齐文襄摄选，沙汰台郎，以文宗为尚书祠部郎中。"（第1032页）
④ 《周书》卷三四《杨敷传》："历尚书左士郎中、祠部郎中、大丞相府墨曹参军。"第599页。

· 119 ·

上编　羽真号与神部：从部落联盟到平城时代的礼制变迁

神部与祠部"异名同体"，本为同一机构，那么"'神部令'见于史籍所载（目前可见）之时当是'神部'作为一独立机构出现（或已经存在）之时"的说法也就获得更充分的史料及理论支持了。

第四节　"北魏后期仪曹综并祠部"说商榷

上面我们据现有传世史料论证了孝文帝改制前神部与祠部之关系，考证以为神部尚书即祠部尚书；神部长、令即祠部长、令的异称，而非"可能祠部神部各为一曹并属于一尚书也"；据现有史料基本可以说明北魏孝文帝改制之前神部即祠部，神部与祠部是"异名同体"的。但不可否认，因相关史料阙如过甚，仍有许多疑点未能明晰，如胡注所谓八部尚书，郊庙下大夫的归属等，因此尚待进一步考释。又，既然神部与祠部"异名同体"，那么在孝文帝改制后神部/祠部的情况如何呢？于此谨对神部/祠部的历史去向进行些许考察。

我们可以先看"祠部尚书"。严耕望《北魏尚书制度考》中认为，"自宣武帝以后不复见有任此职（祠部尚书）者，据《唐六典》注及《通典》，其官已省，并职仪曹尚书"[①]。严氏所据即《唐六典·尚书礼部》"礼部尚书"条注："东晋始置祠部尚书，常与右仆射通职，……宋、齐、梁、陈皆号祠部尚书。后魏称仪曹尚书。北齐亦为祠部尚书，掌祠祭、医药、死丧、赠赙等事。后周依《周官》，置春官府大宗伯卿一人。隋更为礼部尚书"[②]，《通典·职官五·礼部尚书》所载基本相同："后魏为仪曹尚书"[③]；同时严氏据此材料亦认为："据《唐六典》及《通典》，北魏后期仍有仪曹尚书，且并综祠部之职。则二十三年重定《职员令》亦未省废也。惟传中迄未一见有任职者，盖如南朝祠部之制，常与右仆射通职欤？"[④] 然而，此种观点存在可商榷之处。

第一，孝文帝太和十五年改制，十七年颁行前《职员令》，其中有

[①] 严耕望：《北魏尚书制度考》，《历史语言研究所集刊》第18本，第295页。
[②] 《唐六典》卷四《尚书礼部》，第108页。
[③] 《通典》卷二三《职官五·礼部尚书》，第639页。
[④] 严耕望：《北魏尚书制度考》，《历史语言研究所集刊》第18本，第294页。

· 120 ·

第二章 "庙配事重"：神部问题研究

相关"列曹尚书"一职，在从一品下；二十三年复次，宣武帝即位颁为永式之后《职员令》，亦只载"列曹尚书"，列第三品。未言明列曹具体所括。前已证陆俟转祠部尚书是在太和二十年十二月或稍后，宋弁任祠部尚书当在太和二十三年，则孝文帝太和二十三年仍有祠部尚书一职，以"祠部"为名的尚书职务存在，则可以说明在太和改制后"祠部"未废。

《魏书·官氏志》载："二十三年，高祖复次职令，及帝崩，世宗初颁行之，以为永志。"[1] 既然前已证明孝文帝太和二十三年仍有祠部尚书一职，相关史料[2]未明确记载"高祖复次职令"在太和二十三年何月何时，但高祖在征马圈之前已然有疾，[3]"（三月）丁酉，车驾至马圈……庚子，帝疾甚"[4]，其间戎服征讨，不在庙堂，且有疾，复次职令当不太可能；夏四月丙午朔，帝崩，其间忙于"顾命宰辅"，复次职令之事亦不太可能在此。若《官氏志》所载不错，则"复次职令"最大之可能当在征马圈之前，窃以为对应《魏书·孝文帝本纪》二月辛亥条记载可能性最大："二月辛亥，以长兼太尉、咸阳王禧为正太尉。癸亥，以中军大将军、彭城王勰为司徒，复乐陵王思誉本封。"[5] 如此封加官爵，当是在新的官品有雏形的前提下，故在二月的可能性较大。而在三月仍然存在"祠部尚书"。如此，则能于"世宗初颁行之，以为永志"，其中的"列曹尚书"仍然包括"祠部尚书"，并且成为永制了。[6]

第二，祠部尚书最晚见诸史籍、有明确时间记载的是在太和二十三

---

[1]《魏书》卷一一三《官氏志》，第2993页。
[2]《魏书》卷七《孝文帝纪》未载此事，只《魏书·官氏志》载，且未言二十三年何时；其他相关记载可见者有《魏书》卷五七《崔挺传》："挺弟振……太和二十年，迁建威将军、平阳太守。……后改定职令，振本资惟拟五品，……河内太守陆琇与咸阳王禧同谋为逆，禧败事发，振穷治之。"亦未有准确日期。
[3]《魏书》卷六三《宋弁传》："高祖在汝南不豫，大渐，旬有余日。"（第1415页）
[4]《魏书》卷七下《孝文帝纪下》，第185页。
[5]《魏书》卷七下《孝文帝纪下》，第185页。
[6] 虽然《魏书》卷八《宣武帝纪》有载："（景明）二年春正月……庚戌，帝始亲政。……（三月）壬戌，诏曰：'治尚简静，任贵应事。州府佐史，除板稍多，方成损弊，无益政道。又京师百司，僚局殷杂，官有闲长者，亦同此例。苟非称要，悉从蠲省。'"我们没有材料可以证明"苟非称要，悉从蠲省"的"京师百司"之中有"祠部"。

上编　羽真号与神部：从部落联盟到平城时代的礼制变迁

年，以后尚不复见有任此职者；① 然，仪曹尚书明确见于记载在《魏书·卢玄传》："初，（卢玄子）渊年十四，尝诣长安。……未几，拜仪曹尚书。高祖考课在位，降渊以王师守常侍、尚书，夺常侍禄一周。"② 严耕望考证是在太和十七年七月以后至十八年，其后便不见有任此职者。那么在仪曹尚书见诸正史之后，祠部尚书的最晚记载仍然出现在官方正史中。

如此看来，在北魏官方正史可以同时看到"祠部尚书"与"仪曹尚书"，且前者见诸史料的时间要长于后者的情况下，据后世之人所记一句"后魏称仪曹尚书"便断定"北魏后期仍有仪曹尚书，且并综祠部之职"似有突兀之嫌了。况且，《唐六典》《通典》《文献通考》等未言北魏有"祠部尚书"之职，已与《魏书》记载冲突，《魏书》成书早于前三者，其间真伪虽不可断言，但据矛盾之处而下肯定之结论，窃以为不可。

第三，仅就传世史料记载而言，在宣武帝后皆不见担任"祠部尚书"与"仪曹尚书"者，但其下属之郎中仍见诸记载。前已论证了祠部郎在北魏后期、东西魏的情况及所见任职者。仪曹郎中始于道武帝初建台省，董谧任职，严耕望以为"其后职废。至孝文帝时又置之"，史传多所见者。③ 则孝文改制后，"祠部尚书"与"仪曹尚书"已然不见有任此职者，史传中所出现者是"祠部郎"与"仪曹郎"，是此时二者已经为曹，同属于一尚书之下了，此点应无大疑问。然据以为仪曹综并祠部，证据仍然不够充足。《隋书·百官志中》云："后齐制官，多循后魏"④，《通典·职官五·礼部尚书》云："北齐祠部尚书统祠部、主客、虞曹、屯田、起部五曹。又有仪曹，主吉凶礼制，属殿中尚书。"⑤ 可见北齐祠部与仪曹分开，其"制官"多所因循的北魏如此设置当有极大可能；即便是严氏所引《唐六典·尚书礼部》"礼部尚书"条注文，其中"后魏称仪曹尚书"后句"北齐亦为祠部尚书"有一"亦"字，其意当是承上，按其所说的执掌"词

---

① 《北魏王琚妻郭氏墓志》载逝世于宣武帝永平四年的郭氏丈夫王琚官爵为："魏故侍中散骑常侍祠部尚书使持节征南大将军冀州刺史羽真高平靖公"，按查王琚即《魏书》卷九四《阉官·王琚传》的传主，传称其孝文初"稍迁为礼部尚书"，当时对应的"祠部尚书"，然其于太和二十年冬便已卒。齐运通编：《洛阳新获七朝墓志》，第10页。
② 《魏书》卷四七《卢玄传》，第1049页。
③ 详情可参看严耕望《北魏尚书制度考》"列曹职官上"节之"仪曹郎中"条，《历史语言研究所集刊》第18本，第316—317页。
④ 《隋书》卷二七《百官志中》，中华书局1973年版，第751页。
⑤ 《通典》卷二三《职官五·礼部尚书》，第639页。

祭、医药、死丧、赠赙等事"推论，《唐六典》的著者所着重的是北魏"仪曹尚书"与北齐"祠部尚书"在"功能、执掌"上的相同或相似，而非名称的同异。因此，不能简单地据此推断祠部之机构及职能已然为仪曹所综并。

第四，严耕望已然注意到"唯传中迄未一见有任职者"，然没有留意《魏书·官氏志》所载的"世宗初颁行之，以为永志"的记载当可说明祠部尚书依然存在，只据史传不见有任此职者，再加上《唐六典·尚书礼部》"礼部尚书"条注文中文字上的区别，便认为仪曹综并祠部。但同样的仪曹尚书自太和十七年、十八年以后亦"唯传中迄未一见有任职者"，这又如何解释呢？综上所论，严耕望认为北魏后期仪曹综并祠部的论断存在可商榷之处。

小　结

至此，我们可以对上面的论述进行下梳理、总结。

北魏尚书制度"重建及发展期（即世祖太武帝至高祖孝文帝改制以前时代）"：保守而言，最迟在献文帝初期（天安元年及皇兴元年五月，466—467.5）出现（或已经存在）"神部"这一机构；《通鉴》胡注"神部，八部之一"中的"八部"当是指官制之有"八部"，确指"八部尚书"。"神部"可考见之职有神部尚书、神部长、神部令，又存在可能之神部中大夫及郊庙下大夫。此种纵向职官体系与严耕望考证的此时期"文以宗周秦汉之制，构成尚书、大夫、长、令、主书郎之纵的体系"特点相合契。通过王谌的考察，可知神部尚书即是祠部尚书；据目前可见之史料可以论证神部长、令即祠部长、令的异称，而非"可能祠部神部各为一曹并属于一尚书也"；故，神部与祠部是"异名同体"，二者本为一机构，此为"疑是北人竟以神字当祠字"提供又一证据。至尚书制度"定型期（即高祖孝文帝改制后）"，废大夫、长、令之纵的体系，但仍然保留尚书；远绍汉晋之制，改以郎中主务，"此历代尚书制度之通规也"。

神部所掌，"职主礼乐"，尤重祠祀。长官尚书在宗庙祭祀中有"赞祝""赞版"（迁主安庙之时）之职；尚书职务可由汉人庶姓充任，反映

上编　羽真号与神部：从部落联盟到平城时代的礼制变迁

出鲜卑汉化之趋势。但其职权在鲜卑大姓的威逼下多有局限，尚不能干预拓跋统治集团之郊庙重事，则其一此职非为极重要职可见，其二拓跋上层保守势力对汉化趋势有明显的抵触情绪，排斥中原习俗熏染鲜卑旧俗，折射出拓跋鲜卑对汉人某种程度上的戒备心理以及当时汉化的局限。

严耕望据《唐六典·尚书礼部》"礼部尚书"条注文及《通典·职官五·礼部尚书》记载所得出的北魏后期仪曹综并祠部的论断稍嫌武断，存在可商榷之处。

由部落联盟进入国家政权阶段，拓跋鲜卑统一华北，立足平城，而孝文行礼制改革，强化中原系统祭典的同时，开始清理拓跋鲜卑遗漏下来的旧俗。文明太后死后，孝文礼制改革与保守拓跋鲜卑贵族的矛盾凸显，以帝室十姓为代表的后者，对孝文礼制改革反对的，并非吸收华夏典制，而是其中对鲜卑旧俗的革除；而革除旧俗，绝非仅仅是表面形式上的仪式消亡，最为关键的是仪式背后代表的"国之丧葬祠礼，非十族不得与也"的特权的被剥夺。神部尚书王谌行迁主安庙只是孝文的一个试探，而且被拓跋丕"成功"狙击阻挠，但孝文已经表明了自己的理由与态度——"先王制礼，职司有分"，只是无奈在平城保守氛围势大的情形下的暂时让步。太和十七年定下迁都之计，随后迁洛，以"先王制礼，职司有分"为纲领的汉化礼制改革全面铺展开来，宗周旧制与汉家故事交相辉映，但绝非"拿来主义"，而是在加强皇权的终极目标下，镀上了拓跋鲜卑自己的特色。

下 编

宗周旧制与变汉故事：迁洛后礼制变迁

第三章　宗周旧制：耤田方位的变迁

　　农业是古代中国的立国之本。"夫民之大事在农……王事唯农是务"[①]，"夫农，天下之本也"[②]，"民之大事，在祀与农"[③]，与此重农思想相关且最为密切的王朝礼仪便是耕耤礼。杨宽认为："'籍礼'原是村社中每逢某种农业劳动开始前，由首脑带头举行的集体耕作仪式，……等到'籍田'被侵占，……'籍'成为一种剥削办法，'籍礼'被加以改造，变成剥削者监督庶人从事无偿劳动的仪式和制度了。"[④] 耕耤礼萌芽极早，商代是否有耤礼目下学界未有定论，[⑤] 然而可以肯定的是西周时耕耤礼已出现并逐步完备，出土金文可证周代施行过此礼，[⑥]《周礼·天官》载甸师之职即是

[①]　《国语·周语上》虢文公谏周宣王语。徐元诰撰，王树民、沈长云点校：《国语集解》，中华书局2002年版，第15—21页。
[②]　《汉书·孝文帝纪》春正月丁亥诏语，亦见《孝景帝纪》后三年春正月诏，第117、152页。
[③]　《宋书·礼志一》晋武帝泰始四年诏语，中华书局1974年版，第353页；《晋书·礼志上》"民"作"国"（第589页）。
[④]　杨宽：《"籍礼"新探》，第231—232页。沈文倬《昄与耤》观点大致同。
[⑤]　学界对于商代是否存在耕耤礼存在争议，相关讨论可参看《中国史研究》2016年第1期新刊宁镇疆论文《周代"籍礼"补议——兼说商代无"籍田"及"籍礼"》第五节"关于商代有无'籍田''籍礼'的问题"。该文认为陈梦家等先生谈商代"籍礼""籍田"的依据甲骨文"耤"字仅指实际的耕作活动，从地点、时间及商王在其中的作用看，均与周代籍田、籍礼的一些基本特征不合，故"总体上看，我们认为商代可能并不存在类似周代这样专门作为周王向神灵表示虔诚，亲耕以出产作物礼神的功用性'籍田'"，它们应该是商周因革之际周人的制度创造。此结论是在预设周代"籍礼""籍田"定义及核心精神的前提下作出的，而且同样不可否认商代确实存在商王参与"冏"地农业生产的史例，将之以"某种局部性事例"处理似乎不妥。于此做未有定论的处理。
[⑥]　西周早期令鼎："王大耤农于諆田…王归自諆田"，及宣王䛭簋："王曰'䛭，令女乍嗣土，官嗣藉田'"（分见唐兰《论周昭王时代的青铜器铭刻》，《唐兰先生金文论集》，紫禁城出版社1995年版，第248—250页；严可均校辑《全上古三代秦汉三国六朝文·全上古三代文》，中华书局1958年版，第96页）。宁镇疆：《周代"籍礼"补议——兼说商代无"籍田"及"籍礼"》主要观点有二，除认为商代并无籍田及籍礼，它们应该是商周因革之际周人的制度创造外，亦由清华简《系年》的研究肯定了周代有耕耤礼，指出周代设籍田、行籍礼是谋取政权合法性的重大举措，"帝籍"一语强调籍田专属礼神的功能特征，而"王籍"又表明天子在籍田礼活动中的躬亲而为和主导性；其认为"周之籍田当在都城南郊"与本书相合而晚出。

下编　宗周旧制与变汉故事：迁洛后礼制变迁

"掌帅其属而耕耨王藉"，① 而《国语·周语上》记载"宣王即位，不籍千亩"，虢文公劝谏时对耕藉礼之由来、程序、仪式及意义作了详尽论说，此乃已知传世先秦文献中对耕藉礼最全面、最详细的记载，比《左传》和礼书中零星涉及的都要完整，显示出当时藉田礼的完备与规范化。自兹以降，耕藉礼便在中国古代社会延绵而下，成为"吉礼"之一不绝于史。后世王朝行用礼制，总为自身寻求正统依据，需于"宗经""复古"和"尊君""实用"②的标准中因时、因地的采掘先代之制，以最大程度的巩固、维护己之统治。

藉田礼是为农业而设，针对的是长城以南华夏定居民众的社会经济结构。鲜卑本是居于长城以北的游牧部族，而长城本身便是华夏认同发展下的产物，华夏用以维护、垄断南方资源，并借以排挤北方游牧社会人群的工具。不论是匈奴的游牧帝国，还是鲜卑的部落联盟，其形成的最初动力与基本功能之一，便是突破此资源边界；战争、通关互市、和亲皆为达成此目的之手段。故以游牧民族之姿入主中原的拓跋鲜卑在耕藉礼方面的采择活动成为本章的研究目标。

关于耕藉礼，前哲先贤多有精到详审之研究，如礼之由来、性质、设官执掌、仪式内容（包括不同等级的推数研究）、藉田称谓、择月及用干支日问题等。③ 然关于藉田所在方位的考察至今几未有所涉及。欧阳修论

---

① （汉）郑玄注，（唐）贾公彦疏：《周礼注疏》，（清）阮元校刻《十三经注疏》本，中华书局1980年版，第662页。
② 参见阎步克《服周之冕——〈周礼〉六冕礼制的兴衰变异》，中华书局2009年版，第13—31页。
③ 古人考证，参见秦蕙田《五礼通考》卷一二四《吉礼·亲耕享先农》"耕藉之礼"；孙诒让：《周礼正义》之《天官·叙官》"甸师"、《天官·甸师》及月令祈谷部分（第28—30、284—295页）。今人文章有杨宽《"籍礼"新探》，王健《汉代祈农与籍田仪式及其重农精神》（《中国农史》2007年第2期），陈二峰《论汉代的籍田礼》（《南都学坛》2009年第3期），高二旺《魏晋南北朝时期耕藉（藉）礼的特征与功能初探》（《农业考古》2008年第3期），雷晓鹏《从清华简〈系年〉看周宣王"不籍千亩"的真相》（《农业考古》2014年第4期），宁镇疆《周代"籍礼"补议——兼说商代无"籍田"及"籍礼"》（《中国史研究》2016年第1期）；论著中相关章节：胡戟《礼仪志》第14章"藉田享先农"节（上海人民出版社1998年版，第303—305页），陈戍国《中国礼制史》各卷藉田礼章节（湖南教育出版社1991年版），梁满仓《魏晋南北朝五礼制度考论》第4章"藉田制度"节（第218—230页），杨英《祈望和谐——周秦两汉王朝祭礼的演进及其规律》第4章第3节（第611—614页），姜波《汉唐都城礼制建筑研究》相关章节（文物出版社2003年版）。日本学者谷口义介《藉田儀禮の復活》（《中國古代社會史研究》，京都：朋友书店1988年版，第245—264页）（转下页）

第三章 宗周旧制：耤田方位的变迁

先代礼乐，有三代而上"治出于一"，遭秦变古后"治出于二，而礼乐为虚名"之言，[①]然一者，礼乐铺敷于政治之上以粉饰统治，其上媚于神而下化于民的功效依然为统治所需；二者，隋唐及其前，礼学精粹，仍"与古不相远"，深谙礼制之主体又是于封建统治中居重要地位的士大夫阶层。[②]故陈寅恪指出："礼制本与封建阶级相维系……故治史者自不应以其仅为空名，影响不及于平民，遂忽视之而不加以论究也。"[③]礼典仪式中关涉方位，必有所由，具体至耕耤礼，耤田的方位，尤其是天子/皇帝[④]亲耕仪式中的方位不仅是凸显统治集团中最高统治者与统治阶层其他成员尊卑降杀之一重要标准，且纵观殷周迄至唐初，耤田方位并非固定，而是呈现较为规律的变动，故于此耤田方位之变化亦不可"忽视之而不加以论究也"。

鲜卑旧有"田畜射猎"的经济生活手段，[⑤]早在汉代，居住于西辽河流

（接上页）讨论了周至汉代的耤田礼仪，新城理惠《中國の藉田儀禮について》（《史境》2000年41号，第25—38页）则论及汉代以后皇帝耤田礼，金子修一《以国家祭祀为中心的魏晋南北朝隋唐研究史回顾与展望》（《日本中国史研究年刊（2008）》，上海古籍出版社2011年版，第43—47页）简要涉及了东汉末至十六国的耤田，皆可参看；其他文章尚有谷口义介《春秋時代の藉田儀礼と公田助法》（《史林》1985年68—2号，第40—64页）、佐竹靖彦《藉田新考》（唐代史研究會编：《中國の城市と農村》，东京：汲古书院1992年版，第3—28页）、西冈市祐《南北朝・隋朝・唐朝の親耕藉田》（《国学院杂志》2002年103—4号，第1—16页）、坂江涉《古代東アジアの王權と農耕儀禮—日中社會文化の差違—》（铃木正幸编：《王和公》，东京：柏书房1998年版，第13—53页）。

① 《新唐书》卷一一《礼乐志一》，第307—308页。
② （清）沈垚：《落帆楼文集》卷八《与张渊甫》，民国七年吴兴刘氏嘉业堂刊本。
③ 陈寅恪：《隋唐制度渊源略论稿》，第5页。
④ 因本节涉及时段自周迄唐，自嬴政定"皇帝"号前，最高统治者多称"天子"，其后"皇帝"号多行。西嶋定生认为西汉时，"天子"号复活，并与"皇帝"号以用法不同的形式并行（《中國古代国家と東アジア世界》中《皇帝支配の成立》《漢代における即位儀礼——とくに帝位継承のばあいについて》诸篇，东京：東京大學出版會1983年版）。浅野裕一则认为自皇帝号产生后，其与天子号是并行使用的，不存在暂时消亡之说（参《黃老道の成立と展開》，东京：创文社1992年版，尤其第二部10章《秦帝國の皇帝概念》及13、14章），齐藤实郎《秦漢における皇帝六璽——天子璽と皇帝璽を中心として》（《史叢》第51号，1993年）及好并隆司《秦漢時代の天子と皇帝》（《冈山女子短期大学纪要》，第20号，1998年）观点与浅野近同。然不可否认"'皇帝'和'天子'以严格的形式存在着区别，这是中国皇帝制度的很大特色。"（金子修一：《皇帝制度——日本战后对汉唐皇帝制度的研究》，《魏晋南北朝隋唐史学的基本问题》，中华书局2010年版，第134页）何说可成，殊难论断；且典籍有"皇帝"与"天子"同称者，如卫宏《汉旧仪补遗卷下》："皇帝亲执耒耜而耕。天子三推"。故于本书中权作"天子/皇帝"。
⑤ 参见（南朝宋）范晔《后汉书》卷九〇《鲜卑传》，中华书局1965年版，第2994页。

域的乌桓、鲜卑便在河谷种植谷类作物，王沈《魏书》便记有与鲜卑风俗相类的乌桓"俗识鸟兽孕乳，时以四节，耕种常用布谷鸣为候"。耕种的作物是青穄、东墙，其中"东墙似蓬草，实如葵子，至十月熟"①。而所谓"穄"，时与拓跋鲜卑祖先同处东北的勿吉国人便种"有粟及麦穄"，在勿吉之北千里的失韦国人"颇有粟麦及穄"，②至《新五代史》所记先"为契丹守界上"，后因苦契丹苛虐而"奚王去诸怨叛，以别部西徙妫州"的奚人依然有耕种，史称："去诸之族，颇知耕种，岁借边民荒地种穄，秋熟则来获，窖之山下，人莫知其处。爨以平底瓦鼎煮穄为粥，以寒水解之而饮。"③荒地耕种——秋熟来获——窖之山下，三个关键词说明穄生命力强，不需要精细的人工照料，且贮藏方便、时间长，这些特点使得它成为游牧民族中兼营农业的最佳尝试作物。乌桓虽然能作白酒，但"不知作麴蘖。米常仰中国"。是其作物种类、产量有限，尚不足以自给，不过粗放的农业活动确实存在，而且"农业与狩猎在乌桓、鲜卑人的生计中之地位，远比他们在匈奴、西羌中来的重要"④。辽宁西丰西岔沟墓葬（年代当是西汉武帝至昭帝初期）出土有随葬的镢、锄、锛等铁质农具，及磨石盘、杵形研磨器等辅助农具;⑤西汉末至东汉初的榆树老河深墓葬中层遗存，出土的随葬生产工具有镰、锸、镢、凿等（M9、M14、M17、M26、M72、M106墓出土最多），⑥遗迹所属族属有鲜卑族说与夫余族说两种，相应的农具数量占比、农业水平有争议，⑦但农业存在却可以明确。大约是拓跋祖先推寅南迁大泽前后遗存的扎赉诺尔墓地出土夹砂大口罐中残存有腐烂的谷壳，"表明这里可能出现了少量的农业"⑧。初起于森林草原而后南迁驰骋蒙古高原的拓跋鲜卑，以游牧为主的同时，也较早的接触到了农业，并将其作为经济生活的补充。拓跋什翼犍于建国三年定都云中盛乐，次年又于盛乐故城南八里筑新城，代国有了定居的政治中心，"定居

---

① 《三国志》卷三〇《魏书·乌丸鲜卑东夷传》，中华书局1964年版，第832页。
② 《魏书》卷一〇〇《勿吉国传》、《失韦国传》，第2220—2222页。
③ 《新五代史》卷七四《四夷附录第三·奚》，中华书局1974年版，第909页。
④ 王明珂：《游牧者的抉择：面对汉帝国的北亚游牧部族》，第203—204页。
⑤ 参见曾庸《辽宁西丰西岔沟古墓为乌桓文化遗迹论》，《考古》1961年第6期。
⑥ 参见吉林省文物考古研究所编《榆树老河深》，文物出版社1987年版，第19页。
⑦ 参见林秀贞《评〈榆树老河深〉》，《考古》1990年第1期。
⑧ 参见宿白《东北、内蒙古地区的鲜卑遗迹——鲜卑遗迹辑录之一》，《文物》1977年第5期。

第三章 宗周旧制：耤田方位的变迁

以后，种植穄田，农业也开始发展起来了"①。至拓跋珪建魏入主中原，"其后离散诸部，分土定居，不听迁徙，其君长大人皆同编户"②。血缘关系转变为地域组织，严峻的形势也使得统治者不得不增加对农业尤其是粮食的需求与重视，史称"太祖定中原，接丧乱之弊，兵革并起，民废农业。方事虽殷，然经略之先，以食为本"，出现了带有军事性质的屯田："（登国）九年春三月，帝北巡。使东平公元仪屯田于河北五原，至于椆杨塞外。"而平定中山后，分徙吏民及徒何种人、工伎巧十万余家以充京都，各给耕牛，计口授田。天兴初"制定京邑，东至代郡，西及善无，南极阴馆，北尽参合，为畿内之田；其外四方四维置八部帅以监之，劝课农耕，量校收入，以为殿最，又躬耕籍田率先百姓"。在将八部帅劝课农耕的执掌与考绩联系起来的同时，耕耤礼也被北魏君臣实施起来，希冀借此礼仪达到"率先百姓"，劝课农桑的效果，更重要的是适应"是时戎车不息，虽频有年，犹未足以久赡"的形势，是耤田礼在北魏的出现，如同九锡一般，皆因有实际政治与经济需求而从华夏礼制中采纳的，务实的需求明显。至明元帝拓跋嗣时严峻的粮食危机依然存在，"永兴中，频有水旱，诏简宫人非所当御及非执作伎巧，自余皆赐鳏民。神瑞二年，又不熟，京畿之内，路有行馑。帝以饥将迁都于邺，用博士崔浩计，乃止"。此种情形至"真君中，恭宗下令修农职之教"时方的缓解，史称"此后数年之中，军国用足矣"③。此后北魏君主对于农事的重视依然历历见载于史册。④故耕耤礼对于北魏一朝自有实际意义。但同样我们可以观察到，北魏拓跋鲜卑耕籍史实较少，"从拓跋珪天兴三年到北魏一分为二，凡一百三十余年，史书记载藉田之事不过六次"⑤。如此颇为矛盾的现象背后昭示的是拓跋鲜卑对此耤田礼制的抉取态度与标准；而如此稀疏、简略的史实书写，同样不能满足就此史料展开对北魏耤田的考察，故选取耤田方位作为切入点，并将之置入先秦至隋唐长时段中，考察整体趋势，把握脉搏。在由宗周"南耕"向汉家"东耕"的长时段演变中，揭示出拓跋鲜卑在礼制抉取方面的标准。故本书试图选定天子/皇帝的耤田礼为研究对象，从

---

① 王仲荦：《魏晋南北朝史》，中华书局2007年版，第509页。
② 《魏书》卷八三上《外戚上·贺讷》，第1812页。
③ 《魏书》卷一一〇《食货志》，第2849—2853页。
④ 参见《魏书》卷一一〇《食货志》，第2853—2857页。
⑤ 陈戍国：《魏晋南北朝礼制研究》，第426页。

下编　宗周旧制与变汉故事：迁洛后礼制变迁

贞观三年君臣关于藉田方位的"矛盾"说开去，对先秦以降迄于李唐的藉田方位之时间、空间变化进行考察，在考察北魏乃至南北朝藉田方位之传统与变迁的基础上，冀望窥藉田方位及其发展变化背后隐藏的"宗周旧制"与"汉家故事"之一斑。

第一节　贞观三年君臣"藉田方面"歧义论析

唐贞观三年，太宗欲亲耕藉田，《旧唐书》卷二四《礼仪志四》云："初，晋时南迁，后魏来自云、朔，中原分裂，又杂以獯戎，代历周、隋，此礼久废，[1]而今始行之，观者莫不骇跃。"在当时民庶间引起了不小的震动，朝臣亦多溢美之举、赞颂之辞，"于是秘书郎岑文本献《藉田颂》以美之"。而在行此礼之前，关于藉田所在位置——即《旧唐书·礼仪志四》所谓"藉田方面"——太宗与儒臣孔颖达却产生了分歧，记云：

> 太宗贞观三年正月，亲祭先农，躬御耒耜，藉于千亩之甸。……初，议藉田方面所在，给事中孔颖达曰："《礼》，天子藉田于南郊，诸侯于东郊。晋武帝犹于东南。今于城东置坛，不合古礼。"太宗曰："礼缘人情，亦何常之有。且《虞书》云'平秩东作'，则是尧、舜敬授人时，已在东矣。又乘青辂、推黛耜者，所以顺于春气，故知合在东方。且朕见居少阳之地，田于东郊，盖其宜矣。"于是遂定。自后每岁常令有司行事。[2]

是贞观三年太宗藉田之礼中置先农坛于城东，即是藉田方位便在城东矣，孔颖达于朝堂上据《礼》典及先代晋武故事谏议此举"不合古礼"；然太宗言论驳之，且理由条分缕析；最终定从太宗意，并此后多令有司行事，太宗无再亲耕。又据史籍，有唐一代承继沿袭了太宗东郊

---

[1] 此点不确，他朝不论，只举北周，《周书》中多次记有皇帝藉田事。
[2] 《旧唐书》卷二四《礼仪志四》，第912页。

· 132 ·

耕作之制。① 唐长安先农坛的具体方位即在通化门外七里、浐水东道北五里;② 东都洛阳先农坛在上东门外七里道北三里。③

一 经典记载与先代故事：孔颖达的论据

谨按，孔颖达乃有唐一代大儒，儒学修养自不待言，隋炀时征召诸儒论难东都，少年颖达舌战群儒，斩将夺冠以至为"先辈宿儒"怀恨报复事便为一证；④ 贞观十一年其于国子祭酒任内受诏撰修《五经正义》，⑤ 于经学发展厥功甚伟，是孔氏于先代礼制、典籍必然熟稔，则贞观三年孔氏之谏议，虽未被采纳，然其论必典自有出。观孔氏所据，一为《礼》典——"《礼》，天子耤田于南郊，诸侯于东郊。"——文出《礼记·祭统》篇：

是故天子亲耕于南郊，以共齐盛；王后蚕于北郊，以共纯服。诸

---

① 李唐虽世系绵远，又国力雄厚，盛极一时，但皇帝亲耕耤田的史例要远少于魏晋南北朝及其以前时期，目前可见有太宗一次、高宗两次、睿宗一次、玄宗两次和肃宗一次，宪宗元和六年试图恢复五十余年不行的耕耤礼，但未果，自此后耤田礼不复见于李唐。《旧唐书》卷五《高宗纪下》："二年春正月乙亥，上躬耤田于东郊"（第102页），《旧唐书》卷二十四《礼仪志四》："玄宗开元二十年冬，礼部员外郎王仲丘又上疏请行耤田之礼。二十三年二月，亲祀神农于东郊，以勾芒配。礼毕，躬御耒耜于千亩之甸。"（第913页），其余诸帝大略同于此。又，太宗、高宗、玄宗皆行东耕，则是《贞观礼》《显庆礼》及《开元礼》皆遵此制。

② 参见宿白《隋唐长安城和洛阳城》图三，《考古》1978年第6期；马得志《唐代长安与洛阳》图一，《考古》1982年第6期；杨宽《中国古代都城制度史研究》图四五，上海古籍出版社1993年版，第170页。

③ 参见中科院考古所洛阳发掘队《隋唐东都城址的勘查和发掘》图一，《考古》1961年第3期；《"隋唐东都城址的勘查和发掘"续记》图八、图一〇，《考古》1978年第6期；宿白、杨宽上引文图六、图四九（第180页）。

④ 《旧唐书》卷七三《孔颖达传》："时炀帝征诸郡儒官集于东都，令国子秘书学士与之论难，颖达为最。时颖达少年，而先辈宿儒耻为之屈，潜遣刺客图之，礼部尚书杨玄感舍之于家，由是获免。"第2601页。

⑤ 《旧唐书》卷七三《孔颖达传》："（贞观）十一年，又与朝贤修定《五礼》，所有疑滞，咸谘决之。…先是，与颜师古、司马才章、王恭、王谈等诸儒受诏撰定《五经》义训，凡一百八十卷，名曰《五经正义》。太宗下诏曰：'卿等博综古今，义理该洽，考前儒之异说，符圣人之幽旨，实为不朽。'付国子监施行，赐颖达物三百段"。《新唐书》卷一九八《儒学上·孔颖达传》："初，颖达与颜师古、司马才章、王恭、王琰受诏撰《五经》义训凡百余篇，号《义赞》，诏改为《正义》云。"孙钦善先生亦云："贞观十一年，又与朝贤修定五礼。…孔颖达与颜师古、司马才章、王恭、王谈受诏撰五经义训，号义赞，诏改为正义，付国子监施行。"（《中国古文献学史》，中华书局1994年版，第350页）。

侯耕于东郊，亦以共齐盛；夫人蚕于北郊，以共冕服。天子、诸侯，非莫耕也；王后、夫人，非莫蚕也。身致其诚信，诚信之谓尽，尽之谓敬，敬尽然后可以事神明，此祭之道也。①

天子与诸侯之尊卑通过耤田的方位凸显出来。又结合《礼记·祭义》："是故昔者天子为藉千亩，冕而朱纮，躬秉耒。诸侯为藉百亩，冕而青纮，躬秉耒。"②知方位之外的另一标准即亩数：天子、诸侯耤田存在亩数上之降杀——天子千亩，诸侯百亩。概言之，《礼记》"祭统"与"祭义"篇显示出天子之耤田通过方位（南郊）、亩数（千亩）与诸侯（东郊、百亩）区分出尊卑高下，凸显出天子"天下大宗"的地位，是孔氏据《祭统》篇认为天子应耤田于南郊。

经典之后，孔氏又引先代史实——晋武故事"晋武帝犹于东南"——加强己之论点。《宋书·礼志一》载："晋武帝泰始四年，有司奏始耕祠先农，可令有司行事。诏曰：'今修千亩之制……主者详具其制，并下河南处田地于东郊之南，洛水之北，平良中水者。'"③《通典·籍田》于"洛水之北"句后注云："去宫八里，远十六里，为此千亩"，指明具体方位。④所注意者是武帝所说耤田方位为"东郊之南"，《旧唐书》中孔颖达将其释为"东南"方位，然《唐会要》《新唐书》皆称武帝"耕于东郊"。⑤又，皇后亲蚕礼是与耤田礼相配合的，如上《祭统》文言"是故天子亲耕于南郊……王后蚕于北郊"，先蚕所在方位亦可从侧面论证"耤田方面"，《晋书·礼志上》云："于是蚕于西郊，盖与耤田对其方也"⑥。是武帝"耕于东郊"一间接例证，则孔氏所言"东南"方位便与"东郊"之记载不尽相合，故对于其所引晋武史实以加强其"天子耤田于南郊"的

---

① （汉）郑玄注，（唐）孔颖达等正义：《礼记正义》，第1603页。
② （汉）郑玄注，（唐）孔颖达等正义：《礼记正义》，第1597页。
③ 《宋书》卷一四《礼志一》，第353页。因《宋书》成书在《晋书》前，又《晋志》无"平良中水者"句，《宋书》义长。
④ 《通典》卷四六《籍田》，第1285页。
⑤ 《唐会要》卷一〇上《耤田》："晋太始四年，耕于东郊。"《唐会要》卷二二《社稷》："晋太始四年，上耕于东郊。"中华书局1955年版，第223、245、423页。《新唐书》卷一四《礼乐志四》："晋太始四年，耕于东郊，以太牢祀先农。"均将晋武帝于"东郊之南、洛水之北"的耤田看作"东耕"，第357页。
⑥ 《晋书》卷一九《礼志上》，第355页。

论点就需谨慎处理了。其论点为"天子耕于南郊",论据却是晋武耕耤方位在东南,被后世史家称为"东耕"。固然可认为孔氏将"东郊之南"等同于"东南"方位有失严谨,但应该注意到孔氏并没有为了加强"天子耤田于南郊"的论点而径将"东郊之南"等同于"南郊",而是用了一稍带暧昧关系的"犹"字,说明他已了解到《礼记》所载的"天子耤田于南郊"的"淳朴""古礼"在后世已经有了改变,虽然晋武于"东郊之南"也不符合《礼记》所载,不过这些可能都只是围绕着典籍做的"微调",并没有严重的背离"经典",而现在太宗"于城东置坛",却是与"天子耤田于南郊"的"古礼"完全没了联系;更严重者,按照《礼记·祭统》"诸侯耕于东郊"的记载,"天子"的地位就和"诸侯"等同了,此点应是孔氏援引《礼记》着意之所在。

陈寅恪论述隋唐典章制度尤其是"礼仪"一项之大前提即是李唐承继杨隋,[①] 是于此须观察隋皇帝是否躬行耕耤礼及其方位。《隋书·礼仪志二》云:"隋制,于国南十四里启夏门外,置地千亩,为坛"[②],又先蚕方位"隋制,于宫北三里为坛,高四尺",可知隋耤田方位在大兴城的南郊。[③] 目前史料尚未见隋帝亲耕耤田的记载,但可以肯定隋有耕耤之制且耤田方位在与北郊先蚕相对之南郊。而太宗时唐王朝始行耕耤礼,方位最终从太宗意定于东郊,说明其一,在"藉田方面"上,唐并未继隋,此为陈氏所谓"两朝之典章制度传授因袭几无不同"之一反例;其二,孔颖达在隋曾"举明经高第,授河内郡博士""补太学助教",自是对隋耤田方位明了,其于"藉田方面"一事上谏议以为于城东置坛"不合古礼",此申述自必有隋耤田方位在南郊之影响;其三,隋行耤田于南郊,完全合于《礼记·祭统》所言"天子耕于南郊"之制,按孔颖达意,即合于"古礼"。

二 "礼缘人情":唐太宗的四点理由

而太宗驳回了孔氏谏议,认为"于城东置坛""田于东郊"是"盖其

---

① 陈寅恪:《隋唐制度渊源略论稿》,第1、51页。
② 《隋书》卷七《礼仪志二》,第144页。位置参宿白上引文图三。
③ 隋耤田虽在南郊,唐史家却记作"东耕",如《隋书》称"东耕"(第143、753—754页)。是其书成于唐,在贞观三年后,唐已改为东郊进行之"东耕",隋虽是于南郊的"南耕",但史家仍一沿自汉以降的"东耕"之称。

宜矣",分析其理由有四:第一,礼缘人情,并非一成不变;第二,"平秩东作"典出《尚书·虞书》之《尧典》①,渊源久远且有文献支持:

> 分命羲仲,宅嵎夷,曰旸谷。寅宾出日,平秩东作。日中,② 星鸟,以殷仲春。厥民析,鸟兽孳尾。

"寅宾出日",意即是于春分之时,敬迎东方日出,测其晷影,③《史记》引作"敬道日出",直是明晰此意。④ 下接"平秩东作",其中"平秩"亦作"辨秩""便程",意略同,皆是辨察日月形成出生之次序也。⑤ "东作"一词,孔传言:"岁起于东而始就耕,谓之东作"⑥,此论"就农事泛言,与文义未合"。陈寿祺破此藩篱,其言"东作"义及日月之行:

---

① 《尧典》与《舜典》之分合即二典是否为一篇的问题千百年来聚讼纷纭。主为二典者,所论之分界:在《尧》以梅赜孔氏传《古文尚书》"帝曰钦哉"为结尾。在《舜》,据敦煌唐写本《经典释文·舜典》是姚方兴上"曰若稽古"所异廿八字。阎若璩《尚书古文疏证》(上海古籍出版社1987年版,第385—390页)已斥之。故即便主《尧》《舜》为二者,分界亦不过姚本廿八字上,而"平秩东作"离此远甚,本在《尧典》无疑。
② 逗号据冯时《中国天文考古学》(社会科学文献出版社2001年版)第176页引文加,其未言原因。《尚书正义》,孔传云:"日中谓春分之日。鸟,南方朱鸟七宿。殷正也,春分之昏,鸟星毕见,以正仲春之气节。"按文意"日中,星鸟"义长。参见(汉)孔安国传,(唐)孔颖达等正义《尚书正义》,(清)阮元校刻《十三经注疏》本,中华书局1980年版,第119页。
③ 《尚书正义》孔传,第119页;蔡沈《书经集传》,上海古籍出版社1987年版,第1页;盛百二《尚书释天》卷一《尧典·乃命羲和》,清乾隆三十九年任城书院刻本。
④ 《史记》卷一《五帝本纪》,第16页。
⑤ 《尚书正义》孔传云:"秩,序也。岁起于东而始就耕,谓之东作。东方之官敬导初日,平均次序东作之事,以务农也。"孔颖达疏申述:"(羲仲)即主东方之事而日出于东方,令此羲仲恭敬导引将出之日,平均次序东方耕作之事,使彼下民务勤种植。"[(汉)孔安国传,(唐)孔颖达等正义:《尚书正义》,第119—120页] 其中"平"字,《周礼》卷二六《春官·冯相氏》"辨其叙事"句郑注引作"辨"——"谓若仲春,辨秩东作"。贾公彦疏释云:"谓若仲春,辨秩东作以下者,按《尚书》皆作'平秩',不为'辨秩'。今皆云'辨秩',据《书》传而言辨其平也。"(《周礼注疏》,第818页)《史记·五帝本纪》所引作"便",又"秩"作"程"——"便程东作",司马贞《索隐》曰:"刘伯庄皆依古史作平秩音。然《尚书大传》曰'辨秩东作',则是训秩为程,言便课其作程者也。"(《史记》卷一《五帝本纪》,第16、18页)且杨筠如《尚书覈诂》:"平,大传作辨,白虎通作辨,史记作便;辨,别也。秩,察也。释训秩秩,清也。释言察,清也。是秩察宜同。"(陕西人民出版社1959年版,第6页)曾运乾《尚书正读》云:"辨秩,辨别秩序也。"(中华书局1964年版,第5页)则上述"平秩""辨秩""便程"意思大致相同,皆是辨察日月形成出生之次序意也。
⑥ (汉)孔安国传,(唐)孔颖达等正义:《尚书正义》,第119—120页。

第三章　宗周旧制：耤田方位的变迁

"作训始也。言日月之行于是始，羲仲辨次之也"①。然相较《尧典》主旨言及日月星辰与"人时"则仍有未含，应劭《风俗通义》卷八《祀典》于"雄鸡"篇引《青史子》书云："鸡者，东方之牲也，岁终更始，辨秩东作，万物触户而出，故以鸡祀祭也。"②《汉书·艺文志》著录《青史子》于小说家类，云有五十七篇，注言"古史官记事也"③。其言"辨秩东作，万物触户而出"当是深合《尧典》之旨，保有先民记事淳朴之风。故"寅宾出日，平秩东作"当言日月星辰冒地而出，流转升降，先民辨察日月形成出生之次序，当日出正东之时，时当春分，昼夜等长，先民便行耕作之事。太宗引"平秩东作"语便是以典籍所载古老神圣之传统——"尧、舜敬授人时，已在东矣"，说明东方与耕作关联之悠远，为申述移坛于东郊提供"历史"支持。

第三点理由是顺和东方青气——"又乘青辂、推黛耜者，所以顺于春气，故知合在东方"——其间有明显的五行说渗透；且此时辂、耜的颜色又与五方迎气说结合起来，这种结合在《礼记·月令》中已显露端倪："孟春之月……天子居青阳左个，乘鸾路……载青旂，衣青衣……是月也……以迎春于东郊。是月也……亲载耒耜，措之于参保介之御间……躬耕帝藉。"孔疏此节之旨云："论迎春既反，春事已起，当祈谷亲耕也。"只是记载尚无如此系统、齐整。④至东汉应劭《汉官仪》时已系统化，大致与太宗所言相合："天子东耕之日，亲率三公九卿，戴青帻，冠青衣，载青旂，驾青龙……天子升坛……天子耕于坛"，又有云："天子升坛，公卿耕讫，啬夫下种。凡称藉田为千亩，亦曰帝藉，亦曰耕藉，亦曰东耕，亦曰亲耕，亦曰王藉"⑤。是书所记多为后汉东京故事，⑥其时称为"东

---

① （清）陈寿祺：《左海文集·答仪徵公书》，《皇清经解》卷一二五四，上海书店1988年影印学海堂庚申补刊本，第27—29页。
② （汉）应劭撰，王利器校注：《风俗通义校注》，中华书局1981年版，第374页。《玉函山房辑佚书》及《佚礼扶微》有辑佚。
③ 《汉书》卷三〇《艺文志》，第1744页。
④ （汉）郑玄注，（唐）孔颖达等正义：《礼记正义》，第1356页。
⑤ （汉）应劭撰，（清）孙星衍校集：《汉官仪卷下》，孙星衍等辑，周天游点校：《汉官六种》，中华书局1990年版，第182页。亦见于同书（汉）应劭撰，（元）陶宗仪辑《汉官仪》（第116页），唯"王"讹作"玉"。
⑥ 《后汉书》卷四八《应劭传》："（建安）二年，诏拜劭为袁绍军谋校尉。时始迁都于许，旧章堙没，书记罕存。劭慨然叹息，乃缀集所闻，著《汉官礼仪故事》，凡朝廷制度，百官典式，多劭所立。"第1614页。

耕"，是依据耤田方位而名之，那么太宗为"田于东郊"的论点所引述的第三条理由，其渊源至少可以追溯至东汉。

第四点理由是天子居东方少阳之位。《白虎通》卷六《耕桑》章载：

> 王者所以亲耕，后亲桑何？以率天下农蚕也。天子……耕于东郊何？东方少阳，农事始起。桑于西郊何？西方少阴，女功所成。故《曾子问》曰："天子耕东田而三反之。"《周官》曰："后亲桑，率外内妇蚕于北郊。"①

班固认为"天子耕东田"的依据是"东方少阳，农事始起"，与太宗相类。《白虎通》所引《曾子问》亦为《礼记》篇章，其云"天子耕东田而三反之"似与《礼记·祭统》所言"天子亲耕于南郊"矛盾。然今本《礼记·曾子问》无此文，陈立疏证即云"盖亦逸《礼》文也"。陈寿祺猜测此句当是大戴《礼记》之逸篇，②丁晏则以为是今《礼记》即小戴《礼记》的脱文，③钱玄折中二说，"疑所有诸篇之文，有三种可能：一为《大戴礼记》逸篇；二为《礼记》脱文；三为《古文记》一百三十一篇之逸篇。但今已无法一一分别考辨"④。则《白虎通·耕桑》所引《曾子问》"天子耕东田"句出处分歧颇大，出自今本《礼记》的可能性只占三分之一，此为其一；其二，假设此句出自今本《礼记》，关于其所在文，即《曾子问》篇的撰作年代，亦存在战国早期⑤迄于秦汉⑥这样时间跨度极大的分歧。更重要者，陈立疏"王者所以亲耕、后亲桑何？"句云：

> 桓十四年"御廪灾"。《公羊传》注："天子亲耕东田千亩，诸侯百亩，后夫人亲西郊，采桑"。《疏》以为《祭义》文，盖逸《礼》也。《礼·祭统》云："天子亲耕于南郊，以供粢盛；王后蚕于北郊，

---

① （清）陈立：《白虎通疏证》卷六《耕桑》，第276页。
② （清）陈寿祺：《左海经辨上·大小戴〈记〉并在〈记〉百三十一篇中》，《皇清经解》卷一二五一，第45页。
③ （清）丁晏：《佚礼扶微》，《南菁书院丛书》第三集，江阴南菁书院清光绪十四年刊本。
④ 参见钱玄《三礼通论》，南京师范大学出版社1996年版，第52页。
⑤ 王锷：《〈礼记〉成书考》，中华书局2007年版，第57页。任铭善《礼记目录后案》（齐鲁书社1982年版，第20页）、钱玄（第46页）以为是曾子弟子所记，以时推之，大致在此时段。
⑥ 杨天宇：《礼记译注》，上海古籍出版社1997年版，第300页。

第三章　宗周旧制：耤田方位的变迁

以供纯服。诸侯耕于东郊，亦以供粢盛；夫人蚕于北郊，以供冕服。"与此不同者，《祭统》所云，当是周礼。故《周礼·天官》"内宰"职以王后蚕于北郊，与藉田对方，则天子当耕于南郊。《周礼》天子诸侯不同制，则诸侯宜降为东郊，南方太阳，东方少阳也。……此《公羊》注或是异代礼，当时古周礼未行，故所据之少异也。①

　　窃以为陈氏所言确然，其举与耤田相配的先蚕方位"王后蚕于北郊"证成"天子当耕于南郊"，同时展示出《白虎通》行文的内在矛盾：先言"耕于东郊何？东方少阳……桑于西郊？西方少阴"，后所引相证之文献却在方位上出现错位——《曾子问》中说耤田在东，《周官》中亲桑却在北。陈氏认为《公羊传》何休注"天子亲耕东田千亩"云云皆非宗周礼，"或是异代礼"；造成此情况的原因是注疏之人生活时代"古周礼"（即上言"南耕"）未有施行。考之，何休（129—182）生活于东汉后期，《续汉书·礼仪志上》云："正月始耕……执事告祠先农，已享。"章怀太子注引薛综注张衡《二京赋》曰："田在国之辰地。"② 按八卦方位，辰地在东南方。《通典·籍田》云："其（东汉）籍田仪：正月始耕，常以乙日，祠先农及耕于乙地……耕时，天子、三公……以次耕。"③ 此处认为天子耤田方位在"乙地"，其方位与辰地相近，亦在东南方，但更近东而远南。《通典》此条似与上引《续汉志》薛综注不甚相合，然再考《续汉志下》记云："县邑常以乙未日祠先农于乙地"，《通典》所本当出于此。以文献可靠性而论，《续汉志》及引注强于杜佑《通典》。或论佑疏忽，混淆了县邑与中央的区别而出现了"张冠李戴"的记载。然结合太宗与孔氏就"藉田方面"的争论，虽然最终圣裁决定"田于东郊"，但确如孔氏所论，此举在"经典"及"先代史实"方面多不合"古礼"，此处《通典》在方位上用行于东汉"县邑"、更近东郊方位的乙地替代皇帝所行和相对近南的辰地，有极大可能是出于对太宗之意的"照护"，在"先代史实"方面为此举寻求更充分的依据，当然在没有直接史料支持的情况下此说法只能停

---

① 《白虎通疏证》卷六《耕桑》，第276—277页。
② 《续汉书》卷九九《礼仪志下》，第3106页。明帝永平中"二月东巡，耕于下邳"，章帝元和中"正月北巡，耕于怀县"皆出巡途中耕耤，劝民劳作，非天子耕耤礼，不论。东汉洛阳城形制可参王仲殊《东汉的都城（洛阳）》，《汉代考古学概说》，中华书局1984年版，第17—29页。
③ 《通典》卷四六《籍田》，第1285页。

下编 宗周旧制与变汉故事：迁洛后礼制变迁

留于推测层面。不过可以确认的是东汉皇帝耤田的方位在辰地，即东南方位。前述与何休基本生活在同一时期的应劭（约153—196）于《汉官仪》中称天子耤田为"东耕"，则何休注《公羊传》时同样行"东耕"礼，此亦即陈立所言之"异代礼"，故东汉皇帝耤田方位在东南辰地，为"东耕"，已非"天子当耕于南郊"的"古周礼"了；此东南方位与西晋同，但异于隋之南郊与唐之东郊。

三 "东郊少阳"与"诸侯象"之间的矛盾

关于第四点理由尚有需关注点，即太宗所引证之"朕见居少阳之地"与《礼记正义》孔颖达疏之间的矛盾。《礼记·祭统》"是故天子亲耕于南郊……诸侯耕于东郊"句，郑玄注云："东郊少阳，诸侯象也"，玄注"三礼"讲究相互贯通，其"思维紧贴文本，从经纬文献的文字出发，根据这些文字展开一套纯粹理论性的经学体系"，此特点必然要求在《礼记》中的注与《周礼》《仪礼》相合，这也就对应了上述陈立疏引的"《周礼》天子诸侯不同制，则诸侯宜降为东郊，南方太阳，东方少阳故也"，其中本质是相同的。又，玄虽然与何休等人同样生活于"东耕"之东汉，但正如乔秀岩所论"（郑玄解经）力图保存文献语言的复杂性……（这）必然要形成复杂到脱离现实的概念体系，个中原因，当是因为经纬文献本身包含异地异时不同人的各种说法，本来不反映一套现实的概念体系"。故而，"郑玄的分析是对文献概念进行理论研究的结果，离现实人情甚远"[①]，则郑玄此注忠实于他心中之"古礼"，而不能反映东汉当时的耤田方位。简言之，郑玄认为是诸侯居少阳之地，而非太宗所言之"朕"。贞观三年的"藉田方面"事件以太宗的"田于东郊"为定，而后贞观十一年孔颖达与诸儒受诏撰定《五经正义》，其中《礼记正义》初为孔颖达与国子司业朱子奢、国子助教李善信、太学博士贾公彦、太常博士柳士宣等共撰，至十六年又与前修疏人及太学助教周玄达、四门助教赵君赞、守四门助教王士雄等修改定稿，并由赵弘智复审而成。[②]《礼记正义·祭统》孔疏却在郑注

[①] ［日］乔秀岩：《论郑王礼说异同》，北京大学历史学系编《北大史学》（13），北京大学出版社2008年版，第14、13页。
[②] 《礼记正义序》《旧唐书·经籍志上》《新唐书·艺文志》，及孙钦善《中国古文献学史》，中华书局1994年版，第371页。

基础上进一步发挥："天子太阳，故南也；诸侯少阳，故东也。然藉田并在东南，故王言南，诸侯言东。"不难看出，孔疏此句实与太宗所言"且朕见居少阳之地，田于东郊，盖其宜矣""吾方位少阳，田宜于东郊"有所"矛盾"，如按经说则太宗当是诸侯之身份而非经中所谓耕藉千亩之田于南郊的天子，《四库总目提要》卷二一《礼记正义》以为："其书务伸郑《注》，未免有附会之处。"① 则是孔疏一贯"疏不破注"之"规矩"，② 于"藉田方面"可窥一斑。③ 然此"疏不破注"的解释是否可完解孔颖达不改经典的做法呢？窃以为不然。

按寻贞观三年太宗和孔氏因藉田方位存在的"矛盾"，联系当时的社会现实背景，可以发现二人之间的"矛盾"似乎不应当称为"矛盾"。案太宗当时虽已身登大宝，然其父高祖渊为太上皇。此一节至为关键，故才有太宗所言理由第一为"礼缘人情"一说，其以东为言，实符合经典所谓"诸侯"之位，太宗之人情正是指此而言；而孔氏则主张以实际皇权为中心，其奉诏修订《礼记正义》在与太宗相"争"之后，太宗虽未纳其说，然个中隐晦想来孔氏当心知肚明。同样，太宗自承"朕见居少阳之地"，亦是未回避其为太上皇之子（相当于皇太子身份的皇帝）的身份，最终直采"东耕"规制，有意表示他的谦退和孝道，显得更为有"理"，是太宗之"权宜"也有着不得不如此的"身份"和"分寸"之需：处理与太上皇关系，摆正己之身份位置。如此究之，则孔氏之说实质和太宗所主并无矛盾；太宗采汉家"东耕""故事"，既能俯从经典，又能暗合汉法，服务于当时之政治，实可以左右逢源。太宗终采"东耕"，不影响孔氏对经典的解释；而孔氏"然藉田并在东南，故王言南，诸侯言东"的说法如此观之，则显然有了着意混淆"王"（实即天子）与"诸侯"藉田方位差别的意味，为"经典"在现实中的注解留有余地，那么孔氏日后不改经典的做法，则不能简单以其秉持"疏不破注"原则视之，此与《通典》在方位

---

① 《四库全书总目》，第169页上。
② 梁启超：《中国近三百年学术史》，《饮冰室合集》专集第五册，中华书局1989年版，第184页。
③ 按《五经正义》于贞观十一年撰定，太宗誉为"符圣人之幽旨，实为不朽"，然是书却推迟至高宗永徽四年方颁于天下。史书于此时记载了马嘉运驳孔氏《正义》事，分见《旧唐书》《新唐书》二人本传（分见第2603、5645页）。二书虽皆言述马病《正义》之"繁"，《新》却多一关键之"谬"字。马驳《正义》失谬的详细内容无从得之，然贞观三年太宗所言与孔疏《礼记正义》文意产生了"表面文字"矛盾，甚至有损其天子地位，如此明显的与君主意见相左之注疏出现于经典中，可能为马氏所驳之一处。

下编　宗周旧制与变汉故事：迁洛后礼制变迁

上用乙地替代辰地为太宗寻求"先代史实""照护"的可能用意如出一辙。

综观贞观三年君臣关于"藉田方面"的歧义，可以得见天子/皇帝耤田方位关涉经典及先代故事，牵涉甚深。且此方位并非一成不变的，目下所知，有孔氏所称述之"古礼"，即《礼记·祭统》所言"天子耕于南郊"，本书称之为"南耕"；有应劭《汉官仪》、何休《公羊》注所载东汉之"东耕"，本书借用之，称"东耕"，其方位在东南；有西晋之"东耕"，与东汉同在东南；有杨隋之"南耕"，合于前述"古礼"；亦有李唐之"东耕"，但其方位异于东汉、西晋之东南，处于东郊。阵营林立，壁垒分明，几呼之欲出，是宗周以降迄至隋唐，耤田必然存在着一定规律之变动："藉田方面"是以所在方位为标准命名的，此间规律之变动即是耤田方位的变迁及记载与施行之差异，概言之，周唐间天子/皇帝耤田方位存在着自"南耕""古礼"向"东耕"转变之迹象，而"东耕"系统内部亦存在方位变化；后出之王朝总为寻求自身正统依据，于"宗经""复古"和"尊君""实用"①的标准中因时、因地的采掘先代耤田之制，以最大程度的巩固、维护己之统治。

第二节　"南耕"为"宗周旧制"蠡考

一　"南耕"系统的经典支持

"南耕"系统即是以上引《礼记·祭统》篇所记"天子亲耕于南郊"为主体的耕耤系统，②除《祭统》篇外，此系统记载又散见《礼记》其他篇章，大致有《祭义》《表记》《月令》。《祭统》言耤田方位及差异："天子亲耕于南郊……诸侯耕于东郊"，《祭义》言亩数及服色降杀："是

---

① 参见阎步克《服周之冕——〈周礼〉六冕礼制的兴衰变异》，中华书局2009年版，第13—31页。
② 另，《诗·周颂·噫嘻》以诗话的形式描述了周王行耤田礼的情景、程序，又如《周颂·载芟》诗序即云"春籍田而祈社稷也"［（汉）毛亨传、郑玄笺，（唐）孔颖达疏《毛诗正义》，（清）阮元校刻《十三经注疏》本，中华书局1980年版，第591—592、601页］及前述《国语》虢文公劝谏语虽未记载耤田方位，然所载为宗周古制，同样构成"南耕"一部分。

第三章　宗周旧制：耤田方位的变迁

故昔者天子为藉千亩，冕而朱纮，躬秉耒。诸侯为藉百亩，冕而青纮，躬秉耒。"而耤田收获的粮食是用来进奉给神灵的，《表记》言："天子亲耕，粢盛秬鬯，以事上帝，故诸侯勤以辅事于天子"，即为此意。此三篇大致勾勒出《礼记》一书所记耕耤礼诸细节及其要义。

此外，值得注意的是稍晚些羼入《礼记》的《月令》篇中记载的"祈谷之后即躬耕帝耤"，其文曰：

> 是月也（按孟春之月），天子乃以元日，祈谷于上帝。（谓以上辛郊祭天也。《春秋传》曰：夫郊祀后稷以祈农事，是故启蛰而郊，郊而后耕。）乃择元辰，天子亲载耒耜，措之于参保介之御间。帅三公九卿诸侯、大夫，躬耕帝耤。（……置耒于车右与御者之间，明已劝农，非农者也。……帝耤，为天神借民力所治之田也。）①

孔疏此节旨云："论迎春既反，春事已起，当祈谷亲耕也"，疏郑注云："郑既已二祭（按郊祭与祈谷）为一，恐人为疑，故引《春秋传》以明之。按，襄七年，《左传》云：孟献子曰郊祀后稷以祈农事也，是故启蛰而郊，郊而后耕。彼祈农事者，则此祈谷也；彼云郊而后耕，此是祈谷之后即躬耕帝耤，是祈谷与郊一也。"综观郑注与孔疏，二家旨意并是祈谷与郊祭为一事，且不论此观点与论证方式值得商榷与否，②《春秋》及《月令》文云"郊""祈谷"之后"躬耕帝耤"实为毋庸置疑之史实。

综论之，上引《礼记》诸文中与本书论述对象"藉田方面"相关的即是孟春之月天子亲耕"千亩"之耤田于南郊，与诸侯"东耕"之"百亩"在礼的等级层面有明显降杀的记载。由此可知《通典·籍田》所载："周制，天子孟春之月，乃择元辰，亲载耒耜，置之车右，……躬耕籍田千亩于南郊。"③当是沿袭《礼记》之《祭统》《祭义》《月令》《表记》等并加以糅合而成，并认为"南耕"之礼为周制。对《通典》之说确然与否的考察，其实质乃是考察"南耕"系统的时间段限，即"南耕"是否

---

① 《礼记正义》，第1597、1640、1356页。
② （清）万斯大《学礼质疑》卷一径云"郊唯日至一礼，祈谷不谓郊"（《皇清经解》卷四八，第11—12页），其礼说多尊王（肃）而黜郑（玄），此说近是；故祈谷与郊祭是否为一涉及郑王之争，须详考。
③ 《通典》卷四六《籍田》，第1284页。

下编 宗周旧制与变汉故事：迁洛后礼制变迁

为周代旧礼；考察之具体方法当是明晰《通典·耤田》所糅合《礼记》诸材料，尤其是《礼记·祭统》篇之撰作时间及所反映制度属何时的问题。若记载"南耕"系统之诸文献时间确定，当可说明此时作为"礼典"之"南耕"在文献成书之前已然施行，"南耕"为周代旧礼的观点也就可推定而出了。

二 "南耕"系统经典记载的成篇时间考察

《礼记》成书时间及其所记制度属何时自古以来便存在较大争议，不过学界大体认同的一点是其书非成于一人/时/地，当出于众手，历时弥长。《通典》所糅合之《礼记》诸篇按曹元弼"礼、学、政"三类划分方法：《祭统》《祭义》当入礼类，《表记》归学类，《月令》为政类。① 礼类《祭统》《祭义》二篇皆言祭祀之意，性质、内容相近。② 沈文倬认为它们撰作年代在战国中期：当鲁康公、景公之时，下限在鲁平公之世。③ 学类之《表记》，综观诸说，可知其成书在战国前期。④

政类之《月令》，成书年代观点纷纭，至少有八说。⑤ 然诸家皆认为其成篇为战国末期或其后之秦汉，⑥ 与《祭统》诸篇相较，它是稍晚些羼入《礼记》的。本书以为关于此篇，有两点需注意。其一，因为《通典》所谓糅合《月令》之文不仅未涉及耤田方位，且其所述之仪式程序等在后世

---

① （清）曹元弼：《礼经学》卷四《会通·礼记》，《续修四库全书》影印宣统元年刻本，第718页。曹氏弟子沈文倬先生在《略论礼典之实行和〈仪礼〉书本之撰作》一文中亦论及曹先生此观点且在此基础上有所考释，可参看，其文收入氏著《宗周礼乐文明考论》，浙江大学出版社1999年版，第1—54页。
② 《祭义》，参见（清）孙希旦《礼记集解》，第1207页；杨天宇《礼记译注》，第798页。祭统，参见《礼记集解》，第1236页；任铭善《礼记目录后案》，第59页。
③ 沈文倬：《略论礼典之实行和〈仪礼〉书本之撰作》，《宗周礼乐文明考论》，第1—54页。
④ 钱玄：《三礼通论》，第46页；王锷：《〈礼记〉成书考》，第82页；廖名春：《荆门郭店楚简与先秦儒学》，《中国哲学》编辑部、国际儒联学术委员会编：《郭店楚简研究》（《中国哲学》第20辑），辽宁教育出版社1999年版，第65页；陈伟：《郭店竹书别释》，湖北教育出版社2003年版，第7页。
⑤ 杨宽：《月令考》，《杨宽古史论文选集》卷7，上海人民出版社2003年版。
⑥ 杨宽认为是战国末期阴阳五行家之作；沈文倬《略论礼典之实行和〈仪礼〉书本之撰作》（第35页）、钱玄《三礼通论》（第45页）则主为秦汉时作品。杨振红《月令与秦汉政治再探讨——兼论月令源流》（《历史研究》2004年第3期）论述月令源流理据兼备，可参。

的耕耤礼中基本被一成不变地沿用着，即《月令》中关于耤礼的记载可以被"南耕"及下论之"东耕"系统应用，没有非此即彼的对立关系。其二，杨宽认为《月令》是战国末期阴阳五行家之作，文中所记的礼仪包括耕耤礼有较为明显的阴阳五行思想，当是在邹衍将互为区畛、本于《周易·系辞》的阴阳说与源自《尚书·五行》的五行说熔炼于一炉之后。[①] 反观《礼记·祭统》篇，其文包含阴阳思想，[②] 上引《祭统》"南耕"文中也有较为明显的阴阳学说，如孔疏云："苟可荐者，悉在祭用，故云：示尽物也，则上阴阳之物备矣。"后云："必夫妇亲之及尽物尽志之事，祭须尽物、志，故人君、夫人各竭力从事于耕蚕也"，必须人君及其夫人共同亲耕桑也是阴阳和合之意。耕耤礼含有阴阳学说的现象周代即有，《国语》载虢文公劝谏周宣王行耤田言，阴阳学说明显渗透其中，却无五行配合的痕迹。[③] 此为耕耤礼较早的关键原因。而后之"东耕"系统却是透露出阴阳五行融合无间的迹象，不论阴阳与五行学说何者出现较早，"东耕"系统兼具二者，糅合无间，而"南耕"系统只见阴阳，则是"南耕"早于"东耕"明矣。《月令》耕耤礼的相关仪式记载更多的是对"东耕"系统的影响，而非"南耕"。

至此，可以推断《通典》所引的与"南耕"系统相关的《礼记》诸篇（除《月令》外）成书当在战国中期乃至其前，故《祭统》等篇所记之"南耕"在战国中期以前曾经施行过。又，沈文倬指出"礼典的实践先于文字记录而存在，自殷至西周各种礼典次第实行，而礼书至春秋以后开始撰作"[④]，则"南耕"所言当为"宗周旧制"。陈立亦言："《祭统》所云，当是周礼。"

---

① 梁启超《阴阳五行说之来历》，《东方杂志》1923 年 10 号；庞朴《阴阳五行探源》，《历史研究》1984 年第 3 期；刘毓璜《先秦诸子初探》十五"阴阳家小议"，江苏人民出版社 1984 年版；孙筱《两汉经学与社会》，中国社会科学出版社 2002 年版，第 71—190 页。
② 极为明显之一例便是四时祭："凡祭有四时。春祭曰礿，夏祭曰禘，秋祭曰尝，冬祭曰烝。礿、禘，阳义也；尝、烝，阴义也。禘者，阳之盛也；尝者，阴之盛也。故曰：莫重于禘尝。古者于禘也，发爵赐服，顺阳义也；于尝也，出田邑，发秋政，顺阴义也。故记曰：尝之日，发公室，示赏也。草艾则墨，未发秋政，则民弗敢草也。故曰：禘尝之义大矣，治国之本也。"《礼记正义》，第 1606 页。
③ "古者，太史顺时觊土，阳瘅愤盈……先时九日，太史告稷曰：'自今至于初吉，阳气俱蒸，土膏其动。'……曰：'阴阳分布，震雷出滞。'"《国语集解》，第 15—21 页。
④ 沈文倬：《略论礼典之实行和〈仪礼〉书本之撰作》，第 7 页。

下编　宗周旧制与变汉故事：迁洛后礼制变迁

三　宗周南耕的原因考察

孙诒让不但主张周时耤田在"南郊"，且认为当在南方近郊，而非孔颖达所疏"郑（玄）本谓耤田在南方之远郊"，考证精审：

> 据孔说，是郑本谓藉田在南方之远郊。《国语·周语》云：宣王即位，不藉千亩。三十九年，战于千亩，王师败绩于姜氏之戎。《诗·小雅·祈父》孔疏引孔晁《国语》注云："宣王不耕藉田，神怒民困，为戎所伐，战于近郊。"孔晁谓藉田在近郊，虽与郑、孔少异，要其在郊则同。贾氏本职疏，亦从《祭统》在南郊之说，此疏又云"在南方甸地"，以傅合郊外曰甸之义，而忘其与《祭统》之文，显相违盭，不亦疏乎！窃谓《周语》说耕藉之礼云：王即斋宫，王乃淳濯飨醴；及期，王裸鬯，飨醴乃行；及藉毕，宰夫陈飨，王歆大牢。然则由国以至藉田之地，必道涂不远，故崇朝往反，可以逮事。孔晁谓在近郊，揆之事理，实为允惬。若在远郊，则至近亦必在五十里之外，甸则又在百里之外，古者吉行，日五十里，必竟日而后至其地，于事徒劳，义又无取，必不然矣。①

是孙氏所主耤田在南方近郊说源于晋孔晁《国语注》，并以"由国以至耤田之地，必道涂不远，故崇朝往反，可以逮事"符合事理推论证成之。

周人行耤田择南郊的原因，可从耤礼的最初目的中管窥一二。其最初目的有二，"媚于神而和于民"②，详述其义则三，干宝所谓："一曰，以奉宗庙，亲致其孝也；二曰，以训于百姓在勤，勤则不匮也；三曰，闻之子孙，躬知稼穑之艰难无逸也。"③是在此"治出于一，而礼乐达于天下"的时代"凡民之事，莫不一出于礼"，进而"以适郊朝，以临朝廷，以事神而治民。……使天下安习而行之，不知所以迁善远罪而成俗也"。而天子行耤田礼，躬身耕耤以供宗庙粢盛，"身致其诚信，诚信之谓尽；尽之谓敬，

---

① （清）孙诒让撰，王文锦、陈玉霞点校：《周礼正义》，第29页。
② 《国语集解》，第21页。
③ 《续汉书·礼仪志上》注引干宝《周礼注》，第3106页。

第三章 宗周旧制：耤田方位的变迁

敬尽然后可以事神明，此祭之道也"①，更能彰显耤田本义，并起表率作用。

前述《礼记·表记》已提及耤田的收获按惯例是要用于祭祀的，且"在《礼记·月令》和《吕氏春秋·孟春纪》所载的'籍礼'上，特别重视对上帝的祭祀……而且把'籍田'称为'帝籍'"②，耤田地位如此重要，当在方位最尊之南方，③ 此为"媚于神""奉宗庙"；而南方向阳，利于农作物生长，古人田土多向南开辟，故称农田为南亩，《周颂·载芟》诗有云："有略其耜，俶载南亩"，而其诗序言："春籍田而祈社稷也"，孔疏以为"正义曰载芟诗者，春籍田而祈社稷之乐歌也，谓周公、成王太平之时主者于春耕时亲耕籍田以劝农业，又祈求社稷使获其年丰岁稔"④。帝王为天下示范，自然要选南郊之地了，此能"训于百姓""和于民"。

而在与诸侯等级的划分区别中，南方也被赋予了独一无二、至高无上之地位，《周易·说卦》言："离也者，明也。万物皆相见，南方之卦也。圣人南面而听天下，向明而治，盖取诸此也。"韩康伯注云："日出而万物皆相见也，又位在南方，故圣人法南面而听天下，向明而治也，故云'盖取诸此也'。"⑤ 是南方为天子之尊所居，通过与诸侯方位之不同凸显尊卑降杀：虽然天子及诸侯皆能躬行耤田，然"天子亲耕于南郊……诸侯耕于东郊"，天子居南方而驾诸侯、御天下，于此方位躬行能够"媚于神""奉宗庙"及"训于百姓""和于民"的耤田礼，在"治出于一"的时代里自然彰显出天子"天下大宗"的地位。

综上，"南耕"为"宗周旧制"；其施行地点为南方近郊；包含有较为明显的阴阳学说；目前可见相关史料主要存在于《礼记》之《祭统》《祭义》《表记》及稍晚羼入的《月令》篇中，在战国中期以前，"南耕"系统已见于文献记载。在"治出于一"的时代，天子选择南郊行耤田礼，是由于耤田礼具有"媚于神""奉宗庙"及"训于百姓""和于民"之意，天子须通过耤田于"日出而万物皆相见"的南方表明与诸侯之间的尊卑降

---

① 《祭统》，《礼记正义》，第1603页。
② 杨宽：《"籍礼"新探》，第222—223页。
③ 《礼记·祭统》郑注："祭上帝于南郊曰郊"（第1587页），南郊之祭其来最尊。又《白虎通疏证》云："南方太阳"，第277页。
④ 《毛诗正义》，第601页。
⑤ （魏）王弼、（晋）韩康伯注，（唐）孔颖达等正义：《周易正义》，《十三经注疏》本，中华书局1980年版，第94页。

杀。另,《月令》所载耕耤仪式可为"南耕"及"东耕"共用,其中的阴阳五行思想对"东耕"影响更大。

第三节 "东耕"源出"汉家故事"考实

一 "东耕"系统的构成

"南耕"系统而外便是"东耕"系统,前述东汉、西晋及唐,皆言"东耕",当属此系。"东耕"系以《汉旧仪》《汉官仪》所载"春始东耕于藉田"①"天子东耕"②,《白虎通》所载"耕于东郊"③和自西汉以降历代正史所记"古典有天子东耕仪"④为主体,汉以降的诗颂文章亦属此系,如梁武帝《籍田诗》、⑤梁元帝《庆东耕启》及《祭东耕文》、⑥颜延之《侍东耕诗》、谢庄《侍东耕诗》、岑文本《籍田颂》⑦等。在史料记载上,"东耕"系远胜"南耕";且记载"东耕"系的史料时间多在汉后。其数量庞大,又见诸正史,则可说明自汉之后东耕耤田礼在"礼"的经学、典章制度设计及施行方面是占主体、正统地位的。

《汉官仪》与《白虎通》"东耕"前已论,于此观卫宏书,其于《汉旧仪补遗卷下》言:"春始东耕于藉田,官祠先农。……皇帝亲执耒耜而耕"⑧;《汉官旧仪·补遗》:"先农,[即]神农炎帝也。"⑨宏主要活动于汉

---

① (汉)卫宏:《汉旧仪补遗卷下》,孙星衍等辑:《汉官六种》,第102页。
② (汉)应劭:《汉官仪卷下》,第182页。亦见于同书(汉)应劭撰,(元)陶宗仪辑:《汉官仪》,第116页。
③ 《白虎通疏证》卷六《耕桑》,第276页。
④ 《隋书》卷七《礼仪志二》,第143页。
⑤ (唐)徐坚等:《初学记》卷一四《礼部下·籍田第一·诗》(中华书局1962年版,第341页),诗言"寅宾始出日,律中方星鸟……苍龙发蟠蜿,青祈引窈窕"可明方位在东。
⑥ 分见《全梁文》卷一六《元帝二》及卷一八《元帝四》,第3044、3057—3058页。
⑦ 颜、谢诗分见逯钦立辑校《先秦汉魏晋南北朝诗》(中华书局1983年版),第1237页;《宋诗卷六》,第1251页;岑颂见《初学记》卷一四《礼部下·耤田第一·颂》,言曰"回舆南亩,驻跸东垄",可证属"东耕"系统。
⑧ 《汉官六种》,第102—103页。
⑨ 《汉官六种》,第55、58页。

第三章　宗周旧制：耤田方位的变迁

光武时期，"作《汉旧仪》四篇，以载西京杂事"①，其所记乃西汉事，则西汉时皇帝耕耤当是"东耕"，保守言之，至少西京时当有"东耕"之雏形了。

详考西汉耕耤礼可知文、景时便行耤田礼，武帝亦有"今朕亲耕藉田以为农先"的记载，②但皆未言方位。姜波以为文帝"耕籍的地点在长安城东郊"，未言依据，值得商榷；王健则依据上引《礼记·祭统》文言："籍田设置在长安城的南郊"，也是未能明晰"南耕"与"东耕"的时间差别。《汉书》卷六五《东方朔传》载："武帝时爱叔答帝姑馆陶公主近幸董偃避祸之策云：'顾城庙远无宿宫，又有萩竹籍田，足下何不白主献长门园？此上所欲也。'"如淳注曰："其间虽有地，皆有萩竹籍田，无可作宿观也。"又曰："窦太主园在长门。长门在长安城东南。园可以为宿馆处所，故献之。"师古于献长门园以为帝籍田休息的观点与如同。观此可推断武帝时耤田当在长安城东南。③

又有汉昭帝始元元年二月"钩盾弄田"事，此制不见于其他皇帝记载，应劭曰："时帝年九岁，未能亲耕帝籍，钩盾，宦者近署，故往试耕为戏弄也。"臣瓒云："《西京故事》弄田在未央宫中。"④ 劭《汉官仪》有专论天子耕耤礼章，应氏谙熟此道，所言当近史实，后世史家亦多同其见解，⑤故可认为昭帝钩盾弄田当是幼帝即位下的权宜之制，非可作为耤田"地点也被挪到未央宫"⑥推断的史料依据。后"六年春正月，上（昭帝）耕于上林"。按昭帝于春正月耕，符合耕耤礼举行的时间，⑦且此时昭帝即

---

① 《后汉书》卷七九下《儒林传下·卫宏》，第2576页。
② 《汉书》卷四《孝文帝纪》："春正月丁亥，诏曰：'夫农，天下之本也。其开藉田，朕亲率耕，以给宗庙粢盛。'"《史记·孝文本纪》所载相同（第423页）；《汉书》卷五《孝景帝纪》："朕亲耕，后亲桑，以奉宗庙粢盛祭服，为天下先"，第117、151、2507页。
③ 《汉书》，第2853—2854页。西汉长安形制参见刘庆柱《汉长安城的考古发现及相关问题研究》图一，《古代都城与帝陵考古学研究》，科学出版社2000年版，第125页。
④ 《汉书》卷五六《董仲舒传》，第219页。
⑤ 《宋书》，第353页；《通典》，第1284页。
⑥ 姜波：《汉唐都城礼制建筑研究》，第32页。其以昭帝耕于上林和汉武帝征和四年三月"耕于钜定"的记载，认为"说明西汉时期耕耤田的地点并未形成定制"，本书认为此观点有待商榷。因为武帝耕于钜定，据《汉书·沟洫志》："而关中灵轵、成国、湋渠引诸川，汝南、九江引淮，东海引巨定。"臣瓒曰："钜定，泽名也。"则钜定当是在东海，为武帝出巡时耕作之田；且时间为三月，与昭帝春正月不同，故不可进行比对而得出结论。
⑦ 耕耤礼一般在春正月，此与阴阳五行思想有关，春主生发故也；梁武天监十三年改为二月，方是一变。

位已长，具备行礼的资格；又据王仲殊《西汉的都城（长安）》："汉长安城的东南面至西南面的广大地区都在它（按即上林）的范围之中"①，结合武帝时期的藉田方位，当在东南为是。则西汉"东耕"藉田方位在长安东南。

二 "东耕"源出"汉家故事"考

目下所见基本可以证实两汉耕藉方位在东南，为"东耕"系，然"东耕"系统是否必以西汉为最早，仍需在时间方面进行排除："南耕"为"宗周旧制"，行于战国中期及其以前，故西汉时出现"东耕"，要确知其是否为最早，当明晰战国末至秦是否行耕藉礼及其方位。战国末期战乱频仍，兼并不断，加之史料无多，暂置不论；以下考析秦是否躬行藉田。

宋王禹偁言："自周德下衰，礼文残缺。故宣王之时，有虢公之谏；秦皇定霸，鲜克由礼。汉祖龙兴，日不暇给，孝文孝景始复行焉。"②认为秦及汉孝文之前当是藉田礼的空白期。《古今图书集成·经济汇编·礼仪典》则记载了相反的观点："是礼也（耕藉礼）……秦汉以来此礼虽讲，或者谓《月令》所载天子躬耕帝藉之事，秦人之礼也"③，则此史料举出有人认为《月令》所载天子躬耕帝藉事是秦人之礼。目前未见关于秦帝国藉田的考古证据，无从论断孰是。里耶秦简可见秦有与耕藉极为相关的祭先农之礼。④但由于"祠先农"仪式与"耕藉礼"存在差别，学界对先农与稷是否为一回事尚存较大争议，⑤遑论"祠先农"仪式是否如汉代一般同耕藉礼一同进行；且里耶为秦帝国一行政区，与中央天子所行礼仪不

---

① 王仲殊：《汉代考古学概说》，第12页。
② （宋）王禹偁：《藉田赋序》，《小畜集》卷一，四部丛刊初编本，第1页。
③ 《古今图书集成·经济汇编·礼仪典》卷三〇二《藉田部·总论》，中华书局1934年版，第727册之27页。
④ 参张春龙、龙京沙《里耶秦简中的祠先农简》，中国文化大学《第三届简帛研讨会文集》，台北，2005年；张春龙《里耶秦简祠先农、祠窖和祠隄校券》，《简帛》第二辑，上海古籍出版社2007年版；彭浩《读里耶"祠先农"简》，《出土文献研究》第八辑，上海古籍出版社2007年版。
⑤ 史志龙：《秦"祠先农"简再探》，"简帛网"2009年5月30日，http：//www.bsm.org.cn/show_article.php? id=1081，2009年6月13日。

可等量推定。若据《古今图书集成》引说，则战国末至汉初当是"东耕"代替"南耕"的过渡阶段，而《月令》所记受阴阳五行思想支配的耕耤仪式必是在战国末期阴阳五行思想成熟之后记入典籍的，则就理论层面而言，秦似乎当为"南耕"转变为"东耕"的过渡阶段。但无文献及考古证明，阙疑待解。故目下言之，西汉为"东耕"一系之源，当亦可行。

孙希旦云："汉人采辑古制，盖将自为一代之典，其所采以周制为主，而亦或杂有前代之法，又有其所自为损益，不纯用古法者。"① 在天子/皇帝耕耤礼之耤田方位上汉人顺应阴阳五行学说融合之趋势，并不取《礼记·祭统》所言宗周"南耕"之制，亦不纯取诸侯耕于东郊之礼，而是"杂有前代之法，又有其所自为损益"，创立"东耕"一系，耕作之方位实在东南。两汉立国逾四百载，其制度于后世影响甚大。然于"治出于二，而礼乐为虚名"的秦帝国之后，"宗周旧制"仍有相当之号召力与吸引力，王莽宗周复古是为一例，宇文周准周建国、拓跋魏开国建制亦多依本《周礼》《礼记》，② 凸显出周制、《周礼》于少数民族政权争取自身正统性方面具有不可忽视的影响力，故源出"宗周旧制"的"南耕"一系不会就此退出历史舞台，当潜藏于历史之间，静待后人抉择。

第四节 "东耕"内部方位变化与"南耕"复行

耤田方位因有"南郊"和"东郊"之分，从而产生"南耕"与"东耕"系统时间上的顺承关系："南耕"为周代旧制，"东耕"始于汉家。而时间上的顺承关系同时标示着空间上耤田方位由"南郊"向"东郊"的转化。自两汉以降，"东耕"系统占据了天子/皇帝耤田的主体位置，但空间层面之转变并未因此告终，此变化发生于"东耕"系统内部：如前所论，西汉、东汉、西晋与唐皆属"东耕"，但前三者之方位在东南，唐则在城东，是"东耕"虽为"东郊耕耤"之省称，但具体方位或在东南，或

---

① 《礼记集解》，第309页。
② 楼劲：《〈周礼〉与北魏开国建制》，荣新江主编：《唐研究》第十三卷，第87—148页。

在东,其中以数量而论,东南方位又占主体,以"名不符实"论之似不为枉;其间只有梁武帝、唐太宗正名于东,实为罕见之举。又,宗周"南耕"系统间或再现历史舞台,杨隋耤田于南郊即是一例,而其间渊源则须详考。故,谨对两汉迄李唐之耤田方位作一综论。

一 先蚕方位的辅助推定:曹魏耤田方位考

据前论,西汉"东耕"耤田方位在东南;东汉"田在国之辰地",亦在东南。① 东汉末至五胡十六国时期虽呈现出中原板荡、群雄逐鹿的混乱局面,"但有一点应是肯定的,皇帝亲耕籍田在开始的时候与郊祀一样重要"②。是统治者亦明晰耤田礼在为自身政权争取正统性支持方面有着武力与经济所不可及的作用。曹魏之兴,即重亲耕。《三国志》"帝纪"明确记载了诸帝亲耕之史,然未言方位。③ 姜波在未引史料的情况下得出"行礼的地点,在洛阳城的东郊"的结论,值得商榷。④ 新城理惠将曹操建安十九年正月、廿一年三月亲耕耤田与五月进爵魏王联系考察,认为曹操在仪礼上显示出谋朝篡位的野心,见解独到,但亦未论及方位。窃以为可以通过间接方法,即对曹魏先蚕方位进行考查论证此问题。

《晋书·礼志上》:"魏文帝黄初七年正月,命中宫蚕于北郊,依周典也。"《隋书·礼仪志二》亦言:"魏遵《周礼》,蚕于北郊。"是曹魏先蚕方位依仿周典,地在北郊,则其一,与先蚕相配而行的耤田礼同样

---

① 于此可注意者,《三国志》卷八《魏书·公孙度传》载度于初平元年"立汉二祖庙,承制设坛埠于襄平城南,郊祀天地,籍田,治兵,乘鸾路,九旒,旄头羽骑"。此句多用逗号句读,使人不明耤田归属于上还是下。读本传可知度立汉庙之原因是欲借谶纬而图汉之王,故立汉庙,并于大石所生之襄设坛埠祭祀天地,南郊祭天之制在汉行之,但耤田方位在东南,史皆称之"东耕";又,据《礼记·月令》载:"孟春之月……天子居青阳左个,乘鸾路,驾仓龙,……天子亲载耒耜,措之于参保介之御间,帅三公九卿诸侯、大夫,躬耕帝藉。"《吕氏春秋·孟春纪》与此略同,是耤田承鸾路明矣,则此处耤田当属下,将"郊祀天地"后之逗号变为句号,成:"立汉二祖庙,承制设坛埠于襄平城南,郊祀天地,籍田,治兵,乘鸾路,九旒,旄头羽骑。"可通。
② [日]金子修一:《以国家祭祀为中心的魏晋南北朝隋唐研究史回顾与展望》,第46页。
③ 《三国志》卷一《魏书一·武帝纪》:"(建安)十九年,春,正月,始耕藉田……(二十一年)三月,壬寅,公亲耕籍田。"卷三《魏书三·明帝纪》"(太和元年)二月,辛未,帝耕于藉田。……五年,春,正月,帝耕于藉田。"第42、47、92、98页。
④ 姜波:《汉唐都城礼制建筑研究》,第101页。

依仿周礼；其二，先蚕位置可能与耤田方位相对。依前者，曹魏耤田当为宗周旧制之"南耕"；据后者，曹魏耤田亦可能在与北郊先蚕相对的南郊。于此，需多着笔墨论证以先蚕方位与耤田"对其方"的方式间接推断耤田方位之法是否可行，故将《晋书·礼志上》与《隋书·礼仪志二》所载先蚕方位与本书有充分证据断定之朝代耤田方位相对勘，以数据佐证此法。

《晋志》言："《周礼》，王后帅内外命妇蚕于北郊。汉仪，皇后亲桑东郊苑中……魏文帝黄初七年正月，命中宫蚕于北郊，依周典也。及武帝太康六年……于是蚕于西郊，盖与藉田对其方也。"[1]《隋志》记曰："《周礼》王后蚕于北郊，而汉法皇后蚕于东郊。魏遵《周礼》，蚕于北郊。吴韦昭制《西蚕颂》，则孙氏亦有其礼矣。晋太康六年，武帝杨皇后蚕于西郊，依汉故事。江左至宋孝武大明四年，始于台城西白石里，为西蚕设兆域……自是有其礼。后齐为蚕坊于京城北之西……路西置皇后蚕坛……置先蚕坛于桑坛东南……后周制（按无言方位）……隋制，于宫北三里为坛，高四尺。"[2] 首先，二《志》所言相同朝代先蚕方位记载一致；其次，综言二《志》所载先蚕方位：《周礼》于北郊，汉法在东郊，曹魏在北郊，孙吴在西郊，西晋在西郊，南朝刘宋在西郊，北齐于京城北之西，隋于北郊。本书前述及后叙耤田方位肯定者（即有直接史料证明支持者），周制为南耕，与先蚕"对其方"；西晋明言"与藉田对其方"；刘宋属"东耕"；北齐耤田在东南；隋制为南耕，皆与先蚕方位相对，八占其五。

另可注意者，《隋志》言晋武杨皇后蚕于西郊乃"依汉故事"，但前叙汉法是"皇后蚕于东郊"，其意龃龉。考之汉时先蚕近蚕坛之蚕室在上林苑中，[3] 与西汉皇帝耤田方位同，是"汉法皇后蚕于东郊"非妄。而晋武定先蚕方位于西郊是由华峤奏以乾坤相配之意及"详依古典，及近代故事，以参今宜"所得结论，未如《隋志》所言是"依汉故事"；且后之具体仪式、服色等《晋志》记为遵"汉魏故事"而非谨遵"汉故事"，[4] 汉之方位在东，与魏在北显异，故《隋志》所云晋武杨皇后蚕于西郊乃是

---

[1] 《晋书》卷一九《礼志上》，第590页。
[2] 《隋书》卷七《礼仪志二》，第145—146页。
[3] 《汉书》卷九〇《酷吏传·咸宣》，第3661页。
[4] 《晋书》卷一九《礼志上》，第590页。

下编　宗周旧制与变汉故事：迁洛后礼制变迁

"依汉故事"非确论。

据上考察，依照先蚕方位间接推论耤田方位的方式存在可行性，然其毕竟逊于直接证据，且未必放之四海而皆准，故仅为一补充法，需审慎使用，下文考证当遵循此精神。又，依此法，孙吴耤田当属"东耕"，具体方位承继"汉家故事"于东南的可能性较大。①

二　东晋哀帝耤田方位与门阀政治

西晋耤田所立本于杜预，② 地在东郊之南、洛水之北，只是"自惠帝之后，其事便废"③。八王烽烟起后，典午南渡，元帝定鼎江南，观《宋书·礼志一》："史注载多有阙，止元、哀二帝将修耕籍，贺循等所上注，及裴宪为胡中所定仪，又未详允"④，是元帝未能行耤田礼。明帝时，温峤条列军国要务，其疏第五曰："古者亲耕藉田以供粢盛，旧置藉田、廪牺之官。今临时市求，既上黩至敬，下费生灵，非所以虔奉宗庙蒸尝之旨。宜如旧制，立此二官。"疏上，"多纳之"⑤。按，元帝未行耤田，自当未设负责耤田事务的"藉田、廪牺之官"，此言"旧置"之时当在典午南渡之前，《宋书·百官志》载云："藉田令，一人。丞，一人……江左省"；可证；⑥ 而哀帝时江彪上言耕耤礼"礼废日久，仪注不存，中兴以来所不行"，则明帝"多纳之（指温峤疏）"的奏条中无"宜如旧制，立此二官"条，据此明帝耤田亦未成行。

哀帝时欲行耤礼，江彪"以为礼废日久，仪注不存，中兴以来所不行，谓宜停之"⑦，惜未言彪谏的结果。检《晋书》卷八《哀帝纪》："（兴宁）二年春二月……癸卯，帝亲耕藉田"，是哀帝未从彪意，最终亲行耕

---

① 吴及下论五朝（东晋、宋、齐、梁、陈）建邺/康布局参见朱偰《金陵古迹图考》，商务印书馆1936年版，第104下页。
② 《晋书》卷三四《杜预传》，第1027页。
③ 《晋书》卷一九《礼志上》，第589页。成书更早的《宋书·礼志一》不如《晋志》述时间明确。
④ 《宋书》卷一四《礼志一》，第353—354页。亦参见《晋书》卷一九《礼志上》，第589页；《通典》卷四六《籍田》，第1285页。
⑤ 《晋书》卷六七《温峤传》，第1789页。
⑥ 《宋书》卷三九《百官志上》，第1231页。
⑦ 《晋书》卷五六《江彪传》，第1539页。

耤了。然此举实为江左一朝仅见，亦只行此一次，且其时因内有承统问题，①外有桓温威胁，为求得名正言顺及抗衡桓温，哀帝刻意恢复"古礼"，以造舆论声势，在意图恢复耕耤礼的同时，甚至试图祭祀被视为"杂祀之事"的"鸿祀"，②知此背景便不难理解江左仅见哀帝行耤田的原因了，实为特殊形势使然。

观东晋一朝，除哀帝形势使然躬行耕耤之外，正常情况下皇帝是不行耕耤礼的，如此，其一，正常情况下，耤田礼已不施行，遑论"藉田方面"，是《隋书·礼仪志二》言"江左未暇，至宋始有其典"确非枉论；其二，哀帝昙花一现般的躬耕耤田即便耤田方位明晰亦不能代表江左一朝之"藉田方面"，上言"至宋始有其典"句便是哀帝为形势所迫之耕耤并未有大影响的注脚，况史未明言耤田方位，较大可能是沿袭西晋之方位，只因偏安江左，已非是"东郊之南、洛水之北"的旧处了，但其亦在东南的可能性较大。梁满仓指出耤田礼的进行"需要有皇帝的强大权威，需要有在这种权威的笼罩下群臣如'众星之拱北辰'的君臣关系。而东晋一朝恰恰缺少这两点……门阀士族不可能赞成举行旨在向全国表明皇帝具有无上权威的藉田活动"③。

三 "帝出乎震"：梁武帝的东郊耤田

南朝刘宋，"元嘉二十年，太祖将亲耕……于是斟酌众条，造定图注。先立春九日……度宫之辰地八里之外，整制千亩，开阡陌。立先农坛于中阡西陌南，御耕坛于中阡东陌北"。耤田在建康宫的辰地，即东南方，途

---

① 《晋书》卷七八《孔严传》："及哀帝践阼，议所承统，时多异议。严与丹杨尹庾龢议曰：顺本居正，亲亲不可夺，宜继成皇帝。诸儒咸以严议为长，竟从之。"第2060页。
② 《晋书》卷五六《江彪传》："帝欲于殿庭立鸿祀，又欲躬自耤田"；《晋书》卷七八《孔严传》："隆和元年，诏曰：'天文失度，太史虽有禳祈之事，犹衅昝屡彰。今欲依鸿祀之制，于太极殿前庭亲执牲肃。'严谏曰：'鸿祀虽出《尚书大传》，先儒所不究，历代莫之兴，承天接神，岂可以疑殆行事乎！天道无亲，唯德是辅，陛下……岂须屈万乘之尊，修杂祀之事！君举必书，可不慎欤！'帝嘉之而止。"第1539、2060、2174页。"欲行鸿/洪祀"与东晋哀帝政局之关系，拟另文撰论。
③ 梁满仓：《魏晋南北朝五礼制度考论》，第227—229页。梁先生同时指出由于祭天与耤田有着极大的区别，具体而言是二者存在着祭祀对象和意义上的不同，因此与耤田礼同样需要动员门阀士族参加的"祭天礼在皇权衰微时仍可举行，耤田礼必须有皇帝的权威、必须有群臣众星拱辰般的拥戴才可进行"，第229页。

下编　宗周旧制与变汉故事：迁洛后礼制变迁

中尚能"行经（袁）湛墓"①。方位与东汉、西晋相同。后继之萧齐，《南齐书·礼志上》所记唯有耤田之日的争论，无方位；②《通典·籍田》更简。③然，《南齐书·武帝纪》载萧赜永明三年十二月诏，中云"朕嗣奉鸿基，思隆先轨，载耒躬亲，率由旧式。可以开春发岁，敬简元辰，鸣青鸾于东郊，冕朱纮而莅事"④，观"率由旧式"及"鸣青鸾于东郊"，可知其耕耤礼当是东耕，方位如刘宋，在东南方。刘宋、萧齐耤田方位，大致依于"汉家故事"。

迄于萧梁，《梁书·武帝纪》载普通二年四月丙辰诏："夫钦若昊天，历象无违，躬执耒耜，尽力致敬，上协星鸟，俯训民时，平秩东作，义不在南。前代因袭，有乖礼制，可于震方，简求沃野，具兹千亩，庶允旧章。"⑤《隋书·礼仪志二》记："普通二年，又移藉田于建康北岸，筑兆域大小，列种梨柏，便殿及斋官省，如南北郊。"⑥以时间求之，两书所述当是一事。古人有"取法于天"的传统，"钦若昊天，历象无违"便是此思想的反映。⑦梁武改革礼制，颇有成效，其言"平秩东作，义不在南。前代因袭，有乖礼制"与唐太宗驳孔颖达语极似，当是太宗思想之一渊源；又，"可于震方，简求沃野"，震方乃四阳卦之一，于方位属东，则"又移耤田于建康北岸"当是在建康的东郊；而《易·说卦》云"帝出乎震"，梁武用之，迁耤田于震方，其意自然是强调统治符合天命。⑧此位置亦可由雩坛的位置验证。天监九年梁武移雩坛至东郊，而后"大同五年，

---

① 《宋书》卷一四《礼志一》，第354页；卷五二《袁湛传》："世祖大明三年，幸耤田，行经湛墓"，第1498页。刘宋的耤田在建康宫的东南方，而袁湛陈郡阳夏人，也就是现在的河南太康县，但世祖孝武帝幸耤田行经湛墓，则袁湛当未葬在家乡，而是葬在首都东南方了。这与北魏迁洛之后"汉族的上层氏族逐渐将墓从代迁回原籍，重建了原籍的族墓"（［日］室山留美子：《北魏汉族官僚及其埋葬地的选择》，原载《东洋学报》2006年第87卷第四号；后收入《日本中国史式研究年刊（二〇〇七年度）》，上海古籍出版社2009年版，第92页）的举动存在差异，似与矢野主税氏论证"寄生官僚制"形成所需的官员与故乡分离，只依靠俸禄生活的条件暗合。
② 《南齐书》卷九《礼志上》，第142—143页。
③ 《通典》卷四六《籍田》，第1285页。
④ 《南齐书》卷三《武帝纪》，第51页。
⑤ 《梁书》卷三《武帝纪》，中华书局1973年版，第64—65页。
⑥ 《隋书》卷七《礼仪志二》，第143—144页。
⑦ 《礼记·郊特牲》："地载万物，天垂象。取材于地，取法于天，是以尊天而亲地也。故教民美报焉。"《礼记正义》，第1449页。
⑧ 参见孙英刚《神文时代——谶纬、术数与中古政治研究》，上海古籍出版社2014年版，第96页。

又筑雩坛于藉田兆内。有祈禜，则斋官寄藉田省云"①。雩坛位置并未有变动，是大同五年雩坛仍在东郊，且在"藉田兆内"，则耤田方位亦在东郊了；武帝变更雩坛至东郊之原因"东方既非盛阳，而为生养之始"与移耤田方位"平秩东作，义不在南"理由相近，此两者更与唐太宗于城东置耤田所举"朕见居少阳之地，田于东郊，盖其宜矣"如出一辙且时在其前，不能不说二者存在前行后效的联系。武帝所谓的"前代因袭，有乖礼制"当是指汉晋宋齐等名为"东郊"而田在东南的耕耤之制，至此变为东，使其"名实相符"，且"上协星鸟"，顺乎天象。如此可知普通二年之前的梁耕耤礼"藉田方面"当遵宋齐，在东南；普通二年四月诏后移至建康北岸，成为名实相符的"东耕"。

最末之陈，宣帝顼亲行耕耤礼，多达六次，但俱未言方位。② 幸赖《艺文类聚》存陈诗人张正见耤田诗五章，名《从耤田应衡阳王教作诗》，③ 其一有言"东郊事平秩，仲月祀灵威"，其三有"草发青坛外，花飞苍玉前"，其四有"苍玉临珪璧，青坛躬帝籍"。可知陈为东郊耕耤；又有陈寅恪言："旧史所称之'梁制'实可兼该陈制，盖陈之继梁，其典章制度多因仍不改，其事旧史言之详矣。"④ 耤田当亦如此。如是，遍观南朝，以梁武帝普通二年改革为断，此前之宋、齐及梁耤田方位多在国都辰地，为东南方位；此后萧衍"移藉田于建康北岸"，耤田方位到了"东郊"，真正与"东耕"名实相符，并且其改革理由大致与后世唐太宗相仿，后者之变更当渊源于梁武，是隋唐制度尤其是礼仪制度"梁陈之源者"之一例证也。

四 "宗周南耕"：北朝耤田方位的传袭

隋唐制度三源二出北朝：北魏、北齐，西魏、周，于此"藉田方面"，

---

① 《隋书》卷二《礼仪志二》，第126—127页。
② 《陈书》卷五《宣帝纪》："（太建元年）二月……乙亥，舆驾亲耕藉田""（三年）二月辛……丁酉，亲耕藉田"，"（六年）二月……辛亥，舆驾亲耕藉田"，"（九年）二月壬午，舆驾亲耕藉田"，"（十一年）二月癸亥，舆驾亲耕藉田"，"（十三年）二月……乙亥，舆驾亲耕藉田"，第77、80、86、90、93、98页。姜波《汉唐都城礼制建筑研究》认为"文献中似乎找不到陈朝行（藉田与亲蚕）礼的记载"（第143页），当漏查。
③ 衡阳王即陈霸先第六子昌。参见（唐）欧阳询撰，汪绍楹校《艺文类聚》，上海古籍出版社1965年版，第703页。
④ 陈寅恪：《隋唐制度渊源略论稿》，第2、10页。

下编　宗周旧制与变汉故事：迁洛后礼制变迁

亦须明晰，兼可考察是否尽合陈寅恪所言。北魏、北齐之渊源，承于东晋自南齐间沿袭之汉、魏、西晋礼乐政刑典章文物，"而为北魏孝文帝及其子孙摹仿采用，传至北齐成一大结集者是也"①。而拓跋魏一朝耤田史实较少，"从拓跋珪天兴三年到北魏一分为二，凡一百三十余年，史书记载藉田之事不过六次"②。目下可见涉及耤田方位的史料出于孝文时："（太和十七年）二月……已丑，车驾始籍田于都南。"③按孝文"外示南讨，意在谋迁（洛阳）"时在是年六月，此处所言之"都"指平城，亲耕于平城之南，是北魏平城孝文时为"南耕"制。又，道武帝珪曾于天兴三年"二月丁亥……始耕籍田"，同样是在天兴元年迁都平城后举行的。而其具体方位当在都南的药圃、明堂附近，《水经注》卷一三《漯水》：

> 其水（即如浑水干流，今称御河）④自北苑南出，历京城内，河干两湄，太和十年，累石结岸。……郭南结两石桥，横水为梁。又南迳藉田及药圃西，明堂东。明堂……事准古制，是太和中之所经建也。⑤

首句杨守敬按云："北苑在京城北，为如浑水分流之二水所迳……谓其水自北苑南出，历京城内"，则如浑水干流自平城北苑南流，"历京城内""南迳藉田"句则说明此水遍历平城市内，至都南方过耤田处；"南迳藉田及药圃西、明堂东"是耤田在药圃、明堂的北方，⑥而据考古资料，明堂可以确认在平城南郊丙巳之地，⑦则北魏平城时代耤田在南郊临靠如

---

① 陈寅恪：《隋唐制度渊源略论稿》，第1页。
② 陈戍国：《魏晋南北朝礼制研究》，第426页。
③ 《魏书》卷七下《孝文帝纪下》，第171页。
④ 熊会贞认为"其水"系指如浑水西流的一支，流进郊郭之南；然［日］前田正名《平城历史地理学研究》（李凭等译，书目文献出版社1994年版，第7—8页）认为应是如浑水干流。暂从前田说。
⑤ 段熙仲点校，陈桥驿复校：《水经注疏》，江苏古籍出版社1989年版，第1150页。并参见《杨熊合撰水经注疏（二）》，台北：中华书局1971年影印本，第1666页；陈桥驿：《水经注校释》，杭州大学出版社1999年版，第233页；京都大学藏《水经注疏》卷一三，森鹿三氏寄赠本，第20—21页。
⑥ 方位图可参见［日］前田正名《平城历史地理学研究》图三，第17页。
⑦ 参见王银田《北魏平城明堂遗址研究》，《中国史研究》2000年第1期；王银田、曹臣明、韩生存《山西大同市北魏平城明堂辟雍遗址1995年的发掘》，《考古》2001年第3期。

· 158 ·

第三章 宗周旧制：耤田方位的变迁

浑水干流、南近药圃与明堂之地。

迁洛后，宣武景明三年十二月诏云："比京邑初基，耕桑暂缺，遗规往旨，宜必祗修。今寝殿显成，移御维始，春郊无远，拂羽有辰。便可表营千亩，开设宫坛，秉耒援筐，躬劝亿兆。"①所言"京邑初基，耕桑暂缺"可说明此前新都洛阳未有耤田规制，是年十二月后始立，惜未记方位。②然此时有皇后亲蚕方位记载，《魏书》卷八《宣武帝纪》云："（景明四年）三月己巳，皇后先蚕于北郊。"《北史》卷四《宣武帝纪》更是直接将耤田与先蚕连接叙述："四年春正月乙亥，亲耕籍田。三月己巳，皇后先蚕于北郊。"若先蚕礼方位与耕耤方位相对在北魏成立，则北魏当是耤田在南郊；加之平城时代孝文耕于都南，迁洛之后沿用，亦为情理中事。如此言之，北魏一朝，耤田方位当在南郊，属"南耕"一系可能性极大。又，川本芳昭即联系了"宪章姬周"的北周官制改革的有关观念和民族关系背景，对《周礼》影响北魏前后期历史的现象进行过探讨，其对北魏前期采鉴《周礼》情况的申述，主要围绕天兴元年"祀天之礼用周典"、天兴二年置尚书三百六十曹、天赐元年"置六谒官准古六卿"三事展开，而耤田一事不仅时间相近，且属祀典之范畴，当亦在《周礼》影响范围之内；③楼劲认为道武帝珪的开国建制活动"承续和代表了那种直接取鉴于儒家经传来创制的新模式，所取附的又主要是古文系统的经典经解……虽可能有多种现实的、经典的或前朝故事的因缘，但其直接取鉴或附会的，主要还是《周礼》和《礼记》的有关典制和理念"④。耤田方位上，北魏开国建制并于此后延续的亦当是《礼记》《周礼》等典籍所载宗周"南耕"之制，其于周制中汲取制度灵感并延续传统，至此又多一证据。

爰及北齐，耤田方位可明。《隋书·礼仪志二》："北齐藉于帝城东南千亩内……自余一顷，地中通阡陌，作祠坛于陌南阡西……又为大营于外，又设御耕坛于阡东陌北"⑤，则北齐方位在邺城东南。⑥又，与耕耤相

---

① 《魏书》卷八《宣武帝纪》，第195页。
② 北魏洛阳形制参见宿白《北魏洛阳城和北邙陵墓——鲜卑遗迹辑录之三》图四，《文物》1978年第7期；杨宽《中国古代都城制度史研究》图四〇，第143页。
③ ［日］川本芳昭：《魏晋南北朝时代的民族问题》，第367—389页。
④ 楼劲：《〈周礼〉与北魏开国建制》，第87—148页。
⑤ 《隋书》卷七《礼仪志二》，第144页。
⑥ 北齐邺城形制参见中国社会科学院考古研究所编著《20世纪中国考古大发现》"临漳邺城遗址"条，四川大学出版社2000年版，第246—247页。

下编　宗周旧制与变汉故事：迁洛后礼制变迁

配的皇后亲蚕的方位是"京城北之西"①，与耕耤方位相对，亦为间接之证。

《周书》"帝纪"记有皇帝行耤田的举动，但无方位记载；②《隋书·礼仪志二》亦只载北齐耕耤、先蚕礼及北周先蚕礼，不及北周耕耤。或径依《隋志》所载："自后齐、后周及隋，其典大抵多依晋仪。然亦时有损益矣"③，遽断北周之制多依晋仪，但以北齐及隋耤田方位推之，是北齐确依晋仪，耤田在东南，属"东耕"一系，然承继北周之杨隋耤田却在南郊，为宗周之"南耕"系统，反是"时有损益"的明证了。故北周亦存在此种可能，此论可息矣。《隋书·礼仪志一》云："后周宪章姬周，祭祀之式，多依《仪礼》。"然《仪礼》不载耤田之礼，是后周耤田当是宗周，其职官仿《周礼》六官，"前后共行用了有二十五年之久"，其中地官下有"神仓"，其长为神仓中士，正二命；部属为神仓下士，正一命。"神仓"主要是负责将帝耤的收成贮于神仓，《礼记·月令》云："季秋之月……农事备收，举五谷之要，藏帝藉之收于神仓。"其职类于《周礼·地官》所载廪人。④王仲荦以为："北周盖仿佛其意以置官。按北周宪章姬周，必于正月上亥，有事千亩，帝躬秉耒，以事天地社稷，先古以为醴酪粢盛，于是乎取之，敬之至也。"并将耤田之典安排于此职上。⑤则北周耤田方位亦宗周，其为"南耕"一系当是可行之论了。

陈寅恪认为"西魏、周之源远不如其他二源之重要"，《礼仪》章之"主旨在阐明隋文帝虽受周禅，其礼制多不上袭北周，而转仿北齐或更采江左萧梁之旧典，与政权之授受，王业之继承，迥然别为一事，而与后来李唐之继杨隋者不同"⑥。而以耤田方位一事考之，隋在南郊，虽不可据此而断其制是承继于北周，但可定论者是其非沿袭自"东耕"一系中北齐之东南或江左后期萧梁之东郊典制，排除此二源，则隋之"南耕"渊源必在

---

① 《隋书》卷七《礼仪志二》，第145页。
② 《周书》卷三《孝闵帝纪》："（元年春正月）癸亥，亲耕耤田。"卷四《明帝纪》："（二年春正月）辛亥，亲耕耤田。"卷五《武帝纪》："（保定元年春正月）乙亥，亲耕耤田。…（天和元年春正月）己亥，亲耕耤田。……（二年春正月）己亥，亲耕耤田。……（建德三年春正月）乙亥，亲耕籍田。"第46、54、64、72、73、83页。
③ 《隋书》卷七《礼仪志二》，第144页。
④ 《周礼注疏》，第749页。
⑤ 王仲荦：《北周六典》，中华书局1979年版，第2、139—140、681页。
⑥ 陈寅恪：《隋唐制度渊源略论稿》，第2、51页。

宇文周一说亦可通矣，进而可证北周耤田当在南郊，是其"宪章姬周"之一面；而此亦为杨隋承继北周礼制之一点。

又，北魏一分为二后，东魏、北齐与西魏、北周皆争持北魏正统，陈氏所谓："以文化言，则魏孝文以来之洛阳及洛阳之继承者邺都之典章制度，亦岂荒残僻陋之关陇所可相比。"而于耤田方面论之，北周宗周立制，反得沿袭了北魏"南耕"之制，北齐所承继者却为源出"汉家故事"之"东耕"。前述陈氏论隋唐制度渊源之"北魏、北齐"一源乃"为北魏孝文帝及其子孙摹仿采用，传至北齐成一大结集者是也"，而此源内部于耤田方位上，亦有"宗周"与"承汉"之别，此不可不注意者也。

承继杨隋之李唐前证为"东耕"一系，其方位并非沿袭自"南耕"一支的杨隋，是隋、唐礼制渊源亦有不同处之明证。唐虽属"东耕"，然其方位变为城东，异于"东耕"源头的"汉家故事"及承继此"故事"的西晋、南朝前期与北齐，其变东南至东的渊源、理由皆与南朝后期萧梁武帝普通二年相类，是承继了陈氏所言"隋唐制度渊源"之"梁、陈"一源。

小　结

综上所论，粗列《宗周至李唐天子/皇帝耕耤礼之耤田方位简表》（表2-1），并可以得见：

一、自汉以降，"东耕"取代"南耕"，两汉、孙吴、西晋、南朝四代、北朝之高齐与李唐皆行源出"汉家故事"之"东耕"。

二、"南耕"是"宗周旧制"，虽自汉之后"东耕"大行，然后世王朝调和"宗经""复古"和"尊君""实用"之标准为自身政权寻求正统依据，故仍有效仿周制，行"南耕"者，尤其是以异族身份入主中原之政权，其例如拓跋魏、宇文周，承继周制"南耕"，以"宗经""复古"之旗帜取长补短，颉颃他方，"文饰辅助其物质即整军务农政策之进行，更可以维系其……辖境以内胡汉诸族之人心"[①]。而杨隋亦宗周"南耕"，所

---

① 陈寅恪：《隋唐制度渊源略论稿》，第91页。

承当出北周，则其一，隋与唐制度之渊源仍有不同；其二，学界所论隋唐制度渊源中"远远不如其他二源重要"之北周一源，于杨隋尤其是礼制建制仍有不可忽视之作用，毕竟隋仍有"宗经""复古"之需。

三、贞观三年唐太宗和孔颖达因为耤田方位存在的"矛盾"，其实是当时政治与人伦隐情支撑下的"权宜"。太宗当时虽已身登大宝，然其父高祖为太上皇，故方有"礼缘人情"一说，其以东为言，实符合经典所谓"诸侯"之位；自承"朕见居少阳之地"，未回避其为太上皇之子的身份，终采"东耕"，有意表示他的谦退和孝道，是其"权宜"也有着处理与太上皇关系，摆正己之身份位置之需。而孔氏所主则以实际皇权为中心，其奉命诏定《礼记正义》在与太宗相"争"之后，太宗未纳其说的个中隐晦想来孔氏亦心知肚明。如此究之，则孔氏之说实质和太宗所主并无矛盾；太宗采汉家"东耕""故事"，既能俯从经典，又能暗合汉法，服务于当时之政治，实可左右逢源，且不影响孔氏对经典的解释。而孔氏"然耤田并在东南，故王言南，诸侯言东"的说法如是观，则有了混淆"王"（实即天子）与"诸侯"耤田方位差别的意味，为"经典"在现实中的注解留有余地，那么其日后不改经典的做法，则不能简单以秉持"疏不破注"原则视之，此与《通典》在方位上用乙地替代辰地为太宗寻求"先代史实""照护"的可能用意如出一辙。

四、"东耕"内部方位多在东南，两汉、孙吴、西晋、南朝之宋齐及梁普通二年之前、北朝之高齐皆遵此制，独梁武于普通二年、唐太宗在贞观三年更为正东，其理由主要是申述三代之上"平秩东作"的古老传统，以五方迎气之说顺和东方之青气及天子居东方少阳之位，进而以"礼缘人情"的大前提证成己之改制，不惜与经典所载"天子亲耕于南郊……诸侯耕于东郊"的规制相悖。人君以己之权变更古典"南耕"及先代东南方位之"东耕"，一方面显示出"治出于二，而礼乐为虚名"的时代，古典耕耤礼"媚于神"之义消减，君主所用多为"奉宗庙""和于民"之功用；另一方面更凸显出皇权之消长变化——魏晋以降皇权之复振，似如梁武帝，南朝前之东晋是"严格意义的门阀政治"，此种"皇权政治的变态""是皇权与士族势力的某种平衡，也是适逢其会得以上升的某几家士族势力的某种平衡。但稳定的平衡并不容易，所以总有所动乱"。琅琊王氏、颍川庾氏、谯国桓氏、太原王氏先后与皇权共掌国柄,[①] 此种状况虽至南朝刘宋拔寒人参政有所改,然皇权之复兴必非一蹴而就之过程,梁武帝于普通二年以一己之权变更耤田之方位,所举缘由暗含"帝出乎震",背后所彰显的当是皇权在多重举措之下已有复御天下威权之事实。另可注意者即承继杨隋之李唐并未沿袭前朝"宗周"之"南耕",亦未完全模仿"汉家故事"的"东耕",而是在其基础上参合南朝后期萧梁之改革行"于城东置坛"的"东耕",是其耤田渊源当出"梁、陈"一源。

五、耤田方位上,北魏开国建制并于此后延续的亦是《礼记》《周礼》等典籍所载宗周"南耕"之制,但迁洛之前耤田史实并不多见,是此礼受限于当时"戎车不息"的现实环境,非如"祀与戎"一般为紧急事务。且初建国时,西郊等原始祭典行用不衰,华夏南郊典制的地位尚且不显,遑论耤田方位了。而直接取鉴《周礼》,除了争持正统外,至为关键的是可以照搬,省时省力而收效甚广,尤其是耤田方位这般并不涉及军事、行政的"锦上添花"事物。故其在耤田方位这般礼制上以"宗经"为择取标准。孝文太和改制后,华夏礼制逐渐占据显位,但在涉及军国关键,尤其是维护皇权统治时,变更华夏故事,以利权柄驾驭,依然是不会犹豫之事。这类"尊君""实用"的标准便见于北魏特有的九锡应用制度上,此为下章所论。

表3-1　　宗周至李唐天子/皇帝耕耤礼之耤田方位简表

朝代（时段）		所属系统	具体方位	渊源
	战国中期以前	南耕	南	宗周旧制
	战国后期至秦			
	西汉	东耕	东南	汉家故事
	东汉	东耕	东南	汉家故事
三国	曹魏	南耕	南	宗周旧制
	孙吴	东耕	东南	汉家故事

---

① 参见田余庆《东晋门阀政治》,北京大学出版社2009年版,自序及第306、324、298页。

下编　宗周旧制与变汉故事：迁洛后礼制变迁

续表

朝代（时段）		所属系统	具体方位	渊源
南朝	西晋	东耕	东南	汉家故事
	宋			
	齐			
	梁（普通二年）前			
	梁（普通二年）后	东耕	东	梁陈渊源
	陈			
北朝	北魏（平城、洛阳）	南耕	南	宗周旧制
	北齐	东耕	东南	汉家故事
	北周	南耕	南	宗周旧制
隋		南耕	南	宗周旧制
唐（长安、洛阳）		东耕	东	梁陈渊源

表格说明：

五胡十六国虽华夷混杂，征战不断，但建立之政权尤其是少数民族政权仍有重视耤田者，金子修一指出"从东汉末年到五胡十六国时期，频繁出现了一些寻求自立的势力耕作耤田的例子……其政权并没有被视作正统王朝，但是……他们却在耕作耤田"。关于五胡十六国时期各政权耤田及耤田方位所在，简可见者择要论述。后赵。《晋书·石勒载记下》记石勒曾亲耕耤田，《十六国春秋辑补·后赵录·石勒》（《二十五别史》本，齐鲁书社2000年版，第112页）记时在建平二年正月南郊祭天后不久，只言有大地点即"自襄国都临漳"，中华版《晋书》此句校勘记驳斥了《通鉴考异》所引《载记》"自襄国都临漳，即邺也"的说法，指出"是勒未尝都邺也"，可从，则此耤田大地点在临漳，而非邺。后继之石虎同样耤田，且有配套之先蚕仪施行，《十六国春秋辑补·后赵录·石虎》："建武十三年（校勘记云：永和三年）二月，虎亲耕籍田于其桑梓苑，其妻杜氏祠先农于近郊"（第140页）。桑梓苑为石勒赵王八年立于襄国。而石虎建武元年九月迁都于邺，耤田后又"遂如襄国，谒石勒墓"，那么石虎耤田所在的桑梓苑非石勒在襄国营建的桑梓苑，其地当在邺，这也就是为何《十六国春秋辑补》于"桑梓苑"前加上一个"其"的原因了吧。前燕。《晋书·慕容皝载记》："咸康初…立藉田于朝阳门东，置官司以主之"，《十六国春秋辑补·前燕录二·慕容皝》记此事于"皝三年"（第186页），对应晋咸康二年。按，此时前燕都城为棘城，也就是今辽宁今义县西北，朝阳市东约170里。于此城未见考古资料，不过"朝阳门"当是在东方向阳之地，"立藉田于朝阳门东"耤田大概是在东郊。前秦。《十六国春秋辑补·前秦录三·苻坚》："甘露元年正月……亲耕藉田，其妻苟氏亲蚕于近郊"（第257页），未言方位。前凉。张骏有耤田事，《十六国春秋辑补·前凉录三·张骏》："骏太元元年（校勘记云：太宁三年），正月，骏亲耕藉田"（第497页），未言方位。概观之，五胡十六国目前可见统治者所行耤田之方位并未有极为明晰者；忖度言之，民族不同，统治集团重视与否又有差异，且地理位置分散，各政权耤田与否不确，耤田方位亦不能确；即便确之，在史料不充分之状况下，亦不可妄下论断，故于此表中未标示出。

· 164 ·

第四章　变汉故事：北魏九锡之变相

皇帝耤田方位等礼制层面，宗周旧制，以"宗经"为标准，而在涉及军国关键，尤其是维护皇权统治时，变更华夏故事，以利权柄驾驭时，"尊君""实用"原则稳居上风，在礼仪典制中通行，以数度隆杀来表现礼制等级的具象的物化礼乐因着"一目了然"的特性成为此原则实践的不二之选。

九锡，锡者，赐也；① 赐者，予也，故九锡亦作九赐，乃是中国古代最高统治者赏赐给有殊勋之臣子的九种礼器；九为阳数之极，九锡之谓，亦彰显赐物之尊，恩宠至隆。作为具象的物化礼乐，九锡器物通过数度差别体现使用者的尊卑等级，故最高统治者赏赐九锡于臣子，其形而上的象征意义便远胜于其使用价值，九锡的最初功能便寓于其中；在此前提下，具象之九锡与抽象之礼仪制度相配合，渗合为一套完整的荣誉授予仪式，即九锡殊礼。九锡与九锡殊礼渊源于宗周九命，萌芽于西汉之末，规范于曹魏，而兴盛于两晋南北朝，历隋唐直迄于五代十国，而自两宋以降，声势顿萎，几至无闻。

魏晋南北朝之间，多有权臣凭借滔天权势，胁迫皇帝赐予九锡或自加九锡，加之以功德为公、为王与开建王国等方式实现身份"去臣化"，② 而后以"禅让"的方式擅权篡位，易代鼎革，故史籍所载多将九锡与九锡殊

---

① 参见（东汉）许慎撰，段玉裁注《说文解字注》，上海古籍出版社1988年版，第702页。
② 关于"去臣化"与禅让模式下新王朝创业之主自"臣"至"君"身份转化过程的论述，请参见徐冲《"开国群雄传"小考》，《中国中古史研究——中国中古史青年学者联谊会会刊（第一卷）》，中华书局2011年版，第80—105页；《"禅让"与"起元"：魏晋南北朝的王朝更替与国史书写》，《历史研究》2010年第3期。

下编　宗周旧制与变汉故事：迁洛后礼制变迁

礼置于与禅让相结合的王朝更替环境中，[①]论其作为权臣篡弑工具的功能，而忽视其褒奖功臣的最初功能。自赵翼《廿二史札记》详述九锡的卷七"九锡文"条及文后附论九锡出处，[②]至今日学者研究，[③]着眼点皆是"禅让九锡"，[④]未出古人窠臼。与之形成对比的是，学界对于九锡的基本问题

[①] 周一良《魏晋南北朝史札记·南齐书》有"东晋以后政权嬗代之特征"条论说司马氏之后权臣取代旧王朝之方式"多仿曹氏老例，先加九锡，列举'公之功也'，以制造舆论。继之以封国建台，最后受禅。加九锡一事，在南朝成为具文形式，乃夺取政权之前奏，故文人甚至以此为讽刺，如袁淑有《鸡九锡文》与《驴山公九锡文》之戏作（见（唐）欧阳询撰《艺文类聚》九一、九四）。"中华书局1985年版，第255页。
[②] 参见（清）赵翼著，王树民校证《廿二史札记校证》，中华书局1984年版，第149页。
[③] 杨永俊《禅让政治研究：王莽禅汉及其心法传替》（学苑出版社2005年版）"禅让礼仪——禅让模式的载体"章设有"九锡殊礼"节，此书对王莽"九锡"的个案研究及对魏晋南北朝九锡的宏观把握值得借鉴。然而仍存值得商榷处：1.章节总体论述失之简略，尤其是对魏晋南北朝九锡礼部分，如关于晋南朝九锡殊礼，径将此时期易代鼎革、禅让成功相关的九锡文以"内容太多重复，创新的地方很少，为节省文字"为由罗列成表，分析指出"后者（即魏晋南北朝禅让前的九锡文）几乎就是前者（汉魏禅让前的九锡文）的复制品"，并无实质性发现，且将九锡文与九锡器物、九锡殊礼等同起来，只通过罗列前后几乎雷同的九锡文分析魏晋南北朝九锡，而忽视了诸如前后九锡文为何雷同的深层原因等方面的探究；2.对于九锡与谶纬的关系没有详细论说，只是长段引证《白虎通》"九锡"记载而未有详细阐述；3.对于九锡具体名物的考察难称翔实，且曹魏九锡名物与先前王莽所谓"九命之锡"名物不同的原因没有论述，曹魏九锡名物的考察同样仅沿袭王莽而来，没有将之与曹魏的车马、舆服等礼制联系起来；4.对于北魏的九锡没有论及。朱子彦《九锡制度与易代鼎革》（《文史哲》2005年第6期）与《九锡制度与汉魏禅代——兼论九锡在三国时期的特殊功能》（《人文杂志》2007年第1期），对九锡制度缘起、运作、兴盛之因及其与禅代鼎革之关系进行探究，并就汉魏禅代解析了九锡的特殊功能。惜两文内容有重复之处，且部分基本观点如未对《韩诗外传》九锡记载的时段进行考察而直接应用以之证明九锡自西汉初即有的观点值得商榷，又如在没有关注到北魏九锡应用的特殊性，即其不同于曹魏两晋南朝"禅让九锡"应用所在的基础上论述九锡功能失之偏颇；另外，未对九锡自身内部的九种器物及文献记载其排列次序之差异有所关注。日本学者藤井守撰有《九锡文について》（《小尾博士古稀記念中國學論集》，东京：汲古书院1983年版，第389—405页）一文，就张敞等在王朝禅代鼎革之际执笔《九锡文》的史实进行了分析探讨，其研究重点在《九锡文》本身，与尚慧鹏《汉魏六朝九锡文略论》（《许昌学院学报》2009年第4期）相类。另有刘晓燕、景红艳《中国古代政治制度中九锡礼的历史考察》（《山东社会科学》2011年第10期）对九锡礼由产生到衰亡的历史轨迹进行观照，指出九锡礼的"产生及存在客观上削弱了封建专制君主的权利，加剧了政局的动荡，而它的衰弱以至灭亡，又是中国封建专制主义进一步加强的必然结果"。论述视角极为宏大，惜失之浅显。
[④] 自新莽初创"九命之锡"后，曹魏以降（除北魏以外），多是凭借熏天权势，胁迫皇帝赐予九锡或自加九锡，而后以"禅让"的方式擅权篡位，易代鼎革，九锡的应用形式及时间不外乎此，故本书将曹魏、两晋与南朝的九锡应用称之为"禅让九锡"。

第四章 变汉故事：北魏九锡之变相

缺乏关注，目下可见有两点：第一，九锡渊源即其始出文献时段不明。学者多径将《韩诗外传》卷八第十三章九锡记载不加考辨便引作史据，论言九锡之制在西汉初年已然存在，[①] 甚至有将此记载作为两周乃至先秦有九锡记载之论据者；[②] 另有部分学者以《汉书》卷六《武帝纪》元朔元年冬十一月有司奏议有"九锡"二字，断九锡初自武帝时。而本书考察以为两说皆值得商榷。第二，对北魏迥异于"禅让九锡"的九锡形式缺乏关注。简言之，在拓跋鲜卑建极的北魏一朝，缘起中原先代"故事"的九锡并没有发挥"禅让工具"的功效，反而是以皇帝于勋臣死后追赠的形式出现，彰显出主强臣弱、如众星拱北辰的面貌，与"禅让九锡"标示出臣凌君上、皇权不彰的东晋南朝形成鲜明对比，可谓九锡之变相；而其出现的时间节点，正在孝文迁洛后的太和十九年，其由来渊源与九锡始出文献时段相关联，而又为孝文所变，独具北魏特色。故本书选取具象的物化礼乐之一种——九锡——作为切入点，在辨明九锡始出文献时段的基础上，以北魏尤其是孝文太和十九年以降的时段为背景，试图揭示北魏九锡在中国历史"禅让九锡"的长河中独树一帜的特色所在，及其功用背后蕴含北魏政权运转不同于两晋南朝之处。

第一节　九锡与汉制渊源：九锡始出文献时段考辨

与曹魏以降九锡相合（以名物及其排序为标准）的最早记载出自东汉班固于章帝建初四年（79）白虎观会议后所作《白虎通》，是书卷七《考黜》有《九锡》章：

　　《礼》说九锡，车马、衣服、乐则、朱户、纳陛、虎贲、鈇钺、

[①] 刘晓燕、景红艳：《中国古代政治制度中九锡礼的历史考察》，《山东社会科学》2011年第10期。
[②] 尚慧鹏《汉魏六朝九锡文略论》将此记载作为"两周时期关于九锡礼的记载"首要论据；朱子彦《九锡制度与易代鼎革》引此记载云："在先秦典籍中，九锡之名不尽相同"，同氏《九锡制度与汉魏禅代》第133页注6同。

下编　宗周旧制与变汉故事：迁洛后礼制变迁

弓矢、秬鬯，皆随其德，可行而次。能安民者赐车马，能富民者赐衣服，能和民者赐乐则，民众多者赐朱户，能进善者赐纳陛，能退恶者赐虎贲，能诛有罪者赐鈇钺，能征不义者赐弓矢，孝道备者赐秬鬯。以先后与施行之次自不相踰，相为本末然。安民然后富足，富足而后乐，乐而后众，乃多贤，多贤乃能进善，进善乃能退恶，退恶乃能断刑。内能正已，外能正人，内外行备，孝道乃生。①

可注意者有二：第一，班固认为九锡之制来源于《礼》，而此《礼》非指三礼（《周礼》《仪礼》《礼记》）典籍，正如张晏所云"九锡，经本无文"，②此处所指乃是《礼纬》，确言之，《礼·含文嘉》文也。第二，九种器物匹配九种德行，即"皆随其德"；更关键者，九种器物"以先后与施行之次自不相踰，相为本末"，当是云九锡在搭配相应德行的基础上存在次序排列上的先后之序、前后之次，不可出现错乱，随后之言有更详论述：

能安民故赐车马，以著其功德，安其身。能使人富足，衣食仓廪实，故赐衣服，以彰其体。能使民和乐，故赐之乐，以事其先也。……朱，盛色；户，所以纪民数也，故民众多赐朱户也。古者人君下贤，降级一等而礼之，故进贤赐之纳陛，以优之也。既能进善，当能戒恶，故赐虎贲。虎贲者所以戒不虞而距恶。距恶当断刑，故赐之鈇钺，所以断大刑。刑罚既中，则能征不义，故赐弓矢，弓矢所以征不义，伐无道也。圭瓒秬鬯，宗庙之盛礼，故孝道备而赐之秬鬯，所以极著孝道。孝道纯备，故内和外荣……君子有玉瓒秬鬯者，以配道德也。其至矣，合天下之极美，以通其志也，其唯玉瓒秬鬯乎。③

然观隋唐以前记载九锡的典籍，九锡不仅部分名称存在变化，其间次序同样存在差异。这就需要厘考相关经史记载，搞清楚《白虎通》所记九锡典自何出？其云九锡及其间次序排定依据何在？在大致相同或前此之时

---

① （清）陈立撰，吴则虞点校：《白虎通疏证》卷七《考黜·九锡》，中华书局1994年版，第302—304页。
② 《汉书》卷六《武帝纪》元朔元年有司奏议注，中华书局1965年版，第168页。
③ 《白虎通疏证》卷七《考黜·九锡》，第304—307页。

代，是否存在其他九锡记载？叙及于此，便需提出《韩诗外传》九锡记载了。

一 《韩诗外传》九锡记载存疑

《韩诗外传》卷八第十三章载云：

> 传曰：诸侯之有德，天子锡之。一锡车马，再锡衣服，三锡虎贲，四锡乐器，五锡纳陛，六锡朱户，七锡弓矢，八锡鈇钺，九锡秬鬯。谓之"九锡"也。诗曰："厘尔圭瓒，秬鬯一卣。"①

可注意者有三：其一，九锡中的九种器物不但齐备，而且先后排列，颇具规范。其二，所述九锡与《白虎通》所引存在差异，名称之字面变化暂且不论（如《白虎通》乐则成乐器），主要在于次序产生了变化：《白虎通》六虎贲位置于此提前至三位，相应的乐器后移至四位；《白虎通》五朱户与六纳陛的次序在这正好颠倒，七鈇钺与八弓矢的次序如是颠倒。其三，所云"传曰"何出？

学界目前之研究成果，多将《韩诗外传》九锡记载不加考辨便即引作史据，论言九锡在西汉初年已存，甚至有将此记载作为两周乃至先秦有九锡记载之论据者。清儒张云璈《选学胶言》卷一六即主此说："韩婴在文、景之世，已著九锡之说，深宁（即南宋王应麟，号深宁居士，张氏此论针对王氏《困学纪闻》卷五《礼记》之论而发，其依据《汉书·武帝纪》元朔元年有司奏议'三适谓之有功，乃加九锡'之语，主张'九锡始见于此'②）谓始于元朔奏议，亦未确也。"③窃以为《韩诗外传》九锡记载在史料真实性上颇有疑点，张氏等论说存在值得商榷处。

《韩诗外传》为西汉初燕人博士韩婴所作，基本无甚争议，④然其篇帙流传及完整性屡为后世学者所疑。盖因《汉书·艺文志》记韩诗学派著

---

① （汉）韩婴撰，许维遹校释：《韩诗外传集释》，中华书局1980年版，第285页。
② （宋）王应麟著，翁元圻等注，栾保群等校点：《困学纪闻》，上海古籍出版社2008年版，第665页。
③ （清）张云璈：《选学胶言》，1928年文渊楼丛书影印张氏简松草堂道光十一年刻本，第1—3页。
④ 参见艾春明《〈韩诗外传〉研究》，博士学位论文，东北师范大学，2008年，第10页。

下编　宗周旧制与变汉故事：迁洛后礼制变迁

作："《韩故》三十六卷，《韩内传》四卷，《韩外传》六卷，《韩说》四十一卷。"① 而至李唐初年《隋书·经籍志》已不载《韩内传》，且著录之《外传》较前增四卷，为"《韩诗外传》十卷"，同时载有《韩诗》二十二卷（汉常山太傅韩婴，薛氏章句）、《韩诗翼要》十卷（汉侯苞传）；②《旧唐书·经籍志》③《新唐书·艺文志》④ 同此。迄于《宋史·艺文志》，只录有"《韩诗外传》十卷"，已无其他韩诗著作典籍。《日本国见在书目录》"诗家"亦只载："《韩诗外传》十卷。韩婴撰。"⑤ 今日之版本即为宋时流传而下的十卷本《韩诗外传》。且《隋志》已云："汉初……燕人韩婴亦传《诗》，是为《韩诗》。终于后汉，三家并立。……《齐诗》，魏代已亡；《鲁诗》亡于西晋；《韩诗》虽存，无传之者。"元梁寅《策要》直言"韩诗至唐始亡"，⑥ 因此之故，《韩诗外传》的经学及史料价值多为学者所轻，自班固《汉志》"或杂取春秋，采杂说，咸非其本义"说开，欧阳修、陈振孙、王世贞继踵其后，传承此意，⑦ 至四库馆臣以官方权威坐定班说："所采多与周秦诸子相出入……《外传》已无关于《诗》义……使读《诗》者开卷之初，即不见本旨，于理殊为未协。"⑧ 根源便在于其篇帙流传情况不明，而学界相关观点可综述为二。一者认为现今十卷本《外传》由《汉志》所载《韩内传》四卷、《韩外传》六卷合并而成，沈家本即倡是说，杨树达专设"韩诗内传未亡说"踵成之："愚谓《内传》四卷，实在今本《外传》之中。《汉志》内传四卷，外传六卷，其和数恰今本《外传》十卷相合。……《隋志》有《外传》十卷而无《内传》，知其合并在隋以前矣。"⑨ 然此说有极大漏洞：据清人相关辑佚，如马国翰《玉函山房辑佚书》中有《韩诗内传》廿四条，多见于《文选注》《通典》

---

① 《汉书》卷三〇《艺文志》，第1708页。
② 《隋书》卷三二《经籍志》，中华书局1973年版，第915—916页。
③ （后晋）刘昫等：《旧唐书》卷四六《经籍志上》，中华书局1975年版，第1970页。
④ 《新唐书》卷五七《艺文志一》，中华书局1975年版，第1429页。
⑤ ［日］藤原佐世：《日本国见在书目录》，清光绪中遵义黎氏日本东京使署影刻本，贾贵荣辑：《日本藏汉籍善本书志书目集成》（第十册），北京图书馆出版社2003年版，第448页。
⑥ （清）阮元辑：《宛委别藏·策要》，江苏古籍出版社1988年版，第21页。
⑦ 《欧阳修全集》，中国书店出版社1986年版，第998页。
⑧ 《四库全书总目》卷一六《经部十六·诗类二》附录之《韩诗外传》十卷，中华书局1965年版，第136页。
⑨ 杨树达：《积微居小学金石论丛（增订本）》卷五，科学出版社1955年版，第218—219页。徐复观《两汉思想史》、张舜徽《汉书艺文志通释》及洪湛侯《诗经学史》所主同。

· 170 ·

第四章　变汉故事：北魏九锡之变相

《经典释文》《太平御览》等唐宋典籍；又今本辑佚之《内传》佚文不见于今本《外传》，则沈、杨说不甚妥帖。第二种观点认为十卷《外传》中多出原来六卷的部分为后人比附、添加而成。金德建首先指出今本《外传》非汉时旧貌，除脱落者外，尚有后人增添者。[1] 西村富美子认为今本《外传》卷七以下是"拾遗"形式，当为后世学者补编；《隋志》以后史籍所载十卷本《外传》与现行《外传》只是卷数相同，内容则异。[2] 汪祚民通过考察《外传》各卷各章引《诗》篇目章次的排列规律，指出在大多数卷次内，章次的编排按所引《诗》句在《诗经》完整篇章中出现的先后顺序进行；进而论述《外传》卷次增改之踪迹："可以推测出原来六卷《外传》尚保存在今本《外传》之中，其大致卷次是今本的卷1、卷2、卷7或卷4、卷10、卷6、卷3，其余4卷（按即卷5、卷7或卷4、卷9以及卷8）是后人仿照6卷本《外传》编排体例增补的。"对于九锡所涉及之卷八，汪文指出"卷8可以视为《外传》中错乱最严重的一卷，但其所引同篇《诗》句的章次几乎都是排列在一起，且八（13）（按，九锡所在章）至（15），八（17）至（19）引《诗》先后次序符合《诗经》篇目顺序。因此，又不能完全否认卷8所引《诗》句是按其在《诗经》中的先后而选取的"，又以为"卷8接卷9，又横跨整部《诗经》4大部分，自成一体，疑另一人仿《外传》体例增补"[3]。西村氏与汪氏结论虽异，但二者由不同之途径所证问题结果暗合，与本书相关者即是认为今本《外传》第八章为后人增补；增补之人/时没有言明。如此今本《韩诗外传》卷八第十三章所载九锡史料不可直接应用，遑论以之遽断九锡在西汉初年即存在。

二 《汉书·武帝纪》元朔元年"有司奏议"史料驳难

《韩诗外传》而外，一般为研究者所引之九锡记载尚有《汉书·武帝纪》。是书元朔元年十一月武帝发布进贤诏后，有司奏议曰："古者，诸侯

---

[1] 金德建：《韩诗内外传的流传及其渊源》，《新中华》第1卷第7期，1948年4月。
[2] ［日］西村富美子：《韩诗外传的一个考察——以说话为主体的诗传具有的意义》，《中国文学报》第19册，1963年10月。
[3] 汪祚民：《〈韩诗外传〉编排体例考》，《陕西师范大学学报（哲学社会科学版）》2003年第3期。

贡士，一适谓之好德，再适谓之贤贤，三适谓之有功，乃加九锡。"① 论者以此出现"九锡"二字，断九锡自武帝时有，前述王应麟《困学纪闻》卷五便主此说。上证张云璈非王氏之说不确，则王氏此说相应的便显扬头之势了。然细寻此记载之脉络，亦存可商榷处。

首先，此处只言九锡，未有九锡之"明细"。注引应劭说："一曰车马，二曰衣服，三曰乐器，四曰朱户，五曰纳陛，六曰虎贲百人，七曰斧钺，八曰弓矢，九曰秬鬯。此皆天子制度，尊之，故事事锡与，但数少耳。"应氏所言九锡基本同于《白虎通》卷七《考黜·九锡》章记载，只是所言"虎贲百人"，与《白虎通》仅言"虎贲"有所差异，而《白虎通·考黜》紧接《九锡》之后的《三考黜陟义》言道：

> 一说盛德始封百里者，赐三等，得征伐，专杀，断狱。七十里伯始封赐二等，至虎贲百人。后有功，赐弓矢。后有功，赐秬鬯，增爵为侯，益土百里。复有功，入为三公。五十里子男始封，赐一等，至乐则。复有功，稍赐至虎贲，增爵为伯。复有功，稍赐至秬鬯，增爵为侯。未赐鈇钺者，从大国连率方伯而断狱。②

陈立疏云："此以九锡分为三等，分授百里。"一方面，正文及疏皆能论证《九锡》章述"以先后与施行之次自不相踰，相为本末然"之次序存在及相应理由；另一方面，也言及"虎贲百人"，其与应劭所言九锡相合甚密而又早于应氏之说，而《白虎通》引文出自《礼纬·含文嘉》，应氏之说当同源。《汉书·武帝纪》注应氏说后又引臣瓒之疑："九锡备物，伯者之盛礼，齐桓、晋文犹不能备，今三进贤便受之，似不然也。当受进贤之一锡。《尚书大传》云：'三适谓之有功，赐以车服弓矢'，是也。"颜师古于后总评，发表己见："总列九锡，应说是也。进贤一锡，瓒说是也。"可见，颜师古论九锡名物明细，赞成《白虎通》及应氏说，亦即赞成《礼纬·含文嘉》文；而于此奏议中"九锡"二字，同意臣瓒怀疑的意见。

《周礼》卷一八《春官·大宗伯》云："以九仪之命，正邦国之位。

---

① 《汉书》卷六《武帝纪》，第168页。
② 《白虎通疏证》卷七《考黜·三考黜陟义》，第311页。

第四章 变汉故事：北魏九锡之变相

一命受职，再命受服，三命受位，四命受器，五命赐则，六命赐官，七命赐国，八命作牧，九命作伯。"郑注"九命作伯"："上公有功德者加命为二伯，得征五侯九伯者。"贾公彦疏："《典命》云：'王之三公八命，是上公矣。今云九命，明有功德加一命，为二伯也。'二伯之文，出于《曲礼》……《职方》郑引《公羊传》云：'自陕以东，周公主之；自陕以西，召公主之，是东西二伯也，云得征五侯九伯者。'"① 此处先述"九仪之命"，此"命"乃指册命，自一而九，等差而上，愈显尊崇；后着重引"九命作伯"注疏，即关涉臣瓒所云"九锡备物，伯者之盛礼"，但此时尚无系统"九锡"，册命之物虽有，亦未完善，② 诚如沈瓒《群书杂议》所云："孔子时尚无九锡之典"，遑论宗周，但"九锡"与"九命"之关系确需探讨了。

《礼记正义》卷一《曲礼上》云："夫为人子者，三赐不及车马。"郑注："三赐，三命也。"孔疏以为简略，袭义发挥：

> 案《周礼》九仪，一命受职……九命作伯。……郑司农以周礼九命与九赐是一也；然则此三赐郑康成知非九赐之第三而云三命之赐者，康成以九命与九赐不同。九赐谓八命作牧，九命作伯之后始加九赐，知者《王制》云，三公一命卷，若有加则赐二，曰衣服之属是也。又《宗伯》八命作牧。注云：侯伯有功德，加命，得专征伐。《王制》云：赐弓矢，然后征。《诗》云：瑟彼玉瓒，黄流在中。《传》曰：九命，然后赐以圭瓒。又《尚书》，文侯仇受弓矢，秬鬯。《左传》，晋文公受大路、戎路、弓矢、秬鬯、虎贲，此皆九命之外，始有衣服、弓矢、秬鬯等之赐，故知九赐不与九命同也。③

观此可知，郑众以为周礼九命（九仪之命）与九赐为一，而郑玄驳之，主张"九命作伯之后始加九赐"，则臣瓒"九锡备物，伯者之盛礼"当是赞成郑玄之言。又有言："齐桓、晋文犹不能备"，即指《史记·齐太

---

① （汉）郑玄注，（唐）贾公彦疏：《周礼注疏》，《十三经注疏》本，中华书局1980年版，第761页。
② 参见陈汉平《西周册命制度研究》，学林出版社1986年版，第220—262页；吴红松《西周金文赏赐物品及其相关问题研究》，博士学位论文，安徽大学，2006年，第13—168页。
③ 《礼记正义》，第1233页。

· 173 ·

下编　宗周旧制与变汉故事：迁洛后礼制变迁

公世家》所记齐桓公"三十五年夏，会诸侯于葵丘。周襄王使宰孔赐桓公文武胙、彤弓矢、大路，命无拜"，及《晋世家》载晋文公受册命为伯事："天子使王子虎命晋侯为伯，赐大辂，彤弓矢百，玈弓矢千，秬鬯一卣，珪瓒，虎贲三百人。"① 按曹魏后规范九锡及其明细来数，齐桓公只可说勉强受其二：车马之大路（后世为"大辂、戎辂各一，玄牡二驷"），弓矢之彤弓矢（后世为"彤弓一、彤矢百、玈/卢弓十、玈/卢矢千"）；晋文公稍多且显规范，但其数只居四：车马之大辂，弓矢之彤弓矢百、玈弓矢千，秬鬯之秬鬯一卣及珪瓒（基本同于后世"秬鬯一卣，珪瓒副焉"的明细），虎贲之虎贲三百人（虎贲之数文献记载存在"一百"与"三百"的差异，但自王莽之后荣加九锡有明细记载者皆为"虎贲三百"），因此臣瓒以为功高如五霸之齐桓、晋文犹不能尽备九种器物，其时尚无后世系统之九锡，以后来之规范绳前人之事功，却是臣瓒之失。臣瓒方法虽有差谬，但指出功如五霸尚不可尽加九锡，质疑了元朔元年有司奏议所引"古者"三进贤便可受九锡的记载。臣瓒稍破此说后，立出己之观点："当受进贤之一锡"，其论据源自《尚书大传》，王应麟《困学纪闻》卷五亦曾引此："诸侯三年一贡士，一适谓之好德，再适谓之贤贤，三适谓之有功。有功者，天子一赐以车服弓矢，再赐以秬鬯，三赐以虎贲百人。"王氏云："此言三赐而已。"而此三赐之分与上引《白虎通·考黜》之《三考黜陟义》中"以九锡分为三等，分授百里"的做法近似，臣瓒观点大致本此，上论《韩诗外传》之"传曰"即是指《尚书大传》。我们将《汉书·武帝纪》中引"古者"的时段界定为先秦时代，于理当通，在此时代内可以考见的数据，无论是殷周金鼎铭文，抑或诸如《左传》等传世文献，皆无九锡记载。即便出土西周铜器铭文记载册命之文不在少数，如陈汉平《西周册命制度研究》所列便有八十例，但没有一器对受命者所受"命"为"九仪之命"的哪一"命"做过说明，一般只有"一命""再命"和"三命"；②《左传》亦如此，未见"三命"以上的册命活动。③ 陈梦家以为："《周礼》的九命（职、服、位、器、则、官、国、牧、伯）和《韩诗外传》的九锡

---

① 《史记》卷三二《齐太公世家》、卷三九《晋世家》，中华书局1963年版，第1490、1666页。
② 参见陈汉平《西周册命制度研究》，第21—25页；另参见陈梦家《西周铜器断代》下编，尤其是《赏赐篇》，中华书局2004年版，第417、433页。
③ （清）洪亮吉撰，李解民点校：《春秋左传诂》，中华书局1987年版，第347、442、547、583、682、700页。

· 174 ·

第四章　变汉故事：北魏九锡之变相

都是根据先秦典籍而系统化之，列为有阶层的九等册命和赏赐，虽不是凭空臆造的，但这种排列与西周实际情况不完全符合。"① 其说可从。

质言之，则其一，九命与九锡不同；其二，九命即便是在其实行之先秦，尤其是实行最盛的宗周时期，也并非如《周礼》所记系统化的"九仪之命"，《周礼》的理想化由此可窥一斑；其三，如臣瓒所言，《汉书·武帝纪》元朔元年有司奏议开头即引的"古者"时代，并无系统之九命，遑论九锡，故此"九锡"二字当为"九赐"之讹，亦可视为"九命"之意，并不存在现实实施的可能。有司奏议所引"九锡/命"，若依册命形式而分，当为"考绩册命"，陈汉平"推知周代册命当有考绩而后之册命。考绩册命在西周金文中虽未详见，然金文中常见王若曰，在昔有命，并述以嘉勉之辞，继叙而今复命，如前文册命分类中所举重命、增命之例，或与考绩册命有关"②。按以陈氏之说，参考传世文献如《书》之《尧典》《舜典》，《礼记·王制》《春秋繁露·考功名》《白虎通·考黜》所载考绩之制，③ 断《汉书·武帝纪》九锡为九赐之讹，依臣瓒"当受进贤之一锡"的说法阐释此处"九锡"二字的意思，当更妥帖。

综上所论，《韩诗外传》卷八第十三章与《汉书·武帝纪》元朔元年有司奏议两条史料均存在值得商榷处，九锡存在于西汉初年说不甚稳妥。除去此两条史料后，进入我们视野的便是《礼纬·含文嘉》相关九锡记载了。

三　九锡始出《礼纬·含文嘉》考

查检文献，记载较规范之九锡的原始材料有三条，上论《韩诗外传》为一。另有《礼记·曲礼》孔疏及《通典·嘉礼》所引"公羊说"："其公羊说九赐之次与含文嘉不同：一曰加服，二曰朱户，三曰纳陛，四曰舆马，五曰乐则，六曰虎贲，七曰斧钺，八曰弓矢，九曰秬鬯。"④ 目前所见

---

① 陈梦家：《西周铜器断代》，第419页。
② 陈汉平：《西周册命制度研究》，第32页。
③ （清）孙星衍撰，陈抗、盛冬铃点校：《尚书今古文注疏》，中华书局1986年版，第34、72—73页；（清）孙希旦撰，沈啸寰、王星贤点校：《礼记集解》，中华书局1989年版，第396—397页；（清）苏舆撰，钟哲点校：《春秋繁露义证》，中华书局1992年版，第179页；《白虎通疏证》，第302页。
④ 《礼记正义》，第1233页；《通典》，第1956页。

· 175 ·

文献对此说的记载极为疏略，又于今本《春秋公羊传》中不见此说痕迹。公羊家重灾异、好谶纬，陈振孙云："盖郑康成亦有《公羊》善谶之说，往往言谶文者多宗之。"① 王先谦于莽受九锡节注引周寿昌说："（莽受之九锡）与《公羊纬》《礼纬》及《韩诗外传》所言皆不合。"② 则周氏言下之意以为"公羊说"九锡来源于《公羊纬》，但传世之《春秋纬》中并无《公羊纬》。《春秋纬》当出于公羊学派儒士，"总解经言，阐扬纬礼""统诸纬之义而绎其文"的《说题辞》特别强调《公羊》的重要性，于春秋三传中突出之，先言："孔子受端门之命，制《春秋》之义，使子夏等十四人求周史记，得百二十国宝书，九月经立。"又言："传我书者，公羊高也。"③ 则此当是公羊某家/学者之说，而且有极大可能和谶纬相关。囿于史料，难以论断，于今暂避之。

第三条同时也是历来征引最多、传承最久的记载，出于《礼纬·含文嘉》。《白虎通》卷七《考黜·九锡》《春秋公羊传·庄公元年》何休注、徐彦疏，《春秋谷梁传·庄公元年》范宁注、杨士勋疏，《汉书·武帝纪》注应劭说、《王莽传》注师古说，《诗·旱麓》《礼记·曲礼》孔疏所引皆为《礼纬·含文嘉》九锡记载及宋均注。

《礼纬》大致即《含文嘉》《稽命征》和《斗威仪》三篇，而如《礼记默房》《稽命曜》（见《太平御览》）、《文命苞》（见《通典》）、《瑞命记》（见《论衡》、蔡邕《明堂论》），以古今学者之考证，不当入于其中。④《礼纬》有郑玄及弟子宋均注，但"当隋之世，郑注已佚"⑤，"唐代行用的主要是宋均注"⑥，此亦是为何注引《礼纬·含文嘉》九锡记载者只引宋均注九锡之辞的缘由。

《含文嘉》位冠《礼纬》之首。"《礼纬》三卷次第，首明文质之殊，

---

① （宋）陈振孙撰，徐小蛮等点校：《直斋书录解题》，上海古籍出版社1987年版，第52页。
② （清）王先谦：《汉书补注》卷九九上《王莽传》，中华书局1983年版，第1687页。
③ （汉）何休解诂，（唐）徐彦疏：《春秋公羊传注疏·隐公第一》题疏引《春秋纬·说题辞》，《十三经注疏》本，中华书局1980年版，第2195页；《何休解诂序》，第2190页。
④ （清）姚振宗：《隋书经籍志考证·异说类》，《二十五史补编》第4册，开明书店辑印1937年版，第5193页下；[日]安居香山、中村璋八辑《纬书集成》有更翔实论证，河北人民出版社1994年版，第49页。
⑤ （元）陶宗仪辑：《古微书》卷一七《礼纬》，上海古籍出版社编《纬书集成》，上海古籍出版社1994年版，第284页。
⑥ [日]安居香山、中村璋八辑：《纬书集成》，第48—49页。

第四章　变汉故事：北魏九锡之变相

为《含文嘉》。""礼，质法天，文法地。周季之文滥矣，安得有嘉？所珍者，含文而依之乎。"① 含文嘉之得名，首言文质之殊；而礼以质为本，又含文采，故为文质并茂，嘉美之集中体现。宋《两朝艺文志》以为："《含文嘉》乃后人著为占候兵家之说，与诸书所引《礼纬》乖异不合。"② 钱曾《读书敏求记》卷三《五行》记有"礼含文嘉三卷"："分天镜、地镜、人镜为三门，凡六十篇。绍兴辛巳张师禹跋。原书亡来已久，此姑存之可也。"③ 与钱氏同时的朱彝尊引孔颖达"《含文嘉》之文不可用"的说法，④ 又引詹景凤"《含文嘉》稽查灾祥，于经旨或不相涉"与宋《两朝艺文志》说，而后"按"抒己意，不赞同以上诸说。朱氏的论据是《含文嘉》所载九锡及灵台文，通过与其他文献的比较，认为《含文嘉》之记九锡"较《汉书注》特详"，"其释灵台义亦该备"，肯定了《含文嘉》的文献价值，而非只是"稽查灾祥"不涉精义之文；于后言己所见两版本："予先后见有二本，文各不同，一本画云气星辉之象，而附以占辞，一本分天镜、地镜、人镜为三门，门各一卷，凡六十篇，后题绍兴辛巳十一月观察使张师禹授，而前诸书所引之文两本皆无之，知非原书矣。"是朱氏认为上述两本均非原书。⑤《四库全书总目》载有"《礼纬·含文嘉》·三卷（浙江吴玉墀家藏本）"，综联前人之说系论之：

> 不著撰人名氏。目录后有题词曰，已上天镜、地镜、人镜，皆万物变异，但有所疑，无不具载。此乃三才之书，共六十篇，易名《礼纬·含文嘉》三卷。绍兴辛巳十一月二十九日，东南第三正将观察使张师禹授。考宋《两朝艺文志》曰……则其书实出南宋初。然张师禹记特称易名《礼纬·含文嘉》，则此名实师禹所改，原本称即其本书。《两朝艺文志》疑其乖异不合，盖偶未详核也。朱彝尊《经义考》既

---

① （清）赵在翰《七纬·礼纬叙录》、（明）孙毂《古微书·礼含文嘉》，上海古籍出版社编《纬书集成》，第248页。
② （元）马端临：《文献通考》卷一八八《经籍考十五·谶纬》"礼含文嘉"条引，中华书局1986年版，第1605页。
③ （清）钱曾：《读书敏求记（附刊误）》，《丛书集成初编》本，商务印书馆1936年版，第99页。
④ 然孔氏疏《诗》《礼》之《正义》具引含文嘉文者，似与此论冲突。
⑤ （清）朱彝尊著，侯美珍等点校：《点校补正经义考》卷二六五《谶纬三》，台北"中研院"中国文哲研究所筹备处1997年版，第15—17页。

· 177 ·

下编　宗周旧制与变汉故事：迁洛后礼制变迁

历引诸书所引含文嘉，证其不合，又云所见凡二本……皆非原书，而于含文嘉标目之下仍注存字，则舛误甚矣。①

四库馆臣认为吴玉墀家藏三卷本《含文嘉》乃"三才之书"，由天镜、地镜、人镜三部分共计六十篇组成，著者名不见载，书出南宋初，后方由张师禹改名为《礼纬·含文嘉》。然馆臣云："《经义考》既历引诸书所引含文嘉，证其不合。"若"其"代指《含文嘉》则有不易索解处：本书前引《经义考·悠纬三》朱氏按，言明朱氏当是认为《含文嘉》有文献记载翔实等可肯定的价值，非如《四库》所言"证其不合"，则"其"可能非是指代《含文嘉》，而是指代"《两朝艺文志》疑其（《含文嘉》）乖异不合"说，因《提要》后云："而（《经义考》）于含文嘉标目之下仍注存字，则舛误甚矣。"当是不认可朱氏见解的。《提要》所录吴玉墀家藏三卷本《礼纬·含文嘉》上篇天镜于今已不得见，中、下之地镜、人镜二卷藏于台北"中央"图书馆。地镜卷自"地动第十六"至"器物怪第三十四"，计十九篇；人镜卷自"人君好尚并人类之变异第三十五"至"风云气候并临阵相克法第六十"，计廿六篇；则天镜卷当为"某某第一"至"某某第十五"，计十五篇，合于《读书敏求记》及《四库全书总目》所言六十篇之数。②

综合以上诸家对《含文嘉》的研究，大致可明晰《含文嘉》的由来、结构、性质及流传讯息：《含文嘉》位冠《礼纬》之首；因为礼以质为本，而"文之美在中"，文质并茂，"嘉美之会"，故而名之；由天镜（推测为第一至第十五篇组成）、地镜（地动第十六至器物怪第三十四篇）、人镜（人君好尚并人类之变异第三十五至风云气候并临阵相克法第六十篇）三卷六十篇组成；主要为灾异说兼及祥瑞说；宋《两朝艺文志》疑《含文嘉》乃后人所著占候兵家之说，与诸书所引《礼纬》乖异不合，四库馆臣据此以为书出南宋，后为张师禹易名为《礼纬·含文嘉》。对于其本身文献价值，学者分歧较大，如孔颖达、詹景凤辈，云其文不可用或不与经旨相涉；朱彝尊于其中记载如九锡、灵台之类却有称许。

刘师培著《谶纬论》申述谶纬有五善，郭沫若于《文心雕龙》卷一《正纬第四》赞成之，其第五善曰"征礼"，其中有"赏功详九锡之文。

---

① 《四库全书总目》卷一一《子部·数术类存目二》，第948页。
② 参见［日］安居香山、中村璋八《纬书集成》，第50页。

第四章 变汉故事：北魏九锡之变相

（礼含文嘉）"说，亦为《含文嘉》文之善处；钟肇鹏亦论及"其中言礼之起源，叙及三皇。又讲到三纲五常及九锡等，为封建礼教所重"[1]。则《含文嘉》当如余嘉锡所言"不成于一时一人之手，或分合无有一定"[2]，故有南宋时不著撰人名氏的三卷《含文嘉》流出致后人众说纷纭事，且似王聘珍言"盖古人之书，名曰著述，采取者博"[3]，自谶纬之书被禁而后，后人难见全豹，不免管窥蠡测，得之部分而覆其整体。《含文嘉》自汉便有郑玄及宋均等经学大师为之作注，自唐而后，宋均注得资存留大部分，故《含文嘉》的价值可由此侧面窥见一斑。综言之，《含文嘉》被归入《礼纬》，并居冠首，非仅是后人易名出错，亦非如后志言其主论灾异而不涉经旨，而是代有增损，且在言论九锡、灵台等方面有其充分价值。诚不可因其载于纬册，遽驳难而非之。

依照时间顺序，对目前可以考见的征引过《礼纬·含文嘉》九锡记载（附宋均注）的唐以前文献进行梳理、排比，同时兼及前论"《韩诗外传》说"与"公羊说"，以清晰异同，列表4-1。

观此表可见：第一，仅就"《礼·含文嘉》说"论，横观每个征引文献，其中《含文嘉》文、宋均注的九锡顺序基本一致（《白虎通》《诗》《礼记》孔疏引存在些许差异），但通过纵向比较不难发现，文献与文献间的记载顺序存在差异。车/舆马、乐器/则/悬，名异而实同，此类文字差别可置不论，主要差别在于鈇钺与弓矢上，换言之即名物的排列次序上。《白虎通》、《汉书》注（包括《武帝纪》注应劭说、《王莽传》注师古说）、《诗·旱麓》孔疏、《礼记·曲礼》孔疏及疏引宋均注皆为七鈇钺八弓矢，《春秋公羊传·庄公元年》注疏（何休解诂，徐彦疏）、《春秋谷梁传·庄公元年》注疏（范宁集解，扬士勋疏）则为七弓矢八鈇钺。赵在翰《七纬》注意到此点："在翰按九锡之叙诗礼正义与公谷疏异，今据《白虎通》'距恶当断刑，故赐之鈇钺……刑罚既中，则能征不义，故赐弓矢'文定，从正义本，宋注之叙如之。"[4] 其后黄奭辑《通纬》直承此说。按赵氏直据《白虎通》文定先鈇钺后弓矢之序虽未明言其依据，但是其时及目下可见"最早（相对原始）"征引过《礼纬·含文嘉》九锡记载的文献

---

[1] 钟肇鹏：《谶纬论略》，辽宁教育出版社1991年版，第52页。
[2] （清）余嘉锡：《古书通例》，上海古籍出版社1985年版，第5页。
[3] （清）王聘珍撰，王文锦点校：《大戴礼记解诂》，中华书局1983年版，第3页。
[4] 赵在翰：《七纬》，上海古籍出版社编《纬书集成》，第868页。

· 179 ·

下编　宗周旧制与变汉故事：迁洛后礼制变迁

表 4-1　九锡（附末均注）名物及排序源出史料（计三种）对照表

原始出处	转引出处	九锡（附末均注）	一	二	三	四	五	六	七	八	九	时间
《礼·含文嘉》	《白虎通》卷7《考黜·九锡》	含文嘉	车马	衣服	乐	朱户	纳陛	虎贲百人	铁钺	弓矢	秬鬯	东汉章帝建初四年后
	《春秋公羊传·庄公元年》注疏	末均注	○	○	○	纳陛	朱户	虎贲	○	○	○	不久
		何休解诂	车马	衣服	乐则	朱户	纳陛	○	弓矢	铁钺	秬鬯	东汉何休注；徐彦疏
		徐彦集解	○	○	○	○	○	○	○	○	○	
	《春秋谷梁传·庄公元年》注疏	范宁注	舆马	衣服	乐则	朱户	纳陛	虎贲	弓矢	铁钺	秬鬯	东晋范宁注；唐初杨士勋疏
		杨士勋疏	○	○	○	○	○	○○三百	○	○	○	
	《汉书》注	《武帝纪》注应劭说	车马	衣服	乐器	朱户	纳陛	虎贲百人	斧钺	弓矢	秬鬯	东汉应劭
		《王莽传》注师古说	○	○	○	○	○	○	○	○	○	唐初颜师古
	《诗》《礼记》孔疏引及末均注	《诗·旱麓》孔疏	车马	衣服	乐器	朱户	纳陛	虎贲	铁钺	弓矢	秬鬯	贞观十一年完成《五经正义》，十六年增损，永徽四年颁行
		《礼记·曲礼》孔疏	○	○	纳陛	乐器	○	○	○	○	○	
		孔疏引末均注	○	○	○	乐器	○	○	○	○	○	宋均生于东汉末，卒于西晋初，曾为魏博士
《韩诗外传》	卷8第13章	后人增补	车马	衣服	虎贲	乐器	朱户	朱户	弓矢	○	秬鬯	非在西汉初，当为新莽之后人增补
"公羊说"		《礼记·曲礼》孔疏	加服	朱户	纳陛	乐则	乐则	虎贲	斧钺	弓矢	秬鬯	见上
		《通典·嘉礼》	○	○	○	○	○	○	○	○	○	书成于唐贞元十七年

注：1."○"表示与上栏所列器物名称、次序均相同；诸如"乐悬/器则""铁/斧钺""加/衣服"等名异实同者本表按相同处理。表 2、3 同。

2. 底色部分标示名物顺序中七铁钺八弓矢（先铁钺后弓矢）、以区别七弓矢八铁钺（先弓矢而后铁钺）。表 2、3 同。

第四章 变汉故事：北魏九锡之变相

即是《白虎通》，赵氏所据当本于《白虎通》。

《白虎通》卷七《考黜·九锡》为目前所见最早记载《礼纬·含文嘉》九锡的文献，其中主要强调了九锡的名称及排列次序，且云："车马、衣服、乐则三等者赐与其物。……朱户、纳陛、虎贲者，皆与之制度，而鈇钺、弓矢、秬鬯，皆与之物，各因其宜也"。陈立疏曰："以下别载《异义》论九锡分三等，车马、衣服、乐则为一等，朱户、纳陛、虎贲为一等，鈇钺、弓矢、秬鬯为一等也。所引《礼》，《觐礼》文也。……知车服乐则为一等也。"① 则是《白虎通》申述九锡分别排次而外，又有组合之规矩；陈立疏更根据大夫与方伯所受赐物的区别，认为车马、衣服、乐则的组合为三等中最高，若依此推论，则朱户、纳陛、虎贲之等为二，鈇钺、弓矢、秬鬯为三。然此推法颇不成立，因有反证，即《仪礼集注》引《书大传》："诸侯赐弓矢者得专征，赐鈇钺者得专杀，赐圭瓒者得为鬯以祭。不得专征者，以兵属于得专征之国"，注："谓七命以下不得弓矢赐者"②。七命以下不得赐弓矢，此点乃合于郑众、许慎、何休、范宁所主"九锡即九命"说，而上述所言"排序"与"组合"自当有其缘由，非如此，则《白虎通》申论九锡必难圆其说。窃以为此缘由即是九锡之次与爵土封赐的关联。《白虎通·考黜》"九锡"后的"三考黜陟义"言说了今、古文两家的论点。"《书》所以言'三考黜陟'者，谓爵土异也。小国考之有功，增土进爵，后考无功削黜，后考有功，上而赐之矣。五十里不过五赐而进爵土，七十里不过七赐而进爵土。能有小大，行有进退也。"陈立疏云：

> 此盖用古文《尚书》说也。……《周礼·大宗伯》云："一命受职，……九命作伯。"郑氏以九锡与九命异。《曲礼》疏引许慎、郑司农说，皆以九锡即九命。庄元年《公羊注》："礼有九锡，皆所以劝善扶不能。礼，百里不过九命，七十里不过七命，五十里不过五命。"《谷梁》庄元年注："礼有九锡，皆所以褒德赏功也。德有厚薄，功有轻重，故命有多少。"然则此以子男五赐，侯伯七赐，与郑众、许慎、何休、范宁之说同也。盖亦古文家说。③

---

① 《白虎通疏证》卷七《考黜·九锡》，第308—309页。
② 《白虎通疏证》卷七《考黜·三考黜陟义》陈立疏引，第311页。
③ 《白虎通疏证》卷七《考黜·三考黜陟义》，第310页。

下编　宗周旧制与变汉故事：迁洛后礼制变迁

是古文家认为九锡就是九命，进而命数与爵位、土地的关系就与九锡的封赏联系起来了。接着《白虎通》又言今文家说："一说盛德始封百里者，赐三等，得征伐，专杀，断狱。七十里伯始封赐二等，至虎贲百人。后有功，赐弓矢。后有功，赐秬鬯，增爵为侯，益土百里。复有功，入为三公。五十里子男始封，赐一等，至乐则。复有功，稍赐至虎贲，增爵为伯。复有功，稍赐至秬鬯，增爵为侯。未赐鈇钺者，从大国连率方伯而断狱。"疏云：

> 此以九锡分为三等，分授百里、七十、五十里，盖今文说也。《曲礼》："三赐不及车马"注："三赐，三命也。凡仕者一命受爵，再命而受服，三命而受车马。"用《周礼》九命文当之，而不以为九锡之三，则以九锡皆作牧作伯后始得受之也。《公羊》疏引宋均说，以诸侯有德，当益其地，不过百里，后有功，加以九锡，与后郑说同，皆与此异也。①

则是今文家主分九锡为三等，其依据即是爵位之次第。关于今古文之争暂置不论，然二者之依据皆与爵位相关联。后又言："受命之王，致太平之主，美群臣上下之功，故尽封之。及中兴征伐，大功皆封，所以著大功。盛德之士亦封之，所以尊有德也。……故爵主有德、封主有功也。诸侯有九赐习其赐者何？子之能否未可知也。或曰得之，但未得行其习以专也，三年有功则皆得用之矣。二考无功则削其地，而赐自并知，明本非其身所得也。身得之者，得以赐，当稍黜之，爵所以封贤也。"② 将封爵与土地之联系并与九锡相关联起来。此当即《白虎通》申述九锡"排序"和"组合"依据理论所在。

第二，关于虎贲及其数量。文献所引《礼纬·含文嘉》九锡文中只言"虎贲"，基本未直言数之多少，《白虎通》卷七《考黜·九锡》所云《含文嘉》九锡虎贲百人，其中"百人"一说，是据后文《三考黜陟义》推出；《武帝纪》注引应劭说为"虎贲百人"，应劭早于宋均而大致同于郑玄，不可能是征引的宋均注，当出自《含文嘉》文或者郑玄注，又颜师古

---

① 《白虎通疏证》卷七《考黜·三考黜陟义》，第311页。
② 《白虎通疏证》卷七《考黜·三考黜陟义》，第311—313页。

第四章　变汉故事：北魏九锡之变相

于《汉书·王莽传》言九锡时并未有百人之数，当是应氏说不可尽信；《谷梁传》杨士勋疏引宋均注明言虎贲三百。

第三，将鈇钺与弓矢顺序从"《礼·含文嘉》说"扩展至全表，"《礼·含文嘉》说"之《白虎通》、《汉书》注（《武帝纪》注应劭说、《王莽传》注师古说）、《诗》《礼》孔疏七鈇钺八弓矢（即先鈇钺后弓矢）顺序与"公羊说"近同；"《礼·含文嘉》说"之《春秋公羊/谷梁传·庄公元年》注疏则是先弓矢而后鈇钺，与《韩诗外传》后人增补的九锡顺序一致。此点可结合清人辑佚《礼纬·含文嘉》九锡名物及排列次序差异进行论述。

后人辑佚纬书尤以清人为最。近有日本学者安居香山、中村璋八《纬书集成》《重修纬书集成》辑佚甚广，补前人多所未备，然其《礼纬·含文嘉》九锡记载辑佚处，却未对前人辑佚文中九锡名物与次序、组合的差异加以甄别，只引一条九锡记载，进而认同此条即为所有九锡记载及宋均注疏之原貌；而且引文出处存在疏漏不当处。[①] 故于此主要关注前人，尤其是清人辑佚纬书中《礼纬·含文嘉》九锡文及宋均注名物记载与排列次序，列表4-2《清人辑佚纬书〈礼纬·含文嘉〉九锡（附宋均注）名物及排列次序对照表》。

通观清人辑佚，同样可以得见九锡在名物方面没有大的差异，然于排列次序尤其是"七、八（或弓矢或鈇钺）"多有参差，与唐以前文献所引比对相同，当是清人辑佚各有所本。详言之，则第一，以清人为主的辑佚纬书中，《礼纬·含文嘉》与宋均注中九锡名物次序的排列大致相同；第二，以鈇钺、弓矢先后顺序为对照点，可见辑佚纬书中九锡名物大致分为两派，一为先鈇钺后弓矢，同于"公羊说"与"《礼·含文嘉》说"之《白虎通》《汉书》注（《武帝纪》注应劭说、《王莽传》注师古说）、《诗·旱麓》孔疏与《礼记·曲礼》孔疏，二为先弓矢而后鈇钺，同于《韩诗外传》"后人增补九锡说"与"《礼·含文嘉》说"之《春秋公羊/谷梁传·庄公元年》注疏。上述差别可看作是文献记载层面的九锡次序，而以曹魏以降规范化九锡，即史书所载王朝九锡实施次序绳之，则是先鈇钺后弓矢一派与历史"实践"相同，参看表4-3《汉魏晋南北朝实受九锡者与九锡实施中名物明细、排列次序对照表》便可清晰得见。

[①] 参见［日］安居香山、中村璋八辑《纬书集成》，第493页。

· 183 ·

下编　宗周旧制与变汉故事：迁洛后礼制变迁

表4-2　清人辑佚纬书《礼纬·含文嘉》九锡（附宋均注）名物及排列次序对照表

辑佚纬书	九锡记载	九锡名物及排序									相同之文献记载	备注
		一	二	三	四	五	六	七	八	九		
古微书	含文嘉九锡	车马	衣服	乐则	朱户	纳陛	虎贲	弓矢	铁钺	秬鬯	（A）同《公羊》何休、《谷梁》范宁注	潘承弼所藏清对山同月楼刊本《古微书》残帙同
	宋均注	◎	◎	◎	◎	◎	◎	◎	◎	◎	（B）同《公羊》徐彦疏	
纬书	含文嘉九锡	车马	衣服	乐则	朱户	纳陛	虎贲	铁钺	弓矢	秬鬯	（C）同《白虎通·考黜》及《诗》、《礼》孔疏所引，曹操之后亦同	
	宋均注	◎	◎	纳陛	乐则	朱户			弓矢	秬鬯	同孔疏所引	
七纬	含文嘉九锡	车马	衣服	乐则	朱户	纳陛	虎贲	铁钺	弓矢	秬鬯	与（C）同	赵在翰：七铁钺八弓矢，当从《白虎通》
	宋均注	◎	◎	◎	◎	◎	◎	◎	◎	◎	（D）与所引《含文嘉》文相合	
玉函山房辑佚书	含文嘉九锡	车马	衣服	乐则	朱户	纳陛	虎贲	弓矢	铁钺	秬鬯	与（A）同	
	宋均注	◎	◎	◎	◎	◎	◎	◎	◎	◎	与（B）同	
纬捃	含文嘉九锡	车马	衣服	乐则	朱户	纳陛	虎贲	弓矢	铁钺	秬鬯	与（A）同	
	宋均注	◎	◎	◎	◎	◎	◎	◎	◎	◎	与（B）同	
通纬	含文嘉九锡	车马	衣服	乐则	朱户	纳陛	虎贲	铁钺	弓矢	秬鬯	与（C）同	此只是承接赵在翰书并增补部分《古微书》而成，基本同赵在翰
	宋均注	◎	◎	◎	◎	◎	◎	◎	◎	◎	与（D）同	

注：1. 除上引《古微书》至《通纬》外关注辑佚纬书尚有数种，如陶宗仪编纂的《说郛》，然是书收录《礼·含文嘉》无九锡条，明宛委山堂本与民国排印本俱同；《诸经纬遗》（所经取之"管取之"《说郛》），《玉函山房辑佚书续编》《纬书佚文辑录》与《说郛》情况相同。而《七纬拾遗》则是《含文嘉》及九锡条俱无。

2. 清人对于九锡中的排序尤其是弓矢与铁钺的先后，依据经典或前有之记载，但对魏晋以来施行之九锡次序没有引证关注。

· 184 ·

第四章 变汉故事：北魏九锡之变相

表4-3 汉魏晋南北朝受九锡者与九锡实施中名物明细、排列次序对照表

时段	朝代更替	受者（爵）	九锡名物与明细									
			一	二	三	四	五	六	七	八	九
过渡期	西汉→新莽	王莽（公）	先衣服，后车马；然两者相杂	绿韨衮冕衣裳，瑒琫瑒珌，句履，龙旗九旒，皮弁素积，戎路乘马	弓矢	铁钺	秬鬯	九命青玉圭	朱户纳陛	宗祝卜史	虎贲三百
				然，后车马；马骠乘，鸾路乘，皮弁							
	东汉→曹魏	曹操（公）	车马	大辂、戎辂各一，玄牡二驷	彤弓矢，卢弓矢	左建朱钺，右建金戚	秬鬯二卣，圭瓒二	九命青玉圭二	朱户纳陛	署宗官、祝官、卜官、史官、家令丞各一人	虎贲三百人，在中府外第，虎贲为门卫，当出入者傅籍
施行期（禅让相关）	曹魏→西晋	司马昭（公）	车马	衮冕之服，赤舄副焉	轩悬之乐，六佾之舞	朱户（以居）	纳陛	虎贲三百	铁钺各一	彤弓一，彤矢百，旅弓十，旅矢千	秬鬯一卣，珪瓒副焉
	东晋→刘宋	刘裕（公）	车马	衣服	乐则	朱户	纳陛	虎贲三百	铁钺	弓矢	秬鬯
	刘宋→萧齐	萧道成（公）	车马	衣服	乐则	朱户	纳陛	虎贲三百	铁钺	弓矢	秬鬯
			车马	衣服	乐则	朱户	纳陛	虎贲三百	铁钺	弓矢	秬鬯

· 185 ·

下编　宗周旧制与变汉故事：迁洛后礼制变迁

续表

时段	朝代更替	受者（爵）	九锡名物与明细								
			一	二	三	四	五	六	七	八	九
施行期（禅让相关）	萧齐→萧梁	萧衍（公）	车马	衣服	乐则	朱户	纳陛	虎贲三百	鈇钺	弓矢	秬鬯
			◎	◎	◎	◎	◎	◎	◎	◎	◎
	萧梁→陈	陈霸先（公）	车马	衣服	乐则	朱户	纳陛	虎贲三百	鈇钺	弓矢	秬鬯
			◎	◎	◎	◎	◎	◎	◎	◎	◎
	东魏→北齐	高洋（王）	车马	衣服	乐则	朱户	纳陛	虎贲三百	鈇钺	弓矢	秬鬯
			◎	◎	◎	◎	◎	◎	◎	◎	◎
	西魏→北周	无									
	北周→隋	杨坚（公）	车马	衣服	乐则	朱户	纳陛	虎贲三百	鈇钺	弓矢	秬鬯
			◎	◎	◎	◎	◎	◎	◎	◎	◎
施行期（安抚所用）	吴	孙权（君）	车马	衣服	轩悬之乐	朱户	纳陛	虎贲	鈇钺	弓矢	秬鬯
			◎	◎	◎	◎	◎	◎	◎	◎	◎
		公孙渊	车马	衣服	轩悬之乐	朱户	纳陛	虎贲之士百	鈇钺	弓矢	秬鬯
			◎	◎	◎	◎	◎	◎	◎	◎	◎

注：北魏九锡为大臣死后追赠，与"禅让九锡"不相类，不列于此。

综览唐以前文献之转引及清人辑佚，排列次序虽有参差，名物却无大差别，与魏晋禅让、易代鼎革所用九锡当是同类；魏晋以降的九锡在排列次序上与《白虎通》、《汉书》注（《武帝纪》注应劭说与《王莽传》注师古说）、《诗》《礼记》孔疏引（《诗·旱麓》孔疏与《礼记·曲礼》孔疏）相同，而这些皆出自《礼纬·含文嘉》的九锡记载，则曹魏以降九锡当与《礼纬·含文嘉》九锡有所关联，杨士勋疏《春秋谷梁传·庄公元年》"王使荣叔来锡桓公命"所云"九锡者，出礼纬文也"不为无据；[①]但由此尚不能论断后世九锡必然出自《礼纬》，因为尚有王莽受"九命之锡"的史实记载在魏晋禅让九锡之前。

观察表 4-3 所列王莽所受九锡，与魏晋后规范九锡不仅名物有差，且排列次序并未规范化，无论在具体赐物上，还是在赐物的排列组合及顺序上，均与曹魏以降规范化九锡显得不同；且，前已证《韩诗外传》卷八第十三章与《汉书·武帝纪》元朔元年有司奏议，存在值得商榷处，西汉初年已有九锡的观点证据不足，是王莽之九锡于此无关。因此，王莽所受九锡便不同于《礼纬·含文嘉》所载的九锡；《含文嘉》九锡的规范与系统性胜于莽所受，由此推论其出当在王莽之后。又，王莽所受"九命之锡"的制作依据载于元始五年张纯等九百二人的上疏中，言"谨以六艺通义，经文所见，《周官》、《礼记》宜于今者，为九命之锡"[②]。其中并未有《礼纬》的任何痕迹；倒是与宗周九命颇有渊源。由此，可以论断王莽所受"九命之锡"并非源自《礼纬·含文嘉》九锡所载；进而《含文嘉》九锡的成文并不当在王莽受九锡之时，更不可能在谶纬大量造生的哀平之际，此一点似可对谶纬造生年代的整体考察提供切入点：学界目下争论的谶纬是否造生于哀平之际的课题，当可在"谶"与"纬"概念明晰的前提下，针对具体纬书文本的书写时段进行考察，而非笼统论断谶纬造生于何时；目下主流认可的谶纬大量造生于哀平之际的观点大致无错，然"大量"的外延何在？"大量"之外的谶纬文献又有哪些？皆未清晰明确；《礼纬·含文嘉》便在此"大量"之外，因此不能如王应麟《困学纪闻·礼记》般认为"《礼纬·含文嘉》有九锡之说"，便遽断其期限为"亦起

---

① （晋）范宁集解，（唐）杨士勋疏：《春秋谷梁传注疏》，（清）阮元校刻《十三经注疏》本，中华书局1980年版，第2380页。
② 《汉书》卷九九上《王莽列传上》，第4069—4072页。

哀平间"。质言之，《含文嘉》成书的上限当是王莽受"九命之锡"的西汉平帝元始五年（5），下限当在《白虎通》成书之前，即东汉章帝建初四年（79）。

王莽所受"九命之锡"名物、名物明细与排列次序多与规范化九锡不甚相合，然其毕竟有首开先河之功，可视为九锡形成的"过渡期"产物。《礼纬·含文嘉》记载九锡并将之规范化，应当会受王莽此次实践的影响。西汉平帝元始五年，至东汉章帝建初四年之间，主要是新莽与东汉光武帝刘秀的活动。王莽新朝未再见制作"九命之锡"的史料，理论上亦不可能再有"九命之锡"以赐人臣的可能，是新朝的影响有限。此后是光武帝的活动，刘秀以"图谶革命"起家，[1] 并于中元元年"宣布图谶于天下"，将谶纬之学正式确立为官方的统治思想，号为"内学"，[2] 是东汉一朝与谶纬关系甚深，在这种环境渲染下，加之前已有王莽的九锡实践，谶纬学者以典籍的形式将九锡名称规范化，载之于《礼纬·含文嘉》；其后在"讲议《五经》同异"，试图将儒学与谶纬之学进一步结合的白虎观会议后，由班固《白虎通》引用《礼纬·含文嘉》之文，剔除王莽以九锡为篡位工具的实践影响，回复到九锡渊源的宗周九命褒奖功臣的最初功能上，并将之与封爵、土地相关联，申述规范化九锡"组合"与"排序"的依据，从而将谶纬化的九锡权威化、官方化。检索史籍，可见东汉确实行用九锡，且其所用为九锡褒赠功臣的最初功能，迥异于曹魏以降作为禅让工具之九锡。

四　东汉政府行用九锡二例

上述考索可见，与曹魏以降行用之九锡相合的最早记载出自班固《白虎通》，而《白虎通》所载九锡承于《礼纬·含文嘉》，当是白虎观会议上将纬书所载规范化的结果。其后东汉政府大致已行用九锡：用九锡褒赠功臣的最初功能，赏赐勋臣。杨赐曾受九锡，是目前史料可见大臣受九锡第一人。赐祖震、父秉，皆大儒。赐薨于中平二年（185）九月，《后汉

---

[1]　［日］板野长八：《図讖と儒教の成立》，《史学杂志》84卷2號，1975年，第125—173页。
[2]　（宋）范晔撰，（唐）李贤等注：《后汉书》卷一下《光武帝纪》、卷八二上《方术列传》，中华书局1965年版，第84、2705页。

第四章 变汉故事：北魏九锡之变相

书》本传载赐死后所受荣宠："天子素服，三日不临朝，赠东园梓器襚服，赐钱三百万，布五百匹……及葬，又使侍御史持节送丧，兰台令史十人发羽林骑轻车介士，前后部鼓吹，又敕骠骑将军官属司空法驾，送至旧茔。公卿已下会葬。谥文烈侯。及小祥，又会焉。"汉灵帝策文中言道"礼设殊等，物有服章"便包含九锡之赐。① 蔡邕书《司空文烈侯杨公碑》言明赐曾受九锡："曰汉有国师司空文烈侯杨公，维司徒之孙，太尉公之胤子。……铭曰：申备九锡，以祚其庸，位此特进，于异群公。昔在申吕，匡佐周宣；嵩高作颂，大雅扬言。……身没名存，永世慕思。"而此碑之前，同为杨赐所书的《文烈侯杨公碑》将之与宗周九命联系起来："人臣之极位，兼而有之。然处丰益约，九命滋恭，可谓高朗。"② 昭示出东汉九锡褒赠勋臣的最初功能当承袭自宗周九命之制。

《司空文烈侯杨公碑》铭文中，汉帝的意思是授予杨赐九锡"以祚其庸"，"庸"之古义为功劳，如"庸绩"之谓。"位此特进，于异群公"则成了受九锡之后的"成果"：身份、地位高于同阶之官。由此可见，大臣受九锡体现出九锡褒奖功臣的功能，这个功能在东汉之时已经出现，早于曹操所受的作为易代鼎革工具的"禅让九锡"；而在此之前的王莽"九命之锡"，既有褒奖功臣的功能，也初次被莽试图利用以彰显自身煊赫，为代汉立新做铺垫，但在器物及次序、组合上却不是后世行用的规范化九锡。自曹魏以降，权臣蓄谋篡位者多受九锡，后以武力为威权，禅让为虚设，易代鼎革，"破旧立新"，建立"自家王朝"，在此形势下，末代皇帝虽形格势禁，不得不承认权臣地位，赐予九锡。但在册命《九锡文》中都以此句结尾："往钦哉！敬服朕命！简恤尔众，时亮庶功，用终尔显德，对扬我高祖之休命！"玩味此语，可见九锡的原始功用即是褒奖功臣，使其感念故主之恩，圣意之隆，忠于皇权，保扬帝家；此句虽无寸功尺效阻止权臣犯上，却凸显出九锡诞生之初的原始功效。

除杨赐外，东汉仍有获得九锡殊礼者，《晋书·地理志下》"交州"条载："建安八年……乃拜（张）津为交州牧。建安十五年，移居番禺，诏以边州使持节，郡给鼓吹，以重城镇，加以九锡六佾之舞。"③ "六佾"为

---

① 《后汉书》卷五四《杨赐传》，第1785页。
② （汉）蔡邕：《蔡中郎集》卷五，嘉靖二十七年序任城杨贤刊本，第17—20页。
③ 《晋书》卷一五《地理志下》，第464页。

· 189 ·

下编　宗周旧制与变汉故事：迁洛后礼制变迁

宗周诸侯所用乐舞格局。《左传·隐公五年》："公问羽数于众仲，对曰：'天子用八，诸侯用六，大夫四，士二……。'公从之，于是初献六羽，始用六佾也。"服虔以"用六"为六八四十八人，相应的大夫"四"为四八三十二人，士"二"为二八十六人，而杜预"以舞势宜方，行列既减，即每行人数亦宜减，故同何说"，何说即《公羊传·隐公五年》何休注，所主六佾为"六人为列，六六三十六人"，并言明依据乃是"法六律"。① 于此取何、杜所注。又《公羊传·隐公五年》与《谷梁传·隐公五年》云："天子八佾，诸公六佾，诸侯四佾。"是以六佾为诸公之礼，诸侯所用为四佾，与《左传》"诸侯用六"异。所言"诸公"范围是"天子三公"与"王者之后"，即天子三相与以宾礼相待的前朝王室后裔"二王三恪"之类，那么"公"的人数是极少的。何休解云："正以诸公有二等，故执不知问。……漫言诸侯，明是五等总名。文次公下，复疑偏指七命，故执不知问。所以不待答迄而连句问之者，正以上文并解诸公六、诸侯四故也。……公侯方百里，《王制》文也。侯与公等者，据有功者言之矣。"② 是此处"诸公""诸侯"乃总言五等爵也，侯之有功者可与公等，亦可用六佾。《论语·八佾》记有孔子言："季氏八佾舞于庭，是可忍也，孰不可忍？"季氏为大夫，只能用四佾之舞，今用八佾，乃僭越天子礼，是《论语》所记与《左传》同。③ 即便退而言之，综合《左传》与《公羊传》说法，六佾之礼当是公爵重臣的乐舞规制。自曹操受九锡以降，"六佾之舞"便成为九锡之乐则/悬的一部分，与"轩悬之乐"搭配使用，概莫能外。因此张津所受的"九锡"并不完全，只是其中乐则的一部分。想来朝廷当是顾忌交州为"南越之土"，鞭长莫及，故赐九锡以安抚交州，使不反动，运用物化礼乐这一华夏帝国自我建构符号秩序的重要手段，将身处华夏边缘的南越吸纳进来；④ 但张津虽升为交州牧，仍不够规格亦无显著功勋享受九锡之赐，且朝廷实不愿交州势力借助九锡壮大，养虎遗患，故折中赐

---

① 《春秋左传正义》，第1727—1728页；（汉）何休解诂，（唐）徐彦疏：《春秋公羊传注疏》，（清）阮元校刻《十三经注疏》本，中华书局1980年版，第2207页。
② 《春秋公羊传注疏》，第2207页。
③ （魏）何晏等集解，（宋）邢昺疏：《论语注疏》，（清）阮元校刻《十三经注疏》本，中华书局1980年版，第2465页。
④ 关于华夏帝国符号秩序与蛮夷戎狄之关系，参见胡鸿《能夏则大与渐慕华风：政治体视角下的华夏与华夏化》，博士学位论文，北京大学，2012年，第59—82页；关于汉代华夏边缘与当时人的边疆异族印象，参见王明珂《华夏边缘：历史记忆与民族认同》，第185—206页。

九锡之一即可。张津九锡虽不全，但此"六佾之舞"并不在王莽所受九锡之列，莽甚至没有"六佾之舞"所属的"乐则/悬"这一二级结构；张津九锡的"六佾之舞"又与曹魏以降的九锡相同，于此可以说明东汉的九锡不同于王莽；但曹魏以降所受九锡的雏形已经在东汉显现，且表面上掌握在皇帝手中，阐扬着九锡褒奖功臣的最初功能。

第二节　北魏九锡名物略考

曹魏以降史籍所载九锡渐趋一致、规范，按照排列次序，一般包含车马、衣服、乐则、朱户、纳陛、弓矢、鈇钺、秬鬯。北魏九锡功用虽与魏晋南朝有较大差异，但是九锡名物、殊礼内容却与魏晋南朝相同，而且排列次序无二，大略如下表（表4-4）。

表4-4　　　　　　　　九锡名物明细表

车马	衣服	乐则	朱户	纳陛	虎贲三百	鈇钺	弓矢	秬鬯
大辂、戎辂各一，玄牡二驷	衮冕之服，赤舄副焉	轩悬之乐，六佾之舞	朱户	纳陛	虎贲之士三百人	鈇钺各一	彤弓一，彤矢百，旅弓十，旅矢千	秬鬯一卣，珪瓒副焉

中古时期朝代更迭，多自膺天命，通过改正朔、易服色、变乐则等方式来彰显本朝特色，对应到物化礼乐方面，九锡名物便因为朝代而有所不同。源出森林草原游牧民族的拓跋鲜卑，建立北魏，一统华北，九锡名物与殊礼不可避免地沾染着游牧与农耕两种生产生活方式孕生出的礼俗、礼制特色。本节主要以车马、衣服、乐则为例，对北魏九锡名物进行考察。之所以选择这三类，是因为历朝历代因为改正朔、易服色、变乐则等方式进行的变革，落在九锡名物上，多是对应车马、衣服、乐则这三类占比最高的名物，此三类皆可于《周礼》等典籍中寻到源头，有经典支持，因此所受重视程度最高，相关的争论与变动也最多，而其他六类除占比相对较少外，也有"先天不足"之处：朱户、纳陛之类，多是秦汉之时后出，王先谦《汉书补注》与钱大昭《汉书辨疑》俱引《文选·魏公九锡文》"纳

陛以登"句李周翰注："纳陛者，置于殿两阶之间，便其上殿。此盖汉人相承之说。"如此，它们与前三类相比，没有更为深厚的经典依据与历史积淀。而弓矢、鈇/斧钺虽然也能远溯宗周，但作为礼器，长久以来，其形制与宗周九命赐物、王莽"九命之锡"[①] 中名物相比未见有较大变动。故以车马、衣服、乐则三类管窥北魏九锡名物细则及其与先秦宗周九命之"九命之仪"器物层面的渊源与变异。

北魏九锡名物名称与曹魏以降规范化九锡相同，具体器物形制则有自身特色。依次论列车马、衣服与乐则如下。

一 车马：大辂、戎辂各一，玄牡二驷

（一）大辂、戎辂的经学问题

九锡之车马，历来名物都是大辂、戎辂各一，玄牡二驷。大辂，亦作"大路"，为古时天子所乘车。《周礼·春官·巾车》便系统建构出天子所用系规范的五辂形制，并一一明确特定用途：

> 王之五路：一曰玉路，锡，樊缨，十有再就，建大常，十有二斿，以祀；金路，钩，樊缨九就，建大旂，以宾，同姓以封；象路，朱，樊缨七就，建大赤，以朝，异姓以封；革路，龙勒，条缨五就，建大白，以即戎，以封四卫；木路，前樊鹄缨，建大麾，以田，以封蕃国。[②]

天子之车，之所以称为"辂"或"路"，目前主要有两说：一说以《春秋左氏传》为代表，认为因车行于道路，故名"路"，刘熙《释名·释车》便袭此说："谓之路者，谓行于道路也。"另一说则认为"路"有

---

① 关于《汉书》王莽本传所受"九命之锡"具体名物考释可参看（清）钱大昭《汉书辨疑》；（清）王先谦《汉书补注》；（清）沈钦韩《汉书疏证》（据清光绪二十六年浙江官书局刻本影印，上海古籍出版社 2006 年版）；杨树达《汉书窥管》（上海古籍出版社 1984 年版）；佚名《汉书考正（外一种）》（据南京图书馆藏清影抄元至元三年李氏勤有唐刻本影印，作者疑为南宋末年潜心两《汉书》者，上海古籍出版社 2008 年版）；佚名《汉书疏证》（据清抄本影印，疑为沈钦韩氏另一传本，上海古籍出版社 2008 年版）。
② 《周礼注疏》，第 822—823 页。

"大"之意，因为"王之所在"，故"以大为名"，主要是通过具体的物化礼乐规格凸显王权的尊贵。郑玄注《巾车》便称："王在焉曰路"，孔颖达疏的阐释便是以身份等级为中心："路，大也。王之所在，故以大为名，诸侯亦然。"郑玄之前的班固在《白虎通义》中已倡此说："天子大路，路，大也，道也，正也，君至尊，制度大，所以行道德之正也。"①

孔颖达对第一种说法提出驳难："《左氏》义以为行于道路，故以路名之。若然，门寝之等，岂亦行于路乎？"他用"门寝之等"举出反例，具体所指当是"路寝"。"路寝"出自《诗·鲁颂·閟宫》"路寝孔硕"句，毛传注疏称："路寝，正寝也"，是指天子、诸侯的正厅。《周礼》天官下属有"宫人"，职掌"王之六寝之修"。所谓"六寝"，郑玄注已详细指出其包括"路寝一，小寝五"，前者主要用来处理政务，后者用于闲暇时休憩。贾公彦疏在此基础上认为天子与诸侯的规制等差分别是六寝与三寝，诸侯三寝分为"路寝一，燕寝一，侧室一"，并举例指出《春秋》中庄公于三十二年八月癸亥"薨于路寝"，是《春秋》体系中亦有"路寝"。如此孔疏以《诗经》《春秋》《周礼》中皆有的"路寝"作为反例，驳难《春秋左氏传》因车行于道路而名"路"的说法。相应的，孔颖达所主第二种说法也有学者提出反对意见，如现代学者钱玄便提出商榷："古称路，不限于天子，诸侯公卿之车，均得谓之'路'。"②是认为"路"的使用者不局限于天子，还有诸侯公卿。

细绎两说，其实是因为双方关注点存在区别，所以导致观点差异：第一种说法关注点在"大路"的"路"上，注重的是车的基本属性：行驶的载具。第二种说法取"路"中"大"的意思，将之与"王"联系起来，关注的是"大路"之"大"，突出引申义附加的身份属性：区分等级阶序，而这便是古代社会"礼"的基本属性与突出特征。钱玄驳难第二种说法，其实存在值得商榷处。首先，孔疏并未将诸侯排斥在外："王之所在，故以大为名，诸侯亦然。"钱说此处不确；其次，孔疏所举反例"路寝"的材料钱说未引，而"路寝"反例是在《诗经》《春秋》《周礼》等经典记载体系中通行的，有着完整自洽的解释体系。保守而言，孔疏所言至少在《周礼》等礼典所载语境下是成立的，加上它的关注点在"大"与

---

① 《白虎通疏证》卷二十《阙文》，第587页。
② 钱玄：《三礼通论》，第186页。

"王"上,将车与礼的结合表露无遗,更适合古代社会礼别阶序的情况,于此取第二种说法。

《周礼·春官·巾车》所载王之五辂,对应到九锡名物车马类中有大辂与戎辂两项,其中戎辂较易确认,即"五辂"中的革辂。《巾车》记载有革辂形制:"龙勒,条缨五就,建大白,以即戎,以封四卫。"郑玄注对形制有更为翔实的记述:"革辂,鞔之以革而漆之,无他饰。龙,駹也,以白黑饰韦,杂色为勒。……其樊及缨以条丝饰之,而五成……大白,殷之旗,犹周大赤,盖象正色也。即戎,谓兵事。四卫,四方诸侯守卫者,蛮服以内。"如此,革辂之得名,在于车端之末包以革而漆之。其用途主要是王于兵事时乘御,《周礼·巾车》有"车仆",其职"掌戎辂之萃",郑玄注云:"戎辂,王在军所乘也。"孔颖达疏《礼记·曲礼上》"兵车不式,武车绥旌"句亦云:"兵车,革辂也……武车,亦革辂也。"同样说明革辂作为王之戎辂主要用于军事征伐之时。《巾车》最末云"以封四卫",结合郑玄注,可知革辂可赏赐四方诸侯,此点与九锡车马殊勋大臣受戎辂一项有共通之处。

不过九锡车马之大辂具体何指则诸说纷纭。一说为玉辂。《尚书·顾命》云:"大辂在宾阶面。"孔传云:"大辂,玉。"孔颖达疏将五辂明确的同时,也确定了大辂即玉辂的说法:"《周礼》巾车掌王之五辂:玉辂、金辂、象辂、革辂、木辂,是为五辂也……大辂,辂之最大,故知大辂玉辂也。"该说在《白虎通》时便有流传,《隋书·礼仪志五》便引《白虎通》之说:"玉辂,大辂也",接着叙论历代玉辂及典籍所载形制,将此说完善:

《周礼》巾车氏所掌,"镂钖,樊缨十有再就,建太常,十有二旒。"虞氏谓之鸾车,夏后氏谓之钩车,殷谓之大辂,周谓之乘辂。《大戴礼》著其形式,上盖如规象天,二十八橑列星,下方舆象地,三十辐象一月。前视则睹銮和之声,侧观则睹四时之运。昔成汤用而郊祀,因有山车之瑞,亦谓桑根车。蔡邕《独断》论汉制度,凡乘舆车,皆有六马,羽盖金爪,黄屋左纛,镂钖方釳,重毂繁缨,黄缯为盖里也。左纛,以旄牛尾建于竿上,其大如斗,立于左骖也。镂钖高阔各五寸,上如伞形,施于发上,而插翟尾也。方釳当颅,盖马冠也。繁缨,膺前索也。重毂,重施毂也。应劭《汉官》,大辂龙旂,画龙于旂上也。董巴志谓为瑞山车,秦谓金根,即殷辂矣。司马彪志

第四章 变汉故事：北魏九锡之变相

亦云："汉备五辂，或谓德车，其所驾马，皆如方色。"唯晋太常卿挚虞，独疑大辂，谓非玉辂。挚虞之说，理实可疑，而历代通儒，混为玉辂，详其施用，义亦不殊。①

另一说为金辂，主此说者主要是贾逵。《史记·齐太公世家》载周襄王赐桓公大路，贾逵直接定为金辂："大路，诸侯朝服之车，谓之金路。"②同书《晋世家》《卫世家》载周天子赐晋侯、康叔皆有大辂，贾逵亦曰："大辂，金辂。"③

大辂为玉辂之说虽然史料翔实，但并未明确将大辂定性为天子专用车，因此又有两说据此而生。第三说明确将大辂定性为天子之车，如《礼记·乐记》载："所谓大辂者，天子之车也。"《史记·乐书》也有类似记述："所谓大路者，天子之舆也"，张守节《正义》曰："此以下广言礼以报为体之事。舆，车也。大路，天子之车也。诸侯朝天子，修其职贡，若有勋劳者，天子赐之大路也。"第四种说法则是突出大辂的祭祀功能，释大辂为祀天车，称之为素车，归入殷路。《礼记·礼器》即云："大辂繁缨一就"，郑注云："殷祭天之车也"，同书《郊特牲》："乘素车，贵其质也"，郑注同样如此："素车，殷辂也。"《史记·礼书第一》："故大路越席"，服虔曰："大路，祀天车也。越席，结括草以为席也。"卷四〇《楚世家》："昔我先王熊绎辟在荆山，荜露蓝蒌"句，裴骃案云："荜露，柴车素大辂也。"此说为《晋书》承袭，卷二五《舆服志》云："大路，殷路也。"这种说法的依据，当是《周礼·春官·巾车》所载玉辂以祀的理念，当与第一说玉辂说有所关联，即二说皆以大辂为王祭祀所乘用。

逮至春秋，天子册命赐物中仍有大辂一项，前述齐桓、晋文即是。其中《史记·晋世家》载周天子命晋侯为伯，赐物大辂云云，是晋文受大辂当属宗周九命最高的"九命作伯"一等赐物。谨按，孔疏《巾车》"金辂"至"以封"有详细阐释：

---

① 《隋书》卷一〇《礼仪志五》，第204页。
② 《史记》卷三二《齐太公世家》，第1490页。
③ 《史记·晋世家》："天子使王子虎命晋侯为伯，赐大辂。"贾逵亦曰："大辂，金辂。"卷三七《卫世家》："成王长，用事，举康叔为周司寇，赐卫宝祭器"，引《左传》曰："分康叔以大路、大旂、少帛、綪茷、旃旌、大吕。"贾逵曰："大路，金路也。"

下编　宗周旧制与变汉故事：迁洛后礼制变迁

上五辂云"一曰"，此以下皆不云"二曰"、"三曰"之等者，若据王而言，玉辂言一曰则金辂以下二曰、三曰之等可知。若据诸侯言之，从此金辂已下，所受得各自为上，故此以下略不言二曰、三曰之等也。云"同姓以封"者，周人先同姓，故得金辂。赐异姓已下，则用象辂之等。同姓虽尊，仍不得玉辂。玉辂以祭祀，故不可分赐。

由此可知，第一，《巾车》所载王之五辂除用途有异外，等级亦有差别，大致以排列顺序先后为定，玉辂最尊，依次等降，郑注金辂云"金辂无锡有钩"，孔疏解之云："以玉辂、金辂二者相参知之。何者？玉辂云锡，金辂云钩，明知金辂有钩无锡。上得兼下言之，则玉辂直言锡，兼有钩可知。"是金辂在玉辂之下，其他亦可由此推定；第二，周天子赐诸侯有勋劳者，有同姓与异姓之别，一般而言，同姓待遇高于异姓，然如《左传·成公十三年》所言："国之大事，在祀与戎。祀有执膰，戎有受脤，神之大节也。"① 玉辂关乎祭祀大事，同姓亦不得受。故宗周九命车马一项必是金辂及其下，无有玉辂。九锡之制与九仪之命中最高的九命之仪（即《典命》所云："上公九命，车旗衣服，以九为节"）相类，是九锡中车马之大辂当是玉辂之外最高等级的金辂。

（二）秦汉魏晋时期的大辂变迁

秦汉魏晋时期金辂的形制有所演变，考证如下。《晋书·舆服志》对秦汉因革之际的大辂有概括性论述："及秦皇并国……车舆之彩，各树其文，所谓秦人大备，而陈战国之后车者也。及凝脂布网，经书咸烬，削灭三代，以金根为帝辂，除弃六冕，以袀玄为祭服。高祖入关，既因秦制。"② 孙机认为目前考古材料上不能明确职称汉代的辂："由于秦时皇帝乘金根车，汉承秦制，西汉时皇帝的车也以金根为主，所以尽管东汉已尚玉辂，其形制却也只能和金根相仿。目前在汉代的考古材料中，还未能识别出哪一种车代表当时的辂。"③ 自兹以降，辂之形制较早见于晋顾恺之《洛神赋图》，其中绘有洛神所乘六龙所驾龙辂及曹植所乘四马驾辂（图4-1为洛神龙辂，图4-2为曹植四马驾辂）。

---

① 《春秋左传正义》成公·传十三年"三月公入京师"条，第1911页。
② 《晋书》卷七《舆服志》，第753页。
③ 孙机：《辂》，收于氏著《中国古舆服论丛》（增订本），文物出版社2001年版，第82页。

· 196 ·

第四章 变汉故事：北魏九锡之变相

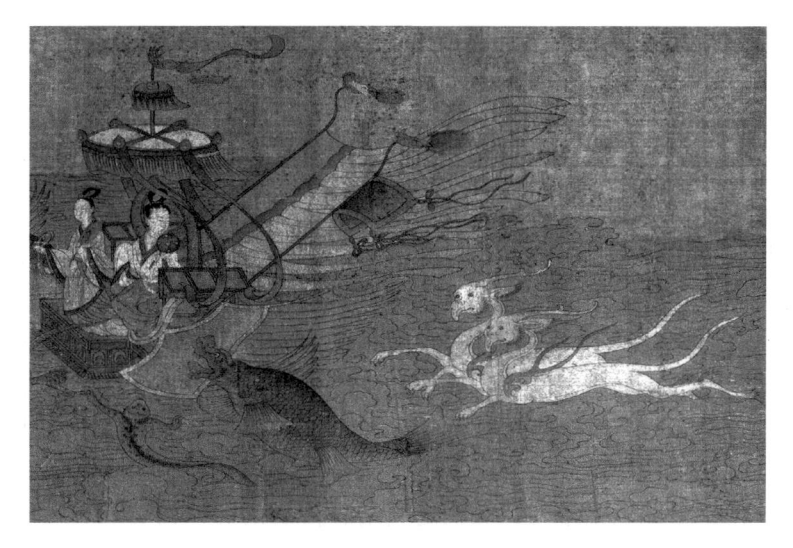

图 4-1 《洛神赋》中洛神所乘六龙驾龙辂
（截取自顾恺之《洛神赋图》宋摹本，北京故宫博物院藏卷，绢本，设色）

图 4-2 《洛神赋中》曹植所乘四马驾辂
（截取自顾恺之《洛神赋图》宋摹本，北京故宫博物院藏卷，绢本，设色）

洛神所乘为龙辂，在画作中，洛神为神仙身份，故驾龙，然其辂体与人世间行用者如曹植四马驾辂相同。观辂体箱后插有大旂，旂上旒数为

· 197 ·

九，按照物化礼乐中，使用者依等级降杀的原则，天子之辂斿数十二，公九，侯伯七。洛神虽为神仙，但其原型为宓妃，故斿数为九。旃旗多放在车左，相对应的车右侧有类小旗者，是为棨戟，其上一般"韬以黻绣，上为亚字，系大蛙蟆幡"。旃旗与棨戟左右相对，所谓"斜注旃旗于车之左，又加棨戟于车之右，皆橐而施之"。两图之辂车厢侧后装有羽翼状饰物，即所谓鹍翅，《晋书·舆服志》有所描述："两箱之后，皆玳瑁为鹍翅，加以金银雕饰，故世人亦谓之金鹍车。"① 两辂皆重盖，与两汉画像石、壁画中多见一重车盖者相异。辂盖上方边缘装有三角形或拱形突起的博山，博山以下缀有镜子，《隋书·礼仪志》记述玉辂盖的形制时说："青盖黄里，绣游带。金博山，缀以镜子。下垂八佩，树四十葆羽。"② 镜子的具体形制，可以参看敦煌莫高窟296窟西壁隋代壁画绘东王公所乘龙辂（参见图4-3）。两辂盖顶上插雉尾，也就是《隋志》所谓的"树羽"。

图4-3 敦煌莫高窟296窟西壁隋代壁画东王公所乘龙辂

《晋书·舆服志》记载："玉路驾六黑马，余四路皆驾四马，马并以黄

---

① 《晋书》卷二五《舆服志》，第753页。
② 《隋书》卷一〇《礼仪志五》，第201页。

金为文髦，插以翟尾。"曹植四马驾辂，驾辂之马额鬃均扎起，上插长羽，当即"插以翟尾"；又据其旍旗数为九，当是王公所乘金辂，亦即本书所考九锡车马之大辂形制。则魏晋时期，五辂名称及形制当如《晋书·舆服志》所载，分别是玉、金、象、革、木五路。按照《晋志》的说法，五辂形制有多数相类之处：

> 玉、金、象、革、木等路，是为五路。并天子之法车，皆朱班漆轮，画为楔文。三十辐，法月之数；重毂贰辖。以赤油，广八寸，长三尺，注地，系两轴头，谓之飞軨。金薄缪龙之为舆倚较，较重，为文兽伏轼，龙首衔轭，左右吉阳筒，鸾雀立衡，楔文画辕及轓。青盖，黄为里，谓之黄屋。金华施橑朱，橑二十八以象宿。两箱之后，皆玳瑁为鹍翅，加以金银雕饰，故世人亦谓之金鹍车。斜注旍旗于车之左，又加棨戟于车之右，皆囊而施之。棨戟韬以黻绣，上为亚字，系大蛙蟆幡。轭长丈余。于戟之杪，以牦牛尾，大如斗，置左騑马轭上，是为左纛。辕皆曲向上，取《礼纬》"山车垂句"之义，言不揉而能自曲。

五辂之间的区别，主要是装饰材料不同："玉、金、象三路，各以其物饰车，因以为名。"余下的两辂中，"革辂，鞔之以革而漆之，无他饰"，而木辂自然是纯以木为之，没有任何装饰的。五辂之间，尤其是前三者之间，存在级别等差，其间分别，除了饰物材质不同外，主要在于旍旗与棨戟上："其制，玉路最尊，建太常，十有二旒，九仞委地，画日月升龙，以祀天。金路建大旂，九旒，以会万国之宾，亦以赐上公及王子母弟。"革辂主要用于征伐为主的军事用途，所以"革路建大白，以即戎兵事，亦以赐四镇诸侯"。其次的区别就是驾辂之马："玉路驾六黑马，余四路皆驾四马。"马的形制与《洛神赋》中曹植的四驾之马相同："马并以黄金为文髦，插以翟尾。"[①]

（三）北魏五辂

与魏晋"禅让九锡"颇有差异的北魏，其五辂形制如何呢？北魏车马之制主要见于《魏书·礼志四》及《隋书·礼仪志五》。北魏前期的舆服

[①]《晋书》卷二五《舆服志》，第753页。

制度，与东晋南朝前期的礼制缺失相类，皆有因战乱纷争导致典礼缺失的史书记载。《魏志》概论称："舆服之制，秦汉已降，损益可知矣。魏氏居百王之末，接分崩之后，典礼之用，故有阙焉。"《隋志》则记有拓跋珪天兴定礼时曾尝试制作轩冕："后魏天兴初，诏仪曹郎董谧撰朝飨仪，始制轩冕"①，只是当时条件尚不成熟，史书称"未知古式，多违旧章"，这个评语显然是史臣以后观前，用孝文前后兴起的华夏典制规范，以方枘圆凿的标准，审视天兴舆服制度时所下的论断。拓跋珪任用董谧撰朝飨仪，颇类汉初高祖刘邦以叔孙通定律的情形，此时他亟需通过朝仪典章，将武力威慑为基础建立的新王朝层级稳固下来，所以撰定朝仪、始制轩冕，只是出于实用的尊君、重权目的，并没有也不可能有较为明确的靠拢华夏典制，尊崇宗周旧制与汉家故事打造典章的意图。从这个目的出发，也就可以理解为何此次"始制轩冕"并没有明确的车马规格留存在史书中。直至拓跋焘时，方有具体的车马规格留存下来，虽然史臣对此依然有"参采古式，多违旧章"的评语，但其确有开启后世规范的意义。《魏志》具录拓跋焘车马之制，其中记有"乘舆辇辂"，也就是天子辇路的具体形制："龙辀十六，四衡，毂朱班，绣轮，有雕虬、文虎、盘螭之饰。龙首衔扼，鸾爵立衡，圆盖华虫，金鸡树羽，蛟龙游苏。建太常十有二斿，画日月升龙。"记其功用云："郊天祭庙则乘之。"《隋志》则未录拓跋焘时车马形制，直接从道武帝天兴定礼跳跃至孝文太和改制时期。

孝文太和年间改制，仪曹令李韶"更奏详定，讨论经籍，议改正之"。《魏志》记载此次改革，着重描述了它遵从古式的特色："至高祖太和中，诏仪曹令李韶监造车辂，一遵古式焉。"② 而《隋志》着重描述的则是改革的成果："唯备五辂，各依方色，其余车辇，犹未能具。"③ 是孝文虽然有钦慕汉化，一遵古制的理念，却未能完备车马，只是依照五方颜色，打造了最具代表性的五色辂，其他车辇，没有来得及完成，因此北魏舆服的体系并没有在孝文帝时期建立起来；北魏舆服体系的完备，需要等到孝明帝时期。

出现如此情况的原因，是在礼制正统的建立过程中，王朝内部各项事

---

① 《隋书》卷一〇《礼仪志五》，第195页。
② 《魏书》卷一〇八《礼志四》，第2813页。
③ 《隋书》卷一〇《礼仪志五》，第195页。

物的排序是有明确的轻重缓急分别的。一般而言,改正朔、易服色的正统采择,郊天、祭庙为代表的祭典改革,及与礼制相关联的官爵名号定名系统三项,因为与政治稳固的关联至为紧密,所以位次必然排在前列。具体的物化礼乐则没有如此重要性,一般排在三者之后,或者是伴随三者的建立而逐步完善,后者所占比例更高,比如车马制度中,皇帝所用五辂会在条件具备后尽早完成,而其他车马则会慢慢完成。这种轻重缓急的排序也有必然性:必须正朔、服色既定,明晰王朝承继;南郊诸礼典汉化,昭示王朝正统所在,拉拢汉族门阀;官爵系统化,明晰尊卑,提高效率,方能建立系统的王朝金字塔结构,在此基础上需要匹配的舆服车马标示尊卑等级。

孝明帝熙平元年,以裁制中宫车马的讨论为契机,群臣就宗周机制与汉家故事的择从问题展开讨论。问题源起于中侍中刘腾的奏议:"中宫仆刺列车舆朽败。自昔旧都,礼物颇异;迁京已来,未复更造。请集礼官,以裁其制。"其时主政的灵太后将此议抛给臣僚,下令"付尚书量议"。刘腾奏议的目的,虽然仅是裁制中宫车马,即后宫皇后以降诸妃、女官车制,但群臣试图以此为契机,确定北魏舆服制度的择从标准,为此意见纷纭,争论不休。

太常卿为首的太常认为当依据《周礼》备造五辂:"谨以《周礼》圣制,不刊之典,其礼文尤备。……后王舆服典章,多放周式。虽文质时变,辂名宜存;雕饰虽异,理无全舍。当今……宜准《周礼》备造五辂,雕饰之制,随时增减。"他们主张宗周旧制,以《周礼》所载为蓝本备造五辂,同时也承认时代有变,在具体的雕饰方面,可以因时制宜。

以太学博士王延业为代表的国子则提出不同意见,以为规制当以汉晋为准:"案周、秦、汉、晋车舆仪式,互见图书,虽名号小异,其大较略相依拟。金根车虽起自秦造,即殷之遗制;今之乘舆五辂,是其象也,华饰典丽,容观庄美。司马彪以为,孔子所谓乘殷之辂,即此之谓也。……今辄竭管见,稽之《周礼》,考之汉晋,采诸图史,验之时事,以为宜依汉晋。"[①]

国子一派认为自周以降,直至西晋,车舆规制虽然名称有所差异,但相似性其实很高,他们以金根车为例,认为该车虽然出于秦,但实承袭于殷商,后世流传的皇帝乘舆五辂,同样是从殷商一系流传下来的;并搬出孔子"乘殷之辂"的典故作为论据。不过在最终论点上,不免有前后矛盾

---

① 《魏书》卷一○八《礼志四》,第2815页。

下编　宗周旧制与变汉故事：迁洛后礼制变迁

之嫌，他们打着考证、比较的旗号："稽之《周礼》，考之汉晋，采诸图史，验之时事"，最终选择了"宜依汉晋"的路数。

以司空、领尚书令、任城王元澄为代表的五十朝臣根据灵太后临朝的现实情况驳难上述两说："皇太后称制临朝，躬亲庶政，郊天祭地，宗庙之礼，所乘之车，宜同至尊，不应更有制造。《周礼》、魏晋虽有文辞，不辨形制，假令欲作，恐未合古制，而不可以为一代典。臣以太常、国子二议为疑，重集群官，并从今议，唯恩裁决。"元澄一派的说法是明显的政治实用主义，因为此次讨论对象虽然是中宫车马，但有灵太后临朝听政的特殊国情存在，所以作为经典依据与先代故事的宗周旧制、汉晋故事，通通要往后排，元澄以后二者"虽有文辞，不辨形制"的缺陷，将上述两派的观点驳回。质言之，元澄一派所秉持的理念便是"礼缘人情"，因为"皇太后称制临朝，躬亲庶政……所乘之车，宜同至尊"，所以最终的裁量权便被奉还到灵太后手中，所谓"唯恩裁决"，便是此政治实用主义的鲜明体现。最后的决议自然是灵太后准奏元澄等的谏议："群官以后议折中者，便可如奏。"①

太常卿的意见是宗《周礼》，仿周式，为"宗经""复古"；国子意见是"宜依汉晋"，虽可"稽之《周礼》"，然时移世变，须"采诸图史，验之时事"，更举秦造金根车为例，以为北魏皇帝五辂乃依金根车形制为之，此与前述孙机论汉承秦制多用金根形制相类。然五辂虽有仿金根之事，两者却依然有别，迥然两物，如《晋书·舆服志》记载五辂之后记安车、立车之别，然后方云："金根车，驾四马，不建旗帜，其上如画轮车，下犹金根之饰。"② 明五辂与金根之异且等级高于金根。国子所谓"验之时事"可谓不深，没有考虑到现实中灵太后当政之"时事"，故为任城王元澄等驳难。但若排除灵太后当政这一非正常情况，此讨论可见北魏孝文汉化之后车马改革对于《周礼》为表征的"宗周旧制"与汉晋故事皆有采择，"宗经""复古"与"尊君""实用"的标准随时便宜。另，史例中任城王元澄在灵太后临朝的情形下，折中《周礼》典籍与汉晋故事两说，以为皇太后车舆之制"宜同至尊"，亦反映出元澄死后得蒙九锡之赐与政治的关系。

熙平九年，明帝再次下诏，令侍中崔光、安丰王元延明与博士崔瓒等

---

① 《魏书》卷一〇八《礼志四》，第2816页。
② 《晋书》卷二五《舆服志》，第754页。

第四章 变汉故事：北魏九锡之变相

采择经籍，大造车马舆服，车马定制于斯方备：

> 定制：五辂并驾五马。皇太子乘金辂，朱盖赤质，四马。三公及王，朱屋青表，制同于辂，名曰高车，驾三马。庶姓王、侯及尚书令、仆已下，列卿已上，并给轺车，驾用一马。或乘四望通幰车，驾一牛。自斯以后，条章粗备，北齐咸取用焉。其后因而著令，并无增损。①

如此，北魏车马规制直至熙平九年才告完备，并为后来的北齐所袭用。北魏车马舆服规制的确定，关键点分别在孝文、孝明两帝时，而通过笔者对北魏勋臣死后追赠九锡的研究可知，这两个时段正是北魏勋臣死后追赠九锡的重要节点（参看表4-5《北魏受九锡者阶层、形式、时间对比表》）。如此，车马舆服诏令当是与九锡追赠有所关系，即赐予勋臣九锡需要详备的物化礼乐，车马舆服必须有所定制。

表4-5　　　　　北魏受九锡者阶层、形式、时间对比表

受者	阶层/支系	卒年月	受赐方式、时间	授者
冯诞	汉族世族（长乐冯氏）/外戚	太和十九年（495）二月	死后当即追赠，与卒年同	孝文帝
冯熙	汉族世族（长乐冯氏）/外戚	太和十九年三月		
刘昶	汉族世族（刘宋宗室）/异姓王兼外戚	太和廿一年（497）四月		
元怀	鲜卑宗室贵族/孝文帝子孙系	熙平二年（517）三月		孝明帝
胡国珍	汉族世族（安定胡氏）/外戚	神龟元年（518）四月		
元澄	鲜卑宗室贵族/景穆十二王子孙系	神龟二年（519）十二月		
元怿	鲜卑宗室贵族/孝文帝子孙系	神龟三年（520）七月	孝昌元年（525）改窆追赠	
尔朱荣	鲜卑非宗室贵族/契胡权臣	庄帝永安三年（530）九月	节闵帝普泰元年世隆得志时下诏	节闵帝

---

① 《隋书》卷一〇《礼仪志五》，第195页。

孝文帝时车马之制只有五色五辂，无大臣车马等级，则孝文世太和十九年后死后追赠九锡的三位大臣（冯诞，太和十九年二月；冯熙，太和十九年三月；刘昶，太和廿一年四月）与孝明帝熙平二年（517）三月追赠的元怀，四人生前车马定制无从得知。但其死后追赠九锡车马之制则准同皇帝五辂，故九锡车马中大辂、戎辂当是准五色之五辂了。

（四）驾马与玄牝

驾马之数如何呢？前述《魏志》所载太祖"所制车辇"，有卧辇、游观辇，驾马之数已经超过五匹。联系孝明帝熙平九年定制五马最尊的记载可推知孝明定制之前对皇帝舆马之数并未有明确规定，则熙平九年之前的四位受九锡者，其受赐九锡车马一项中马数或不仅限于五。北魏九锡中勋臣死后追赠九锡车马为"大辂、戎辂各一，玄牝二驷"。其中大辂当是皇帝五辂中的金辂，戎辂为革辂；驾马之数在孝明帝熙平九年定制之前没有明文严格规定。

孝明帝熙平九年后车马定制方完备，对驾马之数有了明文规定。天子最高，驾五，是五辂并驾五马，乃北魏驾马最尊之数；其次为皇太子，驾四；三公及王又次之，驾三。而得享九锡的勋臣合于此时段的有胡国珍（神龟元年四月）、元澄（神龟二年十二月）、元怿（孝昌元年）与尔朱荣（节闵帝普泰元年），其生前官、爵皆当"三公及王"一等，生前车舆当是高车三马，其中高车形制与辂同，所异者是"朱屋青表"。死后所受九锡车马一项同于熙平九年之前的制度，即金辂、革辂各一；但驾马之数，在九锡中为"玄牝二驷"，于下对此进行探讨。

《周礼·夏官》有"校人"一职，其职乃"掌王马之政""辨六马之属"，此职将王马分为六等："种马一物，戎马一物，齐马一物，道马一物，田马一物，驽马一物。"郑玄注分别六马的不同功用，其中指出："种，谓上善似母者，以次差之。玉路驾种马，戎路驾戎马，金路驾齐马"①，将驾马的品种等差与所拉载车辆的等差联系起来，明确乘车之人或者其所从事事物的等级差距。

关于驾马数量，自然也有类似的等差。学界相关说法大致有两种。一种以许慎、王肃及《逸礼·王度记》为代表，认为驾马之数自天子至庶人分别是六、四、三、二、一；另一种意见来自孔颖达，他为反驳前说，曾

---

① 《周礼注疏》，第860页。

第四章　变汉故事：北魏九锡之变相

在疏《诗·鄘风·干旄》郑注"良马五之"时对前说进行过总结，其中引述了王肃对"骖马五佩"的观点："古者一辕之车驾三马则五辔，其大夫皆一辕车。夏后氏驾两谓之丽，殷益以一騑谓之骖。周人又益一騑谓之驷。本从一骖而来，亦谓之骖。"① 可见王肃认为大夫所乘一辕车驾马之数为三；又引许慎《五经异义》"天子驾六"之说："天子驾数，《易》孟、京、《春秋公羊》说天子驾六"；最后援引《逸礼·王度记》，将前说观点系统化："天子驾六，诸侯与卿同驾四，大夫驾三，士驾二，庶人驾一。"

孔颖达的总结是为了对许慎等人的说法提出批评。他坚持"疏不破注"的原则，承继郑玄的观点，认为"天子至大夫同驾四，士驾二""大夫以上驾四，四马则八辔"，其依据来源于《周礼·校人》与《尚书·顾命》：

> 《周礼·校人》："掌王马之政……凡颁良马而养乘之，乘马一师四圉。"四马为乘，此一圉者养一马，而一师监之也。《尚书·顾命》诸侯入应门皆布乘黄朱，言献四黄马朱鬣也。既实周天子驾六，《校人》则何不以马与圉以六为数？《顾命》诸侯何以不献六马？《王度记》曰"大夫驾三"，经传无所言，是自古无驾三之制也。②

郑玄与孔颖达的主张，并没有像许慎等人所主张的那样有明确的等差，他们认为天子至大夫为一阶梯，同驾四马，士单独为一阶梯，驾二马。与许慎诸人之说比较，在诸侯驾四、士驾二这两点上双方没有异议，矛盾点在天子与大夫的驾数上：许慎诸人所主张的天子驾六马、大夫驾三马之论，到了郑玄、孔颖达处，变成了皆驾四马。孔颖达以《周礼·校人》与《尚书·顾命》为依据，断言"自古无驾三之制"，从经典依据方面对许慎诸人之说进行驳难。谨按目下所见典籍，孔颖达所谓大夫驾三之制，"经传无所言"，是有一定道理的。典籍多言"四牡"或"两马"，其中驾四马最为常见，《诗》中不乏"四牡""四黄""四骐""四铁""四骆"等记载，称为乘或驷；③ 驾二马则称为骈，亦可见相关记载。三马的

---

① 《毛诗正义》，第319页。
② 《毛诗正义》，第319页。
③ 《周礼·夏官·校人》郑玄注引郑司农说："四匹为乘。"许慎《说文·马部》："驷，一乘也。"又："骈，驾二马也。"

· 205 ·

观点却没有相应的文献记载支撑。不过天子驾六，目下已见考古学证据，可以肯定。① 所以对于驾马数量，目前可以肯定的是有驾六、驾四、驾二之说，但仍需结合考古工作进一步确认。

驾马以纯牡为贵，纯牝为贱，故《诗》多言"四牡"，时或间牝，亦无不可。而戎辂不必尽驾牡，刘向《列女传·辩通传》有"赵津女娟"，载赵娟言于赵简子曰："妾闻昔者汤伐夏，左骖骊，右骖牝麋，而遂放桀。武王伐殷，左骖牝骐，右骖牝䯄，而遂克纣，至于华山之阳。"② 四马驾车，夹辀之两马谓之服，左右两旁之马谓之骖，亦名之为騑，则赵娟所言汤伐夏、武王伐殷所乘戎车并有牝，是戎车不必尽牡之证。九锡车马中"玄牡二驷"，玄为黑色，在𫄧、缁之间。③ 玄牡本有二义：一为祭祀所用黑色公牛，《尚书·汤诰》有相关记载："汤敢用玄牡，敢昭告于上天神后，请罪有夏。"更广义一说为黑色公马，九锡中即是此义。《说文》云："驷，马一乘也。"四马拉车为一乘，则"二驷"即为八马。联系上解北魏九锡车马"大辂、戎辂各一"，则"玄牝二驷"当是黑色公马八匹，大辂、戎辂各用四之意，规制与皇太子同，是孝明帝熙平九年后授予勋臣死后九锡车马一项"大辂、戎辂各一，玄牝二驷"是金辂、革辂各一，各驾黑色公马四匹，规制同于皇太子车马制度。

二 衣服：衮冕之服，赤舄副焉

（一）经典记载中的衮冕、赤舄

《周礼》中掌管天子衣服的职官是司服，隶属于春官，其职能表述为"掌王之吉凶衣服，辨其名物与其用事"，即根据天子从事活动的等级差别，安排相对应的出席服饰。其中与祭祀相关的主要是"王之吉服"，详细分类及其应用领域同样一一对应："祀昊天上帝，则服大裘而冕，祀五帝亦如之；享先王则衮冕；享先公、飨、射，则鷩冕；祀四望、山川，则毳冕。祭社稷、五祀，则希冕；祭群小祀，则玄冕。"郑众注："衮，卷龙

---

① 洛阳王城广场东周车马坑发现"六马之驾"。参见周新芳《"天子驾六"问题考辨》，《中国史研究》2007年第1期；戴雨林《论"天子驾六"车制产生的年代》，《洛阳大学学报》2004年第1期。
② 《古列女传》卷六《辩通传》，中华书局1985年版，第165—166页。
③ 《周礼·考工记·钟氏》："五入为𫄧，七入为缁。"郑注云："凡玄色者，在𫄧、缁之间。"

第四章　变汉故事：北魏九锡之变相

衣也。"郑玄注强调了冕与服的差异："六服同冕者，首饰尊也。"在天子之下，公、侯、伯、子、男的服制也有系统、明确的"等差"规定："公之服，自衮冕而下，如王之服；侯伯之服，自鷩冕而下，如公之服；子男之服，自毳冕而下，如侯伯之服；孤之服，自希冕而下，如子男之服；卿大夫之服，自玄冕而下，如孤之服。"郑玄注对此有总结性阐发："自公之衮冕至卿大夫之玄冕，皆其朝聘天子及助祭之服。"① 是衮冕为天子与公之吉服：天子享先王则服衮冕，此时公服衮冕陪祭，若将侯、伯、子、男等同样考虑进去，则此服冕规则下会出现"君臣冕服等级倒置"的情形。② 公平时朝觐天子亦服衮冕，且得服衮冕以下五冕。天子与公衮冕虽同，不过衮之章数、冕之旒数却存在差异：天子衮衣十二章，③ 公则为九章；天子冕旒十二，旒十有二玉，公则为九旒、九玉。

关于天子冕旒的数目，《周礼·夏官·弁师》有较为详细的记载："掌王之五冕。皆玄冕，朱里，延，纽；五采缫十有二就；皆五采玉十有二。玉笄，朱纮。"郑玄注"五采缫十有二就"云："缫，杂文之名也，合五彩丝为之绳，垂于延之前后，各十二……就，成也。绳之每一币而贯五彩玉十二，旒则十二玉也。"按此算法，郑玄认为衮冕十二旒，总共"用玉二百八十八"④。如此，郑玄对于顾天子之冕的认识可总结如下：前后皆有旒，各十二缫，每缫十有二玉，玉有青、赤、黄、白、黑五色，总计二百八十八玉。此说当承自《尚书》欧阳说。

不过前人多有不同意此说者，以为天子冕只有前旒。《晋书·刘颂传》即云："故冕而前旒，充纩塞耳，意在善恶之报必取其尤。"⑤ 江永亦主此说："按《大戴记》（按，即《子章问入官》篇）及东方朔《答客难》皆云

---

① 《周礼注疏》，第781页。
② 阎步克《服周之冕——周礼六冕的兴衰变异》即是从唐初"君臣冕服等级倒置"为问题切入点展开的，对此情形有精到论述，可参看。
③ 郑玄注《周礼·春官·司服》以为："古天子冕服十二章。……王者相变，至周而以日月星辰画于旌旗，……而冕服九章，登龙于山，登火于宗彝，昭其明也。……则衮之衣五章，裳四章，凡九也。"是郑玄以周天子冕服衮衣九章，其注《仪礼·觐礼》"天子衮冕负斧依"句亦云："衮衣者，……缋之绣之为九章。"孙诒让《周礼正义》卷四〇据《礼记·郊特牲》等文以为周时冕服有日月星辰，则有十二章；兼之郑论冕旒数为十二，当与衮衣章数相配，且后世天子服章多是十二，故此处取孙诒让之说。
④ 《周礼注疏》卷三二，第1845页。
⑤ 《晋书》卷四六《刘颂传》，第1305页。

下编　宗周旧制与变汉故事：迁洛后礼制变迁

冕而前旒，所以蔽明，则无后旒可知。后旒何所取义乎？郑谓前后皆有旒，此因《玉藻》前后邃延而误耳。前后邃延谓版长尺六寸，自延端至武前后皆深邃，非谓后亦有旒也。"① 孔广森《礼学卮言·礼服释名》所论更详：

  《尚书》欧阳说冕前后皆有旒，大小夏侯说唯前有旒。汉永平中议定冕服、乘舆，从欧阳说，前后垂珠二十四旒；公卿以下从夏侯说，皆有前无后。此注云公之冕用玉百六十二，亦通前后记之，同欧阳说。广森谓《玉藻》前后邃延，唯见冠上覆前后初耳，不足为后延有旒之证。《礼·子张问入官》篇曰"冕而前旒，所以蔽明"，于后无取。夏侯义是也。②

  于今取《晋书》、江永及孔广森说，则天子之冕仅有前旒，郑玄所言玉数当减半记之。

  郑玄在注衮冕十二旒后记鷩冕及以下旒数等差："鷩衣之冕缫九旒……毳衣之冕七旒……希衣之冕五旒……玄衣之冕三旒"，是郑玄以为天子冕服自衮冕以下旒数按十二、九、七、五、三递减。该说同样遭到孔广森的驳难："经言五冕皆五彩缫十二就，则王之冕无不十二旒矣。注独以此为衮衣之冕，与'皆'文不相会。"③ 孔氏以《春秋左传》为依据，认为天子自衮冕而下五冕皆十二旒，并非如郑玄所言"降杀以两"。孙诒让在《周礼正义》中引《礼器》的说法支持孔说："《礼器》天子六冕皆十二旒，诸侯五等皆九旒，卿即上大夫皆七旒，大夫皆五旒，咸视爵为降杀，不随命数，正足与此经相补正。"④ 故本书以孔说为确，取之。另，《周礼·夏官·弁师》论天子冕旒后云诸侯冕旒："诸侯之缫斿九就，珉玉三采，其余如王之事。"郑玄注认为："侯，当为公字之误也。"⑤ 不过据孙诒让《周礼正义》引《礼器》文，经文"侯"字不应改"公"字。

---

① （清）江永：《乡党图考》卷六《冕考》，《皇清经解》卷二六一—卷二七〇，学海堂道光五年刻本，卷二六五，第3页。
② （清）孔广森：《礼学卮言》卷二《礼服释名》，《皇清经解》卷六九二—卷六九七，学海堂道光五年刻本，卷六九三，第7—8页。
③ （清）孔广森：《礼学卮言》卷二《礼服释名》，卷六九三，第8页。
④ （清）孙诒让撰，王文锦、陈玉霞点校：《周礼正义》卷六十引《礼器》，第2532页。
⑤ 《周礼注疏》，第854—855页。

·208·

此上所论为冕制，而在衣服方面，天子与诸侯、臣子的衮衣之制，除章数不同外，皆玄衣纁裳。郑玄注《周礼·春官·司服》："凡冕服皆玄衣纁裳。"① 又，《诗·小雅·采菽》："又何予之，玄衮及黼。"郑玄笺："玄衣而画以卷龙也。"《诗·豳风·九罭》有言："我觏之子，衮衣绣裳……是以有衮衣兮，无以我公归兮，无使我心悲兮。"毛亨传云："衮衣，卷龙也。"《诗·大雅·韩奕》："王锡韩侯……玄衮赤舄。"通过典籍所载，可证衮冕中衮衣规制是玄衣纁裳。

　　九锡衣服"衮冕之服"之后是"赤舄副焉"。《周礼·天官》下辖屦人，其职能便是"掌王及后之服屦"，具体而言有"赤舄、黑舄、赤繶、黄繶、青句，素屦，葛屦"。郑玄注解释了舄与履的差别："複下曰舄，襌下曰屦"②，简言之，鞋之复底者为舄，单底为履。王舄有赤舄、白舄、黑舄三等，其中赤舄乃复底鞋帮赤色者，在王舄中最为尊贵："赤舄为上冕服之舄。《诗》（按，即《诗·大雅·韩奕》）云：'王赐韩侯，玄衮赤舄。'则诸侯与王同。"《诗·豳风·狼跋》毛传释"赤舄几几"句所言更为简洁："赤舄，人君之盛屦也。"赤舄正与衮冕搭配："玄谓凡屦舄，各象其裳之色。"且诸侯（确切言当是公及有殊勋之侯）可得王赐赤舄，这是宗周九命与后世九锡相同之处，如此，九锡中的"衮冕之服，赤舄副焉"便是如此搭配。

　　（二）"未知古式，多违旧章"：北魏前期冕服状况

　　鲜卑起自大兴安岭大鲜卑山嘎仙洞，建极北魏之前，其服制发辫是与当地气候、渔猎民族的风俗相适应的，《南齐书·魏虏传》云："魏虏，匈奴种也，姓托跋氏……被发左衽，故呼为索头。"③ 是索头之称源于拓跋披发左衽的游牧风习。其时鲜卑部落对于曹魏、西晋的中原服饰不乐于接受甚至有敌视之意，《魏书·序纪》载沙漠汗之死便是显例。沙漠汗早年间"以国太子留洛阳，为魏宾之冠"，史称其"在晋之日，朝士英俊多与亲善，雅为人物归仰"，当是钦慕并沾染汉化的，此后虽逢魏晋禅代，沙漠汗"以父老求归，晋武帝具礼护送"，不过此后也有多次"如晋"的记载，可见其与洛阳的联系颇深。不过当沙漠汗援弹飞丸，击落飞鸟的举动

---

① 《周礼注疏》，第1954页。
② 《周礼注疏》，第1493页。
③ 《南齐书》卷五七《魏虏传》，第983页。

下编　宗周旧制与变汉故事：迁洛后礼制变迁

发生后，引发了拓跋部落的排斥：

> 时国俗无弹，众咸大惊，乃相谓曰："太子风彩被服，同于南夏，兼奇术绝世，若继国统，变易旧俗，吾等必不得志，不若在国诸子，习本淳朴。"咸以为然。……始祖年逾期颐……闻诸大人之语，意乃有疑。……于是，诸大人乃驰诣塞南，矫害帝。①

可见沙漠汗被害，其在鲜卑部落表现出的"风彩被服，同于南夏"的举动，是关键缘由之一。而鲜卑诸部大人可由沙漠汗的服饰习惯，嗅出服饰背后潜藏的政治风险："若继国统，变易旧俗，吾等必不得志"，彰显出鲜卑诸部坚固本民族衣饰风俗决心的同时，也揭示出舆服制度对部落凝聚力乃至政权稳定的重要性。

直至道武帝天兴年间，拓跋方有部分冕服汉化的行动，改制是"从头开始"——先革发辫。《资治通鉴》载天兴元年道武帝"命朝野皆束发加帽"②，此制影响久远，出土遗存可作证明。1981年宁夏固原雷祖庙北魏墓中出土两件锥形、铜制长笄（见图4-4），两件长笄均插在男女墓主人的发髻上，此墓葬的年代在太和十年左右，③可见道武天兴令极大可能被朝堂与民间贯彻执行了。

天兴六年，道武帝将改革目标下移至服饰："又诏有司制冠服，随品秩各有差"，应当是试图建立以品秩为依据、具有序列差等的冠服制度。无奈囿于当时并不稳定的政治环境，效果未达到预期，史臣评价称"时事未暇，多失古礼"，在政局不稳的前提之外，又增加了不符合古礼规范的负面评价。对此天兴六年的冕服制度，《隋书·礼仪志五》将其与前述车马制度合言："后魏天兴初，诏仪曹郎董谧撰朝飨仪，始制轩冕，未知古式，多违旧章。"④ 同书《礼仪志六》亦云："后魏天兴六年，诏有司始制冠冕，各依品秩，以示等差，然未能皆得旧制。"⑤ 是此制虽有"始制冠冕"的开创之功，但因客观形势，仅取得了"多违旧章"的成效与评价，

---

① 《魏书》卷一《序纪》，第5页。
② 《资治通鉴》卷一一〇《晋纪·安帝隆安二年》，第3483页。
③ 宁夏固原博物馆：《固原北魏墓漆棺画》，宁夏人民出版社1988年版，第6页。
④ 《隋书》卷一〇《礼仪志五》，第195页。
⑤ 《隋书》卷一一《礼仪志六》，第238页。

第四章　变汉故事：北魏九锡之变相

图4-4　宁夏固原雷祖庙北魏墓中出土长笄
（来源于宁夏固原博物馆：《固原北魏墓漆棺画》）

是此次舆马服、冕服的汉化，并无多少实际效果。

至太武帝拓跋焘时，道武帝时期的窘境依然如故，《魏书·礼志四》称："世祖经营四方，未能留意，仍世以武力为事，取于便习而已。"① 所述理由与道武帝时如出一辙。因此，在孝文太和改制之前，北魏舆服之制虽引起了统治者关注，却多因客观形势，只能以政治实用主义为准则，"取于便习而已"，影响力着实有限；换言之，此时遵从鲜卑本服者仍是主流。

（三）固原雷祖庙太和十年漆棺画所见孝文冕服改制

孝文帝太和年间迁都洛阳前后，北魏方从华夏礼制的视角考虑冠服制作，史书称"始考旧典，以制冠服"②，所谓"旧典"，便是代指以儒家经典为主体的华夏礼制，而此次的制作对象，依然是职官："百僚六宫，各有差次"，说明孝文帝的冠服改革，也是遵循道武帝的思路，通过具象的物化礼乐，凸显品秩的等差，以此构建尊卑有序的君臣之间、臣僚之间的地位高低。不过因孝文帝于南征途中崩殂，相关改革并没有完备，《魏志》称"早世升遐，犹未周洽"，《隋书·礼仪志六》同云："至太和中，方考故实，正定前谬，更造衣冠，尚不能周洽。"③

---

① 《魏书》卷一〇八《礼志四》，第2817页。
② 《魏书》卷一〇八《礼志四》，第2817页。
③ 《隋书》卷一一《礼仪志六》，第238页。

下编　宗周旧制与变汉故事：迁洛后礼制变迁

前述宁夏固原雷祖庙太和十年北魏漆棺画，墓主人为鲜卑人，棺前挡漆画是其生前生活图（见图4-5）。其头戴高冠，身穿窄袖圆领长袍，窄口袖，腰束带，足登尖头乌靴，此服饰乃鲜卑族装束。不过值得注意的是，墓主右手执耳杯，小指翘起，左手持麈尾。此类身着鲜卑服饰，而手持清谈之麈尾的形象极为少见。墓主人身侧两侍者亦着鲜卑服饰，其形制与麦积山石窟78窟壁画供养人服装一致。[1] 棺木侧板壁画上栏是孝子连环故事绘图，其上人物形象较为一致，男戴高冠，女作高髻，面相长圆，着夹领，窄袖长袍，脚蹬乌靴，均是鲜卑人服饰，与敦煌莫高窟出土太和十一年刺绣佛像上供养人像装束相类。[2] 此外，云冈石窟第十一窟太和七年明窗东西侧佛龛中的女供养人，纪念龛中的男女供养人，十三窟东壁供养人以及麦积山石窟最早洞窟的供养人姿态、服饰与漆画前挡中侍从、孝子故事绘图中人物装束相类。

图4-5　宁夏固原雷祖庙太和十年北魏漆棺画漆棺前挡
（来源于宁夏固原博物馆《固原北魏墓漆棺画》）

---

[1] 参看张宝玺《麦积山石窟开凿年代及现存最早洞窟造像壁画》，《中国考古学会第一次年会论文集》，文物出版社1979年版，第338—346页。
[2] 参看敦煌文物研究所《新发现北魏刺绣》，《文物》1972年第2期。

第四章 变汉故事：北魏九锡之变相

图4-6 宁夏固原雷祖庙太和十年北魏漆棺侧板壁画孝子故事绘图（局部）
（来源于宁夏固原博物馆《固原北魏墓漆棺画》）

而此棺棺盖漆画中（见图4-7），左边屋内榻上座一中年男子，头戴黑色高冠，角巾披肩，身着红色长袍，盘腿袖手，身后左右各有侍女，屋左侧有黄底墨字榜题"东王父"三字；右边屋内为一年龄相仿女子，人物姿态与服饰、屋内陈设与左同，只是右边侍从残毁，屋外左右各立一侍从，皆着高冠，长衣袖手。《固原北魏墓漆棺画》指出"东王父"榜题的男女很可能"寓意为墓主人夫妇"。此棺盖画中夫妇着装则是褒衣博带，当是汉服，与生活图不甚相合。

图4-7 宁夏固原雷祖庙太和十年北魏漆棺画棺盖上部
（来源于宁夏固原博物馆《固原北魏墓漆棺画》）

· 213 ·

下编　宗周旧制与变汉故事：迁洛后礼制变迁

　　墓主人所着服装在鲜卑与汉族服饰间转换，即便是身着鲜卑服饰时，也有手持麈尾清谈的举动，由此形象可窥知两点：首先，此墓主人当为鲜卑之贵族，由此方有尚清谈之风的可能；其次，墓主人身死之时，当处于鲜卑统治者冕服改制，欲仿华夏服制，却未能在实践中革鲜卑服饰或尽施汉服的过渡期，此点推测，可在史籍中找到论据。按检《魏书·孝文帝纪下》，太和十年正月癸亥朔，孝文帝"始服衮冕，朝飨万国"[1]。"始"字透露出衮冕服制首次为北魏皇帝行用。同年四月"辛酉朔，始制五等公服。甲子，帝初以法服御辇，祀于西郊"。八月"乙亥，给尚书五等品爵已上朱衣、玉佩、大小组绶"[2]。不论是皇帝西郊的法服，还是职官的公服及相关佩饰，都说明孝文冕服改制已经付诸实践，其中的"五等公服""五等品爵已上朱衣、玉佩、大小组绶"对应的正是前述《魏志》"百僚六宫，各有差次"的论述，是孝文帝推行五等品爵等级官僚的重要环节。而且孝文冕服改革的路径是自上而下，先从等级阶层开始，逐步向民间推广。由此背景再来看宁夏固原雷祖庙太和十年北魏漆棺画中身为鲜卑贵族的墓主人，其死后棺木前挡壁画所绘生前生活图着鲜卑装束，而棺盖象征寓意图则着褒衣博带，是其时孝文冕服改制初起，正处于新旧服饰交替过程中，出现了胡汉杂糅的现象。由此再看内蒙古赤峰托克托县出土的太和八年铜佛像基座上的供养人，其身依然着鲜卑装也就不足为奇了。

　　太和十五年亦见冕服改革，《魏书·礼志一》云："（十一月）甲子，帝衮冕辞太和庙，临太华殿，朝群官。既而帝冠通天，绛纱袍，临飨礼。"[3] 此次冕服改制当是由冯诞、游明根、高闾、李冲及刘昶五人议定，蒋少游参与其间，《魏书·蒋少游传》称："及诏尚书李冲与冯诞、游明根、高闾等议定衣冠于禁中，少游巧思，令主其事，亦访于刘昶。二意相乖，时致诤竞，积六载乃成，始班赐百官。冠服之成，少游有效焉。"[4] 议定五人，有两人是死后获蒙孝文帝追赠九锡殊荣的，分别是刘昶、冯诞。刘昶本传载："诏昶与蒋少游专主其事。昶条上旧式，略不遗忘。"是孝文冕服有借鉴南朝者；后宫冕服制度亦然，《魏书·阉官列传·张宗之》透露了些许信息："始，宗之纳南来殷孝祖妻萧氏，刘义隆仪同三司思话弟

---

[1] 《魏书》卷七《孝文帝纪下》，第161页。
[2] 《魏书》卷七《孝文帝纪下》，第161页。
[3] 《魏书》卷一〇八《礼志一》，第2749页。
[4] 《魏书》卷九一《蒋少游传》，第1971页。

第四章 变汉故事：北魏九锡之变相

思度女也，多悉妇人仪饰故事。太和中，初制六宫服章，萧被命在内预见访采，数蒙赐赉。"① 而冯诞、刘昶死后追赠九锡，其中的衣服一项正是二人生前着力完成的部分成果。

（四）"著笼冠，短朱衣"：小岁贺中袴褶行事的消亡

《资治通鉴》载北魏小岁贺时有服袴褶的旧制："魏旧制，群臣冬季朝贺，服袴褶行事，谓之小岁，丙戌诏罢之。"② 袴褶是南北朝时期通用的便服，不论贵贱，也无关乎政权，皆有服袴褶者。其中褶是短上衣，袴则是大口裤，《晋书·五行志》云："为袴者直幅为口，无杀，下大之象。""无杀"即谓不逢袴口使之宽松，平日一般袴管上提，以带子缚结，便利行动与日常劳作；此服上至显贵、下至奴仆，皆可为便服，然尤以劳作之平民及军人服者为常见。洛阳出土北魏孝子画像石棺线刻画所见北朝劳动者以及邓县（今邓州市）彩色画像砖墓、襄阳贾家冲画像砖墓中所绘南朝劳动者皆著袴褶。③ 周一良考证指出此时军人所着袴褶被称为"急装"。④ 《资治通鉴》载北魏朝会大典时仍以袴褶这般便服行事，当承袭有自，《太平御览》卷六九五引《北疆记》云："虏主南郊，着皇斑褶、绣袴。"此记载出自南人之口，语者态度可能对此多有不屑，《梁书·陈伯之传》载陈伯之的亲信褚纬，投魏后因作诗戏言北魏元会着袴褶的风习，其诗云："帽上著笼冠，袴上著朱衣，不知是今是，不知非昔非。"北魏群臣闻听此诗后，义愤填膺，褚纬因犯了众怒被外放为官："魏人怒，出为始平太守。"⑤

"著笼冠，短朱衣"服制在南朝并非不合礼法，刘宋将领刘怀慎之子德愿"岸著笼冠，短朱衣，执辔进止，甚有容状"⑥。刘德愿有执辔之举，其时当亦服袴褶。因此，褚纬戏言的实质并非指摘"帽上著笼冠，袴上著朱衣"的服制，而是非议其场合——朝会大典，即认为如斯大典不应满朝

---

① 《魏书》卷九四《阉官列传·张宗之》，第2019页。
② 《资治通鉴》卷一三七《齐纪三·世祖武皇帝永明九年》，第4315页。
③ 参看黄明兰《北魏孝子石棺线刻画》，人民出版社1985年版；河南省文物局文物工作队《邓县彩色画像砖墓》，文物出版社1958年版；崔新社《襄阳贾家冲画像砖墓》，《江汉考古》1986年第1期。
④ 周一良：《魏晋南北朝史札记·〈南齐书札记〉》"缓服、急装、具装、寄生、装束、结束"条，中华书局1985年版，第226—228页。
⑤ 《梁书》卷二十《陈伯之传》，第315页。
⑥ 《宋书》卷四五《刘怀慎传》，第1376页。

文武群服袴褶便服。魏人虽不满于褚诗所讥,但孝文帝太和十五年最终还是"丙戌诏罢之"。此时文明太后已薨,孝文冕服改制已由先前保留鲜卑主体、部分行汉制,转变为全行汉制,兼革鲜卑旧制。

沈从文指出"北魏迁都洛阳以后力求汉化而特制定型的有一种圆顶漆纱笼冠"①,着此冠的北魏贵族或高级文官形象见于洛阳宁懋石室出土石刻画中(图4-8),贵族身着大袖朝服,腰缠鞶革,脚着笏头履,头戴汉式平巾帻,外加北魏特制纱笼冠,脑后垂起一钓竿式东西,垂下至前额,尾端为缨穗状装饰,沈氏指出此"似应名'垂笔',本于汉代簪笔制度"。并认为纱笼冠与垂笔"虽本意仍在取法汉代细纱冠子和御史簪笔制度,实得不到本来面目,反而成为北朝特别标志"。此纱笼冠具体形制不见载于《魏书》诸史籍,但其与褚诗所言"帽上著笼冠"的北魏旧俗当有联系;且沈氏并未具文考证此冠为迁洛以后才定形制,然观此模仿汉制之"垂笔",当始于孝文帝汉化之后无疑;是否确为迁洛之后不可遽断。

图4-8 洛阳宁懋石室石刻贵族
(来源于沈从文《中国古代服饰研究》图九八)

(五)《帝后礼佛图》所见孝文冕服改制

孝文冕服改制至太和十八年十二月"丙寅革衣服之制"方算小成,龙

---

① 沈从文:《中国古代服饰研究》,上海书店出版社2002年版,第246—247页。

门石窟宾阳中洞前壁有北魏浮雕《帝后礼佛图》，1935年被美国人普艾伦（Alan Priest）勾结北平琉璃厂的古董奸商岳彬盗凿而去，其中的《皇帝礼佛图》（图4-9）现藏于美国纽约大都会艺术博物馆。[1] 因为盗凿时损毁严重，随后的修补又粗劣不堪，如今可以看到的《皇帝礼佛图》浮雕，主要由当初部分头部碎片状拼接而成，除下方数人尚保存完好外，多数人物都身首分离，原有的位置与关系颇为错乱。更为糟糕的是，所有人物都朝右方前行，与原浮雕有较大差异（普爱伦《大都会博物馆藏中国雕塑》[2]有《皇帝礼佛图》被盗之前拓片图，参看图4-10），史料价值有所损伤。此外，因为有部分残片真迹现存于上海博物馆与欧洲博物馆中，被碎片的真伪性也受到质疑。[3] 所幸同创于孝文、宣武时期的巩义石窟寺，仍保存有十八幅《帝后礼佛图》浮雕。《皇帝礼佛图》中，群臣如众星拱卫的皇帝即为孝文帝本人的形象，所服即衮冕、赤舄，图中所绘细节处尚不清晰（图4-11）；群臣所服亦是褒衣博带，脚登高履，鲜卑民族着靴的习俗已不见，前述袴褶亦不复出现（图4-12）。

图4-9 龙门石窟宾阳中洞前壁北魏浮雕《皇帝礼佛图》
（现藏于美国大都会博物馆，图片来源于焦琳《帝后礼佛图研究》图2-5）

---

[1] 参见[美]谢林·布里萨克、卡尔·梅耶《谁在收藏中国——美国猎获亚洲艺术珍宝百年记》，张建新、张紫微译，中信出版社2016年版，第95—120页。
[2] Alan Priest, *Chinese Sculpture in the Metropolitan Museum of Art*, Plate XXV, New York, 1944.
[3] 参见焦琳《帝后礼佛图研究》，博士学位论文，中央美术学院，2015年，第31—33页。

下编 宗周旧制与变汉故事：迁洛后礼制变迁

图 4-10 《皇帝礼佛图》被盗之前拓片
（来源于 Alan Priest, *Chinese Sculpture in the Metropolitan Museum of Art*, Plate XXV, New York, 1944）

图 4-11 巩义石窟一号窟《皇帝礼佛图》中皇帝像
（来源于王磊《巩县石窟帝后礼佛图研究》）

第四章 变汉故事：北魏九锡之变相

图 4-12 巩义石窟一号窟《皇帝礼佛图》中随行大臣像
（来源于王磊《巩县石窟帝后礼佛图研究》）

画中群臣履头有明显极高者，前述洛阳宁懋石室石刻贵族所着同样很高，这与江苏常州戚家村南朝晚期墓出土画像砖上人物所着相类，如履头高度这样的细微处亦有与南朝同处，可见孝文冕服之汉化已达相当程度。后世史家虽视孝文世冕服改制为"尚不能周洽"，然于本书所论九锡衣服一项的衮冕制度却初成于此时，且孝文世冕服制度改革之最大功绩当是开始革除鲜卑旧俗服制，实有开创之功，经此汉化，北魏服制方开始较为全面的抛除鲜卑旧俗束缚，始具华夏冠冕之仪型。崔僧渊入魏后，"萧鸾乃遣其族兄惠景遗僧渊书，说以入国之屈，规令改图"。僧渊据之，回信中称赞孝文："礼俗之叙，粲然复兴，河洛之间，重隆周道。"① 《洛阳伽蓝记》卷二《城东·景宁寺》条载陈庆之所言："自晋、宋以来，号洛阳为荒土，此中谓长江以北，尽是夷狄。昨至洛阳，始知衣冠士族，并在中原。礼仪富盛，人物殷阜，目所不识，口不能传。所谓帝京翼翼，四方之则。……北人安可不重？"陈庆之以敌对政权的南人视角，揭示出孝文帝汉化的深远影响，而其中所言"礼仪富盛"便是针对的孝文帝礼制改革，作为其中重要组成部分的冕服制度，自然也在其中。杨衒之对陈庆之言语的阐释，也是主要从冕服制度切入的："庆之因此羽仪服式，悉如魏法。

---

① 《魏书》卷二四《崔僧渊传》，第 631 页。

下编　宗周旧制与变汉故事：迁洛后礼制变迁

江表士庶，竞相模楷，褒衣博带，被及秣陵。"① "褒衣博带"之语可直接表明孝文汉化之成效。

（六）北魏后期冕服的完善

孝明帝时期，北魏冕服制度进一步完善："诏侍中崔光、安丰王延明，及在朝名学更议之，条章粗备焉。"② 熙平元年九月，崔光等群臣上奏议定五时朝服主要依据仍是《周礼》，同时对于汉晋故事也有参考，不过无论是经典依据，还是前代故事，都以北魏社会的现实情况为基准，进行了择取与调整，史书所谓："宪章前代，损益从宜。"《魏志》载太学博士崔瓒谏议五时冠当从汉晋用帻：

> 《周礼》及《礼记》，三冠六冕，承用区分，琐玉五彩，配饰亦别，都无随气春夏之异。……以此而推，五时之冠，《礼》既无文；若求诸正典，难以经证。……自汉逮于魏晋，迎气五郊，用帻从服，改色随气。斯制因循，相承不革，冠仍旧，未闻有变。今皇魏宪章前代，损益从宜。五时之冠，愚谓如汉晋用帻为允。③

灵太后诏委太傅元怿召集礼官裁决："帝王服章，方为万世则，不可轻裁。请更集礼官下省定议，蒙敕听许。"一年后元怿上言，首先提出这一年为此所做工作，召集"门下及学官以上"四十五人对此问题进行讨论，观点分作两派，其中占据主流的观点是："一同国子前议，帻随服变，冠冕弗改"，支持此论的有四十三人，唯有四门博士臣王僧奇、蒋雅哲二人持论不同："以为五时冠冕，宜从衣变。"作为最终呈递人的元怿赞同四十三人之说，以为此说"寻考史传，量古校今"。主政的灵太后依准了元怿所奏，是北魏皇帝五时之冠从汉晋用帻，而且与时间、地点方色搭配，《隋书·礼仪志六》便云："及至熙平二年，太傅、清河王怿、黄门侍郎韦廷祥等，奏定五时朝服，准汉故事，五郊衣帻，各如方色焉。"④

《隋书·礼仪志六》载北齐承袭北魏冕服制度，并于河清年间，将此"著令定制"，上升到政权法规的高度，如此以北齐冕服倒推北魏后期冕服

---

① （北魏）杨衒之撰，周祖谟校释：《洛阳伽蓝记校释》，中华书局1963年版，第93页。
② 《魏书》卷一〇八《礼志四》，第2817页。
③ 《魏书》卷一〇八《礼志四》，第2817页。
④ 《隋书》卷一一《礼仪志六》，第238页。

第四章　变汉故事：北魏九锡之变相

制度是可行的。其中与九锡相关者主要是皇帝、皇太子与诸公卿的舆服规制，分录于下：

> 乘舆，平冕，黑介帻，垂白珠十二旒，饰以五采玉，以组为缨，色如其绶，黈纩，玉笄。
>
> 皇太子平冕，黑介帻，垂白珠九旒，饰以三采玉，以组为缨，色如其绶。……衮服，同乘舆而九章，绛绶，佩瑜玉，玉具剑、火珠标首，绛袴袜，赤舄。非谒庙则不服。
>
> 诸公卿平冕，黑介帻，青珠为旒，上公九，三公八，诸卿六，以组为缨，色如其绶。衣皆玄上纁下。三公山龙八章，降皇太子一等，九卿藻火六章，唯郊祀天地宗庙服之。
>
> 远游三梁，诸王所服。其未冠，则空顶黑介帻。开国公、侯、伯、子、男及五等散爵未冠者，通如之。
>
> 进贤冠，文官二品已上，并三梁，四品已上，并两梁。①

规制中，得服衮服九章且有赤舄副之的是皇太子冕服制度。诸公卿一项中有"上公九，三公八"句，《通典·职官二》"三公总叙"条对上公、三公有明确记述："后魏以太师、太傅、太保谓之三师，上公也。大司马、大将军谓之二大，太尉、司徒、司空谓之三公。"② 依照表4-6《北魏受九锡者生前最终官、爵与死后赠官、爵对比表》（见后文），诸勋臣死前冕服规制当与生前官、爵相匹，追赠九锡时冕服规制当与赠官、爵相同。依据太和十七年《职员令》者以冯诞为例，冯诞生前官至司徒，位居三公，服制是平冕，黑介帻，青珠八旒，以组为缨，色如其绶；玄衣纁裳，山龙八章，此服制郊祀天地宗庙服之。据其爵，平时所服则如诸王：远游三梁；未冠时，则空顶黑介帻。死后追赠官、爵与九锡"衮冕之服，赤舄副焉"，官大司马、爵仍长乐郡公，太和十七年《职员令》中大司马与三师上公居第一品上，三公位第一品中，是大司马冕服制度此时准上公是可行的，那么冯诞冕服规制中平冕，冕旒之数为九，衮衣，服章亦九，又有赤舄，其服制当是与皇太子冕服制度相同。

---

① 《隋书》卷一一一《礼仪志六》，第238—241页。
② 《通典》卷二《职官二》"三公总叙"条，第508页。

据太和二十三年《职员令》者以元怀为例，元怀生前官太保，已经是三师上公，爵广平王，王爵品位亦在"二大"（大司马、大将军）上，是元怀生前冕服之制是平冕，黑介帻，青珠九旒，以组为缨，色如其绶；服章亦九，已与皇太子服等相类。元怀死后赠官太师，虽同是三师上公，却是上公之首位，生前太保为三师之末，与其官、爵而言，"衮冕之服，赤舄副焉"的冕服制度与生前变化并不算大。

三 乐则：轩悬之乐，六佾之舞

（一）经典记载与甲骨卜辞中的轩悬、六佾

《周礼·春官》记有"小胥"一职，其职能是"正乐悬之位"。所谓"乐悬"，郑玄有清晰的注释："乐悬，谓钟磬之属悬于笋虡也。"① 笋虡乃悬钟、磬、鼓之架，其中悬乐器的横梁称笋，虡则为支撑横梁的柱，有木制，亦有铜制，② 笋亦作簨，虡或作鐻，郑玄注《礼记·明堂位》时对"簨虡"有详细描述："簨虡，所以悬钟磬也。横曰簨，饰之以鳞属；植曰虡，饰之以臝属、羽属。"是笋虡之上可饰以鸟兽龙蛇之属。《周礼》对天子至士的奏乐规格有明确的阶序规定："王宫悬，诸侯轩悬，卿大夫判悬，士特悬，辨其声。凡县钟磬，半为堵，全为肆。"小胥的职责除了在演奏中正"乐悬"之外，也要根据使用者的不同、应用事务的差异，有相应规格的"规正"，使使用者"合礼"。

对于宫悬、轩悬、判悬、特悬之间的差异，郑众曾有论述："宫悬四面悬，轩悬去其一面，判悬又去其一面，特悬又去其一面。四而象宫室四面有墙，故谓之宫悬。轩悬三面，其形曲，故《春秋传》曰：'请曲悬繁缨以朝'，诸侯礼也。故曰惟器与名不可以假人。"是郑司农所云大致有两点：一是编钟、编磬悬挂方式依等级不同而有四悬，王等级最高，为宫悬四面，从王至士，由宫悬四面层级递减至一面。不过他却未言依次递减的是哪一面，如轩悬是去宫悬四面的哪面，这是未曾明确提及的；二是天子的宫悬四面，是像宫室四面有墙，低一等的轩悬三面，乃诸侯之礼，这是诸侯与王之间最大的差异，因此轩悬缺失的那一面就至关重要，以至于郑

---

① 《周礼注疏》，第795页。
② 曾侯乙墓出土编钟的笋虡即为铜木结构，可参看钱玄《三礼通论》图85，第272页。

第四章 变汉故事：北魏九锡之变相

众将之上升到"惟器与名不可以假人"的重要程度。郑玄据此点补充并明确了郑众的观点："玄谓轩悬去南面，辟王也。判悬左右之合，又空北面。特悬悬于东方，或于阶间而已。"也就是郑玄认为"天子南面"的传统同样适用于乐悬上，因此应当通过"轩悬去南面"的礼节，来彰显天子与诸侯的最大差异，以此突出天子"予一人"的无上威权。综合以上考察，所谓"轩悬"乃是以编钟、编磬悬挂方式标示的诸侯级别乐礼，其制是天子四面宫悬去南方一面，存东、西、北三面。

关于"六佾之舞"，是宗周诸侯所用乐舞格局。《周礼》所载乐舞有大舞、小舞之别，大舞有六代之舞，即《周礼·春官·大司乐》所云："以乐舞教国子：舞《云门》《大卷》《大咸》《大韶》《大夏》《大濩》《大武》。"郑玄注云："此周所存六代之乐。"而据学者考察，小舞与大舞的区别为"（或即）大舞分场，小舞不分场"①。据《周礼·春官·乐师》所记，小舞依舞者手中所执舞具的不同，可分为帗舞、羽舞、皇舞、旄舞、干舞、人舞；《诗》《左传》及《礼记》等叙及的勺舞、象舞、万舞"实际上亦包括在六种小舞之中，仅是名称不同而已"②。所谓"万舞"，在商代已经存在。商代舞有文武之分。"乙丑卜，子学。辛未，岁祖乙彘，子舞戉。"③（《花东》474）首先，关于"子学"，同组473卜辞云："甲申，子其入羌，若永。用。"④ 450卜辞云：

丁卯卜，子其入学，若永。用。一二三。
丁卯卜，子其入学，若永。用。四五六。⑤

"子其入羌"与"子其入学"相对同属，"若永"为占卜用语，"若"有顺、详、修善、嘉美之义，"永"有嘉美、福佑之义。⑥ 入羌"当指就

---

① 钱玄：《三礼通论》，第284页。
② 钱玄：《三礼通论》，第282页。
③ 中国社会科学院考古所编：《殷墟花园东地甲骨》，云南人民出版社2003年版，第1741—1742页。
④ 中国社会科学院考古所编：《殷墟花园东地甲骨》，云南人民出版社2003年版，第1741页。
⑤ 中国社会科学院考古所编：《殷墟花园东地甲骨》，云南人民出版社2003年版，第1733页。
⑥ 刘钊：《释"𦱿""𠬝"诸字——兼谈甲骨文"降永"一辞》，《殷墟博物苑苑刊》创刊号，中国社会科学出版社1989年版。

学而言，恐非作入贡讲，殆指学羌舞"①。"犾"为族名，"舞犾"则是指犾人之舞。又有："丁亥，子其学嬄玞。用。""嬄"为女巫兼教官，"玞"，字像双人款摆而舞，为一种舞名，宋镇豪认为这类舞可能属于所谓"文舞"。② 子学羌舞、犾舞、玞舞，相当于文献所说的散乐、四夷之舞乐，一定程度上反映了商代礼乐文化的包容性。文舞之外，也有武舞。"丁酉卜，今日丁万其学。于来丁乃学。于右宗学。若呐于学。"（《屯南》662）③ 此辞是在丁酉日反复占卜，卜问是在此丁日还是来巡的丁日去右宗学万舞。裘锡圭考证以为"万显然是主要从事舞乐工作的一种人"，后之"编按"特别指出《屯南》662卜辞应补入其中以为论据。④ 万舞亦作"萬舞""卍舞"，⑤ 据学者考察，万舞在商代祭祀中是一种诗乐舞相伴进行的礼乐中的一个重要组成部分，与庸奏往往相伴进行，其功用见之于祈年、祈雨、祭祖及学校中。⑥《诗·国风·邶风·简兮》："简兮简兮，方将万舞"，毛亨传："以干羽为万舞，用之宗庙山川。"郑玄笺："万，舞名也。……以万者舞之总名，干戚与羽籥皆是，故云以干羽为万舞。"⑦ 宋以降的学者多认同万舞合文武二舞而言之，是大舞之总名的说法。⑧ 而在特定时期，也特指干戚武舞，⑨《屯南》662卜辞便是一例，因有《大戴礼记·夏小正》为据："丁亥万用入学。丁亥者，吉日也。万也者，干戚舞

---

① 宋镇豪：《商代社会生活与礼俗》，中国社会科学出版社2010年版，第462页。
② 宋镇豪：《商代社会生活与礼俗》，第462—463页。
③ 其中，"今日丁"原释为"今旦"，因万舞諏日在丁日，从林洪明改正为"今日丁"，参见林宏明《小屯南地甲骨研究》，博士学位论文，台湾政治大学，2002年，第354页。
④ 裘锡圭：《甲骨文中的几种乐器名称——释"庸""豐""鞀"》（附：释"万"），《古文字论集》，中华书局1992年版，208页。
⑤ "以卍为萬，在契文已有此种现象，与佛教的卍字相，毫无关涉"，饶宗颐：《符号·初文与字母：汉字树》，上海书店出版社2000年版，第99—101页。
⑥ 陈致：《"万（萬）舞"与"庸奏"：殷人祭祀乐舞与〈诗〉中三颂》，《中华文史论丛》2008年第4期。
⑦ 《毛诗正义》卷二之三《国风·邶风·简兮》，第308页。陈致《"万（萬）舞"与"庸奏"：殷人祭祀乐舞与〈诗〉中三颂》文中以为郑玄从《公羊传》之说以为万舞为干舞，而以孔颖达于《毛诗正义》首倡"万舞，舞之总名"，与郑玄笺相较，可以得见此说并不准确。
⑧ （宋）吕祖谦：《吕氏家塾读诗记》卷四，丛书集成本，1716册，第81页；（宋）陈旸：《乐书》卷四三，文渊阁《四库全书》本，第211册，第217页下；（清）马瑞辰：《毛诗传笺通释》卷四，《续修四库全书》，上海古籍出版社2002年版，第68册，第399页下；（清）王先谦：《诗三家义集疏》卷三上，《续修四库全书》，第77册，第447页下。
⑨ 《邶风·简兮》云："公庭万舞，有力如虎"也说明万舞的力量型，此绝非文舞。

也。入学也者，大学也。谓今时大舍采也。"此与《屯南》662 卜辞结构相同，且同用丁日；又"入学也者，大学也"同于卜辞"若呐于学"。"学"为建筑名称，是学习万舞的场所，结合《大戴礼记·夏小正》则是指大学。"若呐"为占卜恒语，若像长发后扬貌，行容动姿；呐谓言音顿结，模拟发声。此卜辞中的"若呐""大概是形容学万舞的舞人伴随动作发出的顿促有力、节奏齐整的吆喝声，也是武舞的特征之一"[1]。《花东》206 卜辞见有执钺而舞的记载：

丁丑卜，在🀫，子其叀舞戉，若。不用。
子弜叀舞戉，于之若。用。多万有灾，引🀫。

戉即钺，兵礼器；"🀫"为祭歌名，与前述"商"一致；"多万"是专门的舞乐师，此处指执教者。子学祭祀武舞，"舞戉"的同时"引🀫"，是武舞也伴有歌乐。

"六佾之舞"的归属与"万舞"相同，都是"小舞"。其中小舞表演所需人数，与上述乐悬一样，都同因等级不同而有相应规定，以此标示尊卑。《左传·隐公五年》："公问羽数于众仲，对曰：'天子用八，诸侯用六，大夫四，士二……。'公从之，于是初献六羽，始用六佾也。"六佾便是为宗周诸侯所用乐舞格局。

（二）北魏前中期的乐舞变迁

北魏乐制主要见于《魏书》卷一〇九《乐志》，散见于《魏书》《北史》等本纪、列传之间。《隋书》卷一四《音乐志》所载北魏乐制资料较少，不过其中载高欢时乐制"咸遵魏典"，文宣帝高洋初禅时乐制"尚未改旧章"云云，[2] 为以北齐初期乐制倒推北魏后期乐制的研究路径提供了可能。当时将创革乐制，尚乐典御祖珽自言"旧在洛下，晓知旧乐"，因而上书论北魏乐制，他关于北魏前期乐制兴革的论述颇合于《魏志》所载，而且更为系统，兹录于此：

---

[1] 宋镇豪：《商代社会生活与礼俗》，第 464 页。
[2] 《隋书》卷一四《音乐志中》："齐神武霸迹肇创，迁都于邺，犹曰人臣，故咸遵魏典。及文宣初禅，尚未改旧章。宫悬各设十二镈钟，于其辰位，四面并设编钟磬各一簨虡，合二十架。设建鼓于四隅。郊庙朝会同用之。"第 313 页。

> 魏氏来自云、朔，肇有诸华，乐操土风，未移其俗。至道武帝皇始元年，破慕容宝于中山。获晋乐器，不知采用，皆委弃之。天兴初，吏部郎邓彦海，奏上庙乐，创制宫悬，而钟管不备。乐章既阙，杂以《簸逻回歌》。初用八佾，作《皇始》之舞。至太武帝平河西，得沮渠蒙逊之伎，宾嘉大礼，皆杂用焉。此声所兴，盖苻坚之末，吕光出平西域，得胡戎之乐，因又改变，杂以秦声，所谓《秦汉乐》也。①

是北魏前期统治者自道武帝天兴年间，开始注意以中原典章为依据创制乐舞，但其乐舞来源除华夏旧礼外，尚有杂采西域诸族者，且中原乐舞亦有"钟管不备""乐章既阙"等问题，最终出现"皆杂用焉"的情况。

孝文太和初年已开始注意乐舞创革，《魏志》对此行为评价较高："太和初，高祖垂心雅古，务正音声。"因为按照儒家理念，音乐可正风俗，是化民易俗的重要手段，其中合乎典籍记载、可导民向善的是"正声"，它与以"郑卫之音"为代表的"淫声"是相对的，后者只会使人沉迷享乐，耽于腐化，严重者可致亡国。《魏书·乐志》载太和十一年文明太后诏令开篇所言："先王作乐，所以和风改俗，非雅曲正声不宜庭奏"，太和十五年的孝文帝诏书同样说："乐者……治用大矣。逮乎末俗陵迟，正声顿废，多好郑卫之音以悦耳目"，表述的都是这一道理。因此"正音声"是正统所在、政权稳定的具体表现之一。太和初年的乐舞创革工作主要从两方面着手：一方面，集中相关官吏，通过查询经典、集体讨论等方式讨论乐舞规制："司乐上书，典章有阙，求集中秘群官议定其事"；另一方面，走群众路线，通过在民间搜求相关人士，弥补官方的不足："并访吏民，有能体解古乐者"。虽然是双管齐下，但效果并不明显：成立官方权威机构的具体目标并未达成，因此建立在此前提下的制定相关乐舞标准的目标更是无从谈起："于时卒无洞晓声律者，乐部不能立，其事弥缺。"不过，这一番举动也并非一无所获，在增加乐舞内容、乐舞相关配置方面皆有进益："方乐之制及四夷歌舞，稍增列于太乐。金石羽旄之饰，为壮丽于往时矣。"②

---

① 《隋书》卷一一四《音乐志中》，第313页。
② 《魏书》卷一〇九《乐志》，第2828页。

第四章 变汉故事：北魏九锡之变相

至太和十一年春正月丁亥朔，乐舞改革的行动再次开启。首要举措，便是按照华夏经典规定，将朝廷所用乐章进行严格规定，裁撤其中不符合经典规定者："诏定乐章，非雅者除之。"① 这一记载见于《魏书·孝文帝纪》。不过《魏书·乐志》记载同年春文明太后有相类诏令："先王作乐，所以和风改俗，非雅曲正声不宜庭奏。可集新旧乐章，参探章律，除去新声不典之曲，裨增钟县铿锵之韵。"此诏的主旨与《孝文帝纪》的丁亥朔诏相同，但内容更为详细，指出了裁撤"新声不典之曲"的原因、范围与标准。联系前叙此时太后秉政，孝文"雅性孝谨，不欲参决，事无巨细，一禀于太后"②的政治格局，则此两诏令可能是一篇两记，即便退一步考虑，不讨论二者是否为一，实际发布诏令者当是文明太后，孝文帝也是同意此意见的，这一推论是可行的。十四年文明太后薨，十五年冬孝文为"稽古复礼"，便有了下诏简置乐官的举措，《魏志》记孝文帝诏书："乐者……治用大矣。逮乎末俗陵迟，正声顿废，多好郑卫之音以悦耳目。故使乐章散缺，伶官失守。今方厘革时弊，稽古复礼，庶令乐正雅颂，各得其宜。今置乐官，实须任职，不得仍令滥吹也。"令下之后，随即对乐官队伍进行优化。

紧接着，太和十六年春，孝文为文明服丧期间以"礼乐事大，乃为化之本"续行乐制创革，诏云：

> 礼乐之道，自古所先，故圣王作以和中，制礼以防外。……自魏室之兴，太祖之世尊崇古式，旧典无坠。但干戈仍用，文教未淳，……比太乐奏其职司，求与中书参议。……然心丧在躬，未忍阙此。但礼乐事大，乃为化之本，自非通博之才，莫能措意。中书监高闾器识详富，志量明允，每闾陈奏乐典，颇体音律，可令与太乐详采古今，以备兹典。其内外有堪此用者，任其参议也。③

是此诏下于孝文服丧期间，此时他仍秉作乐意志，可见汉化决心之坚定。但结果依然不尽如人意："间历年考度，粗以成立，遇迁洛不及精尽，

---

① 《魏书》卷七《孝文帝纪下》，第162页。
② 《魏书》卷一三《文成文明皇后冯氏传》，第329页。
③ 《魏书》卷一〇九《乐志》，第2830页。

下编　宗周旧制与变汉故事：迁洛后礼制变迁

未得施行。"最终伴随孝文帝南征途中崩殂、中书监高闾逝世，乐舞的最终规制未能成型："寻属高祖崩，未几，闾卒。"这场孝文帝主导、高闾执行的乐舞改制有何具体成果，可通过宣武帝时公孙崇的上书窥探一二："（高祖孝文皇帝）乃命闾广程儒林，究论古乐，依据《六经》，参诸国志，错综阴阳，以制声律。钟石管弦，略以完具；八音声韵，事别粗举。值迁邑崧瀍，未获周密；五权五量，竟不就果。"① 高闾定乐制主要以"古乐"、《六经》、"国志"为渊源；最终虽未成行，但"钟石管弦，略以完具；八音声韵，事别粗举"，于北魏乐舞规制的奠基实有裨益。

（三）北魏后期的乐舞变迁

宣武帝景明年间，接替高闾继续从事乐舞改制工作的是公孙崇，他曾被高闾欣赏，"共考音律"，因此对北魏当时的乐舞状况有清晰的认知。他以为"自尔（孝文世）迄今，率多褫落，金石虚悬，宫商未会"，于是上书"言乐事"。正始元年宣武帝因公孙崇奏议，下诏制定乐舞："八座已下，四门博士以上，此月下旬集大乐署，考论同异，博采古今，以成一代之典也。"不论是召集人员规格之高，还是"成一代之典"的目标，都宣示着宣武帝乐舞定制的决心。至八月初诣署集议，却遇上阻碍。因"六乐该深，五声妙远……自斯已降，莫有详之"的历史原因，宣武群臣认为目前面临的情况并不乐观："今既草创，悉不穷解，虽微有诘论，略无究悉"，所以尚书李崇奏集众再议："请依前所召之官并博闻通学之士，更申一集，考其中否，研穷音律，辨括权衡。若可施用，别以闻请。"谏议虽然获得批准，但是现实施行效果堪忧，《魏志》记云："时亦未能考定也。"② 是宣武世乐舞之制虽有公孙崇等大臣提议、皇帝赞成，却因"今既草创，悉不穷解"未果而终。三年后公孙崇再次上言，奏请宣武帝准许高肇监考乐制，不过宣武帝出于"知肇非才"的考虑，将此重任托付给刘芳，以后者监考乐制。永平二年秋，尚书令高肇会同尚书仆射元怿等上奏：

> 案太乐令公孙崇所造八音之器并五度五量，太常卿刘芳及朝之儒学，执诸经传，考辨合否，尺寸度数，悉与《周礼》不同。问其所

---

① 《魏书》卷一〇九《乐志》，第2831页。
② 《魏书》卷一〇九《乐志》，第2830页。

· 228 ·

以，称必依经文，声则不协，以情增减，殊无准据。窃惟乐者……不刊之制，宜宪章先圣，详依经史。且二汉、魏、晋，历诸儒哲，未闻器度依经，而声调差谬。臣等参议，请使臣芳准依《周礼》更造乐器，事讫之后，集议并呈，从其善者。①

是公孙崇所造八音之器与五度五量，"尺寸度数，悉与《周礼》不同"。高肇等奏请刘芳等"依《周礼》更造乐器"，宣武帝同意，此亦反映出《周礼》在北魏后期已成为制礼作乐须依据的主要规范。此后，刘芳与侍中崔光、郭祚、黄门游肇、孙惠蔚等四人"参定舞名并鼓吹诸曲"。永平三年上书，宣武诏曰："舞可用新，余且仍旧。"② 至此，刘芳等参定的鼓吹杂曲遂寝。③

孝明帝熙平二年冬，元雍奏停御史中尉元匡与刘芳竞论钟律事。又有"陈仲儒者自江南归国，颇闲乐事，请依京房，立准以调八音"。神龟二年尚书萧宝夤奏言："金石律吕，制度调均，中古已来鲜或通晓。仲儒虽粗述书文，颇有所说，而学不师授，云出己心。又言旧器不任，必须更造，然后克谐。……臣窃思量，不合依许。"孝明帝准萧宝夤所奏。正光年间，侍中、安丰王元延明受诏监修金石，令门生河间信都芳考算之。因"属天下多难，终无制造"。是孝明帝世乐舞之制亦无有大进展。

《魏书》卷一八《太武五王·临淮王谭传》载元孚于孝庄帝永安末监修乐器仪注上表：

往岁大军入洛，戎马交驰，所有乐器，亡失垂尽。臣至太乐署，问太乐令张乾龟等，云承前以来，置宫悬四箱，簨虡六架。东北架编黄钟之磬十四，虽器名黄钟，而声实夷则，考之音制，不甚谐韵。姑洗悬于东北，太蔟编于西北，蕤宾列于西南，并皆器象差位，调律不和。又有仪钟十四，虚悬架首，初不叩击，今便删废，以从正则。臣

---

① 《魏书》卷一〇九《乐志》，第2832页。
② 《魏书》卷一〇九《乐志》，第2833页。
③ 《魏志》云："时太常卿刘芳以崇所作，体制差舛，不合古义，请更修营，被旨听许。芳又厘综，久而申呈。时故东平王元匡共相论驳，各树朋党，争竞纷纭，竟无底定。"《魏书》卷一〇九《乐志》，第2833页。

下编　宗周旧制与变汉故事：迁洛后礼制变迁

今据《周礼》凫氏修广之规，磬氏倨句之法，吹律求声，叩钟求音，损除繁杂，讨论实录，依十二月为十二宫，各准辰次，当位悬设，月声既备，随用击奏，则会还相为宫之义，又得律吕相生之体。今量钟磬之数，各以十二架为定。①

是孝庄帝永安末之前，北魏乐制规格如下："置宫悬四箱，簨虡六架。东北架编黄钟之磬十四，……姑洗悬于东北，太蔟编于西北，蕤宾列于西南，……又有仪钟十四，虚悬架首"，元孚据《周礼》定则为"量钟磬之数，各以十二架为定"。此次改制成效颇善："于时搢绅之士，咸往观听，靡不咨嗟叹服而返。太傅、录尚书长孙承业妙解声律，特复称善。后从出帝入关。"

节闵帝普泰年间，诏录尚书长孙稚、太常卿祖莹营理金石。孝武帝永熙二年春，二臣上表云：

臣等谨详《周礼》，分乐而序之。……案《春秋》鲁昭公二十年……服子慎《注》云："……一悬十九钟，十二悬二百二十八钟，八十四律。"即如此义，乃可寻究。今案《周礼》小胥之职，乐悬之法，郑注云："钟磬编县之，二八十六枚。"汉成帝时，……复依《礼图》编悬十六。去正始中，徐州薛城送玉磬十六枚，亦是一悬之器。检太乐所用钟、磬，各一悬十四，不知何据。……臣等谨依高祖所制尺，《周官·考工记》凫氏为钟鼓之分、磬氏为磬倨名之法，《礼运》五声十二律还相为宫之义，以律吕为之剂量，奏请制度，经纪营造。依魏晋所用四厢宫悬，钟、磬各十六悬，埙、筝、筑声韵区别。盖理三稔，于兹始就，……虽未极万古之徽踪，实是一时之盛事。②

是孝武帝世长孙稚与祖莹所定金石涉及了悬数，太乐所用钟、磬，各一悬十四，不知何据，最终"依魏晋所用四厢宫悬，钟、磬各十六悬"，典籍渊源仍取于《周礼·春官·小胥》。其后二臣上书中批评了后宫飨会

---

① 《魏书》卷一八《太武五王·临淮王谭传》，第427页。
② 《魏书》卷一〇九《乐志》，第2838—2839页。

· 230 ·

第四章　变汉故事：北魏九锡之变相

及五郊之祭用二悬乐的做法："案今后宫飨会及五郊之祭，皆用两悬之乐，详揽先诰，大为纰缪。古礼，天子宫悬，诸侯轩悬，大夫判悬，士特悬。皇后礼数，德合王者，名器所资，岂同于大夫哉！"并提出解决之法："普泰元年，前侍中臣孚及臣莹等奏求造十二悬，六悬裁讫，续复营造，寻蒙旨判。今六悬既成，臣等思钟磬各四，锨镈相从，十六格宫悬已足，今请更营二悬，通前为八，宫悬而具矣。一具备于太极，一具列于显阳。"① 是北魏乐舞之制至节闵帝始完备，《隋志》载北齐时祖珽上书文宣帝云："至永熙中，录尚书长孙承业，共臣先人太常卿莹等，斟酌缮修，戎华兼采，至于钟律，焕然大备。"② 当非夸赞祖先的虚言。

联系本书所言九锡乐则，可知在孝文改制时北魏乐舞之制中"钟石管弦，略以完具；八音声韵，事别粗举"。宣武、孝明、节闵帝世多有更造之举，却未收寸功。至末代孝武帝永熙二年方有完备之情状。观长孙稚与祖莹所言此年之前"太乐所用钟、磬，各一悬十四，不知何据"，是此前乐悬之中一悬十四，不合于《周礼·春官·小胥》所载一悬十六的记载。则北魏大臣死后追赠九锡乐则一项"轩悬之乐"，当是去南方一面，存东、西、北三面；一悬并没有遵从《周礼·春官·小胥》一悬十六的记载，而是一悬十四。按查时间，尔朱荣以上诸臣皆是准此一悬十四之制的轩悬乐制。"六佾之舞"方面，可以参考胡国珍薨后事例。《魏书·外戚下·胡国珍》载："及国珍神主入庙，诏太常权给以轩悬之乐、六佾之舞。"③ 是在北魏六佾之舞遵从"宗周旧制"，与轩悬之乐相搭配；人数当是三十六人。

综上所论，北魏车马、衣服与乐则规制经太祖诸帝注意，却耽于时事，未能付诸行动，此时制度的特点是"取于便习而已"。舆服规制多奠基于孝文之时，此三项文明太后主政时便有动作，是孝文前期汉化文明太后主导之情况不可不关注；另，孝文虽有汉化之功，车舆等制多"犹未周洽"者，凸显出物化礼乐滞后于礼典、官爵制度的特点，北魏之汉化亦须从长远时段考察，非是孝文一朝可就，故对于北魏汉化的考察不应偏重于孝文一朝，其后诸帝尤其是孝明世在车舆、乐制等汉化改制的史事需要关

---

① 《魏书》卷一〇九《乐志》，第2840页。
② 《隋书》卷一四《音乐志中》，第313页。
③ 《魏书》卷八三《外戚下·胡国珍》，第1835页。

注，确切言，北魏物化礼乐方面的汉化达至完备阶段即在孝明之时。窥管车马、衣服、乐则三项，北魏九锡名物皆可在《周礼》中寻到踪迹，与宗周"九仪之命"最高的"九命之仪"有器物渊源，此契合北魏尊崇《周礼》的传统，是统治者有意识的"宗经""复古"以寻求自身正统；而在涉及军国关键，尤其是维护皇权统治时，变更华夏故事，以利权柄驾驭时，"尊君""实用"原则稳居上风，在礼仪典制中通行、以数度隆杀来表现礼制等级的具象的物化礼乐因着"一目了然"的特性成为此原则实践的不二之选，北魏九锡名物及其实践的"变相应用"便是管窥此原则的显微镜：拓跋统治者寻求汉晋故事，以之为变革"经典"的理由，而谋求皇权独尊与政权稳固，现实中勋臣九锡车马、衣服、乐则规制与皇太子同即是显例。

第三节　九锡之变相：北魏九锡与太和十九年后政局

　　东汉杨赐与张津二例，可证政府以九锡褒奖功臣的最初功能行用九锡，而东汉以后九锡的行用却未完全延续东汉九锡褒赠功臣的最初功能，至于曹操，借鉴东汉九锡规制，同时效仿王莽"九命之锡"实践，变九锡为易代鼎革之工具，历两晋至南朝，余波及于隋、唐、宋，清一色的"禅让工具"，抹杀了九锡的最初功能。独鲜卑拓跋氏建立的北魏王朝，于孝文太和十九年始行用九锡，史籍、碑刻所载皆是对勋臣死后追赠所用之例，是北魏九锡在"禅让九锡"的历史长河中独树一帜，承继了东汉九锡褒赠功臣的最初功能，此亦与孝文改制问题相关，是孝文以承汉之"物化礼乐"（即九锡）与南朝争"正统"之举；而受九锡之臣子除一定等级官爵的标准外，尚可借此管窥北魏太和十九年后政局。故本节试图选取特立独行于曹魏至唐宋"禅让九锡"之外的北魏九锡为对象，对北魏受九锡者死后获追赠九锡殊荣进行横向（即与卒后赠官、爵的关系）与纵向（即孝文至孝明受九锡者身份变化解析）的经纬考察，冀望对北魏九锡的变相应用的原因有所理解，并进一步关涉孝文至孝明世的政局变动。

第四章　变汉故事：北魏九锡之变相

一　北魏受九锡者考论

（一）北魏受九锡者考

"北魏崛起朔漠，汉化以渐，新旧竞替，制杂胡华，敷汉名于旧制，因事宜而立官。"[1] 孝文改制、迁都，至太和十九年始见九锡应用的史实记载。其例最早为外戚冯诞：

> 太和十九年，高祖南伐至钟离，……是日，去钟离五十里许。昏时，告诞薨问，高祖哀不自胜。……诏侍臣一人兼大鸿胪，送柩至京。……诏……赠假黄钺、使持节、大司马，领司徒、侍中、都督、太师、驸马、公如故。加以殊礼，备锡九命，依晋大司马、齐王攸故事。[2]

其中"加以殊礼，备锡九命"即是赐予九锡，加以九锡殊礼；"备锡九命"之说揭示出九锡与宗周九命的部分联系。诞妹《魏故乐安王妃冯（季华）氏墓志铭》亦将其兄死时获加九锡作为荣宠，镌刻于石："兄思政（诞字），侍中仪曹尚书驸马都尉征西大将军羽真南平王……薨于钟离，追赠使持节假黄钺大司马领司徒，谥曰元懿公特加九锡。"[3] 此处需要注意者是冯诞去世时间，因为《魏书·外戚上·冯诞》只言诞薨于车驾至钟离后，未言具时，而《杨播墓志》载："十九年从驾渡淮……三月，车驾进诸钟离。司徒冯诞薨于留营。帝乃回旆北渡，留君为殿。"推敲句意，是记诞薨时在太和十九年三月；然案查《魏书》卷七下《高祖孝文帝纪》与卷一〇五《天象志二》皆记在二月，其中《高祖纪》所记更详，薨时排在太和十九年二月辛酉后，壬戌前。而新出《冯诞墓志》于薨时有残："太和十九年□□□□□□□辛酉……冯君诞……春秋廿有九……薨于淮南之故城"，从"辛酉"看当以《魏书》所记二月为确。而"备命九锡"的

---

[1] 严耕望：《北魏尚书制度考》，《历史语言研究所集刊》第18本，1948年，第252页。
[2] 《魏书》卷八三《外戚上·冯诞》，第1822页。
[3] 赵超：《汉魏南北朝墓志汇编》，第155页。

下编　宗周旧制与变汉故事：迁洛后礼制变迁

时间当是在葬礼之时，据《冯诞墓志》其时是五月四日。①

诞之后，逝后得蒙追赠九锡者是其父熙："十九年，薨于代。……将葬，赠假黄钺、侍中、都督十州诸军事、大司马、太尉、冀州刺史，加黄屋左纛，备九锡，前后部羽葆鼓吹，皆依晋太宰、安平献王故事。"②然熙女《魏故乐安王妃冯氏墓志铭》载兄诞受九锡事，却未记父熙所受，只言："父熙……薨，赠假黄钺，谥曰武公。"③

冯氏父子之外，尚有六例得蒙死后追赠九锡荣宠者。依照追赠时间，分别是北奔之刘宋宗室刘昶、④元怀、⑤胡国珍、⑥元澄。⑦上述八例受九锡者的共同点之一即是死后当即追赠。以受九锡与逝世时间长短为标准，又可见死后并未立即追赠的状况。其例有元怿。怿与元怀同为孝文子，爵清河王，声望亦不在元怀之下。然其九锡之赐，却不见载于《魏书》《北史》等文献史料所载本传，1948年出土的《元怿墓志》可补史籍缺佚。观铭文，知怿死后同样被追赠九锡，但并非当即追赠：怿逝于神龟三年七月，受九锡则在葬后改窆时，已是孝昌元年十一月。按元怿被诬害于元叉、刘腾之乱，《元怿墓志》所谓："而运遭时屯，恶直丑正，衅起不疑，为奸凶所劫。神龟三年岁次庚子，春秋三十有四，七月癸酉朔三日乙亥害王于位。"至灵太后反政平反，"以孝昌元年岁次乙巳十一月壬寅朔二十日辛酉改窆瀍西邙阜之阳。追崇使持节假黄钺太师丞相大将军都督中外诸军事录尚书事侍中太尉公，王如故。……备锡九命，谥曰文献，礼也。乃命史臣镌芳玄室。其词曰：……礼均齐献，锡等桓文"。其时代背景确如墓志中所云："爰发皇太后旧独见之明，翦黜奸权，唯新时政。群寇稍清，阐明大礼。"揭示出元怿去世后五年方得蒙追赠九锡殊荣自

---

① 2008年冬河南洛阳偃师市与孟津县交界处出土，现为私人收藏，赵君平：《秦晋豫新出土墓志蒐佚》（国家图书馆出版社2011年版）收拓片。
② 《魏书》卷八三上《外戚上·冯熙》，第1820页。
③ 赵超：《汉魏南北朝墓志汇编》，第155页。
④ 时当太和廿一年（497）四月。《魏书》卷五九《刘昶传》，第1311页。
⑤ 时在熙平二年（517）三月。《魏书》元怀传缺失，《魏故侍中太保领司徒公广平王元怀墓志》出土补缺，赵超：《汉魏南北朝墓志汇编》，第92页。
⑥ 时当神龟元年（518）四月。《魏书》卷八三下《外戚下·胡国珍》，第1835页。
⑦ 时在神龟二年（519）十二月。《魏书》卷一九中《景穆十二王中·任城王云》，第480页。又《冯令华墓志铭》首题："魏上宰侍中司徒公领尚书令太傅领太尉公假黄钺九锡任城文宣王文靖太妃墓志铭"，墓主夫君"任城文宣王"有"假黄钺九锡"之殊荣，即元澄。赵超：《汉魏南北朝墓志汇编》，第374页。

第四章 变汉故事：北魏九锡之变相

有政治深意在。

又有尔朱荣，受九锡在前废帝/节闵帝初（531—532 在位），而荣于永安三年（530）九月已死。①《洛阳伽蓝记》卷二《城东》平等寺条勾勒出尔朱世隆为尔朱荣立庙、加九锡，比于周公的始末："世隆以长广本枝疏远，政行无闻，逼禅与广陵王恭。……凡恭让者三，于是即皇帝位，改号曰普泰。……于是封长广为东海王，世隆加仪同三司尚书令乐平王余官如故；赠太原王（尔朱荣）相国晋王，加九锡，立庙于芒岭首阳上。旧有周公庙，世隆欲以太原王功比周公，故立此庙。"②清楚表明荣于节闵帝时得享加九锡殊荣实赖世隆等得志。尔朱荣生前便有冀得九锡殊礼之望，此与东晋桓温冀望九锡而终为谢安、王坦之所阻未果一事相近，是荣时九锡为人臣尊崇的观念已然较下述"实未受九锡而他人以九锡喻其功高"时更为深入人心，更重要者，九锡在北魏皇权强大前提下向九锡褒赠勋臣原始功能回归，发挥的异于魏晋南朝的"禅让九锡"功能，自此以尔朱一族以熏天权势"自"加九锡的行为为转折点开始变质，慢慢向南朝"禅让九锡"转变；而此转变至高洋自加九锡、易魏建齐时定型。此间虽有高欢、高澄父子死后追赠九锡，效仿北魏故事，却未能阻断北魏九锡自原始功能向禅让九锡的质变，自高洋以降，北魏九锡原始功能的特色不复再现了历史长河间。

尚有实未受九锡而他人（即书写墓志者）以九锡喻其功高者。如《元珍墓志》云："宜奉九锡于太阶，谐百味于滋鼎"；又有《元遥墓志》《侯刚墓志》。③九锡出现于墓志铭中，比拟墓主功高勋贵。此种情况出现，一方面说明当时人的观念中九锡地位之尊崇，另一方面比对魏晋南朝九锡多为权臣掩饰篡弑、以为"禅让"工具的情况，北朝以九锡所喻功高之人多是大臣死后；这些臣子没有篡弑之迹，与同时之东晋南朝决然相异。

（二）北魏受九锡者的标准

将上述实受九锡者的阶层及受赐形式、时间列表 4－7 对比：

---

① 《魏书》卷七四《尔朱荣传》，第 1655 页。
② （北魏）杨衒之撰，周祖谟校释：《洛阳伽蓝记校释》，第 81 页。
③ 赵超：《汉魏南北朝墓志汇编》，第 76、93、188 页。

· 235 ·

下编　宗周旧制与变汉故事：迁洛后礼制变迁

表4-7　　　　　北魏受九锡者阶层、形式、时间对比表

受者	阶层/支系	卒年月	受赐方式、时间	授者
冯诞	汉族世族（长乐冯氏）/外戚	太和十九年（495）二月	死后当即追赠，与卒年同	孝文帝
冯熙	汉族世族（长乐冯氏）/外戚	太和十九年三月		
刘昶	汉族世族（刘宋宗室）/异姓王兼外戚	太和廿一年（497）四月		
元怀	鲜卑宗室贵族/孝文帝子孙系	熙平二年（517）三月		孝明帝
胡国珍	汉族世族（安定胡氏）/外戚	神龟元年（518）四月		
元澄	鲜卑宗室贵族/景穆十二王子孙系	神龟二年（519）十二月		
元怿	鲜卑宗室贵族/孝文帝子孙系	神龟三年（520）七月	孝昌元年（525）改窆追赠	
尔朱荣	鲜卑非宗室贵族/契胡权臣	庄帝永安三年（530）九月	节闵帝普泰元年世隆得志时下诏	节闵帝

分析可见，北魏受九锡者皆是大臣，共计8例。谨依据不同标准分别论述如下：

1. 身份阶层涵盖标准：依据身份阶层不同，大致分为鲜卑贵族与汉族世族[1]两类。其中鲜卑贵族共计四例，包括鲜卑宗室贵族三例，分别是元怀、元澄、元怿；鲜卑非宗室贵族一例，为尔朱荣。汉族世族四例，包括外戚三例（刘昶身兼异姓王与外戚两身份，此处以异姓王身份绳之），分别是长乐冯氏冯诞、冯熙和安定胡氏胡国珍；异姓王一例，为刘昶。仅就数量而言，鲜卑贵族与汉族世族大致等同；若考虑到元怿、尔朱荣受九锡情况特殊，受当时政局变动影响较其余人为大（下将论及），时间亦异于他人，则汉族世族尤其是身份为外戚者所占比例较高。

2. 受赐时间与卒年关系标准：8例受赐方式无一例外都是勋臣尊贵死

---

[1] 据仇鹿鸣统计《魏书》中出现豪族三次，世族、大族各两次，世族、素族各一次。豪族带有武力强宗的意味，世族往往强调家族在仕宦、学术等方面世代绵延，素族流行于南朝，而"可以肯定的是世族一词的广泛使用大约是在南北朝时期"，大族一词则是较为中性而宽泛的概念。长乐冯氏、安定胡氏等权力来源于皇权，是家族在仕宦方面的绵延的特征较其他明显，故取"世族"一词。参见仇鹿鸣《魏晋之际的政治权力与家族网络》，上海古籍出版社2012年版，第35页。

后追赠；区别在于受赐时间。除元怿与尔朱荣外的六例都是死后当即追赠，受赐时间与卒年同。两例（元怿、尔朱荣）则是身殁之后许久，方得追赠，两例皆与政治变动关联甚密：元怿获赠是胡太后反正后对元叉之乱的拨乱之举，尔朱荣是节闵帝普泰元年三月，其侄尔朱世隆等得志时迫帝下诏追赠的。

3. 授者及鲜卑宗室贵族与汉族世族比重变化标准：按授者而言，孝文帝世（太和十九年后）有三例，皆是汉族世族，无有鲜卑宗室；其中长乐冯氏以外戚之身独占两席；刘昶作为南朝刘宋投魏的宗室，身份同样特殊。孝明帝时四例，鲜卑宗室由孝文帝时的空白猛增为三例，汉族世族只有安定胡氏以外戚身份所得一例；因为政治原因，死后许久方能平反追赠九锡的事例于此出现。节闵帝世一例，契胡权臣尔朱荣死后许久被追赠，开创了鲜卑非宗室贵族，尤其是边镇勋臣受赐之先例；同样表明西魏末年皇权不振情况下，勋臣死后追赠九锡的"传统"有变为魏晋南朝"禅让"九锡的先兆，此兆至北齐高洋自加九锡，变魏建齐而坐成。

二 勋臣追赠九锡的横向考察——与卒后赠官、爵的关系

勋臣死后得"备九锡殊礼"，连带有诏赐赙物等，共同凸显卒后荣宠，更可关注者是与之同时的追赠官、爵。卒后赠官、爵当与生前官、爵关联，而此关联恰可成为标示得"加""备"九锡殊礼的标准。谨作对比如表4–8《北魏受九锡者生前最终官、爵与死后赠官、爵对比表》：

观览此表，谨分生前最终官、爵与死后赠官、爵两部分联系探讨：

1. 生前最终官、爵：（1）官品，依据太和十七年《职员令》者，本官都在第一品中或上，领职最低也在从一品上；爵位，三例中冯氏父子为公爵，刘昶为公爵，加有宋王之号。（2）依据二十三年《职员令》者，官品中本官皆在第一品，领职除较为特殊的第三品侍中外，最低亦在第二品；且侍中之特别亦体现在四例受者皆有侍中之任，可见侍中"位卑权重"之貌；爵位方面因如前所揭，鲜卑宗室贵族的激增，王爵占到三例，外戚胡国珍为公爵。

下编 宗周旧制与变汉故事：迁洛后礼制变迁

表 4-8　北魏受九锡者生前最终官、爵与死后赠官、爵对比表①

受者	最终官、爵	官品	赠官	官品	备注②	依据职令
冯诞	司徒（本官）	第一品中	大司马（本官）	一品上	赠：假黄钺、使持节	
	车骑大将军（加官）	第一品下	司徒（领职）	一品中		
	太子太师（加官）	从一品上	侍中（领职）	阙		
	长乐郡公（爵）		都督（乃都督中外诸军事；领职）	一品下		
			太师（乃太子太师；领职）	从一品上		
			驸马（领职）	三品上		
			长乐郡公	阙		
冯熙	太师（本官）	第一品上	侍中	从一品上	赠：假黄钺	太和十七年《职员令》
	京兆郡公（爵）		都督十州诸军事（当是都督府州诸军事）	一品上		
			大司马（本官）	一品中		
			太尉	二品下至从一品		
			冀州刺史	一品上		
刘昶	齐郡开国公，加宋王（爵）	从一品上	太傅（本官）	二品下至从一品	生：使持节；赠：假黄钺	
	都督吴越楚彭城诸军事（当是都督府州诸军事）		扬州刺史（领职）			
	大将军（本官）	第一品上				

① 最终官、爵系受九锡者卒前官、爵，赠官、爵是卒时追赠之官、爵。两者对应的官品，依据受者卒年推定匹配，如冯熙，诞父子卒于太和十九年，依据太和十七年《职员令》，余类此。
② 此列是官爵之外诸如使持节、假黄钺之类的加号。"生"表示受者卒前与最终官、爵同存的加号，"赠"表示死后追赠的加号。

·238·

第四章 变汉故事：北魏九锡之变相

续表

受者	最终官、爵	官品	赠官	官品	备注	依据职令
元怀	侍中（领职）	第三品	都督中外诸军事	从一品		
	太保（本官）	第一品	太师（本官）	一品		
	司徒公（领职）	第一品	太尉公（领职）	一品		
	广平王（爵）	第一品	侍中（领职）	三品		
			广平王（爵）	一品		
胡国珍	安定郡公（爵）	第一品	侍中	三品	赠：使持节、假黄钺	
	司徒公（本官）	第一品	相国			
	侍中	第三品	都督中外诸军事	从一品		
			太师（本官）	一品		
			太尉公（领职）	一品	赠：假黄钺、使持节	
			司州牧	从二品		
			太上秦公（当是开国郡公，爵）	一品		
元澄	任城王（爵）	第一品	都督中外诸军事	从一品	赠：假黄钺、使持节	太和二十三年《职员令》
	上宰（墓志）	第三品	太傅（本官）	一品		
	侍中	第一品	太尉公（本官）	一品		
	司徒公（本官）	第一品				
	尚书令（领职）	第二品				

·239·

下编　宗周旧制与变汉故事：迁洛后礼制变迁

续表

受者	最终官、爵	官品	赠官	官品	备注	依据职令
元怿	清河王（爵）	第一品	太师（本官）	一品		
	侍中	第三品	丞相	一品		
	太傅（本官）	第一品	大将军	从一品		太和二十三年《职员令》
	太尉公（领职）	第一品	都督中外诸军事	二品尚书令之上	赠：使持节、假黄钺	
			侍中	三品		
			太尉公	一品		
			清河王（爵）	一品		
	侍中	第三品	相国			
	都督河北诸军事		录尚书事			
	天柱大将军		司州牧、	从一品		太和二十三年《职员令》及《官氏志》所载正光元年后的官制变革
尔朱荣	大丞相		侍中、将军、王如故。		生：使持节、假黄钺	
	太师	第一品	追号为晋王（爵）			
	领左右					
	兼录尚书（兼官）	第二品尚书令上				
	北道大行台					
	太原王	爵				

· 240 ·

第四章　变汉故事：北魏九锡之变相

2. 赠官官、爵：（1）官品依据太和十七年《职员令》者，本官皆在第一品上，领职除侍中不明，冀州、扬州刺史疑在第二品下至从二品之间，冯诞之第三品上驸马为其驸马身份外，其余皆在从一品上；爵位无变。是除本官全部提为官品最高之第一品上外，与最终官、爵无大差别。（2）依据太和二十三年《职员令》者，官品中本官皆在第一品，领职除侍中第三品，胡国珍有领从二品司州牧外，其余最低在从一品，更有相国、丞相出现；爵位无变。是除领职提高一阶至从一品外，与最终官、爵无大差别。

又，无论依据太和十七年还是太和二十三年《职员令》，抑或尔朱荣，八例皆有加号使持节或假黄钺的类似处。除冯熙、刘昶死后追赠加号为假黄钺外，其余皆是同时追赠加号使持节与假黄钺，而刘昶生前最终官、爵便有使持节一项，这应得自其大将军、都督吴越楚彭城诸军事之职，死后追赠假黄钺当是源于扬州刺史一职，此点与冯熙因冀州刺史而有假黄钺之赠可相互印证。而至孝明帝世，即便逝世之臣子生前最终官爵与死后赠官爵都无刺史、将军之类，亦可加号使持节与假黄钺，当是与追赠九锡相配而行的礼仪制度。

受九锡者生前最终官、爵与赠官、爵的对应关系大致如上所述，两者之间除有部分小幅上升外，大部分受九锡者生前最终官、爵已是极高，死后赠官、爵提升的空间已不算大；加之目下得见北魏受九锡者仅有八例，数据极少，不能通过大量数据分析得出精确的生前最终官、爵，追赠官、爵与受九锡标准之间的具体联系。又，虽然以上八人生前官、爵已然荣显，死后追赠官、爵升幅虽小，然以位极人臣拟之违未为过，但考虑到北魏这一长时段历史（谨慎而言当是北魏孝文帝太和十九年以后历史）中，官爵荣显如以上八人者，虽未多至如过江之鲫，也绝非少数，如孝文帝改定姓族时与"王室十姓""勋臣八姓"并名的汉族四姓[①]便是其中贵显者，官爵、门第绝不逊于以上八人，却无一人得蒙死后追赠九锡殊荣，则知生前官、爵并非死后得蒙追赠九锡殊荣的唯一条件。换言之，生前具有高等官爵只是获赠九锡的必要不充分条件：生前具有高官、爵，死后不一定获蒙追赠九锡；死后得蒙追赠九锡者却必须生前已经身居高位。故须考察受

---

① 参见陈爽《"四姓"辨疑：北朝门阀体制的确立过程及其历史意义》，《世家大族与北朝政治》，中国社会科学出版社1998年版，第42—80页。

· 241 ·

九锡者身份所附带的其他因素。

三 勋臣追赠九锡的纵向考察——孝文至孝明世受者身份变化

如表4-5所揭,孝文世(太和十九年后)与孝明世受赐九锡者的身份存在显著差别,即孝文世皆是汉族世族,其中尤以冯氏外戚为主;孝明世鲜卑宗室贵族猛增,占据主位。这种变化当与孝文太和改制后的用人政策及客观的政治形势,尤其是中枢权力的变动相关。孝文太和改制趋于汉化,宫崎市定称之为"保持本民族(即鲜卑)自豪感的同化",即是在自觉推行汉化的同时,把自己改变成汉族的贵族,特别是帝室必须高踞于由此产生的新贵族头上,通过贵族,确确实实的控制整个汉民族。[①]康乐从祭祀典礼的视角,对孝文改革的步骤、对象与动机有精到论述,指出"孝文帝改革的步骤与对象是跟他个人在每一阶段的处境息息相关的"。太和十五年文明太后死至孝文"定迁都之计"的太和十七年,孝文帝对礼制的改革"基本仍局限在强化中原系统祭典的层面上,北亚祭典固然也触动了一些,还谈不上大事更张,这一点说明了当时他虽然已成为地位唯一的统治者,然而在平城地区保守气氛的笼罩下,他显然还不敢放手施为"。而迁洛后,汉化步伐加快,孝文本着"尽可能以中原系统的祭典为范本来重新整顿拓跋的国家祭典"之目的,遵循强化中原系统的祭典和废除杂祀以净化国家祭典的原则,加快推进祭典汉化,改革的箭头甚至直接指向拓跋人以及其他北亚民族的一些日常生活,譬如禁胡服、禁北语、定兴族以及改姓氏等;[②]加之此时仍有部分鲜卑宗室贵族反对、阻挠改革,故相较前制,孝文所依赖之势力必然向汉族世族倾斜。

九锡之产生,便是在此背景下;其作为物化礼乐,所起到的政治作用自然也是为孝文汉化与巩固皇权服务。自兹以降,受九锡者所关涉之阶层遂借助物化礼乐所代表的荣宠及其背后昭示的皇权支撑,抬高自身政治地位,攀附于皇权周围,在自身独立性日益丧失的同时,潜移默化的拨动北

[①] 参见[日]宫崎市定《九品官人法研究》,韩昇、刘建英译,中华书局2008年版,第25页。
[②] 参见康乐《从西郊到南郊:拓跋魏的"国家祭典"与孝文帝的"礼制改革"》,《从西郊到南郊:国家祭典与北魏政治》,第184页。

第四章　变汉故事：北魏九锡之变相

魏政局。本节依次选取外戚、南来汉人、宗室诸王、汉族官僚四方面的代表进行论述，尤以后二者为重点，将之放入孝文太和十九年之后的北魏政局变动中考察，冀窥孝文至孝明世受九锡者身份变化与时局关系、汉族官僚权力来源变迁于一斑。

（一）长乐冯氏

冯熙、冯诞父子为代表的长乐冯氏一门，作为外戚势力，在文明太后临朝之际与孝文亲政后的时期，煊赫一时，较扶植文明太后起家的昭太后常氏一门权势有过之而无不及。文明太后冯氏本为文成帝之后，是冯熙之妹；其临朝之后为了加强对孝文帝的控制以及增强冯氏外戚的权势，选冯氏之女为孝文帝后，《魏书·外戚上·冯熙》："高祖前后纳熙三女，二为后，一为左昭仪。由是冯氏宠贵益隆，赏赐累巨万。高祖每诏熙上书不臣，入朝不拜。"文明太后虽"多智略，猜忍，能行大事，生杀赏罚，决之俄顷，多有不关高祖者。是以威福兼作，震动内外"[①]。然终为女子，即便临朝称制，权倾天下，在父子相承已成传统的社会里，母权仍然没有传续之途径，最终会将生前权势的延续、死后仍享尊崇的保障部分的寄托于自己家族，故而对于冯熙一族极力荫护、培植，甚至出现"文明太后以帝聪圣，后或不利于冯氏，将谋废帝。乃于寒月，单衣闭室，绝食三朝，召咸阳王禧，将立之"的可怖局面，废帝之缘由竟是文明深恐孝文羽翼养成后，自己无法保证冯氏一门的久安，史家执笔如是。虽然文明"谋废"孝文的个中缘由可能不仅是"或不利于冯氏"这样一种可能之情况，李凭先生《北魏平城时代》"太后听政"章认为文明对孝文始终存有防备和猜忌之心，其中原因就有文明依"子贵母死"制度杀孝文生母献文思皇后李氏，使"高祖不知所生"；杀孝文父献文帝；孝文亲祖母被扶植文明的昭太后常氏处死；再加上有人在"中间传言构间"等诸原因，[②] 然保证冯氏一门的久安与荣华必是深谙人心的缘由，实不可缺少。而孝文帝虽年少，却颇能韬光养晦，对于文明太后总揽朝政，一副"优游恭己。玄览独得，著自不言。神契所标，固以符于冥化"的样貌，[③] 对于文明太后受宦官谗言而怒杖数十，孝文亦"默然而受，不自申明"[④]。即便有上述几被废黜之

[①]《魏书》卷一三《文成文明皇后冯氏传》，第329页。
[②] 李凭：《北魏平城时代》（修订版），第252页。
[③]《魏书》卷七下《高祖孝文帝纪》史臣曰，第187页。
[④]《魏书》卷七下《高祖孝文帝纪》，第186页。

· 243 ·

下编　宗周旧制与变汉故事：迁洛后礼制变迁

虞，经受"乃于寒月，单衣闭室，绝食三朝"之苦，最终因"元丕、穆泰、李冲固谏乃止"而免于废黜之祸，孝文亦"初不有憾，唯深德丕等"。直至文明薨后，孝文在其永固陵旁"豫营寿宫，有终焉瞻望之志。及迁洛阳，乃自表瀍西以为山园之所，而方山虚官至今犹存，号曰'万年堂'云"。据今考古资料显示，二者形成鲜明对比：文明太后永固陵工程浩大，规制雄伟，制度多逾常典；孝文的寿宫"万年堂"则相对狭小，不显帝王气派，孝文寿陵俨然屈尊为文明太后的陪陵。李凭先生认为："这正反映了两人生前的控制与从属的关系。"①

因此，文明在位时，孝文便与冯氏一门，尤其是冯诞关系密切。冯诞因与高祖同岁，"幼侍书学"；诞又尚帝妹乐安长公主，拜驸马都尉、侍中、征西大将军、南平王。孝文特亲宠之，《魏书》冯诞本传载："高祖宠诞，每与诞同舆而载，同案而食，同席坐卧。彭城王勰、北海王详，虽直禁中，然亲近不及。"史称"冯诞有盛宠"②。至太和十四年九月文明太后薨前，孝文贵宠冯诞，不外有以此维系、巩固与冯氏之关系，得保帝位的目的。而文明死后，孝文对外戚冯氏仍然宠爱有加。"文明太后去世之后，北魏的政局相当稳定，原因是她在世时纠合的政治集团为时日久，已经根深蒂固。因此，文明太后虽然去世了，她的阴魂并未散去，孝文帝依旧是在太后势力的笼罩之下执政。……孝文帝修的寿宫不是给死去的文明太后看的，而是给活人看的，尤其是要给接近文明太后的大臣们看的。"③而孝文帝为了摆脱文明太后笼罩的阴影，同时为了更好地执行汉化政策，毅然考虑规划南迁了。"北魏迁都洛阳是由诸多方面的因素决定的，而孝文帝能够在文明太后去世后很快地做出义无反顾的决断，则与他个人的情绪有很大的关系。自从文明太后去世三年以来，皇权虽然重新伸张，但是母权阴魂未散，文明太后的势力尚能制约政局。孝文帝正是为了尽快地摆脱这种旧的氛围，才迫不及待地做出了迁都的决断。"④同样，谨以礼制改革一端而言，如前揭康乐先生文指出的"491（太和十五年）至 493 年（太和十七年）……（孝文帝）对礼制的改革，基本上仍局限在强化中原系统祭典的层面上，……。这一点说明了当时他虽然已成为帝国唯一的统治者，

---

① 李凭：《北魏平城时代》（修订版），第 249 页。
② 《魏书》卷四七《卢玄传》，第 1047 页。
③ 李凭：《北魏平城时代》（修订本），第 254—255 页。
④ 李凭：《北魏平城时代》（修订本），第 257 页。

第四章 变汉故事：北魏九锡之变相

然而在平城地区保守气氛的笼罩下，他显然还不敢放手施为"①。保守的拓跋贵族对孝文改革的负面态度与压力仍然极大。诚如陈寅恪论言："汉族实远较胡人为众多，不独汉人之文化高于胡人，经济力量亦远胜于胡人，故胡人之欲统治中国，必不得不借助于此种汉人之大族，而汉人大族亦欲藉统治之胡人以实现其家世传统之政治理想，而巩固其社会地位。此北朝数百年间胡族与汉族相互利用之关键。"②则聪明如孝文，在此情形下必然会尽量拉拢可以为己所用的势力，而冯太后的本家冯氏外戚则是孝文必须争取的棋子，而且这颗棋子同时拥有旗帜的号召作用：拉拢了冯氏外戚，先前为文明太后纠结的势力集团当会望风影附，对于团结统治集团内部，抗衡鲜卑贵族保守势力必有裨益。

孝文帝此时拉拢冯氏以为己助的动作便是太和十六年十月以冯诞为司徒。③ 司徒为北魏"三公"之一，天兴元年钜鹿公长孙嵩、太武帝神䴥四年左光禄大夫崔浩在此之前任职；太和十六年八月，高祖拜尉元为"三老"，而尉元此前官亦司徒，太和十六年间元"频表以老乞身"。高祖八月诏拜"三老"，十月即以冯诞接任司徒之职，是冯诞之司徒实继于尉元。俞鹿年先生认为北魏司徒"虽为诸公之一，实为加官或赠官，若无兼职，仅为大臣的虚号"④。而祝总斌先生考证孝文、宣武遗诏顾命宰辅后认为："北魏三公、八公往往握有实权。"⑤ 二先生所言并非"矛盾"，实是考察时间不一，视角亦异：俞鹿年先生考察时间为迄至前《职员令》，⑥ 祝总斌先生"主要论述太和以后之制，必要时溯及太和以前"⑦；考察视角方面俞鹿年先生关注史料官阶，祝总斌先生则从史实之中觅出权利所归。又，冯诞受此司徒职时当是太和十六年，孝文帝太和十五年十月虽有标志官职改革开始着手进行的"乙亥，大定官品"之举，但太和十七年六月方才公布

---

① 康乐：《从西郊到南郊：拓跋魏的"国家祭典"与孝文帝的"礼制改革"》，《从西郊到南郊：国家祭典与北魏政治》，第184页。
② 陈寅恪：《崔浩与寇谦之》，《金明馆丛稿初编》，生活·读书·新知三联书店2001年版，第126页。
③ 《魏书》卷七下《高祖孝文帝纪》："（太和十六年）冬十月……己亥，以太傅、安定王休为大司马、特进，冯诞为司徒。"第171页。
④ 俞鹿年：《北魏职官制度考》，第49页。
⑤ 祝总斌：《两汉魏晋南北朝宰相制度研究》，第238页。
⑥ 俞鹿年：《北魏职官制度考》，第47页。
⑦ 祝总斌：《两汉魏晋南北朝宰相制度研究》，第232页。

下编　宗周旧制与变汉故事：迁洛后礼制变迁

前《职员令》，司徒位第一品中；在此之前，即太和十六年正月"罢庶姓王"时冯诞任有诸职："侍中、都督中外诸军事、中军将军、特进，改封长乐郡公。"孝文帝于面对平城地区保守势力笼罩的压力之时，拜代人尉元为荣誉职位"三老"，接任司徒之职而加诸宠信之冯诞，使其位居三公，则冯诞之司徒不可能只为虚名而无实权；即便诞以本官加司徒，也昭示其步入北魏最为尊崇的"八公"行列。孝文因冯诞拜官司徒，不惜亲为之制，同样从侧面说明了对冯诞司徒之职的重视："高祖既深爱诞，除官日，亲为制三让表并启；将拜，又为其章谢。"此后，议定迁都之计等汉化改革时，冯氏一门于孝文改革必有助益；是冯诞于孝文汉化之中为一得力臂膀，非仅宠爱而已。此后不久，加诞"车骑大将军、太子太师"，直至诞薨。是以即便文明太后薨后，孝文仍尊崇冯氏家族，甚至赐予"物化礼乐"至高的九锡于冯氏父子，冯诞更是"赗赐之隆，悉踰常典"。此间当是除孝文宠幸一由外，尚蕴含文明太后死后的平城势力、孝文与冯氏政治协作利用的缘由。且，拓跋起自朔漠，九锡本为中原所有的"物化礼乐"，孝文仰遵汉制，赐九锡于冯氏父子，亦能向鲜卑贵族昭示汉化决心与成果，推动其汉化进程。

（二）刘昶的特殊身份

孝文改制多少受到了南朝的影响，前辈学者如陈寅恪、宫崎市定等已多有卓论。对孝文改制影响最著者即是南朝宋齐革命之际的宋宗室刘昶及琅琊王氏枝房王肃来奔，"孝文帝获得南朝最高级别的贵族人物刘昶和王肃之后，了解到当时南朝存在着发达的贵族制度，出乎意外，不啻往他推行汉化的热情火上加油"[1]。尤其是王肃对孝文礼制、官制等改革的显著影响更是为史家津津乐道，《北史》语云："肃明练旧事，虚心受委，朝仪国典，咸自肃出。"[2] 陈寅恪称其"抱持南朝之利器，遇北主之新知"[3]。而刘昶之于改革的影响却鲜为陈氏论及，宫崎市定亦仅用寥寥数语一笔带过："这次制度改革，似乎受到两位来自南朝的流亡者（即刘昶、王肃）的影响。……他们两人……都获得了尚公主的厚待，作为政治顾问，参与朝政。"[4] 而史籍所载，却提醒不可忽视刘昶于孝文改制之影响。《魏书》卷五

---

[1] ［日］宫崎市定：《九品官人法研究》，第26页。
[2] 《北史》卷四二《王肃传》，第1540页。
[3] 陈寅恪：《隋唐制度渊源略论稿》，第14页。
[4] ［日］宫崎市定：《九品官人法研究》，第26页。

九《刘昶传》云:"于时改革朝仪,诏昶与蒋少游专主其事。昶条上旧式,略不遗忘。"其时刘昶"加仪同三司,领仪曹尚书",前述冕服改革即为"改革朝仪"中一项,是昶以东晋南朝制度推动孝文改制的裨益可窥一斑。

又,孝文帝的正统观念是承晋的,[1] 在许多地方也或有意无意的以晋为模仿对象,前举冯熙、冯诞及刘昶死后葬仪分别是"依晋太宰、安平献王故事""依晋大司马、齐王攸故事""依晋琅邪武王伷故事",受九锡勋臣丧制皆依西晋王公之仪便是一例,另严耕望先生《北魏尚书制度考》指出孝文的官制改革不少是效仿晋的。[2] 而迁都洛阳及其他汉化举措又彰显出孝文正统观念的另一方面,确切来说是吞并南方,完成统一伟业,即"南荡瓯吴,复礼万国"[3]。在这一方面,刘昶的特殊身份——来奔异姓王,至魏身兼外戚和异姓王双重身份——及君王利用价值、发挥的作用就更为显著。献文帝皇兴中,"刘彧遣其员外郎李丰来朝,显祖诏昶与彧书,为兄弟之戒",可见刘昶的刘姓宗室招抚的作用已被北魏统治者利用。至孝文太和时期,萧道成杀刘准,孝文遂以"氛秽既清,即阼卿江南之土,以兴蕃业"为感召,遣刘昶以本将军(即征南将军)与诸将同行南伐。后孝文帝引见昶于宣文堂云:"卿投诚累纪,本邦湮灭,王者未能恤难矜灾,良以为愧。"孝文以"王者"自居,更见其"礼遇"刘昶而达"南荡瓯吴,复礼万国"之野心的实质。此后"萧赜雍州刺史曹虎之诈降也,诏昶以兵出义阳,无功而还"。太和十八年,"除使持节、都督吴越楚彭城诸军事、大将军,固辞,诏不许"。太和十九年十月,光极堂大选,及论大将军,高祖曰:"刘昶即其人也。"刘昶的特殊身份以及能力均是孝文"南荡瓯吴,复礼万国"理想实现过程中不可或缺的重要一环,也是其"伐罪吊民,宣威布德"理由的旗帜。

(三)元澄、元怀与元怿——孝文至孝明世鲜卑宗室贵族与时局变化

孝文时期支持汉化改革的鲜卑宗室贵族的代表非元澄莫属,任城王澄是孝文汉化改革的左膀右臂,建功立勋,实有大功于孝文汉化。孝文帝对于元澄的才干极为认同,其说众臣迁都,孝文赞曰:"任城便是我之子房""若非任城,朕事业不得就也";又独行恒州事,潜移默化敉平穆泰叛乱,

---

[1] 参见康乐《从西郊到南郊:拓跋魏的"国家祭典"与孝文帝的"礼制改革"》,《从西郊到南郊:国家祭典与北魏政治》,第194—195页。
[2] 严耕望:《北魏尚书制度考》,《历史语言研究所集刊》第18本,第254—255页。
[3] 《魏书》卷七下《孝文帝纪下》,第185页。

孝文云："我任城可谓社稷臣也。"顾谓咸阳王等曰："汝等脱当其处，不能办此。"① 其才干远超宗室同侪。"史官称任城王澄之才略，魏宗室中之巨擘也"当非虚语。② 可是如此才干孝文却一直不肯予以不次拔擢，元澄官位最高不过尚书仆射。③ 胡三省以为："太和之间，朝廷有大议，澄每出辞，气加万乘而轶其上。孝文外虽容之，内实惮之"是个中原因。更为关键的是元澄虽为宗室，贵为皇叔，却是景穆十二王子孙系，与咸阳王禧、北海王详这等孝文亲弟相比，是为宗室疏属。故孝文死前，选择六人为宰辅，史称"六辅"。六辅间杂鲜卑宗室与汉族官僚，而以鲜卑为主，其中与孝文血缘关系最近的咸阳王禧为宰辅之首。"就鲜卑、汉族言，人数是四比二，位次是相互搭配，最高一等是三公，鲜卑二；第二等是尚书令，汉人一；第三等是仆射，鲜卑二；第四等是尚书，汉人一。就鲜卑而言，能干而较疏远的元嘉、元澄担任事物繁杂的仆射，官位低；亲近而才干差的元禧、元详位居三公，元禧且为首辅，握有决策大权。孝文帝以为，这样一来，既照顾了各方面关系，争取了宗室元嘉、元澄等势力和汉族高门的支持，又保证了皇权归于自己的子孙或兄弟之手，……算盘是很精细的。虽然实际情况并未完全照孝文帝预计发展"④，但仍可知孝文帝实为于己血缘关系最近的献文六王打算较多，即使禧、详等人并无特殊才干。而澄、嘉虽才干远胜侪辈及其他宗室后辈，但为景穆十二王子孙系，血缘关系远于献文六王；兼之元澄才识足以使孝文"内实惮之"，故孝文死前遗诏取相互制衡之意，而以血缘亲疏夺定掌权强弱，是当时虽已汉化有成，即"孝文帝前后，经过由贵族政治向宗王政治，再由宗王政治向皇权政治的过渡，贵族的政治权势逐渐受到削弱，皇权确立了独尊的权威和独立运转政权"⑤，但鲜卑贵族势力对于皇权的威胁仍存；⑥ 汉化并未深入君主希冀贤人天下而不论汉与鲜卑的民族区分程度，孝文于重用汉族高门的同时仍有顾忌，故最终维护皇权之标准仍然依血缘为定；据此亦可知孝文时期鲜卑宗室贵族不获九锡之原因了。

---

① 分别见于《魏书》卷一九中《景穆十二王列传·任城王云附子澄》，第465—469页。
② 《资治通鉴》卷一四二《齐纪八》永元元年胡注，第4443页。
③ 祝总斌：《两汉魏晋南北朝宰相制度研究》，第234页。
④ 祝总斌：《两汉魏晋南北朝宰相制度研究》，第235页。
⑤ 陈爽：《世家大族与北朝政治》，第8页。
⑥ 陈爽：《世家大族与北朝政治》，第15—16页。

第四章 变汉故事：北魏九锡之变相

　　元澄薨于神龟二年（519），孝明帝追赠九锡，而孝文之世元澄虽颇立功勋，却无有如东汉故事的九锡之赐；孝文之世的三例九锡授赐完全是外戚（冯诞及其父冯熙）、异姓王（刘昶）死后追赠，也未涉及鲜卑宗室贵族，当是孝文太和十九年九锡开启了北魏九锡的先河，并潜移默化成为定制：九锡授予对象与时间当为勋臣死后追赠，故元澄于孝文时未获九锡实在情理之中；而孝文死前对其"内实惮之"的担忧却并未阻止元澄死后被追赠九锡这一"物化礼乐"的最高殊赐，个中原因当是由于孝文死后政治环境的变化。

　　宣武登极，"以禧等专擅，潜谋废之"，其给于烈诏云："诸父慢怠，渐不可任。"因以武力迫禧等"诸公各稽首归政。"① 元禧等谋反，事泄被杀，自此孝文帝遗诏亲疏与权力制衡的方案被破坏。宣武因元禧谋反事不信宗室，专宠外戚高肇，使其由仆射升尚书令专权；鲜卑宗室则遭受打压、抑制。外戚在与宗室之争斗中虽占上风，但其势力如藤，依附于宣武一身，兼之高肇社会基础薄弱，至延昌四年，宣武暴卒，无遗诏，适逢高肇统兵在外，同党王显等既无一呼百应之声望，亦乏兵力。宗室势力便趁此时机，依靠鲜卑异姓贵族于忠、汉族高门崔光，诛杀高、王，拥立六岁的孝明帝登基。其时"以萧宗幼年，未亲机政"②，"诏太保、高阳王雍入居西柏堂，决庶政，又诏任城王澄为尚书令，百官总己以听于二王"③。二月"癸未，太保、高阳王雍进位太傅、领太尉，司空、清河王怿为司徒，骠骑大将军、广平王怀为司空。"是宗室贵族全面掌权，高氏外戚势力虽有"二月庚辰，尊皇后高氏为皇太后"之举，但至"三月甲辰朔，皇太后出俗为尼，徙御金墉"后便一蹶不振了。④ 孝明即位初期的统治集团权归宗室，宗室之间按照辈分分为三重：元澄属景穆十二王系，为孝文之叔，较孝明长三辈；元雍次之，属献文六王系，为孝文帝弟，较孝明长两辈；元怿、元怀分别为孝文第四、第五子，自属孝文五王系，为孝明帝之叔辈。此时的掌权程度大致与宗室辈分相关，亲疏关系同样存在，只是没有孝文帝时安排的"六辅"之中的明显。

　　侍中、领军将军于忠因有拥立之功，"既居门下，又总禁卫"；兼有孝

---

① 《魏书》卷三一《于烈传》，第740页。
② 《魏书》卷三一《于忠传》，第742页。
③ 《魏书》卷九《孝明帝纪》，第221页。
④ 《魏书》卷九《孝明帝纪》，第221页。

· 249 ·

明帝亲母、此后被立为太后的胡氏的支持，①"遂秉朝政，权倾一时"②。在此人的干预下，上述领导班子又有更换。"八月乙亥，领军于忠矫诏杀左仆射郭祚、尚书裴植，免太傅、领太尉、高阳王雍官，以王还第。"是解除了高阳王事权，于忠自任尚书令。"己丑，司徒、清河王怿进位太尉，司空、广平王怀为太尉、领司徒，骠骑大将军、任城王澄为司空。⋯⋯十有二月辛丑，以高阳王雍为太师。"③祝总斌指出："北魏三公、八公不仅是尊宠之位，和南朝相比，参与朝政较多，往往握有实权，有时连'录尚书事'这个名义都可以省去。"任城王澄的地位在孝明帝之初的政局变动中岿然不倒，始终稳居三公之职，实为宗室力量的中坚。孝明母胡太后临朝听政，先出于忠为外官，以任城王澄为尚书令，任城权势更增，且得到胡太后的认可，孝明帝熙平元年任城王以为胡太后车马制度"宜同至尊，不应更有制造"的上奏便是具例。④另可注意者，孝文五王系的元怀自孝明登基后，同样手握重权，成为统治集团的重要一员，而政权刚稳固一年，元怀便去世，⑤其时距孝明为帝一年有余，以情理夺之，追赠元怀九锡当为灵太后懿旨，是太后欲借助于忠稳固政权，其倚重于忠处是其身为领军将军手挽之兵权。而巩固政权，非仅武力威慑即可，须有政治手腕与威望；且于忠于神龟元年三月辛酉加仪同三司，辛巳便薨，则灵太后巩固统治亟需借助德高望重的鲜卑宗室贵族，而其中"三公""八公"是为德望所归寄，又手握实权，实是于忠等武力政变推举孝明开创新朝后，灵太后"亲览万机"、稳固政权不得不倚重者。此当是孝文五王系的元怀、元怿死后得蒙九锡追赠的原因与价值所在。

而与元怀同为孝文子，声望亦不在其下的清河王怿，同样有九锡之赐，不见载于史籍，幸赖出土《元怿墓志》补缺。灵太后当政之时，同样拉拢元怿以为己助，《魏书·孝文五王·清河王怿传》云："灵太后以怿肃宗懿叔，德先具瞻，委以朝政，事拟周、霍。怿竭力匡辅，以天下为己任。"⑥可以得见二人之"合作"无间。《元怿墓志》云："今上（孝明帝）龙飞⋯⋯

---

① 参见祝总斌《两汉魏晋南北朝宰相制度研究》，第318—319页。
② 《魏书》卷三一《于忠传》，第743页。
③ 《魏书》卷九《孝明帝纪》，第222—223页。
④ 《魏书》卷一〇八《礼志四》，第2816页。
⑤ 《魏书》卷九《孝明帝纪》："（熙平二年二月）丁亥，太保、领司徒、广平王怀薨。"第225页。
⑥ 《魏书》卷二二《孝文五王·清河王怿传》，第592页。

第四章　变汉故事：北魏九锡之变相

进位司徒，侍中如故。……遂登太傅，领太尉公。居中论道，总摄机衡。皇上富于春秋，委王以周公之任。秉国之均，纲维万务……政和神悦，讴咏所归。"其中"皇上富于春秋"，实主政者是胡太后，真正"委王以周公之任"的自是太后无疑。而神龟三年七月，太后之妹夫、领军元叉（道武七王系）与刘腾逼肃宗于显阳殿，幽闭灵太后于后宫，同时"诬怿罪状，遂害之"。元叉诬害元怿实源出先前二人之仇雠，而在幽闭灵太后时借机报复，时机的选择，多少透漏出元怿与胡太后的关系。怿在孝昌元年改窆时追赠九锡，与前述诸人死后当即追赠不同，而类尔朱荣。其所以能在此时"备锡九命"，得益于当时政治形势：元叉得势后，遂与太师高阳王元雍等辅政，常直禁中，孝明帝呼为姨父，史称"是时，领军元叉秉权，百僚莫不致敬"，"及清河王怿之死，元叉专政，天下大责归焉"①。正光五年秋，孝明帝与灵太后、元雍密谋图叉。"叉闻之，甚惧，免冠求解。乃以叉为骠骑大将军、仪同三司、尚书令、侍中、领左右。叉虽去兵权，然总任内外，殊不虑有黜废之理也。后叉出宿，遂解其侍中。……寻除名为民。"②灵太后自兹反政，并借告密谋反事由赐死元叉。元怿的改窆追赠九锡就是在灵太后反政的背景下进行的；除了对元怿"以忠而获谤"，身死元叉之难，"朝野贵贱，知与不知，含悲丧气，惊振远近。夷人在京及归，闻怿之丧，为之劈面者数百人"的"冤枉"平反，③慰抚民愤，更深隐含之意却是灵太后平衡统治集团内部、稳固己之统治的政治手腕。

（四）胡国珍——从受九锡的汉族官僚归葬地变迁看其权力来源

元怿死后，政治势力又加入外戚胡国珍，接替司徒职位。"（夏四月）戊申，以中书监、开府仪同三司胡国珍为司徒公，特进、汝南王悦为中书监、仪同三司。"至神龟元年四月薨，胡国珍一直身处政权中枢。胡国珍死后得享追赠九锡殊荣，主要原因当与上述长乐冯氏借助文明太后势力相类，安定胡氏的权力来源当是中央主政的灵太后。而此点又涉及北魏尤其是孝文改制后汉族官僚及其背后家族权力来源。与此问题相关，同时关涉到本节死后追赠九锡主题的切入点即是汉族官僚归葬地变迁的问题，故于此选择汉族官僚归葬地变迁为切入点，考察此时代表性官僚及其家族的权

---

① 《魏书》卷二六《尉古真传》、卷二一上《献文六王·高阳王雍传》，第659、557页。
② 《魏书》卷一六《道武七王列传·京兆王叉》，第406页。
③ 《魏书》卷二二《道武五王列传·清河王怿》，第592页。

力来源与变化。

《魏书》卷八三下《外戚下·胡国珍》云：

> 始，国珍欲就祖父西葬旧乡，后缘前世诸胡多在洛葬，有终洛之心。崔光尝对太后前问国珍："公万年后，为在此安厝，为归长安？"国珍言："当陪葬天子山陵。"及病危，太后请以后事，竟言还安定，语遂昏忽。太后问清河王怿与崔光等，议去留。怿等皆以病乱，请从先言。太后犹记崔光昔与国珍言，遂营墓于洛阳。太后虽外从众议，而深追临终之语，云："我公之远慕二亲，亦吾之思父母也。"①

考胡国珍祖父胡略为"姚兴渤海公姚逵平北府谘议参军"，是其时出仕后秦为官。国珍父胡渊本仕夏，为"赫连屈丐给事黄门侍郎"，后世祖克统万后降魏，"以降款之功，赐爵武始侯，后拜河州刺史"。国珍太和十五年袭爵，太和十六年改降五等中例降为伯，是太和十五年左右其父渊逝，此时北魏尚未迁都洛阳；又观太后"我公之远慕二亲"之言，则渊极有可能是归葬原籍。史料言"后缘前世诸胡多在洛葬"，加一"后"字，不包括其父渊在内，当是指迁洛之后直至国珍卒年所见胡氏族人迁居洛阳并死葬都城。

按，孝文帝太和十九年诏"诏迁洛之民，死葬河南不得还北。…于是代人南迁者，悉为河南洛阳人"。诏后，除去部分例外情况——"其有夫先葬在北，妇今丧在南，妇人从夫，宜还代葬。若欲移父就母，亦得任之"②，代人的墓地基本被固定在洛阳。学者主要以元氏宗室墓为考察对象，确定了平城和洛阳的北魏墓地点。③ 孝文诏主要针对的是迁代的鲜卑，

---

① 《魏书》卷八三下《外戚下·胡国珍》，第1835页。
② 《魏书》卷二〇《广川王略附子谐传》："有司奏，广川王妃薨于代京，未审以新尊从于卑旧，为宜卑旧来就新尊。诏曰：'迁洛之人，自兹厥后，悉可归骸邙岭，皆不得就茔恒代。其有夫先葬在北，妇今丧在南，妇人从夫，宜还代葬。若欲移父就母，亦得任之。其有妻坟于恒代，夫死于洛，不得以尊就卑。欲移母就父，宜亦从之，若异葬亦从之。若不在葬限，身在代表，葬之彼此，皆得任之。其户属恒燕，身官京洛，去留之宜，亦从所择。其属诸州者，各得任意。'"第527页。
③ 宿白：《盛乐、平城一带的拓跋鲜卑—北魏遗迹》，《文物》1977年第11期；《北魏洛阳城和北邙陵墓——鲜卑遗迹辑录之三》，《文物》1978年第7期。[日]窪添慶文：《本貫、居住地、葬地から見た北魏宗室》，收于氏著《魏晋南北朝官僚制研究》，东京：汲古书院2003年版。

第四章　变汉故事：北魏九锡之变相

自平城移居洛阳的代人新的居住区和墓地被孝文帝自上而下以法令的形式强制统一在同一个地方。这是迁洛之后代人的墓葬情况。而汉族官僚的情况却并非如此。室山留美子认为北魏平城时代"自统一华北以后即有了让汉人以代为葬地的动向，平齐郡设置以后有了严格的禁制，汉人没有决定自己葬地的自由，被迫埋葬在代地。这种制度，也许就是强制洛阳的南迁代人将居住地和葬地都设在洛阳的举措的原型"①。迁洛之后的汉人，尤其是汉族官僚的墓地安排极其鲜明地体现在上述胡国珍关于葬地所在前后不同的回答状态上。照应到迁洛之后的新趋势查检史籍所见，可以确定归葬地回归原籍者有赵琰双亲、张谠、王叡、司马悦、司马绍、杨范、杨阿难、杨颖、崔猷、高琨·高偃·高飏夫妻（高肇父兄）、邢峦、邢伟、皇甫驎、杨胤、杨播、杨舒、□遵、杨泰、高道悦、新祥、司马昞、李璧、封魔奴、郑道忠、崔光、甄凯、贾思博、崔鸿、王真保、郑胡、杨昞、杨侃、杨昱、杨遁、杨仲宣、杨顺、杨穆。这些汉族官僚几乎都居住在洛阳，死后却归葬原籍。② 此时期文献史料并未见关于迁洛后北魏统治者限制汉人埋葬地的记载，当是在可以自由选择墓地或者说没有限制埋葬地的情况下，汉族官僚把原来埋葬在代的祖先迁葬回原籍。

与此同时，另有部分汉族官僚在洛阳营建墓葬。例如太和十九年死后追赠九锡的冯熙、冯诞父子，另有李冲、韩显宗、王肃、张整、李端、李蕤、寇臻、王普贤、王绍、王昌、傅永、胡国珍、寇冯、寇演、刘滋、高猛、郭显、李超、寇治、寇偘、王诵、王翊、寇霄。冯氏父子与胡国珍皆是身兼汉族官僚与外戚的双重身份。长乐冯氏父子因文明太后与孝文关系之故，迁葬洛阳是据孝文帝之命，胡国珍最终是受灵太后的决断命令而留葬洛阳，此亦是其最初与崔光所言归葬所在，原因是"陪葬天子山陵"；又，观灵太后被幽闭时太后从子的活动以及《魏书》卷一一三《皇后传》所载"胡氏多免黜"之言，可知胡氏入宫后其家族开始寄生于此种地位。以此反观前述迁洛后迁葬原籍者，联系陈爽先生"双家制"的理论，可以看出通过迁葬原籍恢复族墓不仅是因为对当时礼制规范的遵从，更为重要的是为了加强其家族与作为根据地的故乡之间的联系。韩昇先生《南北朝

---

① ［日］室山留美子：《汉族官僚及其埋葬地的选择》，《日本中国史研究年刊（2007年度）》，上海古籍出版2009年版，第81页。
② ［日］室山留美子：《汉族官僚及其埋葬地的选择》，《日本中国史研究年刊（2007年度）》，第94—100页。

下编　宗周旧制与变汉故事：迁洛后礼制变迁

隋唐士族向城市的迁徙与社会变迁》指出："魏晋南北朝士族政治坚强有力，根源于士族在乡而拥有巨大的社会势力及文化优势。……北魏政权安定之后，已经出现不少华北士族逐渐与政府合作，任官内外而向城市迁移的倾向。崔、卢、李、郑、王、杨、高等北方代表性士族，其上层分子均参加到胡族政权中，并不断从原居地迁徙出来。……然而，由于仕宦以外的迁徙途径少，且任官的数量也有限，所以迁居城市的士族不多，对社会变迁的影响不大。而且，士族对任官的评价不高。……这种士族的清高，与其不依赖于国家，拥有独立的经济文化及社会影响的实力地位密切相关。"[①] 室山留美子同样指出："上层氏族十分重视原籍，原籍才是门阀的力量的源泉。"[②] 此当是迁洛后迁葬原籍者的迁葬本因所在。而一直相反地在洛阳营建墓葬的家族，综观上述所列人物，简列几家代表可窥一斑。如陇西李氏李冲，其死后孝文帝命葬于"覆舟山，近杜预"之地，后琅琊王氏的王肃身殁，宣武帝"令葬于冲、预两坟之间，使之神游相得也"[③]。可知李冲身份之贵重，又其生前主要因为得到文明太后的宠爱，"当朝任事"，[④] 史称"冲为文明太后所幸，恩宠日盛，赏赐月至数千万，进爵陇西公，密致珍宝御物以充其第，外人莫得而知焉。冲家素清贫，于是始为富室"。其权力的来源在于文明太后及孝文帝的宠幸，虽然李冲颇懂谦退自守、多接姻族之道——"谦以自牧，积而能散，近自姻族，逮于乡间，莫不分及。虚已接物，垂念羁寒，衰旧沦屈由之跻叙者，亦以多矣。时以此称之"[⑤]。然最终根基在于依附皇权中心。又，长乐冯氏冯诞、冯熙父子与安定胡氏胡国珍皆是因为本族出现当朝当权的太后——文明太后和灵太后，其权力的来源在于外戚身份。琅琊王氏在东晋南朝是一流高门，王肃北奔，获得孝文信任并被援以为汉化改革的骨干才得以在北朝发展，王肃为代表的奔魏而来的琅琊王氏与其说是门阀，不如说是因为与皇帝亲密的关系才成为北魏煊赫的家族。宣武帝以后，北魏王朝的朝政被寒人、外戚、恩幸左右，选择在洛阳建设墓地的汉族官僚及其家族大多是因与当政者（皇帝或秉政的皇太后）有密切的关系才登上政治舞台的家族。

---

① 韩昇：《南北朝隋唐士族向城市的迁徙与社会变迁》，《历史研究》2003年第4期。
② ［日］室山留美子：《汉族官僚及其埋葬地的选择》，第90页。
③ 《魏书》卷六三《王肃传》，第1411页。
④ 《魏书》卷六六《李崇传》，第1476页。
⑤ 《魏书》卷五三《李冲传》，第1180页。

第四章　变汉故事：北魏九锡之变相

另需要考虑的是，在洛阳营建墓葬的汉族官僚及其家族与故乡的关系如何？前述李冲生前多接姻族，当是比较重视与故乡的关系的。然考陇西李氏原籍狄道，永嘉乱后徙居河西之地，其间伴随西北各政权的兴衰存亡，于酒泉、敦煌、伊吾、武威等地迁居多次，入魏后至孝文迁洛前皆居平城；① 安定胡氏如前所述在胡国珍祖父略时便仕于后秦，其家族当是依赖河西地方政权，此传统可上溯至晋代胡广、胡烈曾出仕凉州之时。② 但是自迁都洛阳后，官于洛都，并在皇帝诏命等强制方式或其他情况下在洛阳营建葬地，万年之后埋骨于此，其与原籍家乡的联系日渐淡薄。这些官僚及其氏族与家乡的关系同上述在洛阳为官居家，死后却迁葬原籍，与家乡仍保持紧密联系的官僚及其氏族如弘农杨氏及山东氏族有很大的差异。在葬地选择上，此种差异相对明显地表现出来，即虽同在洛阳居住，如弘农杨氏一般的氏族将之作为暂住之所，死后归葬原籍；似长乐冯氏、安定胡氏一般则是在洛阳新建墓葬，做了世居于此的打算。选择差异的背后反映的是二者政治立场及对自己势力基础即权力来源认识的不同。详言之，在都城为官居住，死后归葬故乡、维持祖茔的汉族官僚及其家族，他们意识到原籍对于其门阀家族形成的重要性，并通过归葬故乡的形式将对故乡的依赖连接起来，展现出较为强烈的门阀性立场。与之不同的那些留居洛阳，陪葬皇陵，并在首都营建族墓的汉族官僚及其家族，其自身权利的来源多是作为当政者的皇帝或当朝秉政的太后以及其他权力中心，他们此种行为的主观目的在于保持手中权势，客观上却表现出强烈的以脱离原籍故乡为特征的官僚化的倾向，并起到了疏离与宗族的联系，淡泊自身门第家乡势力根源的作用。此作用似可作为韩昇先生揭示隋唐时期尤其是安史之乱后"城市士族无根化，乡村宗族庸俗化，成为士族门阀政治走向衰落的根本原因"的先声。

另可注意者乃刘昶。《魏书》本传记载刘昶于"（太和）二十一年四月，薨于彭城，年六十二"③。观其后"高祖为之举哀，给温明秘器、钱百万、布五百匹、蜡三百斤、朝服一具、衣一袭，赠假黄钺、太傅、领扬州刺史，加以殊礼，备九锡，给前后部羽葆鼓吹，依晋琅邪武王伷故事，谥

---

① 参见张金龙《陇西李氏初论——北朝时期的陇西李氏》，《北魏政治与制度论稿》，甘肃教育出版社 2003 年版。
② 《晋书》卷五七《胡奋传》，第 1556—1557 页。
③ 《魏书》卷五九《刘昶传》，第 1311 页。

下编　宗周旧制与变汉故事：迁洛后礼制变迁

曰明"的记载大致可知其葬于首都洛阳。而刘昶作为南来之刘宋宗室，魏亦贵幸，身份较特殊，其中最典型之身份当是北奔之"南人"，即南朝来的降人。①《魏书》所见"南人"中涉及葬地的是韩延之与王慧龙，二人皆"南人"中俊秀，刘裕将到彦之曾与友人萧斌书曰："鲁轨顽钝，马楚粗狂，亡人之中，唯王慧龙及韩延之可为深惮。"《魏书·韩延之传》载：

> 太常二年，与司马文思来入国，以延之为虎牢镇将，爵鲁阳侯。初，延之曾来往柏谷坞省鲁宗之墓，有终焉之志。因谓子孙云："河洛三代所都，必有治于此者。我死不劳向北代葬也。即可就此。"及卒，子从其言，遂葬于宗之墓次。延之死后五十余年，而高祖徙都，其孙即居于墓北柏谷坞。②

据"延之死后五十余年，而高祖徙都"，迁洛记作太和十七年（公元493年），可知韩延之卒年大致在太平真君元年（公元440年）左右。其时魏都平城，而韩延之不葬代都，却以己意选择洛阳柏谷坞省鲁宗之墓次。又同卷《王慧龙传》：

> 真君元年，拜使持节、宁南将军、虎牢镇都副将。未至镇而卒。临没，谓功曹郑晔曰："吾羁旅南人，恩非旧结，蒙圣朝殊特之慈，得在疆场效命。誓愿鞭尸吴市，戮坟江阴。……身殁后，乞葬河内州县之东乡，依古墓而不坟，足藏发齿而已。……"时制，南人入国者，皆葬桑乾。晔等申遗意，诏许之。……吏人及将士共于墓所起佛寺，图慧龙及僧彬象赞之。③

是王慧龙卒于太平真君元年，与韩延之卒年相近。而王慧龙"自云太原晋阳人，司马德宗尚书仆射愉之孙，散骑侍郎缉之子也"。乃高门太原

---

① 《魏书》等史书中屡见"北人""南人""新人""旧人"等语，其间区别比较模糊，多歧义。其中"南人"可指东晋及南朝人、慕容燕治下百姓、华北汉人、南朝奔北的降人，相关可参见［日］川本芳昭《北魏における身分制について》，《魏晋南北朝の民族问题》，汲古书院1998年版，第343—366页。此处"南人"指南朝北奔的降人。
② 《魏书》卷三八《韩延之传》，第880页。
③ 《魏书》卷三八《王慧龙传》，第877页。

第四章　变汉故事：北魏九锡之变相

王氏子孙，后虽鲁轨传言非之，① 却先凭此家资得娶崔浩女。② 其自称"羁旅南人"，乞葬河内州县之东乡。然"时制，南人入国者皆葬桑乾"。是当时北魏政府对于南人来投者的葬地有规定，即葬在流经城南部桑乾水（漯河上游）旁边方位，据《封魔奴墓志》知渤海封氏的封魔奴初葬于桑乾水南："降年不永，以太和七年冬十一月九日薨于代京，时年六十有八。……八年春二月，窀穸于代郡平城县之桑乾水南。"③"窀穸"又作"窀夕"，埋葬意，杜预注《左传·襄公十三年》"惟是春秋窀穸之事"云："窀，厚也；穸，夜也。厚夜犹长夜。春秋谓祭祀，长夜谓葬埋。"又可为名词，作坟墓解，如《隶释·汉泰山都尉孔宙碑》："窀夕不华，明器不设。"《后汉书》卷三九《赵咨传》："玩好穷糞土，伎巧费于窀穸。"清和邦额《夜谭随录·棘闱志异八则》："魂冉冉其欲离乎窀穸兮，犹逡巡以鼠思。"上述韩延之云："我死不劳向北代葬也。"可呼应《王慧龙传》"南人入国者皆葬桑乾"的"时制"。两例皆说明北魏政府对于"羁旅南人"葬地有相关规定，但韩延之及王慧龙最终没有依照规定安葬，而是按照自己的意愿埋葬在代以外的地方，当可说明规定的执行并不是十分严格。廿年之后，至皇兴中，关于葬地的"禁制"变严格了。《魏书》卷八六《孝感传·赵琰》载天水赵琰不得葬双亲，云："时禁制甚严，不听越关④葬于旧兆。琰积三十余年，不得葬二亲。及蒸尝拜献，未曾不婴慕卒事。……年余耳顺，而孝思弥笃。慨岁月推移，迁窆无期，……年八十卒。迁都洛阳，子应等乃还乡葬焉。"观此可知两点：第一，皇兴年间关于墓葬所在地禁制变严，"羁旅南人"的规定当可能严格执行了；第二，迁都洛阳后，北魏政府对于汉人葬地和迁葬的规定有所改变，归葬故乡及迁葬原籍是政府允许的。前述迁洛后，以弘农杨氏为代表的死后归葬原籍

---

① 《魏书》卷三八《王慧龙传》："及鲁宗之子轨奔姚兴，后归国，云慧龙是王愉家竖，僧彬所通生也，浩虽闻之，以女之故，成赞其族。慧龙由是不调。"第875—876页。
② 《魏书》卷三八《王慧龙传》："初，崔浩弟恬闻慧龙王氏子，以女妻之。浩既婚姻，及见慧龙，曰：'信王家儿也。'王氏世嚙鼻，江东谓之鼻嚙王。慧龙鼻大，浩曰：'真贵种矣。'数向诸公称其美。"第875页。
③ 《魏故使持节平东将军冀州刺史勃海定公封使君墓志序》，河北景县出土，赵超：《汉魏南北朝墓志汇编》，第125页；另可参看张季《河北景县封氏墓群调查记》，《考古通讯》1957年第3期。
④ "关"，应当是指雁门关，其在代都南面，是从南方进入平城的重要门户。平城时期接通太原、雁门关、云中、五原的南北交通干线也通过雁门关与平城连接。

· 257 ·

下编　宗周旧制与变汉故事：迁洛后礼制变迁

的汉族官僚所为同样是明证。刘昶死后没有明言葬地，但葬地在洛阳应大致无问题，此与韩延之、王慧龙可凭己意选择葬地的情况不同，说明刘昶奔魏后，其权力来源只能如其上孝文启所云"投荫皇阙，仰赖天慈，以存首领"①。其与孝文的关系并不仅是投诚效命的关系，重要的是需要借助北魏实力，助其返国雪耻，《魏书》本传载："（太和）十七年春，高祖临经武殿，大议南伐，语及刘、萧篡夺之事，昶每悲泣不已。因奏曰：'臣本朝沦丧，艰毒备罹，冀恃国灵，释臣私耻。'顿首拜谢。"可见刘昶之心意所在。孝文亦知之，此前曾于宣文堂引见昶时云："卿投诚累纪，本邦湮灭，王者未能恤难矜灾，良以为愧。"此次"亦为之流涕，礼之弥崇"，并有实际行动："萧赜雍州刺史曹虎之诈降也，诏昶以兵出义阳，无功而还。"

通过对上述汉族官僚归葬地在孝文迁都洛阳后变化的考察，可知在孝文迁洛后，汉族官僚在归葬地选择上出现迁葬及归葬原籍与葬在洛阳两种情况；选择差异的背后反映的是二者政治立场及对自己势力基础即权力来源认识的不同。似长乐冯氏、安定胡氏一般留居洛阳，并在首都营建族墓的汉族官僚及其家族，其自身权利的来源多是作为当政者的皇帝或当朝秉政的太后以及其他权力中枢，营墓于都城之行为的主观目的即在于保持手中权势，客观上却表现出强烈的以脱离原籍故乡为特征的官僚化的倾向，并起到了疏离与宗族的联系，淡泊自身门第家乡势力根源的作用。此种行为昭示出依赖皇权等中枢权力生存的汉族官僚及其家族作为依赖者与扮演被依赖者的皇权等中枢权利相互利用的关系，而此关系中汉族官僚明显居于弱势，因为其权力单一来源于皇权类中枢，且为获取权力日益脱离原籍，出现士族无根化现状；汉族官僚在此种博弈中处于弱势地位，使得北魏皇帝追赠勋臣九锡成为可能；并使得日益脱离原籍的勋臣及其家族不得不依赖，甚或渴望获此殊荣，以得保"无根"时的权势。在当时以及短时段看来，留葬都城却无限接近皇权，利弊权衡驱动下观察，世族此举实是不得已为之；处于较高阶层、获取中枢权力的官僚或家族代表获蒙死后追赠九锡的荣宠，不但是为个人计，更是提升家族软实力的不二法门。孝文世受九锡者皆是汉族世族，尤以外戚为多的主要原因便在于此。此类官僚在忙于提升自己家族的荣誉、实力的同时，忽视了长时段下世族整体利益。

---

① 《魏书》卷五九《刘昶传》，第1309页。

第四章　变汉故事：北魏九锡之变相

小　结

　　曹魏以降史籍所载九锡渐趋一致、规范，按照排列次序一般包含车马、衣服、乐则、朱户、纳陛、弓矢、鈇钺、秬鬯。以《韩诗外传》卷八第十三章关于九锡的记载及《汉书·武帝纪》所载以元朔奏议为史料依据的九锡自西汉初即有之说值得商榷。规范化九锡实始出《礼纬·含文嘉》；始出文献时段当在王莽受"九命之锡"（汉平帝元始五年）至《白虎通》成书（汉章帝建初四年）之间，而非谶纬大量造生的哀平之际。《礼纬·含文嘉》在东汉初年官方主导的谶纬思潮影响下，将九锡名称规范化；在试图将儒学与谶纬进一步结合的白虎观会议后，由班固《白虎通》引用《含文嘉》文，剔除王莽以九锡为篡位工具的实践影响，回复到九锡渊源的宗周九命褒奖功臣的最初功能上，并将之与封爵、土地相关联，申述规范化九锡"组合"与"排序"的依据，从而将谶纬化的九锡权威化、官方化。杨赐与张津二例可证东汉政府以九锡褒奖功臣的最初功能行用九锡。

　　北魏孝文帝太和十九年方见九锡的记载，乃汉化制度。然九锡应用的对象、时间及形式大异于"禅让九锡"：勋贵宗亲、外戚、异姓王可以受九锡，彰显出对东汉九锡褒赠功臣原始功用的回归；但鉴于此前乃至同时段曹魏、两晋及南朝"禅让九锡"对于皇权的威胁，以及北魏自身正处于由宗王政治向皇权独尊转变的关键阶段，"尊君""实用"原则实为最重，故变汉故事制度，皆是在勋臣死后追赠九锡，荣誉不能世袭，显露出皇权逐步摆脱贵族的控制而确立自身独立的权威，并转而限制贵族的特权这一北魏政局发展的基本趋势，与东晋南朝门阀政治下的"禅让九锡"形成鲜明对比。北魏统治者于勋臣死后追赠九锡的形式可谓对九锡原始功能的"变相应用"。

　　受九锡的一个标准是受者生前拥有一定等级的高官、爵，其与赠官、爵之间除有部分小幅上升外，大部分生前最终官、爵已极高，赠官、爵提升的空间已不算大；又加号使持节与假黄钺，当是与追赠九锡相配而行的礼仪制度。另一标准乃是受者身份所附带的其他因素，兼及政治形势变动。1. 冯熙父子得受九锡除孝文宠幸一由外，尚蕴含文明太后死后的平城

下编　宗周旧制与变汉故事：迁洛后礼制变迁

势力、孝文与冯氏政治协作利用的缘由。且，拓跋起自朔漠，九锡本为中原所有的"物化礼乐"，孝文仰遵汉制，赐九锡于冯氏父子，亦能向鲜卑贵族昭示汉化决心与成果，推动其汉化进程。2. 刘昶死后得受九锡关键在于其特殊身份——来奔异姓王，至魏身兼外戚和异姓王双重身份——与孝文迁洛后"南荡瓯吴，复礼万国"承晋一统的观念契合。3. 元澄在孝文世与孝明世的际遇揭示出孝文至孝明世鲜卑宗室贵族权势变化，与此时段存在由外戚、异姓王代表的汉族世族阶层占优转变为鲜卑宗室贵族居多的趋势契合。分论之：（1）孝文死前遗诏取相互制衡之意，而以血缘亲疏夺定掌权强弱，是当时虽已汉化有成，但鲜卑贵族势力对于皇权的威胁仍存；汉化并未深入到君主希冀贤人天下而不论汉与鲜卑的民族区分程度，孝文于重用汉族高门的同时仍有顾忌，故最终维护皇权之标准仍然依血缘为定；据此亦可知孝文帝时期鲜卑宗室贵族不获九锡之原因了。（2）元澄于孝文时未获九锡实在情理之中；而孝文死前对其"内实惮之"的担忧却并未阻止元澄死后被追赠九锡这一"物化礼乐"的最高殊赐，个中原因当是孝文死后政治环境的变化：宣武帝因元禧谋反之事不信宗室，专宠外戚高肇，宗室遭受打压、抑制；宣武暴卒，宗室势力依靠鲜卑异姓贵族于忠、汉族高门崔光反正，孝明即位初期的统治集团权归宗室，宗室掌权程度大致与宗室辈分相关，亲疏关系同样存在，只是没有孝文帝时安排的"六辅"之中明显；元怀、元怿例则是与政治变动即灵太后掌权相关。4. 以安定胡国珍为代表的汉族官僚留居洛阳，并在首都营建族墓地行为的主观目的在于保持手中权势，客观上却表现出强烈的以脱离原籍为特征的官僚化的倾向，并起到了疏离与宗族的联系，淡泊自身门第家乡势力根源的作用，昭示出权力来源自此单纯依赖于皇权，且为获取权力日益脱离原籍，出现士族无根化现状；汉族官僚在此种博弈中处于弱势地位，使得北魏皇帝追赠勋臣九锡成为可能；并使得日益脱离原籍的勋臣及其家族不得不依赖，甚或渴望获此殊荣，以得保"无根"的权势。

　　北魏九锡是"宗经""复古"与"尊君""实用"两规则平衡下的产物，详言之，孝文汉化以九锡与九命的渊源行"宗经"之名，固皇权，宣正统，并以汉故事中皇帝赏赐勋臣九锡为参考，赏赐勋臣九锡，恢复了九锡褒奖功臣的原始功能，力图与曹魏以降、盛行于同时期的东晋南朝的"禅让九锡"区分泾渭，既可昭示正统，亦明汉化之决心与成果。但鉴于曹魏、两晋及南朝"禅让九锡"对于皇权的威胁，以及北魏自身正处于由宗王政治向皇权独尊转变的关键阶段,"尊君""实用"原则实为最重,故变汉故事制度,于勋臣死后追赠九锡,且死后得蒙九锡追赠的标准除了一定等级的高官、爵外,必须有可支持皇权的政治势力;同时,追赠九锡的勋臣死后归葬地皆是在洛阳,与家乡的关系日益疏远,其权力来源自此单纯依赖于皇权或类皇权(如秉政的文明太后、灵太后等中枢)。君臣之间寻求的契合使得九锡在北魏变形为勋臣死后追赠的形式,且荣誉不能世袭。北魏九锡对于东汉九锡褒赠功臣原始功能的回归只是表面化的,目的性明显,直接指向为皇权服务的目标,而其与东晋南朝"禅让九锡"的差异,背后的实质同样是皇权地位的沉浮;为皇权服务的目标决定了北魏九锡对于东汉九锡褒赠功臣原始功能的回归只能是表面化的,最终也会随着皇权的衰落而不可避免的沦为"禅让九锡",魏末权臣尔朱荣生前冀得九锡,终为孝庄所杀而未果,然其侄尔朱世隆得志后为荣立庙、加九锡,已经彰显出皇权暗弱下北魏特色九锡独木难支,而至北齐高洋自加九锡,变魏建齐,北魏九锡彻底沦为"禅让九锡"。

结　语

一　北魏礼制变迁的图景与脉络

作为魏晋南北朝时期长时段统一华北的少数民族政权，拓跋鲜卑俗制与华夏典制之间多有碰撞、冲突、交融乃至转化，因此，北魏礼制及其变迁成为管窥中古时期少数民族政权统治模式的镜鉴，而对其展开的考察，自然也就需要考虑到游牧民族中原政权的特殊性与一般性。

所谓"北魏礼制变迁研究"可以拆分为"北魏""礼制"与"变迁"三个关键词，分别进行考量。"北魏"应当视作一个变动的——由游牧民族到华夏化的华北政权——政权符号，以此将部落、部落联盟时期的仪式与习俗纳入其间，并为之正名。传统"礼制"的内涵与外延也应有所变动。首先，其外延应当向游牧民族的特殊情况扩展，以此契合部落、部落联盟时期，具有游牧民族特色的礼俗与社会情况。其次，需要着重"制"的方面，论述礼之"制"在当时情境下的实际功用，而非仅仅局限于传统礼学所认可的纯粹礼仪项目，亦应包含具有民族、时代特色的礼制职官、机构等。此外，在礼仪典制中通行，以数度隆杀来表现礼制等级的具象的物化礼乐也当被纳入其中。最后，也是最为关键的一点，传统的《周礼》五礼（吉、凶、宾、军、嘉）框架并不契合北魏礼制变迁研究。五礼框架的优势是系统性，但其礼制的描述失于静止。北魏前期并不丰富的史料现状，使得五礼架构难以系统展开；而部落联盟阶段的礼俗又与此框架方枘圆凿，扞格难入，无法生动展现这一较长时期统一华北的少数民族政权礼制变迁的来龙去脉。即便是史料较为丰富的北魏中后期，五礼框架的劣势同样存在。例如，自孝文之后的北魏政局，最鲜明的便是灵太后两次临朝，政局的变动使得装饰性的礼制成为博弈的筹码，掺杂着权势的意志，屡有改作，而静态的五礼制度考察是无法鲜活的体现礼制与政局的动态关

结　语

系的。

本书尝试摒除五礼系统静止的面面俱到的架构，在描摹出北魏礼制宏观图景的前提下，采用以点切入，进而以点连线的方式，展开较为深入的研究。具体而言，是试图关注历时性的长时段，依次选取在时段上有所牵连，关涉拓跋原始礼制与华夏典制碰撞、冲突、交融乃至转化的礼制之"点"，深入挖掘点的意蕴，明晰其背后的政治、经学关节，而后以线连接，勾勒出北魏礼制演变的脉络，并揭示脉络下显隐的礼制抉取标准。展开这一工作的前提，是描摹出北魏礼制的图景。

北魏礼制的图景大致可以分为两大类：以王朝祭礼为核心的正祀；正祀之外的杂祀。祭祀之礼以王朝祭礼为重，后者囊括了祭祀礼的两个关键核心，即郊天与祭祖，并通过政权的武力、天命授予的正统神圣性予以维持。西汉成帝时匡衡、张潭改革天地之祀，将甘泉太一畤、汾阴后土祠挪到长安南北郊，以南郊为主体的南北郊制度渐次萌芽，而后经新莽改定、东汉实施，正式成为系统化王朝祭礼的核心。自兹以降，历魏晋南北朝，经历《周礼》五礼制度化过程，以郊天为主导的王朝祭礼成为统治集团维护王朝正统，证明自身承天受命的主要仪式手段。而在五胡扰攘，典午南渡的时代背景下，游牧民族建立的政权，不可避免地使得王朝祭礼沾染上游牧礼俗。

大略而言，北魏王朝祭礼可分三类：以西郊祭典为核心，白登祭祖、五月五日飨、七月七日飨等为辅翼的源出于（亦有入主中原后完善的）游牧礼俗的祭典；以郊丘分异（南北郊、圜丘方泽）为核心，耤田先蚕、朝日夕月、五时迎气等众星拱卫的华夏祭典；太武帝之后新君即位亲至道坛受符录的道教典礼。新君即位时的道教典礼频率较少，影响渐趋弱化，可暂置不论。仅就前两者而言，源出森林草原的拓跋鲜卑原始祭典，虽显粗陋，却是拓跋精神寄托所在；而华夏典制在理论系统性、完整性上较原始祭典为胜，但处境尴尬：拓跋统治阶层既需华夏祭典以宣示正统，颉颃南方；亦担忧为其同化，消融自身特色，矛盾的心态使得相应政策不断变动。由此演化出北魏王朝祭礼的复杂情形，即两祭典与三核心：两祭典——原始祭典与华夏祭典；三核心：西郊、南北郊和圜丘方泽。两祭典与三核心之间相互碰撞、冲突、交融乃至转化，这是北魏前中期礼制的实况。

至孝文改制，尊崇华夏典制，有迁洛、禁胡俗、更名易服，乃至取消

结　语

西郊祭典的举动，华夏典制占据上风，三核心变为两核心，但原始礼俗并未退出，而是在后期时隐时现，于河阴之变前后涌起所谓"胡化逆袭"的浪潮；即便华夏典制占据上风的中后期，自身内部南郊、圜丘两核心，亦在现实政治与经学理论的各自影响下，自有一番消长沉浮。

王朝祭礼之外，尚有杂祀。中古史籍所载，多是王朝正统祭祀，其模式一般是以郊天（南北郊、圜丘方泽）、祭祖为核心，耤田先蚕、朝日夕月、五时迎气等为辅翼，构成完整自洽的祭礼系统，却极少篇幅涉及杂祀；在有限的篇幅中，记叙杂祀的模式也多是政府历数杂祀之"不经"，将之清理、禁绝。这种记载显然忽略了杂祀除了与正统祭祀有碰撞、冲突之外，亦有妥协，甚至转化的一面。

目前学界对礼制的研究，明显受到传统史书记载的影响：研究重点多集中于王朝祭礼上，鲜少关注杂祀；对杂祀并不多的研究中，亦有三点问题凸显：一是杂祀的概念与外延需要厘定，基本概念的廓清是学术得以成长、讨论得以顺利展开的前提；二是多将王朝正统祭祀与杂祀对立视之，沿袭传统史书论调，研讨杂祀遭清整与禁绝的过程，却忽视了二者间虽有碰撞、冲突，却也可在一定条件下交融乃至转化的史实，尤其是国家礼制层面，因为政治需求，杂祀与王朝祭礼的转化更为突出，故杂祀的变迁演化与正统祭祀相互缠绕，不可生生分离，只论一端；三是杂祀与政局变动的关系应当受到重视。杂祀并非全部都是远离庙堂的"淫祀"，或者蜗居一隅的"地方祠祀"，它不仅可以作为静态制度变迁的"晴雨表"，而且与时代政局相勾连，在一定程度上体现乃至影响政局变动。

北魏礼制的图景应当是以王朝祭礼为核心的正祀及杂祀的有机构成，而北魏的礼制正统，正是在王朝祭礼与杂祀的碰撞、冲突、交融乃至转化中，逐步与政局相契合而成立的。在描摹出北魏礼制图景的前提下，对其进行以点连线，勾勒出"变迁"脉络的方法就成为可能。当然，"点"的选择应当满足三个基本条件：首先，最好是可以体现拓跋原始礼俗与华夏典制碰撞、冲突、交融乃至转化的礼制之"点"；其次，所选礼制之"点"在时段上当有所牵连，由此可窥前后变化；最后，最好选择此前学界关注较少、研究成果较稀者。

基于上述讨论，本书在描摹出北魏礼制图景的前提下，依次选取四个在时段上有所牵连的，关涉拓跋原始礼制与华夏典制碰撞、冲突、交融乃至转化的礼制之"点"：羽真、神部、耤田方位与变相九锡，深入挖掘

结　语

"点"的意蕴，明晰其背后的政治、经学关节，而后以线连接，勾勒出北魏礼制演变的脉络，并揭示脉络下显隐的礼制抉取标准。

羽真号对应的是拓跋鲜卑由部落联盟进入国家的阶段，它是应拓跋鲜卑部落联盟机制而产生并发挥作用的，其本意应当在于区别北魏立国初期的势力分野与等级阶序，在北魏前期，起到了华夏礼制分贵贱、别尊卑的类似功能。羽真号并非一成不变的，其内四职的分级与兴衰是随着北魏政权的萌芽、成长、稳定而不断变化的，质言之，是从部落联盟到北魏王朝初期政权中，支配层内部的拓跋君主与部酋、贵族势力的妥协与平衡。而随着政权由宗王政治向皇权政治的过渡逐步实现，尤其是太武帝统一华北壮举的完成，皇权独尊的势头明显，孝文帝时的羽真号更多的成为一种得到皇权认可、可以进入核心统治圈的身份标识。而随着孝文锐意改制，鲜卑色彩的礼制划分符号虚化，进入沙汰序列，羽真号从冯熙太和三年自书S.0996《题记》官爵序列的高位到太和十九年孝文撰《冯熙墓志》中的消亡，正是华夏化沙汰鲜卑系话语的显例，其背后实际是拓跋核心集团步入皇权轨道而彻底祛除部落联盟形态的声明。与羽真号消亡同见于冯熙葬礼的是首次出现于北魏历史的汉化九锡，作为"物化礼乐"的表征，北魏九锡是勋臣死后追赠的荣宠，迥异于魏晋南朝作为禅让易代的工具性九锡。羽真号的消亡与九锡的变相，显示出洛阳政权中华夏化的进程。宣武后，羽真代表的进入权力核心的荣宠光环依然为北魏民众认可，但多以墓志为载体，开始与历史赛跑的征程。自河阴之变后，魏分东西，复次为周齐，孝文改制的成果在背离制定者初衷，反向加速北魏衰落的同时被胡化的尘埃埋没一空，北魏末至东西魏间出现了人为的记忆真空。至魏收撰《魏书》，下迄唐初李延寿撰《北史》，史书对于北魏前期的羽真号已经语焉不详，仅有的数例也是抄自《周书》，甚至取材于南朝的《宋书》。集体的结构性失忆，使得拓跋部落联盟直至北魏前期时荣宠万千的羽真号从此淡出人们的记忆，千余年间不再被后人提及。

由部落联盟进入国家政权阶段，拓跋鲜卑统一华北，立足平城，而孝文行礼制改革，强化中原系统祭典的同时，开始清理拓跋鲜卑遗留下来的旧俗。文明太后死后，孝文礼制改革与保守拓跋鲜卑贵族的矛盾凸显，以帝室十姓为代表的后者，对孝文礼制改革反对的并非吸收华夏典制，而是其中对鲜卑旧俗的革除；而革除旧俗，绝非表面形式上的仪式消亡，最为关键的是仪式背后代表的"国之丧葬祠礼，非十族不得与也"的特权的被

结 语

剥夺。由此在孝文帝太和十七年定迁都之前，选取的礼制观照物是较少为学界所注意、带有神秘面纱的祭祀机构"神部"，尤其是仅见于三职官中的"神部尚书"。在对神部存在时间、执掌典守、设官分职、《资治通鉴》胡注所涉及"八部"问题、后来去向及其与祠部关系等问题考察的基础上，重点关注神部尚书王谌迁主安庙过程中为守旧贵族代表拓跋丕阻挠的史例，虽然安排神部尚书王谌行迁主安庙只是孝文的一个试探，但已表明孝文已有意革除十姓特权；而拓跋丕等所谓的"保守"，不仅仅在于表面上反对孝文革除鲜卑旧俗，更关键的着眼点是担忧革除旧制背后所牵扯的部落联盟时期帝室十姓、部落酋长等支配层特权的削弱乃至消失，拓跋丕反对汉族庶姓王谌参与移庙，其目的便是保持帝室十姓祭祀特权的纯洁性。虽然试探未果，但孝文已经表明了自己的理由与态度——"先王制礼，职司有分"，只是奈何在平城保守氛围势大的情形下，暂时让步。太和十七年定下迁都之计，随后迁洛，以"先王制礼，职司有分"为纲领的汉化礼制改革全面铺展开来，宗周旧制与汉家故事交相辉映，但绝非"拿来主义"，而是在加强皇权的终极目标下，镀上了拓跋鲜卑自己的特色。

第一、二章考查的是拓跋鲜卑在自身传统与华夏典制间的转变；而第三、四章所论述的则是在华夏典制间统治集团的采择标准。后世王朝行用礼制，总为自身寻求正统依据，需于"宗经""复古"和"尊君""实用"的标准中因时、因地的采掘先代之制，以最大程度的巩固、维护己之统治。而以游牧民族身份入主华北、建极中原的拓跋魏，在突破长城资源封锁后，在耤田方位的变动间又是如何抉择的呢？出于森林草原游牧的拓跋鲜卑，突破长城封锁线，离散部落，分土定居，不听迁徙，其君长大人皆同编户，又接丧乱之弊，兵革并起的严峻形势，对于农业尤其是粮食的需求至为关键，道武帝拓跋珪时"又躬耕籍田率先百姓"，吸纳耤田礼的目的首重其对于经济、政治的实用效果。与农事关联最为紧密的华夏礼制便是耤田礼，但拓跋魏一朝耤田史实较少，从拓跋珪天兴三年到魏分东、西，史书记载耤田之事只见六次，是拓跋珪行耤田权宜色彩较重，只要是有利于劝课农桑，缓解粮食危机的策略，便可付诸实施。而以天子/皇帝的耤田礼为考察对象，将北魏耤田方位置于先秦至唐长时段的考察中，可发现周秦汉唐间天子/皇帝耕耤礼之耤田方位存在着本乎"宗周旧制"之"南耕"逐渐向源出"汉家故事"的"东耕"转化之轨迹，且自汉以降的"东耕"耤田礼内部亦显现出东南与东方方位上的变更。后世王朝以"宗经""复古"和"尊君""实用"为标准于"宗周旧制""汉家故事"采择其一,为自身寻求正统依据,拓跋魏即为显例。平城与洛阳的耤田方位皆是宗周南耕,以"宗经""复古"之旗帜取长补短,颉颃他方,"文饰辅助其物质即整军务农政策之进行,更可以维系其……辖境以内胡汉诸族之人心"。其制为宇文周继承,而终传于杨隋,与唐制承继"梁、陈"之源有异;学界所论隋唐制度渊源中"远远不如其他二源重要"之北周一源,于杨隋尤其是礼制建制仍有不可忽视之作用。唐太宗和孔颖达在耤田方位上存在的"矛盾",实乃政治与人伦隐情支撑下的"权宜"。太宗未回避其太上皇之子的身份,终采"东耕",有意表示他的谦退和孝道,是其"权宜"有着处理与太上皇关系,摆正己之身份、位置之需;孔氏所主则以实际皇权为中心,其不改《礼记正义》"南耕",不能简单以"疏不破注"原则视之。梁武变耤田方位于东缘由暗含"帝出乎震",背后彰显的当是门阀政治以降,皇权在多重举措之下已有复御天下威权的事实。唐未袭隋"宗周"之"南耕",亦未全摹"汉家故事"的"东耕",而是在其基础上参合南朝后期萧梁之改革行"东耕",是其耤田渊源当出"梁、陈"一源。

皇帝耤田方位等礼制层面,宗周旧制,以"宗经"为标准,而在涉及军国关键,尤其是维护皇权统治时,变更华夏故事,以利权柄驾驭时,"尊君""实用"原则稳居上风,在礼仪典制中通行,以数度隆杀来表现礼制等级的具象的物化礼乐,因着"一目了然"的特性,成为此原则实践的不二之选。本书关注的九锡,便是通过其迥异于同时段乃至漫漫历史长河中通行的"禅让九锡"而卓然独立,彰显出拓跋魏独特的皇权嬗变轨迹。太和十九年,与羽真号的消亡相呼应,华夏礼制中物化礼乐的代表九锡开始在北魏行用,然而九锡应用的对象、时间及形式大异于曹魏以降两晋南朝行用的"禅让九锡"。东汉杨赐与张津二例,可证政府以九锡褒奖功臣的最初功能行用九锡,而东汉以后九锡的行用却未完全延续东汉九锡褒赠功臣的最初功能,至于曹操,借鉴东汉九锡规制,同时效仿王莽"九命之锡"实践,变九锡为易代鼎革之工具,历两晋至南朝,余波及于隋唐宋,清一色的"禅让工具",抹杀了九锡的最初功能:权臣凭借熏天权势,胁迫皇帝赐予九锡或自加九锡,加之以功德为公/王与开建王国等方式实现身份"去臣化",而后以"禅让"的方式擅权篡位,易代鼎革,九锡通常扮演禅让工具的角色。而以游牧之族的拓跋鲜卑建极之北魏却独具特

结 语

色：勋贵宗亲、外戚、异姓王可以受九锡，彰显出对东汉九锡褒赠功臣原始功用的回归；但鉴于此前乃至同时段曹魏两晋及南朝"禅让九锡"对于皇权的威胁，以及北魏自身正处于由宗王政治向皇权独尊转变的关键阶段，"尊君""实用"原则实为最重，故变汉故事，皆是在勋臣死后追赠九锡，荣誉不能世袭，显露出皇权逐步摆脱贵族的控制而确立自身独立的权威，并转而限制贵族的特权这一北魏政局发展的基本趋势，与东晋南朝门阀政治下的"禅让九锡"形成鲜明对比。北魏统治者于勋臣死后追赠九锡的形式可谓对九锡原始功能的"变相应用"，而其与东晋南朝"禅让九锡"的差异，背后的实质是皇权地位的沉浮；为皇权服务的目标决定了北魏九锡对于东汉九锡褒赠功臣原始功能的回归只能是表面化的，最终也会随着皇权的衰落而不可避免地变成"禅让九锡"；魏末权臣尔朱荣生前冀得九锡，终为孝庄所杀而未果，然其侄尔朱世隆得志后为荣立庙、加九锡，已经彰显出皇权暗弱下北魏特色九锡独木难支，而至北齐高洋自加九锡，变魏建齐，北魏九锡彻底沦为"禅让九锡"。

二　不足与展望

行文至此，以点连线的北魏礼制研究并未结束，相反，这应当只是一个开始。在本书最初的构想中，正文计划是分作五编的，此前所讨论的上、下编只是前两编的构思内容，在此之外，尚有第三、四、五三个部分。

第三编的讨论范畴，依然集中在王朝祭礼层面，具体而言，是选取祭地礼（第五章《中古祭地礼仪中的地位与时间落差：以南北朝的祭地仪式为例》）与朝日夕月礼（第六章《朝日夕月与政府的时间掌控》）为考察重点，讨论拓跋原始祭典与华夏祭典中共同存在的礼制的变迁，揭示出两祭典、三核心的冲突与调适仅为表相，潜隐其下的强国治民的政治需求方是至高原则。

祭地礼与朝日夕月礼的共同点是皆可在拓跋源出的游牧祭典中找到对应的礼俗（大地、日月崇拜），即两礼仪拥有超越华夏祭典与原始祭典表面差别的根本因素，分别对应着土地崇拜与日月崇拜，这是游牧民族与农耕民族皆有的信仰。不过在被华夏典制取代后，政治主导礼制的情况不断涌现，相应的原始礼俗毫无阻碍地融入华夏典制，摇身一变成为王朝统治

结 语

的得力工具,是在游牧礼俗与华夏典制的冲突与调适表象下,潜隐着的政治诉求是统治阶层抉取并施用王朝祭礼的初衷。

这点以朝日夕月礼最具代表性。拓跋原始礼俗中有崇拜日月的祭仪,而在华夏典制中则是朝日夕月礼:"王者必父天母地,兄日姊月",天子春分朝日,秋分夕月,自汉以降便被视为可与郊天祭地相并列的祭仪。孝文太和十六年二月,初朝日于东郊;八月,初夕月于西郊,并使朝日夕月经常化。毫无疑问,北魏帝王行用朝日夕月礼,首先看重的是仪式宣扬的"君权神授"观念:"王者必父天母地,兄日姊月",通过与日、月神灵形成的兄、姊关系,进一步巩固更为关键的"父天母地"关系,营造天子、可汗等为上苍所钟、天命所归、君权神授的观念。而除此之外,统治集团对于朝日夕月礼仪的运用,并不单单满足于虚无缥缈的天命,而是将之运用到具体可行的国家"时间"管理中。正是借助"朝日夕月"这种崇奉日月的仪式,政府将对于"时间"的掌控合理化、严格化、正统化。例如,关于举办时节——春分、秋分,史书记载便多有争议;又如仪式的具体时间点:朝与夕,对于宣扬日夜区别,实施宵禁亦有影响;此外,引导节日等礼俗同样可以看到朝日夕月礼的渗透。总之,朝日夕月礼成为政府对国家时间掌控的经典理据来源,以时间规范阶层、社会秩序,稳固统治,达到安抚百姓使之不威胁统治的目的。可见游牧礼俗与华夏典制的冲突、调适只是表相,潜隐其下的强国治民的政治需求方是至高原则。

土地崇拜及相关的祭祀在游牧民族与农耕民族中都占有重要地位。对于逐水草而居的游牧民族而言,土地的重要性怎么样强调都不为过。不论是牧草,还是水源(水源主要是高山冰雪融水,山川也属于地祇的范畴,从此意义来说,应该也可以算入),都与土地有着千丝万缕的关系。春、秋二祭的目的在于祈求来年水草丰茂,祭祀对象除了祖先、鬼神,最重要的便是光照万物之天与哺育众生之地,《史记》《汉书》的《匈奴列传》载匈奴部众大会龙城或大会蹛林,祭祀时皆言"祭其先、天、地、鬼神",便是将祖先、天、地、鬼神放在一块祭祀,并没有如华夏经学中南郊与北郊、圜丘与方泽分开祭祀的规制。拓跋游牧礼俗中有"蹛林"及竖树枝的仪式,颜师古注《汉书·匈奴传》称此为"绕林木而祭也"[1],据江上波

---

[1] (汉)班固:《汉书》卷九四上《匈奴传上》,中华书局1962年版,第3752—3753页。

结 语

夫推断，此俗源出北亚祭典，多以木/石为祭坛（Oboo），"无林木者，尚竖柳枝"，称为主，常于秋日祭祀[1]。此后演变为西郊祭典中骑马绕坛的"踢坛"与戎服登坛祀天绕匝的"绕天"，永明十年（492），也就是孝文迁都的前两年（太和十六年），前来通使的南齐使者萧琛、范云在平城见到了一年一祭的西郊，在两位外来旁观者的记录下，此时期的西郊依然保有"踢坛"与"绕天"的仪式细节："宏与伪公卿从二十余骑戎服绕坛，宏一周，公卿七匝，谓之踢坛。明日，复戎服登坛祠天，宏又绕三匝，公卿七匝，谓之绕天。"[2] 这同样是出于对土地的崇拜与祈请。

而在华夏祭典方面，历来对于郊祀礼的研究，虽有郊丘分合、天地分合之争，[3] 但研究焦点多集中于郊天（南郊或圜丘），祭地（北郊或方泽）所受关注要少得多，而其作为华夏典制中与郊天配伍的祭祀，重要性毋庸置疑。选取北郊祭地作为切入点，正是基于祭地礼仪（北郊或方泽）在经典记载与现实实施间的地位落差。魏晋至隋唐，因为郑王学说的差异，郊（南郊、北郊）、丘（圜丘、方泽）或分或合，但祭天（南郊或圜丘）为主体的地位并未动摇，至多是郊丘分合间南郊与圜丘地位及重要性的转换罢了；祭地（北郊或方泽）在经典记载中一直是与郊天（南郊或圜丘）相配伍的祭祀仪式：天圆地方、阴阳相合。但在实际操作中，其受重视程度远逊于郊天（南郊或圜丘），多被视作后者的附庸，而若观看刘宋北郊，可见元嘉至前废帝即位初大约二十五年间，北郊凡有五次迁徙，而移动之缘由，颇多模糊、牵强，于其间仿佛不见"郊祀之重"，北郊在经典与现实间的地位落差由此可窥一斑。

古桥继宏指出："论者多谓南朝郊祀同王肃说，北朝郊祀同郑玄说。

---

[1] ［日］江上波夫：《匈奴の祭祀》，《ユウラシア古代北方文化：匈奴文化論考》，全国书房，1948年，第225—275页；中译本见黄舒眉译《匈奴的祭祀》，刘俊文主编《日本学者研究中国史论著选译》第九卷《民族交通卷》，中华书局1993年版，第1—36页。
[2] 《南齐书》卷五七《魏虏传》，第985页。
[3] 郊丘分合之争即祭天礼仪是否应该分别在圜丘和南郊举行，祭地礼仪是否应该分别在方丘和北郊举行，学界多以为此论证起于郑玄、王肃礼学之争；天地分合之争指天地究竟应该合起来祭祀还是分开祭祀。从时段来看，郊丘之争主要存在于魏晋至隋唐，天地分合之争发生于宋明，唐至北宋正好见证了郊祀礼仪论争焦点的转移；从郊祀执行者来看，郊丘分合之争并不针对皇帝亲郊和有司摄事而有所不同，而天地分合之争则只针对皇帝亲郊，并不涉及有司行事。参见朱溢《事邦国之神祇：唐至北宋吉礼变迁研究》，第87、123页。

结　语

实则南朝制度因袭东晋,东晋制度出元始、东汉以来旧制,非全出王肃。"[1] 此说与《宋志》《晋志》所述相合[2]。在与东晋、南朝的对比中,北魏祭地礼仪不仅糅合原始祭典中的土地崇拜,而且走出了与东晋、南朝截然不同的道。道路迥异的背后,一方面可以管窥祭地礼仪的时间落差,即北郊成立的经典依据存在问题;另一方面,则隐藏着双方皇权的势力差距:北魏的祭地政策背后是潜隐的皇权及其壮大自身的政治意图,而东晋皇权在门阀政治中自顾不暇,对于北郊的关注自然有心无力。

第四编考察王朝祭礼之外的"杂祀"。前述北魏礼制的图景在以王朝祭礼为核心的正祀之外,最主要的组成部分就是杂祀。目前学界对中古礼制的研究,明显受到传统史书记载的影响:研究重点多集中于王朝祭礼上,鲜少关注杂祀;对杂祀并不多的研究中,亦有三点问题凸显:一是杂祀的概念与外延需要厘定,基本概念的廓清是学术得以成长、讨论得以顺利展开的前提;二是多将王朝正统祭祀与杂祀对立视之,沿袭传统史书论调,研讨杂祀遭清整与禁绝的过程,却忽视了二者间虽有碰撞、冲突,却也可在一定条件下交融乃至转化的史实,尤其是国家礼制层面,因为政治需求,杂祀与王朝祭礼的转化更为突出,故杂祀的变迁演化与正统祭祀相互缠绕,不可生生分离,只论一端;三是杂祀与政局变动的关系应当受到重视。杂祀并非全部都是远离庙堂的"淫祀",或者蜗居一隅的"地方祠祀",它不仅可以作为静态制度变迁的"晴雨表",还可以与时代政局相勾连,在一定程度上体现乃至影响政局变动。所以本编预计有三章。

第七章"清整与转化:北魏杂祀简论",通过对比"淫祀""地方祠祀"两个相似概念,说明"杂祀"概念,对"杂祀"概念与外延进行界定。在此基础上,以杂祀的清整与转化为视角,对北魏杂祀政策及其变动进行整体考察,指出杂祀是伴随王朝正统祭祀的发展而变动的,可关注情形有三:(1) 以西郊为核心的原始祭典,从王朝祭礼转变成杂祀;(2) 嘎仙洞石室从游离于中央政权之外的杂祀,被收纳入王朝祭礼;(3) 与淫祀概念相类的杂祀,被政府清整的同时亦因政治实用主义而被纳入王朝祭祀范畴。

---

[1] [日]古桥继宏撰,乔秀岩删要:《魏晋礼制与经学》,《儒家典籍与思想研究》第二辑,北京大学出版社2010年版,第261页。

[2] 《宋书》卷一六《礼志三》:"元帝中兴江南……始更立郊兆。其制度皆太常贺循依据汉、晋之旧也。"第424页;《晋书》卷一九《礼志上》:"元帝渡江……始议立郊祀仪。……其制度皆太常贺循所定,多依汉及晋初之仪。"第584页。

结 语

将之与东晋杂祀政策对比，可见差异背后的皇权因素：北魏皇权及其壮大自身的政治意图，有意识也有能力完成杂祀的清整及其与正祀的相互转化，而东晋皇权在门阀政治中自顾不暇，甚至需要借助杂祀，以求取政治抗争上的有利形势。囿于篇幅，本章关注点主要在情形（3）即杂祀"清整"上，以下两章则分别考察（1）（2）两种"转化"情形。

第八章"嘎仙洞石刻祝文与'杂祀'向王朝祭礼的转化"试图以嘎仙洞石刻祝文与《魏书·礼志一》祝文存在的差异为切入点，通过句读和书写程序的比较，指出石刻本祝文在完整性、保留拓跋焘语气态度、记载乌洛侯使者贡献等方面胜过《魏志》本。《魏志》本脱落太武帝自称"臣"字，其所表露虔敬之意与祭祀规格都有缩减；而不载库六官，挪移并删削"可寒""可敦"的处理，很大可能是出于《魏书》全面肯定孝文华夏化政策的历史观。《魏志》对于嘎仙洞第一次发现的记载，和对祝辞文本的改动，反映出的是太武帝存在以此建构祖先集体记忆的政治意图。以此为基础，结合"祖宗之庙"的出现与祭毕仪式的考察，可明晰太武帝将远在千里之遥、游离于政权之外的"杂祀"纳入国家正统祭祀的过程与目的。

第七章至第八章讨论时段集中于北魏前中期，即至孝文迁洛为止。迁洛之后及宣武、孝明朝的杂祀并未多有涉及。第九、十章选取北魏相州刺史奚康生"鞭（石虎画）像拔（西门豹祠像）舌"史例为切入点，探讨其背后的政治动因，并将此事件置于奚康生政治生涯反复无常以致身死的人生轨迹考察，管窥北魏后期政局变迁。

第九章"奚康生'鞭像拔舌'考：北魏后期杂祀变迁管窥"以"鞭像拔舌"之事为切入点，关注奚康生"出为相州刺史"与过度征民岁调、"石虎画像"与元桢的疽发背而死的史例，重点考察西门豹祠祀在邺地"贤臣——神人——异化神明"的变动轨迹及原因，由此描摹出奚康生"鞭像拔舌"动因形成的立体过程，勾勒出奚康生出任相州刺史时的政治心态，为其政治反复乃至身死的政治心态张本。

第十章"奚康生之死与其反复：迁洛后鲜卑姓族政治心态的一个侧影"将奚康生置于其政治生涯反复无常以致身死的人生轨迹考察，从泾川南北石窟寺所见七佛说开去，从中提炼出奚康生对宣武的政治态度，明晰其与安定胡氏的关系，由此延展至胡太后首次临朝听政与元叉政变时奚氏立场的反复。出身鲜卑八姓之达奚氏的奚康生，由在宣武朝的忠君，转为孝明初参与元叉政变谋废胡太后，又在西林园政变中保护胡太后与孝明

· 272 ·

帝,如此"反复"的原因实是其一以贯之的忠于道武至宣武拓跋正统的思想使然;南北石窟寺独特的七佛布局彰显的是对拓跋皇室统治的尊崇,是奚氏拥护宣武排抑宗室、皇权独尊观念的隐晦表达。以此为基础,可管窥永平至孝昌年间政局变动下,迁洛后鲜卑姓族的政治举动及其背后所蕴集体心态之一斑。

第五编尝试以正祀与杂祀的转化为视角,以郊天礼为切入点,考察北魏郊天礼的成立。郊天礼代表正统所在,所以对于它的考察,其实就是对北魏礼制正统如何成立的探讨。此章尝试将北魏西郊的演变置于北魏系统却又复杂的礼制体系背景下,对北魏西郊的源起与沙汰进行考察,借此管窥两祭典、三核心的碰撞、冲突与融合、转化。细分章节主要考察西郊成立的关键因素:"西向拜天",西郊的壮大与部落联盟机制,西郊的特色,西郊的衰落与消亡。

以上三编的部分内容,有的已经刊发,有的已经撰作完成,但考虑到内容的关联程度,会安排到其他考察逻辑更为紧密的书中,如其中的杂祀部分,会放在另一本关于魏晋南北朝杂祀与政局变迁研究的拙作中,也有部分尚未完全写就,写好的部分自己尚不满意,所以以上三编未能如期收入此书中。不过这些都是笔者此后努力完善的方向。

毋庸讳言,本书所谓描摹图景,勾勒脉络的方式本身也存在着"先天不足":就整体而言,好比管中窥豹,虽有深入穿凿之能,却不能详尽地描摹出北魏礼制的全貌;以深度而论,又似蜻蜓点水,自以为穿凿者,可能仅是湖面上前贤鲜少涉及的数个点位,绝难保证准确地触及礼制变迁的核心。但不积跬步,无以至千里,伴随宏观框架的逐步完整和细部血肉的逐步填充,北魏礼制变迁研究当会日渐丰满起来,整体图景的像素也会愈加清晰,冀望为研究游牧民族建立中原王朝后的政策取向提供礼制层面的参考。

参考文献

一 史料

（魏）王弼、（晋）韩康伯注，（唐）孔颖达等正义：《周易正义》，（清）阮元校刻《十三经注疏》本，中华书局1980年版。

（汉）孔安国传，唐颖达等正义：《尚书正义》，（清）阮元校刻《十三经注疏》本，中华书局1980年版。

（汉）毛亨传，郑玄笺，（唐）孔颖达等正义：《毛诗正义》，（清）阮元校刻《十三经注疏》本，中华书局1980年版。

（汉）郑玄注，（唐）贾公彦疏：《周礼注疏》，（清）阮元校刻《十三经注疏》本，中华书局1980年版。

（汉）郑玄注，（唐）孔颖达等正义：《礼记正义》，（清）阮元校刻《十三经注疏》本，中华书局1980年版。

（晋）杜预集解，（唐）孔颖达等正义：《春秋左传正义》，（清）阮元校刻《十三经注疏》本，中华书局1980年版。

（汉）何休解诂，（唐）徐彦疏：《春秋公羊传注疏》，（清）阮元校刻《十三经注疏》本，中华书局1980年版。

（晋）范宁集解，（唐）杨士勋疏：《春秋谷梁传注疏》，（清）阮元校刻《十三经注疏》本，中华书局1980年版。

（魏）何晏等集解，（宋）邢昺疏：《论语注疏》，（清）阮元校刻《十三经注疏》本，中华书局1980年版。

（清）孙星衍撰，陈抗、盛冬铃点校：《尚书今古文注疏》，中华书局1986年版。

（清）阎若璩：《尚书古文疏证》，上海古籍出版社1987年版。

（清）孙诒让撰，王文锦、陈玉霞点校：《周礼正义》，中华书局1987

年版。

（清）孙希旦撰，沈啸寰、王星贤点校：《礼记集解》，中华书局 1989 年版。

（清）王聘珍撰，王文锦点校：《大戴礼记解诂》，中华书局 1983 年版。

（清）洪亮吉撰，李解民点校：《春秋左传诂》，中华书局 1987 年版。

（清）苏舆撰，钟哲点校：《春秋繁露义证》，中华书局 1992 年版。

（汉）韩婴撰，许维遹校释：《韩诗外传集释》，中华书局 1980 年版。

（清）陈立撰，吴则虞点校：《白虎通疏证》，中华书局 1994 年版。

（汉）应劭撰，王利器校注：《风俗通义校注》，中华书局 1981 年版。

（汉）许慎撰，段玉裁注：《说文解字注》，上海古籍出版社 1988 年版。

（清）朱彝尊著，侯美珍等点校：《点校补正经义考》，台北"中研院"中国文哲研究所筹备处 1997 年版。

（宋）吕祖谦：《吕氏家塾读诗记》卷四，丛书集成本，1716 册。

（清）马瑞辰：《毛诗传笺通释》卷四，《续修四库全书》，上海古籍出版社 2002 年版。

（清）王先谦：《诗三家义集疏》卷三上，《续修四库全书》，第 77 册。

（清）盛百二：《尚书释天》，清乾隆三十九年任城书院刻本。

（宋）蔡沈：《书经集传》，上海古籍出版社 1987 年版。

曾运乾：《尚书正读》，中华书局 1964 年版。

杨筠如：《尚书覈诂》，陕西人民出版社 1959 年版。

（宋）陈旸：《乐书》卷四三，文渊阁《四库全书》本，第 211 册。

（清）陈寿祺：《左海文集·答仪徵公书》，《皇清经解》，上海书店 1988 年影印学海堂庚申补刊本。

（清）陈寿祺：《左海经辨上·大小戴〈记〉并在〈记〉百三十一篇中》，《皇清经解》，上海书店 1988 年影印学海堂庚申补刊本。

（清）万斯大：《学礼质疑》，《皇清经解》，上海书店 1988 年影印学海堂庚申补刊本。

（清）曹元弼：《礼经学》，《续修四库全书》影印宣统元年刻本。

（清）丁晏：《佚礼扶微》，《南菁书院丛书》，江阴南菁书院清光绪十四年刊本。

任铭善：《礼记目录后案》，齐鲁书社 1982 年版。

钱玄、钱兴奇：《三礼辞典》，江苏古籍出版社 1998 年版。

参考文献

《史记》，中华书局1963年版。
《汉书》，中华书局1965年版。
《后汉书》，中华书局1965年版。
《三国志》，中华书局1964年版。
《晋书》，中华书局1974年版。
《魏书》，中华书局1974年版。
《周书》，中华书局1971年版。
《宋书》，中华书局1974年版。
《南齐书》，中华书局1972年版。
《梁书》，中华书局1973年版。
《北史》，中华书局1974年版。
《隋书》，中华书局1973年版。
《旧唐书》，中华书局1975年版。
《新唐书》，中华书局1975年版。
《新五代史》，中华书局1974年版。
（清）王先谦：《汉书补注》，中华书局1983年版。
（清）孙星衍等辑，周天游点校：《汉官六种》，中华书局1990年版。
《十六国春秋辑补》，《二十五别史》本，齐鲁书社2000年版。
丁福林：《南齐书校议》，中华书局2010年版。
（清）姚振宗：《隋书经籍志考证·异说类》，《二十五史补编》第4册，开明书店辑印，1937年。
《资治通鉴》，中华书局1956年版。
（唐）杜佑撰，王文锦、王永兴等点校：《通典》，中华书局1988年版。
（唐）李林甫等撰，陈仲夫点校：《唐六典》，中华书局1992年版。
《文献通考》，中华书局1986年版。
《唐会要》，中华书局1955年版。
赵翼：《陔余丛考》，中华书局1963年版。
（清）赵翼著，王树民校证：《廿二史札记校证》，中华书局1984年版。
（宋）王钦若等编：《宋本册府元龟》，中华书局1989年影印宋刻本。
（宋）王钦若等编：《册府元龟》，中华书局1960年影印明刻本。
段熙仲点校，陈桥驿复校：《水经注疏》，江苏古籍出版社1989年版。
陈桥驿：《水经注校释》，杭州大学出版社1999年版。

《杨熊合撰水经注疏（二）》，台北：中华书局1971年影印本。
京都大学藏：《水经注疏》，森鹿三氏寄赠本。
（唐）林宝撰，岑仲勉校记：《元和姓纂（附四校记）》，中华书局1994年版。
钱大昕：《潜研堂金石文字目录》，《嘉定钱氏潜研堂全书·史部》，光绪十年长沙龙氏家塾刊本。
（清）王昶：《金石萃编》，清嘉庆十年经训堂刻本。
（清）陆耀遹纂：《金石续编》，清同治十三年双白燕堂刻本。
赵万里：《汉魏南北朝墓志集释》，《石刻史料新编（第三辑）》，台北：新文丰出版公司1986年版。
赵超：《汉魏南北朝墓志汇编》，天津古籍出版社1992年版。
罗新、叶炜：《新出魏晋南北朝墓志疏证》，中华书局2005年版。
赵君平：《秦晋豫新出土墓志蒐佚》，国家图书馆出版社2011年版。
朱偰：《金陵古迹图考》，商务印书馆1936年版。
（清）严可均辑：《全上古三代秦汉三国六朝文》，中华书局1958年版。
陈垣：《二十史朔闰表》，古籍出版社1956年版。
方诗铭：《中国历史纪年表》，上海辞书出版社1980年版。
［日］藤原佐世：《日本国见在书目录》，清光绪中遵义黎氏日本东京使署影刻本，贾贵荣辑：《日本藏汉籍善本书志书目集成》（第十册），北京图书馆出版社2003年版。
《四库全书总目》，中华书局1965年版。
（清）阮元辑：《宛委别藏·策要》，江苏古籍出版社1988年版。
（宋）陈振孙撰，徐小蛮等点校：《直斋书录解题》，上海古籍出版社1987年版。
［日］安居香山、中村璋八辑：《纬书集成》，河北人民出版社1994年版。
上海古籍出版社编：《纬书集成》，上海古籍出版社1994年版。
（清）余嘉锡：《古书通例》，上海古籍出版社1985年版。
徐元诰撰，王树民、沈长云点校：《国语集解》，中华书局2002年版。
（唐）徐坚等：《初学记》，中华书局1962年版。
（唐）欧阳询撰，汪绍楹校：《艺文类聚》，上海古籍出版社1965年版。
《古今图书集成·经济汇编·礼仪典》，中华书局1934年版。
逯钦立辑校：《先秦汉魏晋南北朝诗》，中华书局1983年版。

（汉）蔡邕：《蔡中郎集》，嘉靖二十七年序任城杨贤刊本。
（清）钱曾：《读书敏求记（附刊误）》，《丛书集成初编》本，商务印书馆1936年版。
（宋）王禹偁：《藉田赋序》，《小畜集》，四部丛刊初编本。
（宋）王应麟著，翁元圻等注，栾保群等校点：《困学纪闻》，上海古籍出版社2008年版。
（清）张云璈：《选学胶言》，1928年文渊楼丛书影印张氏简松草堂道光十一年刻本。
（唐）韩愈撰，马其昶校注，马茂元整理：《韩昌黎文集校注》第一卷《赋、杂著·原道》，上海古籍出版社1986年版。
《欧阳修全集》，中国书店出版社1986年版。
（清）沈垚：《落帆楼文集》，民国七年吴兴刘氏嘉业堂刊本。

二　近人论著

（一）中文论著

艾春明：《〈韩诗外传〉研究》，博士学位论文，东北师范大学，2008年。
[美]巴菲尔德著，袁剑译：《危险的边疆：游牧帝国与中国》，江苏人民出版社2011年版。
[日]白鸟库吉：《东胡民族考》，方壮猷译，商务印书馆1934年版。
柏贵喜：《从宗庙祭祀看北朝礼制建设》，《中南民族大学学报（人文社会科学版）》2003年第10期。
蔡宗宪：《淫祀、淫祠与祀典——汉唐间几个祠祀概念的历史考察》，《唐研究》第十三卷。
陈二峰：《论汉代的籍田礼》，《南都学坛》2009年第3期。
陈汉平：《西周册命制度研究》，学林出版社1986年版。
陈连庆：《中国古代少数民族姓氏研究》，吉林文史出版社1993年版。
陈梦家：《西周铜器断代》，中华书局2004年版。
陈戍国：《先秦礼制研究》，湖南教育出版社1991年版。
陈戍国：《魏晋南北朝礼制研究》，湖南教育出版社1995年版。
陈爽：《世家大族与北朝政治》，中国社会科学出版社1998年版。
陈伟：《郭店竹书别释》，湖北教育出版社2003年版。

参考文献

陈仪、任重：《魏晋南北朝的阅兵礼》，《井冈山师范学院学报》2004年第1期。

陈寅恪：《魏书司马睿传江东民族条释证及推论》，《历史语言研究所集刊》第11本，1943年。

陈寅恪：《崔浩与寇谦之》，《金明馆丛稿初编》，生活·读书·新知三联书店2001年版。

陈致：《"万（萬）舞"与"庸奏"：殷人祭祀乐舞与〈诗〉中三颂》，《中华文史论丛》2008年第4期。

仇鹿鸣：《"攀附先世"与"伪冒士籍"——以渤海高氏为中心的研究》，《历史研究》2008年第2期。

仇鹿鸣：《魏晋之际的政治权力与家族网络》，上海古籍出版社2012年版。

[日]大知圣子：《关于北魏前期爵和品对应的基础考察——以南巡碑为中心》，《中国魏晋南北朝史学会第十届年会论文集》，北岳文艺出版社2012年版。

丁鼎：《〈中国古代帝王宗庙礼制研究〉评介》，《鲁东大学学报（哲学社会科学版）》2008年第3期。

方述鑫：《殷墟卜辞中所见的"尸"》，《考古与文物》2000年第5期。

冯时：《中国天文考古学》，社会科学文献出版社2001年版。

甘怀真：《中国中古时期制礼观念初探》，《史学：传承与变迁学术研讨会论文集》，台北：台湾大学历史学系1998年版；后删补校订改题《"制礼"观念的探析》，收入氏著《皇权、礼仪与经典诠释：中国古代政治史研究》，华东师范大学出版社2008年版。

甘怀真：《"旧君"的经典诠释——汉唐间的丧服礼与政治秩序》，《新史学》2002年第13卷第2期，第1—44页；后删修改题《汉唐间的丧服礼与政治秩序》，收入氏著《皇权、礼仪与经典诠释：中国古代政治史研究》，华东师范大学出版社2008年版。

高二旺：《魏晋南北朝时期耕耤（藉）礼的特征与功能初探》，《农业考古》2008年第3期。

高明士：《律令法与天下法》，台北：五南图书出版公司2012年版。

高贤栋：《北魏孝文帝时期的礼制建设》，《烟台大学学报（哲学社会科学版）》2003年第10期。

葛英会：《说祭祀立尸卜辞》，《殷都学刊》2000年第1期。

参考文献

［日］宫崎市定：《九品官人法研究》，韩昇、刘建英译，中华书局2008年版。
郭沫若：《甲骨文字研究·释耤》，科学出版社1982年版。
郭善兵：《中国古代帝王宗庙礼制研究》，人民出版社2007年版。
韩昇：《南北朝隋唐士族向城市的迁徙与社会变迁》，《历史研究》2003年第4期。
郝春文、金滢坤编著：《英藏敦煌社会历史文献释录》（第一编第4卷），社会科学文献出版社2006年版。
何德章：《北魏初年的汉化制度与天赐二年的倒退》，《中国史研究》2001年第2期。
何兹全：《府兵制前的北朝兵制》，《读史集》，上海人民出版社1982年版。
侯旭东：《〈大代持节豳州刺史山公寺碑〉所见史事考》，《纪念西安碑林九百二十周年华诞国际学术研讨会论文集》，文物出版社2008年版。
胡厚宣：《说贵田》，《历史研究》1957年第7期。
胡戟：《礼仪志》，上海人民出版社1998年版。
胡平生：《周代祭祀中的立尸礼及其宗教意义》，《世界宗教研究》1990年第4期。
黄惠贤：《中国政治制度通史·魏晋南北朝卷》，人民出版社1996年版。
吉林省文物考古研究所编：《榆树老河深》，文物出版社1987年版。
贾敬颜：《民族历史文化萃要》，吉林教育出版社1990年版。
姜波：《汉唐都城礼制建筑研究》，文物出版社2003年版。
金德建：《韩诗内外传的流传及其渊源》，《新中华》第1卷第7期，1948年4月。
［日］金子修一：《皇帝制度——日本战后对汉唐皇帝制度的研究》，《魏晋南北朝隋唐史学的基本问题》，中华书局2010年版。
［日］金子修一：《以国家祭祀为中心的魏晋南北朝隋唐研究史回顾与展望》，《日本中国史研究年刊（2008）》，上海古籍出版社2011年版。
康乐：《从西郊到南郊：拓跋魏的"国家祭典"与孝文帝的"礼制改革"》，《从西郊到南郊：国家祭典与北魏政治》，台北：稻禾出版社1995年版；又见于《台湾学者中国史论丛·政治与权力》，中国大百科全书出版社2005年版。

康乐：《北魏的"河西"》，《从西郊到南郊：国家祭典与北魏政治》，台北：稻禾出版社1995年版。

［美］拉铁摩尔著，唐晓峰译：《中国的亚洲内陆边疆》，江苏人民出版社2005年版。

雷闻：《陈戍国〈中国礼制史·隋唐五代卷〉、任爽〈唐代礼制研究〉述评》，《唐研究》第7卷，北京大学出版社2001年版。

雷晓鹏：《从清华简〈系年〉看周宣王"不籍千亩"的真相》，《农业考古》2014年第4期。

黎虎：《评〈魏晋南北朝五礼制度考论〉》，《中国史研究》2011年第1期。

李凭：《北魏平城时代》（修订版），上海古籍出版社2011年版。

李书吉：《北朝礼制法系研究》，人民出版社2002年版。

梁满仓：《魏晋南北朝五礼制度考论》，社会科学文献出版社2009年版。

梁满仓：《论魏晋南北朝时期的五礼制度化》，《中国史研究》2001年第4期。

梁满仓：《论南北朝时期的讲武》，《唐研究》第13卷，北京大学出版社2007年版，第31—62页；收入氏著《魏晋南北朝五礼制度考论》。

梁满仓：《魏晋南北朝皇家宗庙制度述论》，《中国史研究》2008年第2期；后收入氏著《魏晋南北朝五礼制度考论》。

梁满仓：《曹操"春祠令"辨析——初答郭善兵先生》，《中国史研究》2015年第2期。

梁启超：《阴阳五行说之来历》，《东方杂志》1923年10号。

梁启超：《中国近三百年学术史》，《饮冰室合集》专集第五册，中华书局1989年版。

廖名春：《郭店楚简研究》，《中国哲学》第20辑，辽宁教育出版社1999年版。

林宏明：《小屯南地甲骨研究》，博士学位论文，台湾政治大学，2002年。

林秀贞：《评〈榆树老河深〉》，《考古》1990年第1期。

刘慧琴：《北朝郊祀、宗庙制度的儒学化》，《西北大学学报》2000年第1期。

刘军：《北朝释奠礼考论》，《史学月刊》2012年第1期。

刘俊喜、张志忠：《北魏明堂辟雍遗址南门发掘简报》，《山西省考古学会论文集（三）》，山西古籍出版社2000年版，第106—112页。

参考文献

刘庆柱：《汉长安城的考古发现及相关问题研究》，《古代都城与帝陵考古学研究》，科学出版社 2000 年版。

刘晓燕、景红艳：《中国古代政治制度中九锡礼的历史考察》，《山东社会科学》2011 年第 10 期。

刘毓璜：《先秦诸子初探》，江苏人民出版社 1984 年版。

刘钊：《释"🦅""🦆"诸字——兼谈甲骨文"降永"一辞》，《殷墟博物苑苑刊》创刊号，中国社会科学出版社 1989 年版。

楼劲：《魏晋南北朝隋唐立法与法律体系——敕例、法典与唐法系源流》，中国社会科学出版社 2014 年版。

楼劲：《道武帝所立庙制与拓跋氏早期世系》，《文史》2006 年第 4 期。

楼劲：《〈周礼〉与北魏开国建制》，《唐研究》第十三卷，北京大学出版社 2007 年版。

卢开万：《代迁户初探》，《武汉大学学报》1980 年第 4 期。

罗新：《松下宪一〈北魏胡族体制论〉评介》，北京大学历史学系编：《北大史学》（13），北京大学出版社 2008 年版。

罗新：《北魏皇室制名汉化考》，《中国中古史研究》编委会编：《中国中古史研究：中国中古史青年学者联谊会会刊》（第二卷），中华书局 2011 年版，第 149 页。

罗新：《北魏直勤考》，《历史研究》2004 年第 5 期。

罗新：《中古北族名号研究》，北京大学出版社 2009 年版。

罗新：《民族起源的想象与再想象——以嘎仙洞的两次发现为中心》，《文史》2013 年第 2 辑。

吕宗力：《中国历代官制大词典》，北京出版社 1994 年版。

马得志：《唐代长安与洛阳》，《考古》1982 年第 6 期。

［德］马克斯·韦伯：《韦伯选集(3)：支配的类型》，康乐编译，台北：远流出版公司 1989 年版。

马长寿：《乌桓与鲜卑》，上海人民出版社 1962 年版。

苗霖霖：《北魏后宫制度研究》，博士学位论文，吉林大学，2011 年。

苗霖霖：《北魏后妃车辇等级略探》，《济南大学学报（社会科学版）》2013 年第 4 期。

缪钺：《北朝之鲜卑语》，《读史存稿》，生活·读书·新知三联书店 1963 年版。

宁镇疆：《周代"籍礼"补议——兼说商代无"籍田"及"籍礼"》，《中国史研究》2016年第1期。

庞俊：《魏晋南北朝皇帝元服礼简论》，《阅江学刊》2012年第1期。

庞朴：《阴阳五行探源》，《历史研究》1984年第3期。

彭浩：《读里耶"祠先农"简》，《出土文献研究》第八辑，上海古籍出版社2007年版。

齐运通编：《洛阳新获七朝墓志》，中华书局2012年版。

［日］前田正名：《平城历史地理学研究》，李凭等译，书目文献出版社1994年版。

钱玄：《三礼通论》，南京师范大学出版社1996年版。

［日］乔秀岩：《论郑王礼说异同》，北京大学历史学系编：《北大史学》（13），北京大学出版社2008年版。

裘锡圭：《甲骨文中的几种乐器名称——释"庸""豐""鞀"》（附：释"万"），《古文字论集》，中华书局1992年版。

饶宗颐：《北魏冯熙与敦煌写经——魏太和写〈杂阿毗昙心经〉跋》，《饶宗颐史学论著选》，上海古籍出版社1993年版。

饶宗颐：《符号·初文与字母：汉字树》，上海书店出版社2000年版。

山西省考古研究所、灵丘县文物局：《山西灵丘北魏文成帝南巡碑》，《文物》1997年第12期。

尚慧鹏：《汉魏六朝九锡文略论》，《许昌学院学报》2009年第4期。

沈文倬：《叚与糌》，《宗周礼乐文明考论》，浙江大学出版社1999年版。

史志龙：《秦"祠先农"简再探》，简帛网，2009年5月30日，http：//www.bsm.org.cn/show_article.php? id＝1081，2009年6月13日。

［日］室山留美子：《汉族官僚及其埋葬地的选择》，《日本中国史研究年刊（2007年度）》，上海古籍出版社2009年版。

［德］宋馨：《司马金龙墓的重新评估》，《北朝史研究》，商务印书馆2004年版。

孙钦善：《中国古文献学史》，中华书局1994年版。

孙筱：《两汉经学与社会》，中国社会科学出版社2002年版。

孙亚冰、林欢：《商代地理与方国》，中国社会科学出版社2010年版。

孙英刚：《神文时代——谶纬、术数与中古政治研究》，上海古籍出版社2014年版。

唐兰：《论周昭王时代的青铜器铭刻》，《唐兰先生金文论集》，紫禁城出版社1995年版。

唐雯：《唐国史中的史实遮蔽与形象构建——以玄宗先天二年政变书写为中心》，《中国社会科学》2012年第3期；收入余欣主编《存思集》，上海古籍出版社2013年版。

尚慧鹏：《汉魏六朝九锡文略论》，《许昌学院学报》2009年第4期。

田余庆：《〈代歌〉、〈代记〉与北魏国史》，《拓跋史探》，生活·读书·新知三联书店2003年版。

田余庆：《东晋门阀政治》，北京大学出版社2009年版。

[日]窪添庆文：《关于北魏前期的尚书省》，《日本中青年学者论中国史·六朝隋唐卷》，上海古籍出版社1995年版。

汪祚民：《〈韩诗外传〉编排体例考》，《陕西师范大学学报（哲学社会科学版）》2003年第3期。

王柏中、史颖、董春龙：《北魏国家宗庙祭祀制度考论》，殷宪主编：《北朝史研究——中国魏晋南北朝史国际学术研究会论文集》，商务印书馆2004年版。

王锷：《〈礼记〉成书考》，中华书局2007年版。

王鹤：《北魏郊庙制度考》，《古籍研究与整理学刊》2008年第3期。

王健：《汉代祈农与籍田仪式及其重农精神》，《中国农史》2007年第2期。

王明珂：《华夏边缘——历史记忆与族群认同》，社会科学文献出版社2006年版。

王明珂：《英雄祖先与弟兄民族：根基历史的文本与情境》，中华书局2009年版。

王明珂：《游牧者的抉择：面对汉帝国的北亚游牧部族》，广西师范大学出版社2008年版。

王启发：《礼学思想体系探源》，中州古籍出版社2005年版。

王素：《大唐西市博物馆新藏北朝墓志疏证》，《故宫学刊》2014年第1期。

王文东：《论北朝鲜卑贵族的尊师兴学之礼》，《中央民族大学学报（哲学社会科学版）》2002年第3期。

王银田：《北魏平城明堂遗址研究》，《中国史研究》2000年第1期。

王银田、曹臣明、韩生存:《山西大同市北魏平城明堂遗址 1995 年的发掘》,《考古》2001 年第 3 期。

王仲荦:《北周六典》,中华书局 1979 年版。

王仲荦《鲜卑姓氏考》《代北姓氏考》,《鹾华山馆丛稿续编》,中华书局 2007 年版。

王仲荦:《魏晋南北朝史》,中华书局 2007 年版。

王仲殊:《东汉的都城（洛阳）》,《汉代考古学概说》,中华书局 1984 年版。

吴红松:《西周金文赏赐物品及其相关问题研究》,博士学位论文,安徽大学,2006 年。

［日］西村富美子:《韩诗外传的一个考察——以说话为主体的诗传具有的意义》,《中国文学报》第 19 册,1963 年 10 月。

［日］西嶋定生撰,高明士译:《东亚世界的形成》,刘俊文主编:《日本学者研究中国史论著选译》第二卷《专论》,中华书局 1993 年版。

夏志刚:《南北朝释奠推行模式比较》,《阅江学刊》2013 年第 3 期。

辛长青:《释"羽真"》,《北朝研究》1991 年上半年刊。

宿白:《东北、内蒙古地区的鲜卑遗迹——鲜卑遗迹辑录之一》,《文物》1977 年第 5 期。

宿白:《盛乐、平城一带的拓跋鲜卑—北魏遗迹——鲜卑遗迹辑录之二》,《文物》1977 年第 11 期。

宿白:《北魏洛阳城和北邙陵墓——鲜卑遗迹辑录之三》,《文物》1978 年第 7 期。

宿白:《隋唐长安城和洛阳城》,《考古》1978 年第 6 期。

宋镇豪:《商代社会生活与礼俗》,中国社会科学出版社 2010 年版。

徐冲:《"开国群雄传"小考》,《中国中古史研究——中国中古史青年学者联谊会会刊（第一卷）》,中华书局 2011 年版。

徐冲:《"禅让"与"起元"：魏晋南北朝的王朝更替与国史书写》,《历史研究》2010 年第 3 期。

徐迎花:《汉魏至南北朝时期郊祀制度问题研究》,黑龙江人民出版社 2009 年版。

徐中舒:《耒耜考》,《历史语言研究所集刊》第 2 本第 1 分,1930 年。

严耕望:《北魏尚书制度考》,《历史语言研究所集刊》第 18 本,1948 年。

参考文献

严耕望：《中国地方行政制度史》，台湾商务印书馆1990年版。
严耕望：《北魏尚书制度考》，《严耕望史学论文选集》，中华书局2006年版。
严耀中：《北魏前期政治制度》，吉林教育出版社1990年版。
严耀中：《唐初期的库真与察非掾述论》，《史林》2003年第1期。
阎步克：《服周之冕——〈周礼〉六冕礼制的兴衰变异》，中华书局2009年版。
杨宽：《"籍礼"新探》，《古史新探》，中华书局1965年版。
杨宽：《中国古代都城制度史研究》，上海古籍出版社1993年版。
杨宽：《月令考》，《杨宽古史论文选集》，上海人民出版社2003年版。
杨树达：《积微居小学金石论丛（增订本）》，科学出版社1955年版。
杨天宇：《礼记译注》，上海古籍出版社1997年版。
杨英：《祈望和谐——周秦两汉王朝祭礼的演进及其规律》，商务印书馆2009年版。
杨永俊：《禅让政治研究：王莽禅汉及其心法传替》，学苑出版社2005年版。
杨永俊：《论北魏的西郊祭天制度》，《兰州大学学报（社会科学版）》2002年第2期。
杨永俊：《论拓跋鲜卑的西郊祭天》，《民族研究》2002年第2期。
杨永俊：《论拓跋鲜卑的原始祭天》，《西北民族学院学报（哲学社会科学版）》2002年第6期。
杨永俊：《拓跋传统祭天时地考》，《甘肃社会科学》2002年第6期。
杨振红：《月令与秦汉政治再探讨——兼论月令源流》，《历史研究》2004年第3期。
姚薇元：《北朝胡姓考》，中华书局1962年版。
余永梁：《新获卜辞写本后记跋》，《安阳发掘报告》1912年第1期。
俞鹿年：《北魏职官制度考》，社会科学文献出版社2008年版。
曾庸：《辽宁西丰西岔沟古墓为乌桓文化遗迹论》，《考古》1961年第6期。
詹德隆：《汉唐至唐宋时期的玉礼器初探》，《文博》1997年第4期。
詹德隆：《汉唐至唐宋时期的玉礼器初探（续）》，《文博》1997年第5期。
詹德隆：《汉唐之唐宋时期的郊坛遗址》，《文博》1999年第1期。
张春龙、龙京沙：《里耶秦简中的祠先农简》，中国文化大学《第三届简帛研讨会文集》，台北，2005年。

张春龙：《里耶秦简祠先农、祠窖和祠隄校券》，《简帛》第二辑，上海古籍出版社2007年版。

张季：《河北景县封氏墓群调查记》，《考古通讯》1957年第3期。

张金龙：《北魏政治史》第一册《北魏前史》，甘肃教育出版社2008年版。

张金龙：《陇西李氏初论——北朝时期的陇西李氏》，收入氏著《北魏政治与制度论稿》，甘肃教育出版社2003年版。

张庆捷：《北魏文成帝〈南巡碑〉碑文考证》，《考古》1988年第4期。

张庆捷、郭春梅：《北魏文成帝〈南巡碑〉所见拓跋职官初探》，《中国史研究》1999年第2期。

张月琴、马志强：《北魏平城京郊的礼制性建筑与祭祀活动》，《山西大同大学学报（社会科学版）》2011年第1期。

中国科学院考古研究所洛阳工作队：《汉魏洛阳城一号房址和出土的瓦文》，《考古》1973年第4期。

中国社会科学院考古研究所编著：《20世纪中国考古大发现》"临漳邺城遗址"条，四川大学出版社2000年版。

中科院考古所洛阳发掘队：《隋唐东都城址的勘查和发掘》，《考古》1961年第3期。

中科院考古所洛阳发掘队：《"隋唐东都城址的勘查和发掘"续记》，《考古》1978年第6期。

钟肇鹏：《谶纬论略》，辽宁教育出版社1991年版。

周一良：《领民酋长与六州都督》，《历史语言研究所集刊》第20本上，1948年。

周一良：《魏晋南北朝史札记》，中华书局1985年版。

白寿彝主编，周一良执笔：《中国通史》第五卷《中古时代·三国两晋南北朝时期（上）》，上海人民出版社1995年版。

朱溢：《事邦国之神祇：唐至北宋吉礼变迁研究》，上海古籍出版社2014年版。

朱子彦：《九锡制度与易代鼎革》，《文史哲》2005年第6期。

朱子彦：《九锡制度与汉魏禅代——兼论九锡在三国时期的特殊功能》，《人文杂志》2007年第1期。

祝总斌：《两汉魏晋南北朝宰相制度研究》，中国社会科学出版社1990

年版。

（二）日文论著

浅野裕一：《黃老道の成立と展開》，东京：创文社1992年版。

石井人：《虎賁班劍考：漢六朝の恩賜・殊禮と故事》，东洋史研究会：《东洋史研究》59卷4号，2001年，第710—742页。

板野长八：《図讖と儒教の成立》，《史学雑志》84卷2号，1975年。

内田吟风：《北朝政局に於ける鮮卑及諸北族系貴族の地位》，《东洋史研究》1936年第1卷第3号。

宇都宫清吉：《明板册府元龜に就いて》，《东洋史研究》1936年第2卷第2号。

江上波夫：《匈奴の祭祀》，《ユウラシア古代北方文化：匈奴文化論考》，京都：全国书房1948年版，第225—275页；中译本见黄舒眉译《匈奴的祭祀》，刘俊文主编《日本学者研究中国史论著选译》第九卷《民族交通卷》，中华书局1993年版。

冈田和一郎：《前期北魏国家の支配構造：西郊祭天の空間構造を手がかりとして》，《历史学研究》817号，2006年8月。

金子修一：《古代中国と皇帝祭祀》，东京：汲古书院2001年版。

金子修一：《中国古代皇帝祭祀の研究》，东京：岩波书社2006年版。

金子修一：《魏晋より隋唐に至る郊祀、宗廟の制度について》，《史学杂志》第88编第10号，1979年；中译本见金子修一撰、谯燕译《关于魏晋到隋唐的郊祀、宗庙制度》，刘俊文主编《日本中青年学者论中国史・六朝隋唐卷》，上海古籍出版社1995年版。

金子修一：《中国—郊祀と宗廟と明堂及び封禅》，井上光贞他编：《東アジア世界における日本古代史講座》第9卷《東アジアにおける儀礼と国家》，东京：学生社1982年版。

金子修一：《後漢—南朝における皇帝の郊廟親祭について》，刊于韩国亚洲大学唐史论丛编修委员会编：《春史卞麟錫教授還曆紀念唐史論叢》，1995年。

金子修一：《北魏における郊祀・宗廟の祭祀について》，刊于《山梨大学教育学部研究报告》第47号，1997年。

川本芳昭：《五胡十六国・北朝期における周礼の受容をめぐって》，原刊《佐贺大学教养部研究纪要》23卷，后改题《五胡十六国・北朝史における周礼の受容をめぐって》，收于《魏晋南北朝时代の民族問題》，东京：汲古书院1998年版。

川本芳昭：《北魏における身分制について》，《魏晋南北朝の民族問題》，东京：汲古书院1998年版。

川本芳昭：《北魏文成帝南巡碑について》，《九州大学东洋史论集》第28号，2000年。

小島毅：《郊祀制度の変遷》，《东洋文化研究所纪要》第108册，1989年2月。

齊藤實郎：《秦漢における皇帝六璽——天子璽と皇帝璽を中心として》，《史丛》第51号，1993年。

坂江渉：《古代東アジアの王權と農耕儀禮—日中社會文化的差違—》，鈴木正幸编：《王和公》，东京：柏书房1998年版。

佐川英治：《东魏北齐革命と〈魏书〉の编纂》，《东洋史研究》第64卷第1号，2005年。

佐川英治：《中国古代都城の設計と思想：円丘祭祀の歴史的展開》，东京：勉诚出版社2016年版。

佐竹靖彦：《藉田新考》，唐代史研究會编：《中國の城市と農村》，东京：汲古书院1992年版。

新城理恵：《中國の藉田儀禮について》，《史境》2000年41号。

谷口義介：《春秋时代の藉田仪礼と公田助法》，《史林》1985年68—2号。

谷口義介：《藉田儀禮の復活》，《中國古代社會史研究》，京都：朋友书店1988年版。

田村実造：《中国征服王朝の研究》第1・2・3卷，京都：东洋史研究会1964、1974、1985年版。

竺沙雅章：《征服王朝の时代：宋・元》，东京：讲谈社1977年版。

西岡市祐：《南北朝・隋朝・唐朝的親耕藉田》，《国学院杂志》2002年103—4号。

西嶋定生：《中国古代国家と東アジア世界》，東京：东京大学出版会1983年版。

藤井守：《九錫文について》，《小尾博士古稀记念中国学论集》，东京：汲古书院1983年版。

松下宪一:《北魏胡族体制論》,札幌:北海道大学出版会2007年版。

山崎宏:《北魏の大人官に就いて(下)》,《东洋史研究》1947年第10卷第1号。

好並隆司:《秦漢時代の天子と皇帝》,《冈山女子短期大学纪要》,第20号,1998年。

(三) 英文论著

Edmund Blair Bolles, *Remembering and Forgetting*: An Inquiry into the Nature of Memory, New York, 1988.

Evans-Pritchard, *The Nuer*: A Description of the Modes of Livelihood and Political Institutions of a Nilotic People, Oxford: Oxford University Press, 1940.

Marshall Sahlins, *Stone Age Economics*, New York: Aldine Publishing Company, 1972, pp. 193 – 195.

Peter Boodberg, "The Language of the T'o-pa Wei", *Harvard Journal of Asiatic Studies*, Vol. 1, No. 2, Jul 1936, p. 175.

Pierre Bourdieu, *Distinction*: A Social Critique of the Judgment of Taste, translated by Richard Nice, London: Routledge & Kegan Paul, 1984, pp. 482 – 484.

R. Jacoby, *Social Amnesia*: A Critique of Conformist Psychology from Adler to R. D. Laing, Sussex: Harvester, 1975.

Rogers Brubaker, "Ethnicity without Groups", *Archives Européennes de Sociologie*, 43 (2), 2002, pp. 163 – 189.

书中涉及论文发表情况

1. 《北魏"神部"问题研究》,《历史研究》2013年第3期。
2. 《从"南耕"到"东耕":"宗周旧制"与"汉家故事"管窥——以周唐间天子/皇帝耤田方位变化为视角》,《中国史研究》2014年第3期。
   ——《人大复印报刊资料·先秦、秦汉史》2015年第1期全文转载。
   ——《人大复印报刊资料·历史学文摘》2015年第1期摘录。
3. 《九锡渊源考辨》,《中国史研究》2018年第1期。
4. 《北魏羽真考》,《学术月刊》2015年第2期。
5. 《九锡之变相:北魏九锡与太和十九年后政局》,《东岳论丛》2015年第10期。
6. 《北魏勋臣追赠九锡的纵向考察——孝文至孝明世受九锡者身份变化解析》,《中国中古史集刊》第四辑,商务印书馆2017年版,第147—170页。
7. 《北魏九锡名物略考——物化礼乐视角下的北魏礼制渊源与变迁管窥》,《中国中古史集刊》第五辑,商务印书馆2018年版,第57—98页。
8. 《北魏礼制研究综述——以王朝祭礼为中心》,《中国魏晋南北朝史学会会刊》第三卷,广西师范大学出版社2022年版,第89—131页。
9. 《北魏礼制变迁的图景与脉络》,《中国社会科学报》2024年7月1日。

索 引

B

《白虎通》 36，138，139，148，167—169，172，176，179，181—183，187，188，194，259

北郊 7，23，133—135，138，139，152，153，156，159，269—271

北魏 1—15，17—28，30，31，33—46，49—52，55—58，61，63，65，66，69—71，73，75—78，82，84—86，88—94，98，101，102，105，107，109，115—118，120，122—124，131，132，157—159，161，163，165—167，191，192，199—204，206，209—217，219—221，225，226，228—233，235—237，241—247，249—254，257—269，271—273

变迁 1，4，7，8，10—13，18，23，36，41，42，44—46，49，51，92，127，132，142，196，225，228，243，251，254，262，264，268，271—273

变相应用 9，36，43，46，49，232，259，268

部落联盟 1—4，7，10—12，21，24，42—44，49，78，84，86—91，94，113，115，124，128，262，265，266，273

C

禅让九锡 8，9，36，45，46，58，166，167，187，189，199，232，235，259—261，267，268

长乐冯氏 236，237，243，251，253—255，258

祠部 35，43，44，59，93—95，97，105—111，115—124，266

D

大辂 174，192，194—196，199，204，206

大羽真 43，49—52，65—67，71—78，84—87，102

帝出乎震 30，45，155，156，163，267

《帝后礼佛图》 216，217

东耕 10，29，30，45，131，135，137，140—143，145，148—154，156，157，160—163，266，267

F

方泽 5，6，263，264，269，270

《冯熙墓志》 11，43，52，57，58，64，65，88，90，265

G

衮冕 206—209, 214, 217, 219, 221, 222

H

汉家故事 10, 29, 30, 45, 115, 124, 132, 148, 150, 154, 156, 161, 163, 200, 201, 266, 267

S.0996 号《杂阿毗昙心经卷第六·题记》 43, 52, 62

胡国珍 46, 204, 231, 234, 236, 237, 241, 251—255, 260

华夏祭典 5, 6, 263, 268, 270

J

耤田 5, 6, 10, 28—30, 44, 128, 129, 131—135, 139, 140, 142—147, 149—163, 263, 264, 266, 267

耤田方位 8, 10, 29, 30, 38, 42, 44, 45, 127, 129, 131, 132, 134, 135, 138—142, 144, 150—163, 165, 264, 266, 267

九锡 8—12, 35, 36, 42—46, 49, 58, 88, 131, 163, 165—169, 171—179, 181—183, 187—192, 194, 196, 199, 202—204, 206, 209, 214, 215, 219, 221, 231—237, 241, 242, 246—251, 253, 255, 258—261, 264, 265, 267, 268

九锡名物 36, 172, 183, 191, 192, 194, 232

K

孔颖达 29, 45, 132—136, 140, 141, 146, 156, 162, 177, 178, 193, 194, 204, 205, 267

L

《礼纬·含文嘉》 36, 46, 172, 175—179, 181—183, 187, 188, 259

礼制 1—17, 19—22, 26, 28, 31, 32, 34, 35, 37—45, 49, 52, 85, 90, 93, 94, 107, 114, 115, 122, 124, 128, 129, 131, 133, 156, 157, 160—163, 165, 166, 191, 200, 201, 211, 219, 232, 242, 244, 246, 253, 262—268, 271, 273

两祭典与三核心 6, 263

刘昶 204, 214, 215, 234, 236, 237, 241, 246, 247, 249, 255, 256, 258, 260

六佾 189—191, 222, 223, 225, 231

N

南耕 10, 29, 30, 45, 131, 135, 139, 142—145, 147—153, 157—163, 266, 267

南郊 4—6, 16, 21—23, 25, 127, 132—135, 138—143, 145—147, 149, 151—153, 158—164, 201, 215, 263, 264, 269, 270

内大羽真 43, 49, 51, 52, 56, 65, 66, 78, 79, 82, 84—87

内行羽真 43, 49, 51, 52, 65—69, 71, 72, 77, 78, 84—87

R

戎辂 174, 192, 194, 204, 206

S

神部　11，12，35，42—44，93—95，98，100，102，103，105，109，115—117，119，120，123，264，266

神部长　44，94，95，97，98，100，103，105，115，117，119，120，123

神部令　35，44，94—97，100，103，105，115，117，119，120，123

神部尚书　35，44，94，95，100，104—107，110—112，114，115，119，120，123，124，266

受九锡者　36，46，183，203，204，221，232—237，241—243，258

T

唐太宗　29，30，45，100，135，152，156，157，162，267

拓跋魏　1，3，4，8，10，12，16，18，21，27，29，42，45，49，73，88，151，158，161，266，267

W

王朝祭礼　5—7，12，13，40，41，94，263，264，268，269，271，272

王谌　35，44，95，104—107，110—115，123，124，266

《文成帝南巡碑》　52，55，56，60，61，81

文明太后　11，43，59，64，69，88，91，94，98，104，106，107，112，114，124，216，226，227，231，242—246，251，253，254，259，261，265

五礼　3—5，12，13，18—20，26，30，31，33，34，41，262，263

X

西郊　2，4—7，12，16，21—25，40，113，134，138，139，153，163，214，263，264，269—271，273

孝文帝　4，11，13，16—18，21—28，33，38，43，64，71，76，86，90，93，94，97，98，100，105—107，109—111，114—118，120—123，158，161，200，204，211，214，216，217，219，226—228，233，237，241—249，252—254，259，260，265，266

轩悬　190，222，223，231

玄牡　174，192，204，206

Y

原始祭典　6，12，40，163，263，268，271

圜丘　4—6，15，17，23—25，39，263，264，269，270

Z

杂祀　5—7，11—13，20，22，39—42，155，242，263，264，271—273

治出于二　129，151，162

治出于一　93，129，146，147

宗经、复古　10

宗周旧制　8，10，29，44，45，115，124，127，132，142，145，147，150，151，153，161，165，200—202，231，266，267

尊君、实用　8—10，29，45，128，142，161，163，165，202，232，259—261，266—268

后　记

　　本书是以笔者同名博士论文（复旦大学，2016年）为基础，增删修补而成的。因为当时申请提前一年毕业，博论草草拟就，未能多加打磨，感觉章节间的起承转合颇多顿挫，学术史回顾与结语仍有提升的空间，虽不甚满意，却也无所谓遗憾：并不完美的答卷，却是真实博士生活的结语。同年北上，转入中国社会科学院古代史研究所中国史博士后流动站，以博论为基础，申请国家社科基金青年项目（项目编号：18CZS014）获批后，得以对文稿进行打磨。

　　按照"结语"章"不足与展望"节所言，正式文稿离理想中的构思框架，仍有部分缺失。第三编选取的祭地礼与朝日夕月都已经完稿，其中《中古祭地礼仪中的地位与时间落差：以刘宋北郊的五次迁徙为例》，已确定将于《文史哲》发表。第四编考察《王朝祭礼之外的"杂祀"》，也已经完稿，因为与博士后出站报告联系紧密，所以另外结集出版。第五编尝试以正祀与杂祀的转化为视角，以郊天礼为切入点，考察北魏郊天礼的成立，此编只完成一章，内容稍显单薄。因为以上原因，正式书稿只有四章。

　　天地一转丸，日月双飞箭，距离2006年在泉城负笈求学，已近二十年了。我本科就读于济南大学历史系。济大以材料、化学等工科见长，文科较为弱势，历史只能寄居于文学院中，尚未独立，张宏老师便调侃说我们是二流大学的末流学科。等专业类别选择时，高臻老师告诉我们有历史研究和历史教育两个方向，考虑到就业问题，全部转为历史教育，因此经历了心理学、普通话考核和教育实习后，我们就有了中学历史教师资格证。我是系里少数第一志愿就报历史的学生，当时确实是出于对历史的兴趣而来的，孰料开学时一打听，基本全是调剂的同学。因为兴趣使然，毕业时我很坚定地选择了考研。当时中国社会科学院的招生简章显示魏晋南

后　记

北朝方向只招一人，考上的概率"感人"，我也义无反顾的报考了，最终侥幸上岸。

2010年进入中国社科院研究生院攻读硕士，先是在望京校区待了半年有余，而后搬去了良乡校区。在望京"小院"虽仅有二百多天，印象却极为深刻。"小院"方圆只有37.5亩，但典雅古朴，曲径通幽，尤其是教学楼上几抹淡绿的爬山虎，总能给观者带来心旷神怡之感。熙攘的小食堂，三五同学，专业各异，识或未识，总能就某一问题发表看法，促膝长谈间点燃思考的火花，至今思来，颇觉奇妙。研一下半年举院搬至房山区良乡，师友们戏称："上房山下良乡，简称上山下乡。"当时良乡校区还未完全建好，因为地处偏僻，周边一片荒芜，堪称人迹罕至，校内的基础设施和服务也没有完善。印象最深刻的就是手机没有信号，只能当闹钟来用。后来运营商开来信号车，停在教学楼与宿舍楼之间的小广场上，才算暂时解决了这一问题。信号基站建好后，校园里这道风景就消失了。因为喜欢小院的氛围，所以我内心对搬迁校区是有些抗拒的，总感觉良好的学术氛围留在了原地，没有跟来，每念及兹，间有惆怅："醉笑陪公三万场。不用诉离觞，痛饮从来别有肠。"时常在"校园大了，心却小了"的慨叹中自怨自艾。心态转变的契机出现在黄昏时分的笃学楼前，当时刚下过一场太阳雨，我在清爽的空气中看到了一株向日葵，恬然而立，蟒首微垂，"乱云不收，残霞状就"，这句话乍现脑海，醍醐灌顶，心绪洞开，"捕鱼舟，冲开万顷玻璃皱"，我想起小时候盘腿坐在家中平房屋顶上，用剪刀裁下过期报纸上感兴趣的文章，贴在本子上作笔记的情形，那是一种发自内心、自然而然间对知识的"不知足"和"不知倦"，就像此刻淡淡站着的向日葵，柔弱的枝干努力遮风挡雨，虽然已经没法抬头向着太阳绽放，却依然饱含着阳光洒落的种子。我发现我又可以用鼻子来欣赏自然美了。瞬间的触动，让我对"长恨人心不如水，等闲平地起波澜"这句话有了新的理解，内心对知识的渴求烛照幽深，点亮了前行的明灯，因为搬迁而来的不快烟消云散。之后两年半的生活大概就是从这时起步的。当然，此时再回头看，只能深深感叹一句：当时确有文青病，得治！

导师杨英先生学问博通，不仅长于秦汉魏晋南北朝史，在先秦史方面也有功底，这是她在礼制研究方面厚积薄发的优势所在。礼制研究之外，老师也旁涉多门，道家、佛教、汉学的研究文章也有问世。在老师引领

后　记

下,我逐步踏入礼制研究的园地:每周定期读经、读史,有疑问处现场解答,当时不能明确的,各自回去后查资料,待下次再谈看法。在老师的要求下,我还跨校选修了北京大学陈苏镇老师的课程。严师未必出高徒,却也让我一庸才由松散无方,变得知规矩、晓方圆:明确了魏晋南北朝史、礼制史的边界,让初学者在具体的范围内"动手动脚找东西"——充分占有、解读史料。更难能可贵的是,这种训练,让我的研究视角并未局限在中古。陈侃理在回顾北大魏晋南北朝史方向的重建与学风传承时曾引用过周一良先生的一句治学心得:"研究魏晋南北朝史应该放宽视野,要么上通秦汉,要么下探隋唐。只盯着魏晋一段,没有出息。"周先生此论,堪称金玉。具体到礼制研究,可能还要在此基础上再上溯先秦,在史学之外结合经学。我考察皇帝耤田礼中耤田方位从"南耕"向"东耕"的变迁,便是从先秦一直梳理到隋唐,在礼制的视角下观看长时段的脉络变迁,于熟悉处别见洞天。

2013年转入复旦大学历史系,跟随韩昇教授攻读博士学位。韩老师气质超然,是古文中"君子温润如玉"在现实中的具现。陶然气质之外,却能世事洞明,言必有中,对学生极为关爱。我入学时是申请考核制,因为硕士期间在《历史研究》发表了两万余字的《北魏神部问题研究》一文,加上复试时成绩优异,整体位次名列前茅。但等到奖学金名单公布却没找到自己姓名。最终经校长办公室复核,以其他方式将我的奖学金补上。韩老师不久后动用个人资源设立了独立奖学金,面向历史、考古和生命科学等多个方向,奖励在校学生踏实科研,我有幸成为第一批获奖者。随后两年,我连续获得国家奖学金,也算为入学时的不公正待遇添加了注脚。三年时间,通过助教、授课和一二切身之事,韩老师于润物无声中向我传授为人处事的方式与准则,愚钝如我,稍微有些开窍却依然不能融会贯通起来,只好俟闯入社会后,于红尘翻滚间细细体悟。更加难能可贵的是在学问方面,韩老师以实际行动树立了"苟日新,日日新"典范,他在魏晋南北朝隋唐史、佛教史、中外交流史等方向已经卓然大家,但却不为年龄与名声所囿,勇于突破舒适圈,跨越学科壁垒,倡导生命科学研究与历史研究的结合。老师与师母琴瑟和弦,相敬如宾,却是学生辈另一钦佩羡慕之事。师母和蔼可亲,又好读书,每次师门相聚,总是如朋友般,询问近况与收获,偶尔不经意间却能发声纵论东西,着实让人受益匪浅。

后 记

　　2016年博士毕业后,我北上转入中国社科院古代史所博士后流动站,合作导师是杨振红先生。杨老师学识渊博,专业素养深厚,气质极佳,是所里女神级的人物。因为工作关系,我入站不久后,老师便调入南开大学执教,我与导师间面对面联系就相应减少了一些。但杨老师极为认真负责,多次通过电话、邮件督促我的学业。而且她和彭卫老师伉俪情深,有问题时,我也会去找彭老师请教。杨老师思想开明,心直口快,对于我研究中的不足,很是直白地指出,但怎么改正,她会让我自己决定,这给了我极大的自由度,当然也给老师带来过麻烦。博士后出站报告虽然侥幸获得了博士后特别资助和面上一等资助,但因为我准备不足,最终答辩时呈送的报告只有三章十八万字左右。我之前的野望是想写整个魏晋南北朝的杂祀变迁,但只完成了自己最感兴趣的东晋、北魏两部分,虽然自觉都是选的前人极少研究的点,而且也有新意,但是毕竟骨肉太少,撑不起题目来。我在有所觉察的情况下,依然选了个"西晋亡后的杂祀"这样一个不伦不类的题目。呈送给杨老师后,她一眼就指出这个题目与内容不匹配,希望我进行更改,直接改作"东晋、北魏杂祀与政局变迁研究"。我当时也不知道哪来的迷之自信,还是希望以此题目答辩。最终不出所料,答辩时陈苏镇老师对题目与内容"名实不符"的问题进行了批评,他提的建议与杨老师是一致的。答辩后我找杨老师道歉,杨老师却宽慰我说:"坚持自己的想法没有问题,我说的也不一定对,你总是要多听听意见,但最终的决定权还在你自己。"杨老师这种包容、尊重的理念给予我的触动很大。虽然是一件糗事,但它却督促我在答辩后较短时间内将博士后研究报告进行了大幅修正、完善,有了脱胎换骨的。

　　感谢陪我走过十七年风雨的妻子。我们在大学期间相识,最终步入婚姻殿堂。一路栉风沐雨,有幸相濡以沫,不思量,自难忘。她聪明,却傻傻的跟着我从北京飘到上海,又由沪返京,颠沛流离间不离不弃;她生长于温室,但勤快的学习家务,奔波于厨房和阳台之间,小小的身躯里藏蕴着惊人的能量,早上五六点起来煮饭熬粥,洒扫庭除,让我得以在拥挤的路途上有充足的喘息时间。经历了太多磨难,让我更加珍惜和她在一起的时光,生活中年长一月的我,反而像个小孩子,生活和学术都能得到意料之外的建议,贤妻益友,夫复何求!家中的小公主在丁酉年呱呱坠地,两口之家转为三人成行。小宝贝经历了从爬行到直立行走的人类进化史,现

后 记

在已经初长成。独立入睡、穿衣、打扫卫生，一步一步掌握基本的生活技能；也"不可避免"地成了我坚实的单机游戏搭子，戴红帽子的水管工、粉色的圆滚滚卡比、开放世界从不救公主的林克，这些兼具乐趣与童真的亲子向游戏，都在父女俩默契的合作下一一领略，当然，目前她最喜欢的还是刷了四遍的"双人成行"。平日带娃虽然比较忙碌，但看着她一天天健康成长、认识世界，总有一种"老怀大慰"的满足感。平安是福，平淡是真，惟愿她开心成长，体会生而为人的快乐。

"哀哀父母，生我劬劳"，此前读《蓼莪》，只能算"少年不识愁滋味"的隔靴搔痒，没有感同身受的真情。生活是最好的老师，在女儿出生后当天，我就切身感受到父母的辛劳。不过对于养儿育女的苦累，现在也只是一叹而过，聊做自嘲，真正深入心底，让我忧虑的是日渐苍老的岁月。爸妈并不太懂我研究的具体是什么，但他们深信"再穷不能穷教育，再苦不能苦孩子"的朴素道理，常说"读书是为了你自己，以后享福还能让我们替你啊？"在经济条件并不好的时候，尊重我继续攻读硕博的选择，并以实际行动给予支持。过年时，我把书稿拿给爸看，他先戴上老花镜，而后双手接过，一面翻阅一面问我这章写的什么。我看他问的是耤田那章，就把唐太宗和孔颖达君臣关于耤田方位的争论当作故事讲给他听。耤田他不懂，但"李世民"和"耕地"这两个关键词他可太熟悉了：前者源于平时爱听的评书，摆弄园地、种菜除草却是他浸淫多时的技艺。不承想这么一解读，父子俩还真就侃了半天。欢乐的时光总是短暂的，等嬉笑中看到他耳背后间杂的白发，我就有了莫名的恐慌："父母是你与死亡之间最后的屏障"，当时我也真正理解了"无父何怙？无母何恃？出则衔恤，入则靡至"的含义。感谢我的岳父母，他们放心将宝贝女儿嫁给我，并给予我们生活诸多帮助。两位老人的年龄比我父母还要长十岁，不过岳父性格开朗，待人接物极为真诚，岳母聪敏睿智，善于总结生活中的经验、技巧，与他们在一块，处处能感觉到家的温馨。济南社科院的刘瑜研究员，和我是忘年交，老爷子生于七七事变那年的东三省，研究方向主要是李清照《漱玉词》，因为科研对口转调入济南。他常说在李清照的家乡做漱玉词研究，是人生的一大幸事。只要路过济南，我便会去探望，总能受到老爷子与夫人徐洪佩女史的热情招待，随后一老一少就在千佛山脚下的寓所里谈天说地，不亦乐乎。可惜老先生在 2020 年驾鹤西归，谨以此书聊表纪念。

后 记

感谢楼劲、陈爽两位老师，认真审阅拙作，并给出详细的推荐意见。在申请第十一批博士后文库期间，得到了卜宪群所长的大力支持，拙作有幸作为历史类的独苗入围文库。

感谢济南大学张宏、朱松梅、宋慧、高臻、朱玉婷、从曙光、王淑霞、王云老师。张宏老师对我的帮助很大，他是安作璋先生的高足，涉猎广泛，虽然是根正苗红的山大三代，但专业各有不同：博士是历史学，但学士、硕士分别读的生物和文学。生活虽然朴素，但一心扑在科研上，他自己调侃说是生计所迫。他笔耕不辍，在系里算是学术楷模了。张老师为人幽默，经常故作夸张之举，因此和学生能打成一片。犹记得他讲历史文献课程时，前一秒还在讲台上板书，下一秒就突然扭头问："你们知道吗？"底下动作各异的同学一阵慌乱，语调参差不齐地回答："不知道"，张老师随即表现出怒其不争的表情："你们什么都不知道！"再回头书写，过会头也不回地发问："你们知道了吗？"同学们吸取教训，异口同声回答："不知道"，张老师更加激动："你们知道什么啊？"至今想来，实在搞笑。我当时兴趣驳杂，曾写过《老子思想的新见》《两晋南北朝"之"字名特征及盛行原因》两文，请朱松梅老师审查，回头再看，颇觉厚颜。

感谢古代史所的师友。因为研究室的结构调整，我在硕士、博士后与工作期间，经历了如今的战国秦汉史研究室、魏晋南北朝史研究室与隋唐五代十国史研究室。先秦史方面王震中、徐义华，秦汉史方面马怡、邬文玲、赵凯、宋艳萍、庄晓霞，魏晋南北朝隋唐史方面吴丽娱、黄正建、梁满仓、李万生、牛来颖、孟彦弘、雷闻、周群、凌文超等诸位师友多有教益。感谢现在所处的魏晋南北朝史研究室同仁戴卫红、陈志远诸师友，虽然研究室人数少，但是学术氛围浓厚，相互间通力合作，相互帮忙，是不可多得的研究团队。

感谢复旦大学的师友。周奇、仇鹿鸣、范兆飞、张达志、陈文婷、秦蓁、胡耀飞、秦中亮、王晶、吕思静诸位师兄师姐帮助我答疑解惑，一块读书聊天；蒙海亮、徐光锡、董刚、李殷、秦琼、司琪、李若兰一众同侪，相互扶持，嬉笑玩乐，留下了许多回忆。博士读书期间最常去的活动是周三下午旁听余欣老师主持的中古史研究班，仇鹿鸣、孙英刚、朱溢、徐冲、唐雯、马孟龙、张小艳等诸位老师宣读论文，旁征博引，对我启发很大；承蒙不弃，还让我宣讲过拙作，得以有所完善。

后 记

感谢宋燕鹏编审。拙作入选《博士后文库》资助后，宋老师便忙碌起来，走流程、校稿、排印，种种事务，颇为烦琐，宋老师以专业、细致、负责的态度与行动，让本书顺利出版，于此致谢。

刘凯
于闲拙斋

第十一批《中国社会科学博士后文库》专家推荐表1

《中国社会科学博士后文库》由中国社会科学院与全国博士后管理委员会共同设立，旨在集中推出选题立意高、成果质量高、真正反映当前我国哲学社会科学领域博士后研究最高学术水准的创新成果，充分发挥哲学社会科学优秀博士后科研成果和优秀博士后人才的引领示范作用，让《文库》著作真正成为时代的符号、学术的示范。

推荐专家姓名	楼劲	电　　话	
专业技术职务	研究员	研究专长	魏晋南北朝史
工作单位	中国社会科学院古代史研究所	行政职务	无
推荐成果名称	北魏礼制变迁研究		
成果作者姓名	刘凯		

（对书稿的学术创新、理论价值、现实意义、政治理论倾向及是否具有出版价值等方面做出全面评价，并指出其不足之处。可附页。）

本书在描摹出北魏礼制宏观图景的前提下，截取羽真、神部、耤田方位和九锡四个问题讨论北魏礼制的变迁，其中羽真部分的讨论，旨在明确其身份等级内涵及其在北魏建立和发展过程中的义项蜕变与脱落；神部的辨析是要明确孝文帝前后司礼机构祠部的异称，及其所涉礼制与政治问题；耤田方位的讨论，在梳理周汉以来藉田方位变动及其经典依据的基础上，揭示了北魏藉田礼依本《礼记》取乎周制的史实及相关内涵；九锡部分通过北魏承汉以九锡加人臣的变化，以及八位获九锡者相关情况的分析，透析了孝文帝后期至宣武帝、孝明帝之政局。其研究特点和创新之处约有如下四端：

一是对国内外相关研究的总结较为充分，选题富于匠心创意。全书所论均是切关北魏礼制内涵变迁，以往学界研究相对薄弱的问题，其中羽真问题浓缩了拓跋早期身份等级内涵及其演变，神部问题则反映了主祀机构及其相应的礼制变迁状态，还有耤田、九锡和杂礼这三种具体礼制的讨论，从耤田方位考察原属森林草原民族的拓跋部的礼制发展，尤其显得思路敏锐而眼光独到。

二是把北魏礼制变迁放在自汉至唐这个较长的时间跨度来考察，同时注意其政治、经济、文化和经学背景，有的问题上溯先秦，下及宋元以来。这就使全书对相关史实和问题的讨论具有较大纵深，如对汉代以来九锡和耤田方位的梳理，即凸显了北魏九锡和耤田礼的特点和变化所在，有助于弥补旧记载的不足，也有利于拉出北魏礼制变迁的脉络。

三是资料功夫扎实，考证精详，得以澄清了若干长期存在疑难的史实。其典型如书中穷尽现有传世文献和碑刻、题记等资料，清理并解决了羽真研究史上至为困难的类型、职能划分问题。又如其对神部与祠部同实异名而与仪曹较然有别的考辨，不仅有理有据可以取信，也把严耕望先生以来的相关研究向前推进了一步。再如对九锡名物的排序类比，从中概括出各时期特点和变化所在，也弄清了一些以往懵然的事实。

　　四是理论思考有一定深度，也提出一若干值得注意的新问题。全书多处借鉴了阎步克先生关于北朝礼制多有"宗经、复古、尊君、实用"等侧面的论述，而又结合实际有所发明。如神部问题研究所提出的"结构性失忆"，不仅对北魏和拓跋部发展史研究具有价值，也对整部中古史和北族研究有其意义。又如课题对北魏几大祭礼系统的归结和对杂祀的界定，均为今后相关问题的进一步研究提供了坚实基础。

　　至于本书存在的不足之处，主要是对北魏礼制本身的讨论有欠充分。这虽然是史料稀缺使然，但也仍可通过具体章节安排尤其是对相关内容的多方开掘来设法弥补。此外，现在稿子中也存在着不少语句表述或用词上的瑕疵，如把渊源或源头表述为"渊薮"等等，不一而足。当然这些不足，均不难在今后修改时加以解决，也不掩本书总体的较高质量和学术价值。有鉴于此，我愿郑重推荐此书的出版。

签字：楼劲

2021 年 12 月 13 日

说明：该推荐表须由具有正高级专业技术职务的同行专家填写，并由推荐人亲自签字。

第十一批《中国社会科学博士后文库》专家推荐表 2

《中国社会科学博士后文库》由中国社会科学院与全国博士后管理委员会共同设立，旨在集中推出选题立意高、成果质量高、真正反映当前我国哲学社会科学领域博士后研究最高学术水准的创新成果，充分发挥哲学社会科学优秀博士后科研成果和优秀博士后人才的引领示范作用，让《文库》著作真正成为时代的符号、学术的示范。

推荐专家姓名	陈爽	电话	
专业技术职务	研究员	研究专长	魏晋南北朝史
工作单位	中国社会科学院古代史研究所	行政职务	研究员
推荐成果名称	《北魏礼制变迁研究》		
成果作者姓名	刘凯		

（对书稿的学术创新、理论价值、现实意义、政治理论倾向及是否具有出版价值等方面做出全面评价，并指出其不足之处。可附页。）

　　本书是作者刘凯多年从事北魏礼志研究的心血和结晶。刘凯从硕士阶段进入中国社会科学院历史研究所学习期间，即关注北魏礼制问题，硕士阶段撰写的《北魏神部考》即被《历史研究》刊发，显示了很强的学术潜力。其后，刘凯无论是在复旦大学攻读博士，还是在社科院历史研究所从事博士后研究以及随后留所工作的阶段，均以北魏礼制为主要研究方向，在《中国史研究》《学术研究》等高级别的刊物发表多篇相关研究论文，这些论文构成了本书的主要内容，经作者修订整合之后，以专著的方式呈现。

　　刘凯对于礼制的研究很有特色，他不满足于传统研究中按照正史礼志的五礼框架按部就班地平面诠释制度，考述名物，而是力图从有限的史籍与史料中提炼出隐含的历史线索，从一些学界较少留意的史料或史事中敏锐地发现问题，以小见大，以管窥豹，从动态的视角全面而立体地考察问题。本文正文的四个章节采用以点连线的方式，依次选取四个在时段上有所延续，关涉拓跋原始礼制与华夏典制碰撞、冲突、交融乃至转化的礼制之"点"：通过羽真、神部、耤田方位与九锡等具体问题的研究，深入挖掘点的其背后的政治与文化内涵，而后以线连接，勾勒出北魏礼制演变的脉络，揭示出北魏王朝文明进程。

　　本书视角新颖，逻辑清晰，考辨精当，是一部高质量的学术著作，推荐出版。

签字：陈爽

2021 年 12 月 20 日

说明：该推荐表须由具有正高级专业技术职务的同行专家填写，并由推荐人亲自签字。